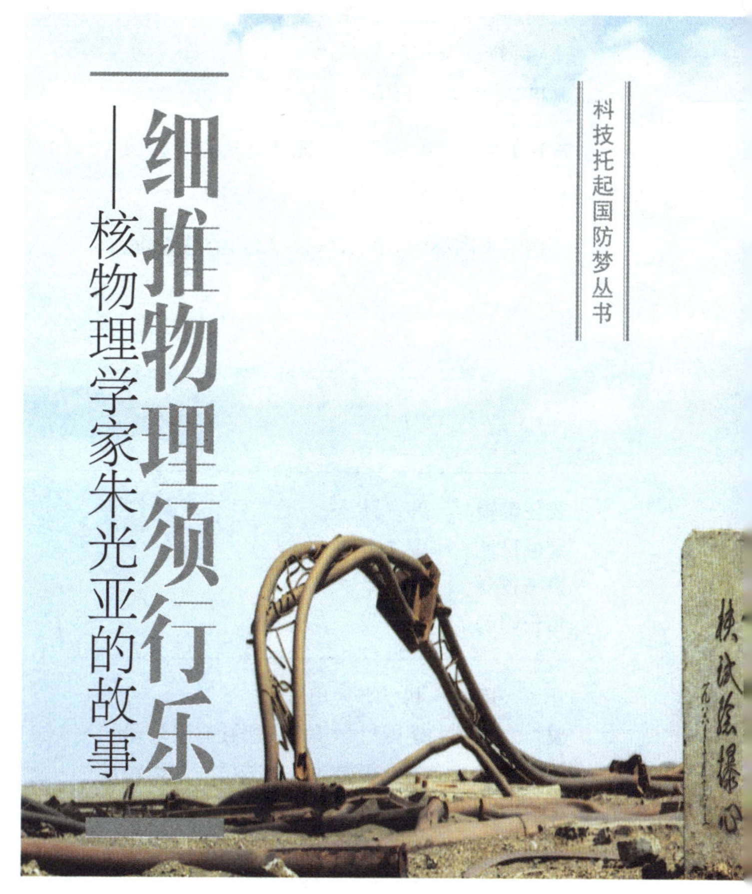

科技托起国防梦丛书

细推物理须行乐

——核物理学家朱光亚的故事

朱明远 著

科学普及出版社

·北 京·

图书在版编目（CIP）数据

细推物理须行乐——核物理学家朱光亚的故事 / 朱明远著 . —北京：科学普及出版社，2017.1（2024.7 重印）
（科技托起国防梦丛书）
ISBN 978-7-110-09485-3

Ⅰ. ①细… Ⅱ. ①朱… Ⅲ. ①朱光亚（1924–2011）—生平事迹—通俗读物 Ⅳ. ① K826.11-49

中国版本图书馆 CIP 数据核字（2017）第 006256 号

责任编辑　韩　颖
装帧设计　中文天地
责任校对　杨京华
责任印制　徐　飞

出　　版　科学普及出版社
发　　行　中国科学技术出版社有限公司
地　　址　北京市海淀区中关村南大街16号
邮　　编　100081
发行电话　010-62173865
传　　真　010-62173081
网　　址　http://www.cspbooks.com.cn

开　　本　787mm × 1092mm　1/16
字　　数　369千字
印　　张　22
版　　次　2017年5月第1版
印　　次　2024年7月第2次印刷
印　　刷　德富泰（唐山）印务有限公司
书　　号　ISBN 978-7-110-09485-3 / K · 150
定　　价　89.00元

永远的丰碑

2012年9月21日的清晨，秋高气爽，阳光明媚。在北京八宝山革命烈士陵园墓地的一角，正在为朱光亚举行骨灰安葬仪式。总装备部科技委副主任卢锡城将军和副秘书长陶平将军来了，中国工程物理研究院杜祥琬院士来了，核试验基地副总工程师康立新将军来了，几十年来曾经在朱光亚身边工作过的同志们来了。音乐声响起，那是朱光亚生前最喜欢听的贝多芬第五交响乐——“命运”，大家聚集在朱光亚的墓碑前为朱光亚做最后的送别。

朱光亚的这座充满艺术内涵的墓碑是清华大学美术学院副院长马赛教授的作品。设计的总体思路是简朴抽象，墓碑的设计元素包括了蘑菇云、国之盾牌、和平等主题；整体形象为核爆后升起的蘑菇云；材料为紫铜和红色花岗岩。基本图形由两块分立的红色花岗岩和托起的半椭圆形紫铜柱体构成。整体图形可解释为蘑菇云；也可解释为：和平之门，和平之树，和平之花；两块分立的石碑可解释为和平盾牌，核裂变之门。有人说，它像是“朱光亚”的繁体“亜”字；还有人说，它像是一把开启科学大门的钥匙。墓碑上镌刻着朱光亚当年从美国回国时呼喊出的并用他的一生所践行的誓言：“我们中国要出头的，我们的民族再也不是一个被人侮辱的民族了！我们已经站起来了，回去吧，赶快回去吧！祖国在迫切地等待我们！”墓碑的设计深刻全面地反映了朱光亚的一生，他的求真务实的科学精神，严谨周密的工作态度，朴实无华的生活作风，严于律己的道德风范，宁静致远的人格魅力。

朱光亚从此长眠在这里，与苍松翠柏、蓝天白云永远相伴；与他曾经朝夕相处的老领导聂荣臻元帅和张爱萍将军相伴；与他的老师周培源和严济慈相伴。他是长江之子，他是大地之子。在祖国大地的怀抱里，他看见了什么？听到了什么？他一定看到了浩瀚长江的碧波粼粼，听到了三峡船工的号子声声；他一定看到了昆明西南联大校园内铁皮顶、泥巴墙、木格窗的教室，听到了从教室中传出的琅琅读书声；他一定看到了密歇根大学绿草茵茵的校园，听到了密歇根大学合唱队雄浑的歌声；他一定看到了未名湖上的塔影，听到了实验室内运转着的设备的轰鸣声；他一定看到了大西北核试验场的茫茫戈壁，听到了核爆炸惊天动地的巨响……

在朱光亚的墓碑前默默伫立，人们浮想联翩，想到了很多很多……

目录 CONTENTS

1

长江之子

- 汉阳紫阳朱氏家族
- 少年早慧
- 苦难是教育的重要一课

汉阳紫阳朱氏家族

朱光亚祖籍江西婺源，为避战乱，祖辈几经迁徙来到湖北，辗转于汉阳、宜昌、汉口、武昌。据史料记载，“地处汉水之南的紫阳朱氏家族，祖籍徽州婺源，系考亭朱熹后裔。宋末，朱熹第四世孙济公避乱饶州江右（今江西乐平）开基。元延佑五年，朱熹第六世孙勲公从建安‘挟谱来绕，参详世系’和燕公续修徽、建、饶三地族谱起，其后世子孙继而再、迁豫（章）、迁楚、迁阳、澴川、楚北、三山、阳孝多地续修家谱，绍述婺源，谛昭穆，辨世系，誌生卒，记茔域，敦促子孙传之久远而不失。”[①]

朱光亚后来一直填写的籍贯是湖北省武汉市，根据现在当地史料记载为湖北省武汉市汉南区朱家山。

2003年初，汉南区委、区政府为满足人民群众日益增长的文化需求，决定以朱家山为中心修建一个公园，供广大市民休闲和娱乐。这年春节，汉南区区政府领导来北京看望朱光亚，曾提出请朱光亚为公园题写园名，朱光亚以能为故乡效力为荣，欣然答应了。但在确定公园名称时，双方产生了意见分歧。区领导认为，公园建在朱家山，朱家山是朱光亚生活过的地方，因此取名“朱家山公园”并由朱光亚题写园名很有意义。朱光亚却不以为然，他说：朱家山是我少年时期生活过的地方，我对那里的一山一水、一草一木都怀有深厚的感情。公园取名“朱家山公园”有为我树碑立传之嫌。最后，在朱光亚的执意坚持下，公园以区政府所在地纱帽镇为名，定名为“纱帽公园”。朱光亚于是在宣纸上奋笔写下了“纱帽公园”几个娟秀而遒劲的大字。如今的朱家山上有一个朱山亭，朱山亭旁矗立着一块石碑。碑上刻着：“朱家山，是原政协副主席、中国工程学院院长朱光亚同志的故里。朱老是我国的

① 朱晴川:《溯源分流——汉阳紫阳朱氏家族有来世》。[出版社不详]，2007年。

核物理学家，曾为‘两弹一星’工程做出了重大贡献”。

如今的朱家山居民区，还残留着一处民居，有百年以上历史，如果按照1912年民国元年为清代与现代的时间分界点，那么这幢民居建筑就是清代的了。据当地人说，朱家山以前还有些零星的老建筑民居，但大都毁坏了，像她家这样保存较好，而且还能居住的不多了。物理学家、“两弹一星”之元勋朱光亚的祖居就在此不远处，但他说，朱家那房已经不存在了[①]。

如今的湖北省武汉市汉南一中是一所省级示范高中。学校将老校区的主干道取名为“光亚路”，新校区的广场命名为“光亚广场”。

少年早慧

1924年12月25日，长江之畔宁静的宜昌小镇，朱家降生了一个男婴，排行第三，随着他的呱呱落地，取名光亚。那一天，正是西方的传统节日——圣诞节。后来朱光亚回忆说，我们家的字辈是按照“正大光明”排的。

父亲朱懋功，勤奋、睿智而朴实，早年毕业于平汉铁路的法语学校，先后在轮船公司和邮局工作。母亲万怀英，出身平民家庭，即善良又聪慧。

在多子女的大家庭中，排行第三者，常常有突出的禀赋，这是否有科学依据不得而知，而朱光亚的确是在两个哥哥光庭和光鼐之后出生，他的聪明、早慧，很早就显现出来，让父母和两位哥哥都感到惊讶[②]。朱家非常看重子女的教育，朱光亚兄弟3人和两个妹妹光玮和光珺，均受到良好的教育。

得益于娴熟的法语，1927年，父亲从宜昌调到收入较丰厚的汉口外国人办的邮局工作。朱光亚随全家迁居到了当时汉口的南京路崇正里。这是一

① 毛凑元:《汉南朱家山清代民居　离朱光亚祖居不远》，汉南视线，[2013-04-01]。http://www.whhnsx.com/html/xinwen/shehui/2013/0401/15133.html

② 杨虚杰、苏青:《朱光亚：我们时代的大英雄》。科技导报，2011年第7期。

图 1-1 朱光亚三兄弟在重庆（左起：朱光亚、大哥朱光庭、二哥朱光乃）

幢红砖小楼，有着小小的木格窗子。儿时的朱光亚常常跟着两个哥哥去长江边玩沙，贪婪的戏耍常常使三兄弟忘记回家。

1931 年，不满 6 岁的朱光亚就读于汉口市第一小学。每天放学回家，他都先复习功课，完成作业后再去玩耍。那时，汉口尚无电灯，放学后的朱光亚，总是能抓紧时间在夜幕降临之前，一口气把老师布置的作业又快又工整地全部完成，令哥哥们羡慕不已。朱光亚在学习中决不囫囵吞枣，总要刨根问底，从小就养成了无论做任何事情都认真仔细的好习惯。由于他天资聪颖，敏而好学，学风扎实，学习成绩一直名列前茅，受到老师、同学和亲友的喜爱。唯一令朱光亚遗憾的是，疼爱他的母亲管教严格，禁止他学游泳，使他这个长江边生、长江边长的长江之子一直不会水。

记者汪洋在题为《中国“两弹一星”元勋　宜昌籍科学巨星朱光亚逝世》① 一文中提到：

> 上世纪 20 年代，朱光亚的父亲在宜昌邮局任职，朱光亚降生于城内。几年后，朱光亚的父亲调到武汉，举家搬到汉口南京路崇正里。
>
> 少年时代，朱光亚先后就读于汉口一小和圣保罗中学，各科成绩出类拔萃。
>
> 宜昌市教育局退休干部赵厚传的父母、原宜昌市政协副主席杨实舜的伯父当年也住在崇正里，正好是朱家的邻居。他们还记得抗战初期，南京路上流传的一句顺口溜：“小小朱光亚，人小本事大！”朱家出了这么个聪明的孩子，街坊邻里既光荣，又羡慕。
>
> 1938 年 10 月，武汉沦陷前夕，朱光亚与父母、两个哥哥一起向大

① 汪洋：中国“两弹一星”元勋——宜昌籍科学巨星朱光亚逝世。《三峡晚报》，2010 年 2 月 27 日。

后方撤迁，再次回到家乡宜昌。

1935年，朱光亚11岁就以优异成绩考入汉口圣保罗中学。记得朱光亚后来对儿子朱明远说过，他在小学上学时，曾跳过两级。1931年入学，1935年毕业，小学只上了4年。

当时的汉口，有一座圣保罗教堂，是美国基督教圣公会的主教堂，圣保罗中学是当时美国基督教圣公会在汉口创立的一所师资力量强、管理严格的教会学校。而如今，圣保罗教堂和圣保罗中学均早已不复存在。当时的汉口圣保罗中学的英语老师是一位蓝眼睛、黄头发、白皮肤的美国老太太。个子最小的朱光亚坐在最前排，怀着对洋老师的好奇心和强烈的求知欲望，开始了英语的学习。在班上，无论听、说、读、写，都是这个年龄最小、个子最矮的学生学得最好，成绩最优异。

苦难是教育的重要一课

有一年，长江发大水，街道上的积水深达数米，可以往返行船了。朱光亚只有跟随父母与兄妹们，被迫离家逃到一个楼层较高的旅馆去避难，好不容易盼到大水退去，便赶忙向家中奔去，可是回到家中，那里已是满目疮痍的景象。万般无奈之下，父亲只好另选住处，再次搬家。

孩提时，父母亲带着一家人奔波逃难的情景，让朱光亚终生难忘。朱光亚晚年时常跟家人念叨当年武汉发大水时的情景，每次涨水，家里的箱子等家具漂得到处都是。《汉南人民怀念朱光亚二三事》一文[①]提到：

---

① 李小军、谢永红、汪旭平：汉南人民怀念朱光亚二三事。《武汉晨报》，2011年2月27日。

2004年国庆节，年届八旬的朱光亚到武汉视察，本想借机了却多年的夙愿，看一看故乡的风貌，喝上一口故乡甘甜的水，并祭扫祖先墓茔，最终因为健康原因未能如愿以偿。汉南区领导赶到东湖宾馆拜谒朱老，送上《聚焦汉南》《汉南史话》和《汉南民俗》等书。

当朱老看到《众志成城抗洪魔》篇章时，神情凝重起来，关心询问汉南堤防“十年九淹”的问题解决了没有？汉南区领导欣喜地告诉朱老：“战胜1998年的特大洪水后，汉南已建成江河堤防89公里。三峡大坝建成和南水北调中线工程完工以后，汉南不再有水患之忧。”朱老听罢喜而击掌。

有人说：成就巨星的条件有很多，包括使命、责任、热爱等等，此外还有重要的一条——苦难。苦难可以兴邦，苦难也是促使一个人成长的最好学校。动荡的社会，艰苦的环境，让有远大志向的人得到磨炼、磨炼再磨炼，大浪淘沙最终才能显示真金本色[①]！

① 刘松塔:《怀念朱光亚先生——苦难是教育的重要一课》。刘松塔的博客，凤凰博报，[2011-03-02]。http://blog.ifeng.com/3531444.html

2

苦难中的求学之路

- 颠沛流离的中学生活
- 物理学的启蒙老师
- 朱光亚的物理情缘
- 中兴业　须人杰
- 西南联大遇名师
- 旧中国的原子弹之梦
- 密歇根大学校园里的 KY
- 赤子情怀

颠沛流离的中学生活

1938年，抗日战争爆发的第二年，中华民族进入水深火热之中，国民党军队节节败退，武汉告急。为了躲避战乱，继续求学，初中刚毕业的朱光亚挥泪告别父母双亲，与大哥光庭、二哥光肅一起被父亲的同事携领乘坐一条拥挤不堪的客船逆长江而上，历尽千辛万苦，来到大后方重庆。

在那国难当头的日子里，许多身处沦陷区的学校纷纷迁至重庆及周边地区，其中就有朱光亚先后就读的合川崇敬中学、江北清华中学和沙坪坝南开中学。后来，大哥考入了从南京迁来的重庆中央大学。

朱光亚最初就读于合川崇敬中学，学校设在一座简陋的破庙里，教室里潮湿昏暗，条件非常艰苦，而学生们一下课就围着教室后面泥台上那尊慈眉善目、笑容可掬的大肚弥勒佛追逐、戏耍。晚上，十几人要挤在一起睡在一张铺着稻草的大通铺上。

关于这段经历，华龙网通讯员周云有如下的考证①：

日前，记者在合川城北重庆江润实业有限公司背后的山梁上发现一座陈旧而破败的大院。据有关史料记载，这座大院原本是一座始建于明成化年间的庙宇，因其曾经供奉“东岳大帝”黄飞虎，合川人称之为“东岳庙”。就是这座“东岳庙”，曾在抗战期间作为合川崇敬中学办学地，“两弹一星元勋”朱光亚不仅在这里读过一年书，而且还参加了该校师生发起的“反汉奸运动”。

1937年7月7日，中国抗战全面爆发。不久，私立崇敬中学由江苏南

① 周云:《合川：发现“两弹一星”元勋朱光亚曾就读学校》。华龙网讯，[2011-11-28]。http://cqqx.cqnews.net/html/2011-11/28/content_10511242.htm

通内迁合川，校址最初设在合川城北“东岳庙”，时称“合川崇敬中学”。

图 2-1　1941 年 7 月 1 日朱光亚重庆南开中学毕业照

1938 年夏天，刚刚初中毕业的朱光亚和两个哥哥一道，由湖北转移大后方重庆，继而来到合川。1938 年秋，14 岁的朱光亚就读于合川崇敬中学[①]。

1939 年 4 月，合川崇敬中学爱国师生在中共地下党员李清华、黄乃麦等组织发动下，发起了“反汉奸运动”。当时，身为该校训育主任兼公民课教师的何谈易，居然在全体师生集会上，为大汉奸汪精卫卖国投敌辩护。何谈易说，汪精卫是“中华民国”的“开国元勋”，他投靠日本人完全是“为了日中亲善”，“为了大东亚共荣”……何谈易打糊乱说，激起了全校公愤。广大爱国师生不仅痛打了这个汉奸，而且还通过《大声日报》副报《疾呼》揭露何谈易的汉奸嘴脸。无处藏身的何谈易，在全县民众“打倒汉奸”呼声中窜离合川，广大爱国师生取得了“反汉奸运动”的胜利，就读于该校的朱光亚也和爱国师生一道打汉奸。

1939 年秋，朱光亚由合川转学重庆，先后就读于江北清华中学、重庆南开中学，1941 年中学毕业，考入中央大学物理系。1942 年夏天，朱光亚在几位南开校友的关心和帮助下，顺利考入昆明西南联合大学，为该校二年级插班生。至此，朱光亚在重庆度过了 4 年学生时光，其中有一年时间就读于合川崇敬中学。

后来，朱光亚转到条件稍好的江北清华中学。2011 年，重庆清华中学的网站上刊载了如下内容：

朱光亚学长于 1939 年中至 1940 年，在重庆清华中学一级就读，他

① 合川崇敬中学，现南通市实验中学前身。创建人顾微基（字仲敬）先生本着“以学为人”的宗旨，1917 年斥私资创建中英学塾，后几易编制，四迁校址，两建校舍，1928 年正式定名为“私立崇敬中学”。1952 年，学校改为公办，高中部并入南通中学，遂更名为“南通市第三初级中学”，并为南通市重点初中，顾仲敬老先生继任校长。1960 年，学校被确定为省 66 所教改试点学校之一。1972 年，学校再次更名为“南通市第十三中学”。1989 年，随着教改形势发展的需要，学校定名为“南通市实验中学”。

的学号是392。他是在母校草创时期，最艰苦的环境——胡家湾度过的。朱光亚学长十分关心母校的建设，多次为母校题词。

一年后，朱光亚又插班考入了沙坪坝南开中学。

以治学严谨、扎实著称的南开中学由天津迁来，在海内外颇有声望。校长是我国著名教育家张伯苓先生。在张校长力主抗日，以“允公允能”为校训，激励学生。当时，学校由军队接管，军代表常组织各种活动，锻炼学生。

此时的朱光亚个子尚未长高，却非常活跃。他学习成绩优异，待人诚恳，很快就成为许多同学的知心朋友。他课余爱好听音乐、唱歌和讲演。作为班里个子最小的他，经常与大个子同学拼争于篮球场。他不信教，却爱去教堂，听留声机里放出的弥撒曲，挤在大哥哥和大姐姐们中间，尖着童音在合唱团唱圣歌。他参加讲演比赛，登上讲台慷慨陈词。他与邹承鲁、郭可信等同学发起组织的“真善美”小组，相互激励，奋发学习，立志报国。当时的“真善美”小组中的成员如今已有4人成为中国科学院院士。据说，参加和组织这个“真善美”小组在“文化大革命”期间给朱光亚带来了一点儿小麻烦，他不得不不停地写交代材料以澄清这个小组的背景，说明它不过是一个课外活动小组。

高中的三年里，朱光亚愣是换了三所学校，一般人恐怕要被折腾垮了，可朱光亚却越学越好。那是一种追求——去最好的地方并学得最好。

物理学的启蒙老师

不能不说的是朱光亚在沙坪坝南开中学就读的一年半时光。南开中学校长张伯苓先生是我国著名教育家，历史上，南开中学培养了如杨石先、江泽涵、吴大猷、殷宏章、黄家驷、袁家骝、钱思亮、张文佑、罗沛霖、何炳棣、吴阶平、申泮文、刘维正、刘东生、涂光炽、叶笃正等一大批著名的科学家。抗日战争爆发后，南开中学由天津迁往重庆。1940年，朱光亚在合川崇敬中学、江北清华中学读到高二后，考入南开中学。在南开中学的一年半时间里，他受益于数学、物理、化学老师的教育、培养，开始对自然科学有了美好的憧憬。其中物理老师魏荣爵给朱光亚以重要影响，成为他进入物理学研究的重要的启蒙老师。

魏荣爵，1916 年出生于湖南邵阳。物理声学家和教育家，中国声学事业奠基者之一。1950 年获加利福尼亚大学物理哲学博士学位。1951 年回国后，历任南京大学物理系主任、教授、博士生导师、声学研究所所长。1980 年当选为中国科学院数学物理学部委员（后改称中国科学院院士）。曾任中国声学会副理事长、美国声学会高级会员。他长期致力于声学的教学和研究，研究领域涉及微粒声学、语言声学、建筑声学、物理声学、分子声学、电声学、非线性声学、微波声学及低温声学等。曾获 1989 年国家自然科学二等奖、1990 年国家教委科技进步奖一、二等奖等。1999 年获何梁何利科学技术成就奖。撰有《语噪声研究发音人音色》《水雾中声的吸收》《声学孤子与混沌》等论文 100 多篇；出版有《魏荣爵文集》。

1938—1944 年，魏先生任教于重庆南开中学，在这里他不仅影响了朱光亚，还同时培养了邹承鲁、郭可信、戴元本、章综、经福谦、张淑仪等一大批后来成为中国科学院和中国工程院院士的学者。

魏荣爵特别尊重学生的兴趣，爱才护才，因人施教，从不强求他们做其不愿从事的工作。他当时在重庆南开中学任授物理课，教学水平之高、教学态度之严谨都是有口皆碑，绝不是不负责任胡乱评分的人。1941 年毕业生中有一位名叫谢邦敏的学生，他富有文学才华，但数、理、化成绩不佳，在毕业考时物理交了白卷，即兴在卷上填了一首词：晓号悠扬枕上闻，余魂迷入考场门。平时放荡几折齿，几度迷茫欲断魂。题未算，意已昏，下周再把电、磁温。今朝纵是交白卷，柳耆原非理组人。魏荣爵评卷时也在卷上赋诗一首：卷虽白卷，词却好词。人各有志，给分六十。使这位偏科的学子得以顺利毕业，并考入西南联大法律专业，后来登上了北大讲坛，1949 年后曾是北京第一刑庭庭长。按当时南开的校规，主课如有一门不及格，补考仍不及格，不能毕业，只能作为肄业。好一句“人各有志，给分六十”，也算是教育史上的一段佳话[①]。

魏先生讲授的物理学，使同学们产生了浓厚的兴趣。后来，魏荣爵与朱光亚差不多同时在美国拿到博士学位，并先后回国。魏先生在一次接受记者采访

① 朱晓华：魏荣爵：大音希声蕴华章。《南京大学校报》，2010 年 4 月。

时谈到朱光亚和邹承鲁两个性格差异明显的同班弟子时说：朱光亚是个极为认真刻苦的学生，他的物理作业书写规范，非常整洁，他甚至建议把作业交给书店作为物理课本使用。与朱光亚的严肃内向相比，邹承鲁是个非常活跃的年轻人，口才出色、思维敏捷。这两位“院士学生”的小故事说明“好学生”并没有什么统一的标准，要指导孩子们按照自己的个性寻找出成长之路[①]。

朱光亚后来回忆重庆南开中学的经历时说：“南开特别棒！运动场很大，可以跑步、打球、运动。”“我们那时与魏荣爵先生住在同一座筒子楼，我们都很尊敬老师，魏先生很喜欢学生，欢迎我们到他那里去。”南开老师的水平高，学校的风气好，重视课外活动，浓厚的爱国主义氛围，都给朱光亚留下难忘的印象。喜好音乐的朱光亚与同班的邹承鲁和另外两名同学还搞了一个男声四重唱小组，据说在当年的南开中学也颇有名气。

没有任何史料显示，这时的朱光亚已具有了一定的组织才能，甚至是潜质。许多他的同班同学后来回忆，那时的朱光亚在班里是年龄最小、个子最小、成绩最好。他给大家留下的最深刻印象是他的聪明以及在学习上的认真刻苦，特别表现在他对作业的一丝不苟，他那俊秀优雅的字体和整洁规范的行文，凡事要么就不做，要做就要尽自己所能做得最好，这形成了他的一种特有的习惯和风格，并从此伴随了他的一生。由此可见，一个人小时候的良好养成，对他日后的成长会起到多么重要的作用。

朱光亚的物理情缘

1941年夏天，朱光亚从重庆南开中学毕业，该考大学了。像所有其他人一样，他面临着选择：报考那所大学和选择什么样的专业。他后来回忆说，

① 杨晓梅：“魏荣爵院士：‘好学生’没有统一标准”——“院士寄语小朋友”之五。《扬子晚报》，2001年7月1日。

那时，正是抗日战争进行的最艰苦卓绝的一段岁月，大多数投考大学的热血青年为了实现“强国之梦”都把学习机械专业作为自己的第一选择，机械专业是当时最热门的专业，朱光亚也作了同样的选择。但不幸的是，恰逢升学考试期间，战乱中的重庆正流行传染病，朱光亚染上了疟疾，不得不中断了考试。后来，由于部分高等院校的一些专业生源不足，他又有机会参加补考。他投考了重庆中央大学和上海交通大学，被这两所大学同时录取，并以最高分荣登上海交大的状元榜。在一片赞扬声中，朱光亚选择了中央大学物理系，开始他的“物理生涯”。这也许是天意，中国少了一名杰出的工程师，却出了一个永载史册的物理学家。

图 2-2　1939 年（民国二十八年）6 月 21 日，朱光亚（前排左一）在重庆合川崇敬中学与同学的合影

如果说朱光亚在重庆南开中学的一年半时间里，得到了物理学的最初启蒙，那么，他真正的物理学之路从此开始了。1941 年，刚从美国留学归来的赵广曾教授（后任北京大学物理系教授）成了他在中央大学物理系就读时的良师。赵广增先生讲授的普通物理和所介绍的物理学前沿知识使他进一步开拓了眼界。

一年后的暑期，在昆明西南联大读书的中学同学来重庆，告诉朱光亚西南联大物理系要在重庆补招二年级插班生。正巧，朱光亚又遇到了到重庆中央大学短期讲学的西南联大理学院院长、物理学家吴有训教授，爱才若渴的吴有训也建议朱光亚跟他去西南联大。于是，他欣然应试并再次金榜题名，顺利地考入西南联大。这样，他如愿以偿地进入当时国内最好的高等学府，与物理学结下了终生情缘。

因此，朱光亚实际上是 4 所大学的校友：中央大学（现南京大学）、北京大学、清华大学和南开大学，并成为这四所大学历史上的标志性人物。过

去，每逢这 4 所大学举行校庆活动，朱光亚都会收到邀请。2011 年 4 月 24 日，清华大学百年校庆大会在北京人民大会堂举行，美国耶鲁校长理查德·莱文在庆祝大会上的发言，特别提到："一百年来，清华大学在中国的发展历程中扮演了不可或缺的角色。在清华 17 万毕业生中，许多成为了各行各业的领军人物。世界上首获诺贝尔奖的两位华人，杨振宁和李振道先生也曾在清华学习。在清华培养的人才中，还有钱学森、朱光亚、钱三强等著名学者，他们为中国的科学发展做出了突出的贡献。"①

中兴业　须人杰

战时的西南联大于 1939 年由北京大学、清华大学、南开大学 3 所大学迁住昆明共同组成。这里荟萃了一大批著名学者、仁人志士。在数理方面，有周培源、吴大猷、叶企孙、赵忠尧、吴有训、朱物华、张绍忠、何增禄、束星北、朱福执、华罗庚、曾昭伦、饶毓泰、王竹溪、马仕俊等一代中国理学界的宗师；在文史方面，则有张奚若、吴晗、闻一多、朱自清等中国的一代文学泰斗。在那民族危亡的日子里，他们怀着满腔忧患，亲躬于教学第一线，融合了北大的"兼容并蓄"，清华的"严谨求实"和南开的"活泼创新"之风，开拓出一条空前的爱国、民主、科学、坚持学术独立、思想自由的道路。如今，西南联大被称为"中国史上最强大学"。当时，西南联大几乎囊括了当时中国最有成就的大师级学者。在那里，走出了 7 位两弹一星元勋，171 位中国科学院或中国工程院院士，2 位诺贝尔奖得主，真可谓"大师云集"！正如联大的校歌中所唱到"千秋耻，终当雪！中兴业，须人杰！"

在那战火纷飞的岁月，西南联大被师生们戏称为"难民大学"。由于物

① 理查德·莱文：耶鲁校长在庆祝清华大学建校 100 周年大会上的发言。《人民日报》，2011 年 4 月 25 日。

价飞涨，教授们不得不想尽各种办法挣钱补贴家用。遇到日寇飞机狂轰滥炸时，师生们被迫常常“跑警报”，一跑就要花上大半天。但就是在这样艰难的条件下，朱光亚和同学们还是随身带着书、词典和外文卡片躲在防空壕里坚持学习。为了补上耽误的课程，师生们常常利用早晨和晚上的时间点着蜡烛上课。刚开始跑警报时，由于没有经验，大家都以为靠近城墙边会很安全，但城墙很快就被炸成废墟。华罗庚先生就曾被埋在了泥土下又爬出来。

关于那时的艰苦环境，曾有不少纪念文章。在《西南联大：炮火中成长的“大师之园”》中有这样的记叙[①]：

> 现在的云南师范大学的校园中央，有一间铁皮顶、泥巴墙、木格窗的房子显得格外突兀。这是目前仅存的一处西南联大的教室。这间60平方米的教室里有讲台和椅子，却没有书桌。别看教室这么简陋，这可是建筑设计大师梁思成的杰作。抗战时期，联大经费严重不足，即便是建筑大师也巧妇难为无米之炊。昆明多雨，每逢下雨，雨点打在铁皮顶上，丁当作响，教授讲课便要提高嗓门。一次，经济系教授陈岱孙上课时，因雨声太大，学生根本听不到教师讲课，陈教授无奈便在黑板上写了“下课赏雨”。此段趣事在联大广为流传，并笑称“正所谓风声、雨声、读书声，声声入耳”。教室如此，宿舍更不用提了。宿舍也是土坯墙，但却是茅草顶。每到外面下大雨，屋内就下小雨，这时候睡在上铺的人只得取脸盆、油布四处接雨。下完雨，宿舍里就变得泥泞不堪，甚至长起了杂草，学生们的鞋子往往穿一个雨季就烂了。同学们诙谐地称鞋底磨穿了是“脚踏实地”，鞋尖鞋跟通洞叫作“空前绝后”。

图 2-3　西南联大时期的朱光亚

西南联大的厨房当时由学生们轮流兼职。上海师范大学退休教授、1939

① 高明：西南联大：炮火中成长的“大师之园”。《新京报》，2005年8月15日。

年入学的联大学生李宗渠对此记忆犹新："整个女生食堂一顿饭大概开 20 桌，烧菜只用 10 两油（相当于现在的半斤多）。烧饭用的水是井水，米汤酸得跟醋一样，所以要找食堂很容易，哪里有股酸味就往哪里去。"西南联大学生食堂不仅伙食质量极差，而且很长一段时间每天只能吃两顿饭。很多学生因无钱购买早点，肚子又饿，甚至没力气去上头两堂课。早上一般是稀饭，晚上才能吃米饭。但因政府供给的"公米"是劣质米，多年的陈米，非常粗糙，且米饭里沙石、老鼠屎、糠屑很多，学生们戏称为"八宝饭"。西南联大的学生对此有生动的描述："八宝者何？曰：谷、糠、秕、稗、石、砂、鼠屎及霉味也。其色红，其味冲，距膳堂五十步外即可嗅到，对牙和耐心是最大的考验。谨将享用秘方留下：盛饭半满，舀汤或水一勺，以筷猛力搅之，使现旋涡状，八宝中即有七宝沉于碗底，可将米饭纯净度提高到九成左右。"有人为"八宝饭"编了一首歌："八宝饭"味道香，八种成分"营养高"，沙石稗谷泥壳汤，黄霉素配鼠屎汤，感谢上帝的"恩赐"，我吃"八宝"你喝汤，谁知熬到何年月，八宝也许难吃上，十儒九丐啼饥寒，百代盛世莫悲伤[①]。邹承鲁回忆说："高考填志愿时，我自己选择了西南联大——主要是考虑到该校教授阵营强，北大、清华、南开三个学校的教授集中在一起，旁的学校是不能比的。我母亲叫我考中央大学，因它在重庆，离家里比较近。但我不愿意。那时年纪也大了，自己有主意了，母亲也管我不住，只好让我去。在西南联大时，不但经常跑警报，而且平常的生活也很困难。昆明也老遭日本人轰炸，但昆明和重庆不一样，没有山，也没有什么防空洞。拉了警报就跑，往城北郊区跑，那儿离建筑物远一点。当时不管是教授还是学生，大家都跑，跑到离建筑物远一点的地方。生活上，虽然学校包伙，但只管两顿饭——午饭和晚饭，早饭得自己解决。可我家里困难，手头没有钱，于是我常常吃不到早饭。为了吃饭，我只好出去打点工，帮一个酒店记账，隔一天记一晚上。这样就能有点钱，过得稍微好一点。"[②]

"昆明有多大，西南联大就有多大"，这是春城一度的流行语。联大的图书馆条件简陋，茶馆便成了联大学生延伸的课堂。联大人还发明了"泡茶

---

① 刘宜庆：《绝代风流：西南联大生活录》。北京：北京航空航天大学出版社，2009 年。

② 熊卫民：自由之精神，独立之人格——访邹承鲁院士。《科学文化评论》，2004 年第 1 卷第 1 期（创刊号），第 107-122 页。

馆”一词。昆明本地话说“坐茶馆”。“泡”是北方人的习惯用语，意指在茶馆待很久，甚至废寝忘食。许多同学的毕业论文都是在茶馆里完成的；不少老师在茶馆里批改作业；一些名家大师也是从茶馆起步的。朱光亚后来也曾告诉过儿子，当年他读书时，经常在茶馆里读书、做作业。联大的师生为何爱“泡茶馆”？原因有二：其一，联大读书，没有固定的教室，自修往往要找一个僻静的地方。图书馆当然好，但常常没有空座位（那时西南联大有学生两三千名，图书馆却只能提供不到二百个座位，所以每天抢占座位成了学校最热闹的事情）。宿舍里光线太暗、阴冷、潮湿，同样没有书桌，而且也嘈杂。所以昆明的茶馆成为联大学生“延伸的课堂”。其二，有一段时期昆明的电力超载很多，晚上用电高峰时间，电压常降到 160 伏以下，白炽灯泡微微发红，怎么能看书呢？进茶馆，读完书，温习完功课，娱乐就在茶馆，在茶馆聊天，打桥牌，或者下棋。玩桥牌是最普通的娱乐，就只有茶馆里最适宜了。朱光亚说他会打桥牌，大概就是在这里学会的。许渊冲回忆朱光亚的桥牌水平时说：“他还喜欢打桥牌，计算非常精准，把科学精神体现到文娱活动中了。”① 李政道把昆明的茶馆比作巴黎的咖啡馆，是文人雅集之处，也是激发创作的地方。

除了玩桥牌之外，电影也是联大同学最普通的娱乐。因为物价的高涨，音乐活动在这里仅限于唱唱歌，或是到美国领事馆及附近的学生服务处、文林堂听听唱片音乐；而运动方面，打打球还要考虑到鞋子的“损耗”，其他就更不必道了。联大理工学院靠近拓东路。拓东路是昆明繁华区的东南边缘，西端是南门外的金马碧鸡牌坊，东端则建有一个大体育场，其中心是一个足球场，可自由使用。马路可通行双向的大卡车，街道两旁有不少商店饭店等，附近有两个电影院，院内设有同声翻译设备，观众可直听原声和当地较土的“官话”口译②。朱光亚说他读书时，也常去电影院看电影，主要是为了练习英语听力。很多电影的名字如《卡萨布兰卡》（当时叫《北非谍影》）《魂断蓝桥》《简·爱》《乱世佳人》《翠堤春晓》等，朱光亚都记忆犹新。

---

① 许渊冲：清华三传统 // 清华校友总会：《清华校友通讯》（复 63 辑）。北京：清华大学出版社，2011 年。

② 刘宜庆：《绝代风流：西南联大生活录》。北京：北京航空航天大学出版社，2009 年。

至于联大的物理系，由于三校联合，名师济济一堂。联大物理系的教师都有良好的教育背景，各位教授都曾留学欧美并取得博士学位，其中大多数曾跟国际一流物理学家一起从事科学研究。物理系的讲师助教，也大都是战前清华、北大的毕业生。因此，联大物理系不仅总体学术水平高，而且了解国外学术发展的情况，因而其教学能接近国际水平。一门课程几位教授均可开设，每位教授能开多门课程。不少课程是由从事该学科研究的专家讲授的。所开课程几乎涉及近代物理的各个领域。

谈到西南联大物理系的师资队伍、教学条件、实验环境以及授课情况，吴大猷在《抗战中的西南联合大学物理系》① 一文中有着非常详细的描述：

> 西南联大乃由北大、清华及南开三校于1938年春在昆明组成。物理系的教授，亦系由三校来的。清华有叶企孙、吴有训、周培源、赵忠尧、王竹溪、霍秉权；北大有饶毓泰、朱物华、吴大猷、郑华炽、马仕俊；南开有张文裕；还有许贞阳，是联大（师范学院？）聘的。其中王、霍、张似是1941年由英回国的，马则是1938年初由英国回国的，个人的专长略如下：叶、饶是最年长的；也是哈佛的，饶是普林斯顿20年代初期的实验物理学家；叶早年从事普朗克常数由 X 射线的测定；饶早年从事气体导电的研究，后从事光谱的士塔克效应的研究。吴有训研究Compton效应是有贡献的，周培源早年研究相对论（广义的），在昆明时则从事激（湍）刘的研究。赵忠尧在30年代初，在加州理工学院从事硬 γ 线的吸收研究，此项工作极为重要，为后来安德逊发现正电子的先河，惜失之交臂。朱物华乃哈佛电工博士，研究电网络及瞬流等问题。王乃剑桥理论物理学者，专长统计力学；霍和张二人皆系剑桥的实验核子物理学者。郑华炽泽在法国及奥地利从事拉曼效应的研究，马乃剑桥理论物理学者，专长量子电动力学。许的专长不甚知。笔者从事原子及分子理论及实验（光谱）工作。
>
> 物理系的参考图书及研究实验设备，实可谓“零”。教学实验仪器，则至为简陋，勉强应付，盖昆明与外交通的滇越铁路于1940年日人侵越已断绝，即有钱亦无从购置仪器。在七七事变前一年，华北形势危急

① 吴大猷：抗战中的西南联合大学物理系［C］//《吴大猷文录》。杭州：浙江文艺出版社，1999年。

时，清华大学曾将若干科学期刊的早期部分南运，惟这些早年期刊，只在特殊情形时偶供参考，用途是有限的，常用的参考书籍及近年期刊则完全缺乏。又在七七事变前数月，南开大学亦鉴于局势日亟，将科学期刊装箱南运，经滇越铁路入滇途中，在越南之河内遗失若干。这些早期期刊，视作“科学财宝”则可，但到昆既无房舍列出，即列出亦无大用的。在昆明八年，笔者未曾试着去问这两批的“财宝”是否可参阅！倒是在到昆初期去小东门的中央研究院化学研究所查阅些期刊，和偶去距离颇远的中研院天文研究所参考其图书。

在书籍期刊实验设备均缺的情形下，很自然的，从事实验研究者无法工作，只有从事理论工作的还可以做些研究。在实验研究方面，赵忠尧勇从北平带出来的五十号克镭做了些人工（中子）放射性元素实验；笔者试着用从北平带出来的光谱仪的棱镜等部分，放在木架制的临时性粗型光谱仪，做 Ni（NO_3）2.6 NH_3 晶体的 Raman 光谱（为的是稍早在英国的佘瑞广从 *X* 射线研究的结果，引起我想出一个相关的问题）。西南联大物理系八年来的“实验研究”工作，成就是这一点了；他们显然都不是重要的工作，但他们却是代表一种努力的精神——“知其不可为而为之”的精神。

在理论研究方面，则情形好得多了。除周培源的激（湍）流研究本身外，还引导了研究生林家翘；林（1939 年）考取中英庚款出国后，解答了激（湍）流理论上一个基本性的重要问题。王竹溪领导了杨振宁、李荫远从事一个统计力学问题的研究。马仕俊继续从事量子场论方面的工作。笔者到昆明的首年写了一册《多原分子的振动光谱和结构》专著，做了一些原子能态、自游离化理论等的研究。这些工作，都没有什么重要性，大概是因为在极端困难情形下做的，为笔者获得些意外的声誉。

在西南联大，物理系每年级只有一班，约三四十人。学生多是有个沦陷地区来到后方的。膳杂费界由政府负担；住宿则在学校的泥墙草顶的宿舍。笔者和学生的接触不多，但印象是大多数的学生都较目前在台的更为努力于求学，很少社团活动、复印笔记、逃课等。

至于教师授课，记忆不甚清楚，大致如下：普通物理似多由郑华炽、许贞阳、或炳权、赵忠尧、张文裕几位担任，其他的课程则由各人轮流教学。笔者在八年中，教过电磁学、近代物理、古典物理、量子力学，未教过普通物理。1938 年将量子力学，旁听的有时已毕业的林家翘、

胡宁等后来成大名的物理学者。在1941年的古典力学、量子力学班中，有杨振宁、黄昆、张守廉、黄授书、李荫远和其他十余人，遇见这样的“群英会”，是使教师最快乐的事，但教这样的一班人，是很不容易的事。除了我比他们多知先知一点外，他们的能力是比我高的。

沈克琦回忆说：

教授们不仅学术造诣深厚，他们的学风和敬业精神对学生更有深远的影响。例如周培源教授家住昆明西山龙王庙，离联大20余里。他骑马来上课，下马后先牵马溜汗，再进教室上课，从不迟到一分钟。他讲力学课自编讲义，经常自刻蜡纸，每次亲自将油印讲义带来发给学生。王竹溪教授讲热学时有他自己的系统，图书馆中的参考书有多种，作者为Roberts Saha，Guggenheim Planck等，王先生在黑板上每一节标题后注上各种参考书上相应的页数，以便学生查阅。我们去图书馆借书时，如果某书已被借出，就换另一本参考书。这样，学生的自学能力也得到了提高。吴大猷教授讲授近代物理时也是自成系统，没有一本固定的教材，不同部分参考不同的书，不少是名家所著，图书馆中都有，任凭借阅。由于日机轰炸，吴大猷教授家住离校十里的岗头村一平房中。夫人患严重肺病，卧床不起。吴先生按时来校上课，在家坚持科研。他写成专著《多原子分子的结构及其光谱》，同时进行理论物理研究，还在紧靠住房的房间内装成一台大型摄谱仪。这台大型摄谱仪原来有一个很重很大的铁质底盘和臂，因无法搬运只能将光学元件携来昆明。吴先生就用这些元件和砖墩、木架装成摄谱仪，做了一项科研工作，写成文章送国外发表。吴先生说：“我们想了很

图2-4　1944年5月，朱光亚（前排右一）与同学在西南联大新舍南区合影

多办法才做成，当然不能做意义很大的工作，但做总比不做好。”他认为长期不做研究对青年教师的成长是很不利的。我在四年级时到岗头村亲眼见到这台装置，大家都很受教育[①]。

从大学二年级开始，朱光亚先后师从周培源，赵忠尧，王竹溪、叶企孙、吴有训、饶毓泰、朱物华、吴大猷等著名教授。在众多名师的教诲下，他昼夜苦读，遨游在当时中国现代物理学的知识海洋中。有一次，朱物华教授的无线电学考试，题目很难，有的同学考试后还担心不及格，结果却出现了“空前绝后”的100分，由于公布分数是仅仅宣布注册学号，所以知晓这个100分的得主的人并不多。慢慢地，师生们终于发现，原来这个成绩常常名列前茅的学号是朱光亚的。从此，他不仅备受老师们的青睐，还被同学们戏称为“小科学家”[②]。朱光亚不仅在学业上如此优秀出众，而且在思想、人品、情操诸方面，也均受益与名师的赐教与熏陶。朱光亚做事从来都是严肃认真的，只要他认为是有用的知识，就会如饥似渴地学习。同学们称他是“不计收获，只顾耕耘”的人。当年，朱光亚的学习成绩好，在西南联大是出了名的。

20世纪40年代的西南联大，中共地下党领导着轰轰烈烈的爱国民主运动。朱光亚参加了进步学生组织，结识了地下党员王刚，在政治上更进一步向共产党靠拢，积极参加各种进步活动[③]。

到了1944年，在武汉的父亲患肺病仅开半薪，家里再也无力负担子女的学费了。为了坚持学习，朱光亚就利用课余时间兼职做店员，以补充学费不足。稍有节余还寄回家中。1944年9月，经王刚介绍，他到天祥中学（即现在的昆明市第十一中学）兼课，一度还兼过班主任。一直到1945年大学毕业留校任助教后，朱光亚还一直在天祥中学兼课，挣钱补贴家用。到中学当老师，在当时的西南联大的教师和学生中蔚然形成了风气。先后曾在天祥中学任兼职教师就有王浩、杨振宁、许渊冲等。回忆这段经历，朱光亚曾感慨地回忆说，当年，常常是清早赶到天祥中学带学生上完早自习，再跑到西南联大去上课。那时候怎么会有那么充沛的精力！

① 沈克琦：《西南联大何以成绩斐然》。紫苑网，[2009-05-07]。www.ziyuanv.cn

② 杜祥琬，等：《战略科学家朱光亚》。北京：原子能出版社，2009年。

③ 杜祥琬，等：《战略科学家朱光亚》。北京：原子能出版社，2009年。

曾任云南大学教授的哲学家赵仲牧在《我的中学老师们》[①] 一文中回忆说：

当时教我的老师，有不少在以后都成为教育界、学术界、科学界的名人。比如，当时在天祥中学当过物理老师的就有杨振宁。我初三的时候，教我物理的老师就是朱光亚。教我英语的老师，其中就有著名的翻译家许渊中。他是把唐诗翻译成英语的名家，可以说是首屈一指的唐诗翻译者。由于他嗓门高、个子也比较高大，所以当时有个外号叫"许烟囱"。后来他用笔名"许渊冲"也和这个外号有关。当时教我们历史的，有两位老师，一位是许寿鄂，后来改名叫许世谦，之后成为一位著名的历史学家，曾任北大历史系主任。还有一位叫李晓，后来改名叫李曦木，之后从政，当过大连市委书记和国家经委副主任。教我们语文的叫王树勋，后来改名叫王刚。教我们几何学的叫谢光道，后来成为解放军总参谋部的气象局局长。当时教过我们数学的，还有华罗庚。我的化学老师叫申泮文，听说他后来是南开大学的化学教授，而且是国家学部委员和院士。在我的记忆中，我在天祥中学的老师里出过6位学部委员、中国科学院院士。我对他们的印象都很深，他们对少年时代的我影响也甚深。值得一提的是，闻一多先生也到天祥中学讲过课。他给我们讲屈原的《楚辞》，特别是《离骚》。这些先生的音容笑貌和衣着风度现在回忆起来还历历在目。

朱光亚讲物理的时候，概念很准确，思路也很清晰，引发了我对物理学的兴趣。许渊中和彭国焘老师讲英语课的时候，不仅英语非常流利，而且讲得很有情致。许寿鄂和李晓，一个讲中国史，一个讲外国史，都各有特色。许是侃侃而谈，对中国历史如数家珍。李晓身材较矮，穿着一件长袍，讲课时一只手插在裤兜里，一只手拿着粉笔，侃侃而谈，从来不带片纸只字的讲稿。我讲课从来不带讲稿，也就是从李晓先生那里学来的。从这两位先生身上，也引发了我对历史的兴趣。谢光道讲平面几何，用的教材是"3S几何教材"，其体系是"欧几里得体系"，从假设、求证到推理，一环紧扣一环，异常清晰和严谨。我的逻辑思维的形成，后来对逻辑学有浓厚的兴趣，应该就是在当时打下了坚

---

① 赵仲牧：我的中学老师们。《生活新报》，2005年9月27日。

实的根基。

在这样一个氛围中，对培养当时的少年从事各行各业，尤其是走科学、学术和创作的道路，意义是巨大的。可以说，西南联大给昆明乃至云南播下了高层次的文化种子。这些西南联大的学子，在联大附中、天祥中学等学校培养了大批有可能成材的中学生，也是功莫大焉。

西南联大遇名师

在西南联大，朱光亚遇到了许多名师大家。

吴大猷

吴大猷，后来被人们誉为“中国物理学之父”。广东高要人，1907年9月29日出生。毕业于南开大学，1931—1933年在美国密歇根大学获得硕士和博士学位，1933—1934年在美国作光谱学、原子和原子核物理学方面的研究。回国后，在北京大学、西南联大任教。1939年获中央研究院丁文江奖金。1943年获当时国民政府教育部第一等科学奖金。1946年，赴密歇根大学任客座教授，后又至哥伦比亚大学工作两年。1948年被选为台湾中央研究院院士。

在西南联大任教期间，吴大猷开设的课程主要有《电磁学》《近代物理》《量子力学》和《古典力学》等，先后培养出他称作“群英会”的杨振宁、黄昆、胡宁、黄授书、张守廉，和后来因选派出国又专门加课的李政道、朱光亚等一批精英。其中杨振宁在获取诺贝尔物理学奖后向恩师致敬，称自己后来的工作和获得该奖，都可以追溯到在先生指导下所做的用群论研究多原子振动的论文；而李政道更是受益于吴先生慧眼识英才，未经考试即收录听课，后又以大二学生身份被选派赴芝加哥大学攻读博士。

后来，朱光亚回忆起吴大猷先生在西南联大的时光时说，那时师母身体很不好，吴先生一面要给学生们上课，一面又要照顾病弱的夫人，还要在家坚持搞科研，进行理论物理的研究。看到吴先生忙里忙外，很辛苦，朱光亚就常抽空去帮吴先生做些买菜之类的事情。他尊重、体谅老师，老师与师母也欣赏、疼爱他，常让他留在家里吃饭，朱光亚感到先生与师母待他就像自己的家人一样。吴先生家住昆明郊区，由于战乱，即不通汽车，甚至连黄包车都没有。朱光亚就常常背着师母到很远的医院去就医，有时还背着师母跑警报。

赵忠尧

赵忠尧，被称为“中国实验核物理的鼻祖”。1930 年获加州理工学院博士学位，是我国核物理研究的先驱，在实验物理、加速器、宇宙线物理的研究和人才培养方面成绩卓著。抗战期间，赵先生到西南联大任教，那时生活极不安定，物价飞涨。但赵先生仍利用盖革计数器作了一些宇宙线方面的研究工作。除教学外，他积极建设实验室，开展科学研究，为核物理研究及人才培养创造条件。

在 1992 年赵忠尧先生诞辰 90 周年的庆祝会上，朱光亚、梅镇岳等以学生身份用生动的往事叙述了赵老对学生的精心培养及高尚品德。祖赵忠尧的教诲令学生时代的朱光亚得益匪浅。

吴有训

吴有训，中国物理学创始人之一，我国杰出的物理学家和教育家。1921 进入美国芝加哥大学攻读物理学，在 A·H·康普顿教授领导下从事 *X* 射线的研究工作。他以精湛的实验技术和精辟的理论分析证实了著名的康普顿效应，是我国近代物理学的先驱。

在西南大学吴有训教授是理学院的院长，讲授《普通物理》课程。他上课嗓门大，准备充分。选材精练扼要，科学性和逻辑性强，说理深入清楚。总能引人入胜，他在黑板画各种物理图像；用带有江西口音的讲解。做各种物理实验把学生带人繁花似锦的物理园地。西南联大办学条件很差，物理系的仪器和设备少得可怜，吴有训带领员工秉承自力更生精神自己动手干。没有电炉丝就用兵工厂的金属削片代替，缺化学原料苏木素，就从当地一种木材中提取代用，没有显微镜载玻片，就用日寇空袭震坏的玻璃代替，没有煤气就用蒸馏酒精代替。在这样艰苦的条件下，吴有训等教职工依然努力为国家培育英才，一直坚持到抗战胜利。

吴有训先生不仅是一位有成就的物理学家，而且是一位杰出的教育家和科学研究的组织者。那个时期物理系鼓励青年学生自己动手、动脑筋，形成了一种学风。这位世界闻名的吴教授常常穿着粗布工作服在做木工活、吹玻璃，手把手地教学生干各种工人干的活，既讲大学物理、近代物理理论，又教“实验技术”课，一边教学，一边作研究。他还组织学生定期举行学术讨论会，并出版《科学记录》杂志以交流学术，这本杂志成为当时我国国际交流的唯一外文版自然科学理论刊物。这些活动开阔了师生的眼界，给科学研究和教学增添了活力。吴有训教授还凭着自己对祖国未来的一片赤诚，凭着自己在国内的威望，先后聘请了一批著名的物理学家来西南联大执教。其中有赵忠尧、吴大猷、王竹溪、马士俊、任之恭等人。

吴有训要求学生通过自学或个人推导去掌握一些近代物理理论基础；通过自己动手实验去体会实验技巧与精确性，以加深对理论的理解。他还经常介绍一些大科学家的生平事迹，如法拉第、卢瑟福、玻尔等的故事来启发、开导后来的年轻人，用这些先辈献身科学的顽强品格鼓舞和激励学生踏上科学征途。

王竹溪

王竹溪，著名的物理学家、教育家，近现代中国屈指可数的百科全书式的学者。1935 年 8 月赴英国剑桥大学学习，在当时世界知名物理学家 R. H. 福勒指导下进行统计热力学方面的研究。1938 年获得剑桥大学博士学位。我国热力学统计物理研究的开拓者。

1938 年秋，王竹溪担任西南联合大学教授。当时祖国的大片土地已被日本帝国主义的铁蹄所践踏。如果王竹溪贪图安逸、享受，以他的才华与学术水平，完全有条件在西方国家找一个教学和科研工作。但是他毅然回国到西南联大，虽然过着极为艰难困苦的生活，但王竹溪泰然处之专心治学，培育人才。除了完成物理系的教学任务之外，还到工学院任课。此外，他还坚持科学研究，完成了有关热力学、统计物理学等方面的多篇科学论文。

王竹溪先生当时讲授《热力学》和《统计物理学》两门课程。王先生授课条理清晰、逻辑严密、分析深入、发人深思。王先生的严谨，不仅在于数学演绎和逻辑推理上的一丝不苟，还在于对于科学要以最基本的物理科学为依据，不能用得不到大家认可的理论。当时在西南联大，谁要想学习理论物理学，一条方便的道路就是直接借阅王竹溪的笔记。他的《热力学》《统计物理》《电动力学》《量子力学》笔记都是历届学生必读的学习资料。

朱光亚生前工整而清晰的字迹，一尘不染，工整干净的信件、批文，和当年王先生严谨的治学做事如出一辙。

周培源

周培源教授是蜚声海内外的科学家、教育家和社会活动家，我国科技界的卓越领导人。1926 年获芝加哥大学理科硕士学位。1927—1928 年在加利福尼亚州理工学院当研究生，获哲学博士学位。历任清华大学教授、教务长、校务委员会副主任，北京大学教授、教务长、副校长、校长，中国科学院学部委员、数理学部常务委员、副院长及主席团成员。

20 世纪 30 年代初到 40 年代末，周培源多次出国。当时国内战火纷纭，前途未卜。但他没有将自己的生命之树植根在异国他乡，而是在学术卓有成就之后返回祖国。“科学为祖国”是周培源一贯的思想和行为。日本帝国主义侵华开始后，他突击学习了空气动力学、弹道学等能够直接服务于抗战的专业。1937 年底回国，任西南联合大学物理系教授，主讲《力学》《流体力学》和《广义相对论》课程，同时做流体力学湍流理论的科学研究。他还开了一门《空气动力学》课，详细地讲解了飞机机翼在理想流体中受力的原理，引起学生们的极大的兴趣。周培源先生不仅课讲得生动有趣，富有深度和逻辑性，而且出题和解题思路也非常之妙，常能把人带入一个全新的境界。讲课主要用启发方式，在课堂上讲的并不多，但重视培养学生阅读和钻研参考书的习惯，从参考书中学到有关学科的最新成就的思想和细节，还进一步把学生引到参考书上还没有写进的这门学科的最前沿。大家经常在课后讨论这些问题，并设想解决问题的途径。周培源特别主张教学和科学研究相结合，并身体力行。他强调，理论必须与实践并重，不能偏废，这是物理学工作者应该大力提倡的。他很重视实验，认为实验是近代自然科学产生的前提，也是促进近代自然科学发展的主要基础。对学生要求严格，批评的时候直言不讳，这使他的学生受益匪浅。

那段时期昆明经常受到日军飞机的轰炸，有很长一段时间，差不多每天都有空袭警报。学生们听到警报就往学校北面的荒地树林中跑，而周培源先生则带着助教们在树林中坐下，继续计算和研究工作，在如此危险的情况下坚持不懈地培养下一代物理工作者。

朱光亚从周先生那里不仅学到了学问，还有在为人、治学、处事等方面的许多道德风范。

叶企孙

叶企孙，1918 年毕业于清华学校，1920 年获得芝加哥大学理学学士学位，1923 年获得哈佛大学哲学博士学位。历任东南大学、清华大学物理系教授、主任等职位。

当时叶先生是西南联合大学物理系的教授、系主任和理学院的院长。叶先生非常重视实验研究。作为理学院的负责人，千方百计从上海和国外购置新设备辗转运到昆明，还想方设法创造自制仪器的条件，使得联大物理系在这样艰难的情况下，从未间断实验研究，保证了对学生的全面培养。他十分重视学生动手能力的培养和训练，要求学生学习木工、金工和机械制图课程，能自己动手制作实验设备，并做毕业论文。

在西南联大期间，他在物理系开设的课程有《电磁学》《热学》《物性学》《微子论》等。他讲课逻辑性很强，层次分明，将物理概念的形成和发展过程十分深入，根据时代的发展将新颖、多学科的内容结合起来，引人入胜；对于难以理解的地方着重讲，反复讨论或是写出有关参考材料；易懂的地方一提而过或是让学生自习；讲课艺术高超，深入浅出，比喻恰当；注意理论联系实际从而提高学生动手能力。他认为上课不只是要教授知识，更重要的是培养学生的科学精神和获得科学知识的方法，从而使学生能够获取新知识并发展知识，有所创造。他批改作业及试卷特别仔细，通过教学给学生以扎实严谨的学术训练，为学生今后发展奠定重要基础。在西南联大期间，叶先生还亲自倡导和推动一批物理优秀毕业生到技术科学领域去工作。他一贯爱护青年学生，教书不忘育人，经常和学生保持直接联系，经常约学生到他家谈话或是吃饭，对于经济上的困难也给予慷慨的帮助。对学生的情况很了解，在学习方面强调循序渐进。

42 年后与吴大猷的重逢

1992 年的 5 月，为祝贺周培源先生 90 寿辰召开了一次物理学界的学术盛会，李政道专程从台北陪同吴大猷先生来到北京参会。这是朱光亚与吴先生阔别了 42 年后的再度重逢，两人重叙师生情谊，相对而坐，感慨万千。

在京期间，朱光亚特意安排吴先生到 301 医院检查身体，并亲自给吴阶平打电话，请吴阶平布置医疗专家会诊。吴先生出院后，他又和李政道一起，在中山公园的“来今雨轩”宴请照料吴大猷先生的 301 医院医疗小组的全体医护人员，可谓是细心周到，体贴入微。临别之际，朱光亚将一份专门准备的礼物“祖国大陆的一块珍贵化石”送给吴大猷先生。

朱光亚在总装备部的同事邹云华回忆[①]说：

> 1992 年 5 月，朱光亚主任的老师、著名物理学家吴大猷教授从台湾回北京和天津参加学术会议。对于阔别近半个世纪的恩师，朱主任关心备至，对恩师的身体安康真是费了不少心血。一天，朱主任打电话交代我帮他办一件事。他要我与 301 医院的黄宛大夫联系一下，关于吴大猷教授可能要在北京做手术的问题，让他们做些准备，并把电话号码告诉了我。朱主任在电话中说：“中国科学院已就此事报告了总后勤部赵南启部长，且中国科学院柳怀祖直接与赵南启部长通了电话。需要 301 医院打个病情报告给赵部长，后天要把报告送到。明天，两位教授（指李政道等人）将动员吴先生在北京做手术，看吴愿意否。”朱主任又说：“（做此手术）台湾用的是全身麻醉，对老年人不力；而我们用的是硬膜外麻醉，是腰麻，不影响心脏。黄宛已有多年手术经验，不会因为吴先生心脏有些问题而影响做手术。”可见，朱主任对他的恩师是多么的关心和尽力啊！

1994 年，吴先生委托自己的学术秘书从宝岛台湾带给朱光亚一台微型相机，它成了朱光亚的心爱之物，每逢闲暇之时，便用它为家人摄下了许多珍贵的照片。

---

① 邹云华：深切怀念恩师益友朱光亚［C］//《风范长存天地间》编辑组：《风范长存天地间——朱光亚同志逝世一周年纪念文集》。北京：人民出版社，2012 年。

吴大猷与八仙酒壶

1995 年的一天，朱光亚对儿子朱明远讲起他宴请吴大猷先生时的情景。当时，吴先生提到中国古代的物理学，说他早年曾见过一种叫作“八仙壶”的酒具，酒壶装满酒后，往空酒杯倒酒，酒杯装满后，酒壶里的酒就倒不出来了。采用的是物理学中的所谓“虹吸原理”。这种酒具现在看不到了，不知是否已经失传。

后来有一天，朱明远陪同几位国外友人在北京参观一个工艺美术展览，在展厅外的纪念品商店发现了这种称作“八仙壶”的酒具，一个酒壶，八个酒杯。明远如获至宝，立刻买了一套带回家给朱光亚看。朱光亚很高兴，说等下一次吴先生回大陆送给他。时隔不久，10 月，明远接受邀请参加在台北举行的第十九届国际计算机软件与应用大会，朱光亚将“八仙壶”交给朱明远，让明远到台北去看望吴大猷先生，并把礼物送给他。在台北，大会一结束，明远立刻同吴大猷先生电话联系，并赶到他在台北市的办公室兼住所去拜访他。吴先生见到明远像见到家人一样，拆开朱光亚的礼物，两人立刻开始往酒壶里灌满水，一个一个杯子倒，高兴得像两个顽童。明远和吴大猷先生聊了很久。临别时，吴大猷先生从书桌的抽屉里拿出一支用了多年的派克笔交给明远，让他带给朱光亚。

明远回国将这支笔交给朱光亚时，朱光亚脸上洋溢着如同又一次见到恩师般的欣喜和感慨。随后，向明远问及吴先生的身体和生活状况。明远告诉他，吴先生从中央研究院院长位置退下来后，仍然住在中央研究院的办公室。外间是办公室，里间是卧室。平常有一位女工做饭、洗衣、照顾生活。周末，女工回家，把两天的饭做好放在冰箱里，吴先生用微波炉热着吃。中央研究院不再为他配属专车，吴先生心脏不好，如果身体不舒服，只能自己上街搭计程车去医院。另外，吴大猷先生对李登辉搞台独以及当时的中央研究院院长李远哲支持李登辉表示了深深的不满和担忧。听到这些，朱光亚非常难过和焦急，他觉得应该请吴先生回到大陆来，这样吴先生的生活和医疗都能得到很好的保障。他说要同周光召商量并尽快解决此事。但这个心愿，最终被海峡两岸尽人皆知的原因阻断了，他们只有在心中彼此默默地互相祝福。

深深的思念

2000年4月，当海峡彼岸传来吴大猷病重直到后来仙逝的消息时，朱光亚悲痛不已，但遗憾不能亲往海峡那边去为恩师送行，他便委托莫逆之交的老同学和终生的好友李政道先生在恩师的灵前代为祭奠、哀思，并向吴先生的亲属表示亲切慰问与沉痛哀悼。

光明日报记者张曼菱当时曾对他有过一段采访①：

在一个周末的早晨，凭着西南联大校友会的联络，我们幸运地得到朱光亚的邀请，到他的住所去看望他。

当朱光亚深情地怀念其导师时，我才知道，杨振宁和李政道的老师吴大猷，也是“两弹一星”功臣朱光亚的导师。朱光亚还是吴大猷最亲近的弟子，这件事长期不被人所知，可能和朱光亚先生长期从事国防科研的保密性质有关，也更和海峡两岸的长期阻隔有关。

“那时候，吴大猷先生的夫人病得很重。他一面照顾夫人，一面给我们讲课。我常到他的家里去听课。我背着师母去医院看过病。”

已是鹤发童颜的朱光亚说着，眼神里，仿佛又回到了青春年少的学子时光。

“您背着她吗？”我问。

“是的，师母要去医院，都是我背着。那时候哪有什么‘的士’？抗战时期，连黄包车也没有。再说，住的也是昆明的郊区。那时候的师生，就像一家人。我也常在吴大猷老师家吃饭。我是穷学生，吴老师知道。”

“1945年，吴大猷老师带我和李政道去美国，那时是秘密的。我是作为他的助手去的。后来一起在美国，很多年后，才分开的。老师去了纽约。”

“吴老师去世时，我不能去台湾送行，是托李政道代我去向老师告别的。”

这时，朱光亚的眼神里有一种遥远的东西，那是一个小岛，岛上有

① 张曼菱：朱光亚和他的老师吴大猷。《光明日报》，2000年8月3日。

他青年时代的恩师。

作为国防军事的重要专家，朱光亚即使是在国内小有走动，都会惊动国家安全部门。所以，他连公园散步都自觉取消了。为自己一人让很多人劳累，他觉得不安。自然，他不可能在这种情况下，赴台看望恩师。只有心系之念之，情流露之。

在我的心目中，朱光亚的贡献亦不弱于获取国际巨奖。他是共和国最需要的人，在这个民族最需要的地方和时候，像擎天柱一样撑住了。

和中央电视台的一位朋友谈起这些，他说："我们中华民族今天这样的兴旺，是和这些人的奋斗分不开的。"

朱光亚们，是共和国安宁的守护神，民族力量的巨子。

旧中国的原子弹之梦

梦的开始

1945 年 8 月，美国在广岛和长崎分别投掷了一枚原子弹，敲响了日本军国主义的丧钟，同时，也勾起了中国人掌握和制造原子弹的梦想。

1945 年 8 月 12 日，长崎核爆后 72 小时，美国政府公开发表了一份《史迈斯报告》（Smyth Report）①，报告有两个用意：其一，作为美国解说原子弹发展历程的官方说明，它轮廓性地展现了洛斯阿拉莫斯实验室研发原子弹的过程，以及制造原子弹的物理化学程序；其二，提供了一套参与曼哈顿计划的科学家在公开场合介绍原子弹的标准说法，避免泄露机密。《史迈斯报

① 全名《原子能的军事用途：美国政府发展原子弹之官方报告》，是由时任美国普林斯顿大学物理系主任、美国战事工程"曼哈顿计划"顾问史迈斯教授撰写的美国政府关于原子弹发展的报告。

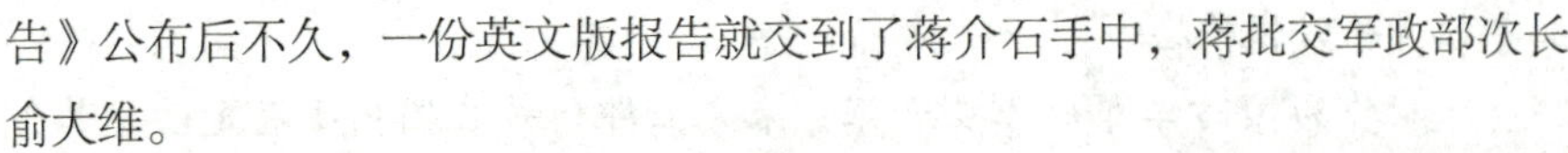

告》公布后不久，一份英文版报告就交到了蒋介石手中，蒋批交军政部次长俞大维。

俞大维阅过报告后向军政部部长陈诚建议，中国应积极开始研制原子弹，以免再遭外国势力欺凌。《史麦斯报告》也给予蒋介石莫大震撼，蒋认为中国虽然贫穷落后，但人才荟萃、地大物博，完全可以规划一套自己的“曼哈顿计划”。除了发展原子弹，陈诚、俞大维等人还提出一系列强化国防航空工业的构想。

国民党军政要员也陆续提议自行研制原子弹以提高中国战略地位。曾任军委会北平行营主任的李宗仁在一份呈给蒋介石的文件中主张，有关原子弹“研究工作，我国尚无人主持，似应由‘中央’指派专家商讨研究”。军统局局长戴笠也在一份密电中力陈：“查美国最初研究原子弹始于一、二外国物理学家，继即成立一顾问委员会，由兵工军官三人与科学家数人主持之，逐渐推进，似亦可先组一顾问委员会主持其事，暂隶兵工署办理，以保机密而专责成。”国防部部长白崇禧亦在一份密电中建议成立“中央原子物理研究所”，积极发展原子弹。

蒋介石采纳戴笠等人意见，任命俞大维筹组顾问委员会，展开原子弹研究计划。俞大维，美国哈佛大学博士和德国柏林大学博士，他的经历与美国“曼哈顿计划”灵魂人物葛洛夫斯少将有些类似，他是中国兵工先驱，出任军政部次长之前当过 12 年的兵工署署长，留德期间专攻数理逻辑与哲学，曾听过爱因斯坦讲授相对论，稍后曾在德国修习弹道学，成为中国少数钻研弹道学的专家之一。

此外，俞大维丰沛的人脉网络也发挥了作用。俞大维籍隶浙江绍兴，母亲是曾国藩孙女，而西南联大化学系教授曾昭抡则是曾国藩的曾侄孙。俞大维当初即透过曾昭抡拓展学术圈的人际关系，认识了西南联大物理系教授吴大猷和物理系主任郑华炽。俞大维从《史麦斯报告》中充分理解到，研制原子弹主要需要三个门类的专家：物理学、化学和数学。最后，吴大猷、曾昭抡、华罗庚等组成黄金拍档。

1946 年 6 月的南京，气温骤升，“原子弹计划”也紧锣密鼓地展开，由俞大维主持这项工作；军政部改组为国防部后新设立了第六厅，厅长钱昌祚着手筹划铀的提炼；物理学家吴有训、赵忠尧等在中央研究院准备进行铀矿含量测定的工作；中央研究院院长兼教育部长朱家骅设法弄到了所需的某些设备。

6 月 30 日，太平洋的比基尼岛上升起了一束蘑菇云，美国正在这里进行新的原子弹试验。赵忠尧作为中国代表，实地观察了这场试验。试验结束后，赵忠尧突然接到中国驻美使馆的秘密通知，请他设法购置原子核研究设备，并汇来 12 万美金。通过个人关系并多方奔走，赵忠尧终于订购了一台电子加速器。

曾任中央大学校长的电机学家顾毓琇，也为此事奔忙。他于 1946 年初去日本与物理学家仁科芳雄及汤川秀树等会面时，就想向日方索取原子能研究设备，作为对中国的战争赔偿。可惜仁科芳雄原本拥有这些设备，已被美国占领军拆毁沉入海中，愿望落了空。

8 月，顾毓琇到美国拜访了物理学家劳伦斯。这位曾参与原子弹研制的大师，时任加州大学原子能研究所所长。他当即表示愿意协助中国建造加速器，大学校方也承诺资助研究费用。心中欣喜的顾毓琇写信回国给蒋介石，信中希望蒋“高瞻远瞩，赐准制造原子试验器，为国家民族树立科学救国、国防救国第一百年之基。”

国民党当局还都南京前，日后名列“原子能研究委员会”成员的 11 位学者由俞大维率领，在重庆会见了蒋介石。蒋令军政部拨 10 万美元作启动费用，并指示兵工署腾出一间大礼堂作研究人员办公场所。

1946 年 6 月，国民党当局悄悄成立了“原子能研究委员会”，它是军事委员会改组为国防部之后，第一个成立的国防科技研究单位。俞大维希望原子能研究委员会和稍早成立的国防科学委员会紧密配合，进行原子弹研究。在经费十分拮据的情况下，蒋介石指示拨给美金 50 万元。

选拔英才

当时中国工业凋零，科技落后，有人认为这个计划只不过是虚幻的梦想，也有人认为，中国科学家最善于在困难中创业，只要借助一定的条件，选拔好人才，是有希望的。

人们想起严济慈在抗日战争中的业绩。这位早年留学法国，曾工作于居里夫人实验室和戈登实验室的科学家，在日本飞机空袭威胁下的昆明，仅靠简陋的工场，研制出 1500 倍显微镜 500 架，以及步兵用的五角测距镜和无线电通讯用的压电水晶振荡器等，开拓了中国第一批自己制造的光学仪器。为此，他获得政府颁发的胜利勋章。局内人热切希望参与“原子弹计划”的科学家，能发扬这种奋斗精神。

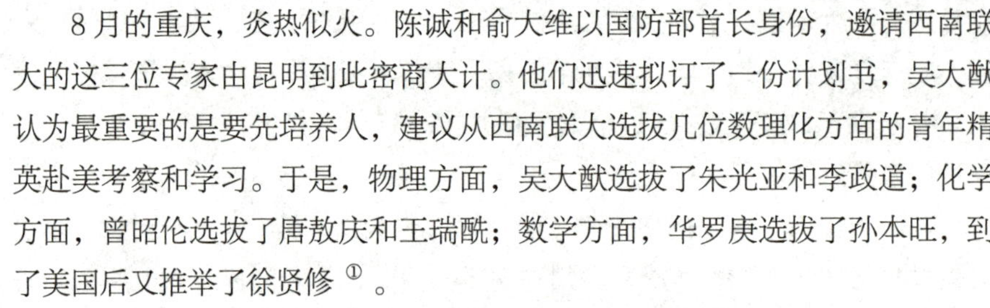

8月的重庆，炎热似火。陈诚和俞大维以国防部首长身份，邀请西南联大的这三位专家由昆明到此密商大计。他们迅速拟订了一份计划书，吴大猷认为最重要的是要先培养人，建议从西南联大选拔几位数理化方面的青年精英赴美考察和学习。于是，物理方面，吴大猷选拔了朱光亚和李政道；化学方面，曾昭伦选拔了唐敖庆和王瑞酰；数学方面，华罗庚选拔了孙本旺，到了美国后又推举了徐贤修[①]。

朱光亚后来回忆说，吴大猷在做决定前，曾找他谈过一次话，问他是不是共产党？如果是的话，是不能带他去美国的，因为这是国民党政府出的钱。

在确定出国人选之后，他们还做了两件事，一件是：立即开始加速讲授近代物理。当时，中国人对原子弹和相关科学知识知之甚少。为了使朱光亚他们去美国前增加对原子物理和原子核物理的了解，吴大猷先生特意为他们开了量子力学课。在这门课程的学习过程中，他们相互切磋，互相帮助，建立了深厚的友谊。另一件是将美国的《史麦斯报告》分做5份由朱光亚、李政道等5人翻译成中文并由吴大猷审阅修改，然后送军政部。此时已留校担任助教的朱光亚21岁，还在上大学二年级的李政道19岁。

天降大任于斯人也

1946年初秋，华罗庚带领着朱光亚、李政道、唐敖庆等人以及吴大猷先生的夫人阮冠世女士从上海登上“美格将军号”邮轮启程赴美国。在上海等船出发的几天，朱光亚就住在李政道的家里。

旅途生活漫长而单调，但善于学习、勤于思索的朱光亚和李政道并没有闲下来，他们一直在思考物理问题。李政道清楚地记得，“在船舱里，我手中的一支别针失手掉到地板上，后来又滚到地上的一张纸上。我感到很好奇，就琢磨起来，是什么力量让它从地上滚到稍高的纸片上呢？是舱板运动，还是掉下的自由落体作用力呢？我反复琢磨，并用微积分、物理学原理去计算别针掉落、滚动的运动轨迹，测算它的各种力学数据。我琢磨了好几天，还同朱光亚一起讨论。”李政道还给讲过这样一个船上趣闻：“在船上，我们俩住的是三等舱，三等舱里的洗澡水是海水，我和光亚常常偷偷到头等

---

① 唐人：蒋介石在大陆秘制原子弹 蒋批“如拟”十余封密电首次曝光。《新新闻》，2007年第10期。

舱去洗澡，那里的洗澡水是淡水。”

当时任国家资源委员会技术室技师的陈涵奎（后上海华东师范大学教授）也去美国，正好与华罗庚同船。陈涵奎曾回忆：“此船本是一条客轮，在第二次世界大战期间改为运送战士的运输船，除保留有少数层舱外，全船是通舱。床位彼此相连，每人除有一张床外，别无其他。我曾特地走到华教授的床位旁看看，看见他的枕旁放着两本小说。因为彼此都是住同样的床位，他在船上并不突出……，冯玉祥也在这条船上，带领着一批人，名义上是赴美考察水利的。”

9 月，他们一行在旧金山登岸。李政道说：“到了旧金山，一下船就去一家自助餐厅吃饭。我们不懂规矩，每人弄了好几大盘子菜放到桌子上狼吞虎咽。餐厅服务员看我们饿狼一样的吃相很好奇，问我们是从哪里来的？我们告诉他是从中国来的。他说，知道中国在打仗，怪不得你们这么饿。餐厅里有一个小装置，投了硬币后，就能播放音乐，我和光亚也想试一试，投了硬币后，没有听见盒子里发出音乐，我们就去问服务员，服务员问你们投了硬币吗，投了，选择曲子了吗？选了，那么，餐厅播音器播放的就是你们要听得音乐。原来如此。”

他们接着赶路。因出席英国皇家学会补办的庆祝牛顿诞辰 300 周年大会而绕道英国赶来的吴大猷也抵达了，他们在芝加哥回合。杨振宁已在这里为他们订了旅馆。吴大猷立即去找美国原子能委员会的 P. F. Bacher 博士，两人曾是同窗学友。吴大猷与这位美国科学家探讨了关于协助中国建立研制原子弹机构的可能性。华罗庚则带着朱光亚等人去普林斯顿大学和已在美国的曾昭伦会面，准备安排他们去考察和进修。

风云变幻，这时美苏之间的冷战已经开始，美国正严防原子弹秘密落入苏联手中。而对于盟友，美国为保持其垄断地位，也不希望这些国家拥有原子武器。美国政府宣布规定，一切与研制原子弹有关的研究机构和工厂，都不准外国人进入。尽管一些美国科学家乐意帮助他们，也无济于事。曾昭伦无奈地对这几位青年学子说：“你们各奔前程吧！”

朱光亚说，他们正巴不得这个“各奔前程”的结果呢，皆大欢喜。于是，他们就此分手。据李政道后来回忆：“1946 年 9 月我来到美国。当时我只有两年大学本科的学历，但自己已熟悉了经典物理学，对量子力学亦有所了解，因此，对读研究生院是很有信心的。可是，那时没有大学本科的文凭，进研究生院几乎不可能。芝加哥大学是个例外。她能够接受没有正式文

凭的学生，但是有一个要求：该生必须熟读过胡庆斯（Hutchins）校长指定的几十本西方文化的古今名著，并通过对这些名著的考试。可是当时的我，连对这些名著的书名和作者都完全空白，我向芝加哥大学招生办公室的负责人解释：我对东方文化的名著，孔子、孟子、老子等的学说上有些造诣，而这些东方名著与胡庆斯校长指定的蜀文化水平相当。她信了，觉得这也有其道理，就让我进入芝加哥大学的研究生院。”① 于是，李政道留在了芝加哥，朱光亚随吴大猷去了吴大猷的母校——密歇根大学。

不久，南京国民政府也中止了先前已批准的有关研究经费。“原子弹计划”的梦想彻底破灭了。

图 2-5　1947 年，朱光亚（左一）与张文裕（左二）、杨振宁（右二）、李政道（右一）

关于蒋介石的原子弹计划，2007 年 10 月号的台湾《新新闻》杂志登载了一篇题为《蒋介石在大陆秘制原子弹　蒋批“如拟”十余封密电首次曝光》文章。文章揭秘，抗战胜利后的十余封机密电报证实，当时的蒋介石政府曾在抗战胜利初期，先是秘密收集日本原子弹研制情报，网罗被俘日本原子弹专家，尝试寻求日本专家协助研制原子弹。这一设想破灭后，又把注意力转移到由中国人自行研制的途径上来，并于 1946 年 6 月，组建“原子能研究委员会”，展开原子弹研发作业。不过，后因内战爆发，军费浩繁，蒋介石下令中止研发原子弹计划②。

吴大猷在《吴大猷九十自订年表》中写道：

> 1945 年春，李政道来投。八月，抗战结束。冬，应军政部部长陈诚之邀，与华罗庚去渝，商建立国防科技问题。1946 年 6 月，奉军政部派

---

① T D Lee: Reminiscences//Thirty Years Since Parity Nonconservation. Edited by Robert Novick, Birkhauser, Boston Inc., 1988.

② 唐人：蒋介石在大陆秘制原子弹 蒋批“如拟”十余封密电首次曝光。《新新闻》，2007 年第 10 期。

出国考察科技，又奉中研院朱家骅先生命，代表中研院赴英，参加皇家学会（延期）举行的牛顿三百周年诞辰庆祝会。9月由英去美，在芝加哥与冠世、杨振宁、李政道等聚会。李即留芝加哥大学。我与管事决定先放密歇根母校。李之外，遴选出国的另一人，朱光亚，亦去芝加哥。

台湾吴大猷学术基金会董事长、台湾新竹清华大学前校长沈君山在文章《哲人虽萎　典范永存——追念吴大猷先生》[①] 中回忆说：

一九四五年美国在日本丢了两颗原子弹，结束二次大战，当时中国号称四强，但老蒋总统认为一定要发展原子弹，才能在世界事务上有名副其实的发言权，乃拨了十万元法币和一所大礼堂作场所，要当世的兵工署长俞大维先生召集吴先生等科学家，也为中国造一颗原子弹出来。吴先生乃又上书，详细剖析，有人才能有弹，培养人才乃国防科技之第一要务，而当时中国的条件，是造不出原子弹来的。蒋公恍然，欣然地接受了吴先生的建议，将十万元法币转拨，挑选有天赋的年轻人才，就由吴先生等率领赴美，进修科技，这批当时的青年才俊，后来出了杨振宁、李政道两位诺贝尔奖得主，还有华罗庚等世界级的学者。

而蒋公当年的期望，也没有完全落空，吴先生偕同出国的青年中，有一位朱光亚先生后来回国，真的帮中国做出原子弹，不过那是在毛泽东领导下的中华人民共和国了。

在这段回忆中，说这批青年才俊中有杨振宁显然不符合事实。同时说，批拨的经费是十万法币，就不知哪一个说法更加准确了。2010年11月15日，李政道先生来医院看望朱光亚，说到这段历史时，也说是10万美金。李政道当时还调侃说，10万美元，一个大礼堂，老蒋以为造原子弹像太上老君炼金丹一样。中国搞原子弹，选我是选错了，选光亚是选对了。光亚是我最早的朋友，我们的交情有66年了。1946年一起去美国，1972年第一次回国，一下飞机，在机场第一个迎接我的，就是光亚。

这批青年才俊中，1949年回到新中国的有朱光亚、唐敖庆、孙本旺。唐

① 沈君山：哲人虽萎 典范永存——追念吴大猷先生。《炎黄春秋》（双月刊），2001年第5期。

敖庆后赴哥伦比亚大学攻读博士学位，于 1950 年初回到新中国，先后任北京大学化学系副教授、教授，东北人民大学（吉林大学前身）化学系教授，吉林大学副校长、校长，国家自然科学基金委员会主任。他是中国理论化学研究的开拓者，在配位场理论、分子轨道图形理论、高分子反应统计理论等领域取得了一系列杰出的研究成果，对中国理论化学学科的奠基和发展做出了贡献。孙本旺赴纽约大学柯郎研究院，于 1949 年获哲学博士学位。回国后，历任武汉大学教授，哈尔滨军事工程学院教授、数学教研室和基础课部主任，国防科技大学系统工程系主任、数学系主任、副校长。李政道、王瑞酰、徐贤修等则留在了美国。

关于这段考察的完整过程和历史意义，戴美政曾有过如下详细描述，实际上，与几位学生分手后，曾昭抡、吴大猷和华罗庚继续完成了考察，并写出了一系列报告。他认为这是中国现代科技史上的重大事件，它直接促成李政道、朱光亚、王瑞駪、唐敖庆等优秀青年赴美深造学习，为日后取得科学上的重大成果奠定了基础。而曾昭抡在整个事件中所起到的重要作用，是在很多相关资料中被忽视了[①]。

这是一个将永载中国近代教育和科学技术史的故事。总结朱光亚等一行人的留学史，确实有很多令我们深思的东西，沈荣国在《朱光亚留学 4 年，成绩全 A》[②]一文中指出：

> 自容闳、黄宽于 1847 年留学美国以后，近代中国留学教育绵延不断一百六十余年；自盛宣怀于 1895 年创办北洋大学堂以来，近代中国高等教育也历经了一百一十余年的风雨。如胡适先生所言，留学教育一开始是弥补国内教育不足的教育形态，目的在于推动国内教育，尤其是近代高等教育的成长，以求实现国内独立自主的培养自己的现代人才，进而或终结或升华留学教育。实际上，由于国内近代事业发展的滞后及教育救国的影响，相当部分的早期留学生投身教育事业，促生并推动了近代意义上的高等教育在中国的成长和发展，在 19 世纪四十年代达到了一个顶峰。

---

① 戴美政：联大复员后曾昭抡赴美考察原子弹及价值初探。《西南联大与现代中国》，北京：人民出版社，2008 年。

② 沈荣国：朱光亚留学 4 年，成绩全 A［C］//《风范长存天地间》编辑组:《风范长存天地间——朱光亚同志逝世一周年纪念文集》。北京：人民出版社，2012 年。

虽然，1937 年日本帝国主义大举入侵中国，彻底打破了现代中国正常发展的轨迹，也给高等教育的发展带来了毁灭性的灾难。但值得庆幸的是，正是在这最困难的时刻，北大、清华、南开三校合力办学，成就了现代中国，也可以说是至今中国史上质量最好的大学——西南联大。西南联大集三校之力，集中了近代中国留学教育发展的精华。在欧洲各国普遍遭受战灾而学术式微的情况下，西南联大的一些系别创就了可堪与世界一流相媲美的水平。自 1840 年而后，中国终于有了引领世界前沿的东西！

高质量的西南联大八年，培养了数千名知识精英。朱光亚就是这些精英中的一员。……

……

这些精英中的精英沿着先驱的路径前赴国外，不过他们不再是接收普通国民教育及高等教育，而是趋向于进入西方国家的高等学府与学界同人合作，深化学术研究。……

……

这样，近代留学教育在他们身上从一般意义上的学习升华为探讨交流性的研究，部分地实现了胡适先生当年的梦想和原意，也是近代中国留学教育真正成熟的表现。如果而后的中国能沿着这个轨道正常发展的话，探讨交流的阵地应该会从海外转移到国内，进而实现留学教育由留学海外到海外学子留学中国的转变。可惜的是，由于复杂的历史因素，半个世纪以后的今天，依旧没能完全实现这个历史性的转折，中国虽然经济名列世界第二，但很多地方还是处于学生的处境。

密歇根大学校园里的 KY

1946 年 9 月，朱光亚进入了吴大猷教授的母校密歇根大学安娜堡分校学习，并选择了核物理专业。在这里，朱光亚一边作为吴先生的助手做课题，

一边攻读实验核物理的博士学位。这一段特殊的留学经历，为日后朱光亚回国从事原子弹的研制奠定了基础。

当时，在该校就读的中国留学生已有百余名，在他们当中大部分人在各自不同的学科领域攻读硕士、博士学位。朱光亚在这里不期而遇地见到了在西南联大读书时就熟知的老师张文裕和夫人王承书，异国遇故人，分外欣喜与亲切，值得一提的是，后来，当张文裕、王承书冲破重重阻力和朱光亚一样回到新中国后，又与朱光亚一起，为新中国的原子核物理事业，并肩奋斗，无私奉献，他们的名字与业绩，也已载入了中国原子核物理发展的史册。特别是王承书，于 1956 年回国后，曾从事铀同位素分离工作，为我国铀同位素分离的理论研究奠定了基础，并培育了一支理论研究队伍。在研制我国第一颗原子弹的装料工作中做出了贡献。王承书和何泽慧当年曾被朱光亚戏称为“裙子派”，因为文化大革命前她们两人冬天也总是一身合体的西服裙装，气质高雅。

选择实验核物理学

在张文裕和王承书的建议下，朱光亚选择了有实验经验、动手能力强的青年物理学家 Marcellus Lee Wiedenbeck 副教授作为自己的博士生导师，学习实验核物理。Wiedenbeck 教授 1919 年出生，比朱光亚只大五岁，为什么没有选择一个更有名气的教授？朱光亚后来说，张文裕和王承书认为，名教授们往往一个人要带很多学生，年龄也大，不可能在一个学生身上花太多的功夫与你深入讨论问题。而 Wiedenbeck 年轻，精力充沛，动手能力强，学生又少，选他做导师，反而能够学到更多的东西。Wiedenbeck 教授于 1944 年在美国圣母大学（University of

图 2-6　1947 年，朱光亚在美国密执安大学研究生院时与李政道（中）和杨振宁（左）的合影

Notre Dame）获博士学位，曾参加过美国的“曼哈顿”计划[①]。这可能也是张文裕和王承书推荐以及朱光亚选择 Wiedenbeck 教授的主要因素。

第二次世界大战期间，Wiedenbeck 正在圣母大学攻读博士学位，他的导师是 Bernard Waldman 教授。作为博士研究生，他参加了为美国军官提供的培训课程的教学工作，并参与了“曼哈顿”计划相关的研究工作。当时，圣母大学刚刚建成号称世界上最大的功率达到 800 万电子伏特的加速器—— Graaff 加速器。这台加速器由 Wiedenbeck 和另外一位博士研究生 Walter Miller 操作。许多来自美国芝加哥大学的物理学家每天坐火车来到这里作与“曼哈顿”计划相关的各种实验，他们带来各种样本做辐射测试，又将结果带回芝加哥。Wiedenbeck 后来回忆说，这段时期的加速器日志文件，一直是保密的。

1943 年之后，Waldman 教授接受“曼哈顿”计划技术负责人奥本海默的邀请带 Miller 去了洛斯阿拉莫斯实验室。在洛斯阿拉莫斯，Waldman 教授参与了空投核航弹的工程化设计和空头核弹爆炸物理效应测量等工作。1945 年 8 月 6 日，美国在日本广岛投下了一颗绰号“小男孩”（Little Boy）的原子弹，作为参与这项任务的四位文职人员之一，Waldman 教授在 B-29 轰炸机上操作高速摄像机拍摄了核爆炸的全过程，亲眼看见了原子弹投下并在广岛上空爆炸的情景，并估算出爆炸当量不超过 1.35 万吨 TNT 当量。8 月 8 日，Waldman 在给夫人的信中写道：“肯定地讲，这是另一次核试验……炸弹投下去了，这是另一次‘三位一体’，唯一不同的是我处于最佳的观察位置。视觉非常壮观，但对城市的毁灭是惨烈的……这是一个残忍的武器。我希望我们以后不再用它。”一天之后，在圣母大学间接帮助下制造出来的绰号为“胖子（Fat）”的空投钚弹摧毁了长崎。Waldman 教授走后，Wiedenbeck 留下来，成为唯一一位加速器操作员和专家。他完成了他的关于原子核同质异构性的博士论文，研究了伽马射线在若干重元素中的跃迁。1946 年，Wiedenbeck

---

① Arthur J Hope, et al: *Notre Dame——100 Years*. University of Notre Dame Press, 1999; Lawernce W Jones, William C Parkinson: Marcellus Lee “Marc” Wiedenbeck, Physics Today, April 2002; Philipp Wiescher: Early days of nuclear physics at Notre Dame and the Manhattan Project. Institute for Structure and Nuclear Astrophysics, 2004. http://nd.edu/~nsl/General_info/ND_Manhattan_project.pdf

来到了密歇根大学安娜堡分校，并一直工作到 1986 年退休。Wiedenbeck 的主要研究领域集中在贝塔粒子和伽马射线的原子核能谱学，特别是原子核能级的谱分类①。广岛原子弹爆炸后两个月，Waldman 教授回到圣母大学继续从事物理教学以及原子核物理和放射性研究工作。

2001 年，Wiedenbeck 教授逝世。密歇根大学专门设立了 Marcellus L. Wiedenbeck Collegiate Professorship in Physics 奖教金以纪念他的卓越贡献。

朱光亚应该是在西南联大学习期间就对实验物理产生了浓厚的兴趣。然而，正如吴大猷所说，在西南联大，“从事实验研究者无法工作，只有从事理论工作的还可以做些研究”。因此，尽管朱光亚在物理基础理论方面打下了坚实的基础，但由于实验条件的简陋，他几乎没有接触过像模像样的物理实验。密歇根大学具备了培养实验物理学家的肥沃土壤。朱光亚选择了实验物理。也许不是巧合，丁肇中也是在密歇根大学攻读博士期间在理论物理和实验物理之间选择了后者。关于理论和实验那个最重要，丁肇中曾说过如下的话：

> 首先要明白一个先后、侧重点的问题，那就是实验和理论到底哪个重要。按照我曾经经历的选择，我认为自然科学一般来说都是实验在前，而理论在后。按照一般的来说，物理学、化学、生物学、天文学等大多数自然科学，除数学之外都是实验科学。因此，对这些学科的研究，都应该实验在前，而理论在后。
>
> 为什么要这么说呢？
>
> 原因很简单，我们都知道，所有的自然科学，最重要的目的是解释自然现象，所以理论是次要的，实验是主要的。受到中国传统文化的影响，中国人在学术问题上一直都注重理论方面的研究，而轻视实际的

---

① Arthur J Hope, et al: *Notre Dame—— 100 Years*. University of Notre Dame Press, 1999; Lawernce W Jones, William C Parkinson: Marcellus Lee “Marc” Wiedenbeck, Physics Today, April 2002; Philipp Wiescher: Early days of nuclear physics at Notre Dame and the Manhattan Project. Institute for Structure and Nuclear Astrophysics, 2004. http://nd.edu/~nsl/General_info/ND_Manhattan_project.pdf

“动手能力”，甚至由此及彼，在科学研究上，也都认为理论是最重要的，实验是次要的。其实这种观点是错误的，对于科学研究也是非常不利的。我的导师乌伦贝克教授曾经就这个问题发表了自己的看法，他说：“一个人无论在哪个岗位上都能创造价值，可是这些价值有大小之分。在我的观点看来，一个普通的实验员就很有用，而一个普通的理论物理学工作者就不是非常有用。你要明白一个事实，在理论物理领域里，只有极少数理论家才是重要的。但是做实验和这个不一样，只要你做出来一点什么，哪怕是一点点的成就，都是必不可少的。

……

自然界中再好的理论都要经过科学实验来检验，实验可以推翻理论，而理论确实无法推翻实验的。比如说牛顿发现了牛顿第三定律几百年后，爱因斯坦通过实验发现，牛顿力学到了速度很高的时候，就需要改进。到了20世纪20年代以后，海森堡、狄拉克等人又发现，当物体很小的时候，相对论也需要改进……这种科学事实还有很多很多，那么这么多的科学事实说明了一个什么问题呢？科学研究的对象是随着时间的变化而变化的，实验也是随着时间的变化而变化的，但总之有一点，实验是最重要的，理论是次要的。在实验里面，凭自己的判断去选择实验是最重要的，而根据别人的想法去实验是次要的[①]！

图 2-7　1948 年朱光亚在美国

按照朱光亚一贯的做法和风格，他的每一个决策都是经过深思熟虑的。在选择理论物理和实验物理上，他一定也做过同样的思考。后来，他在教授物理课时，也曾一再强调要先注意观察和分析物理现象，再去考虑数学模型。

---

① 耕涛、小东：《丁肇中传》。武汉：湖北长江出版集团，湖北人民出版社，2008 年。

在安娜堡的日子里

图 2-8　在美国时的朱光亚

适逢假期，杨振宁和李政道常来在安娜堡同朱光亚聚会，他们一起去看望老师张文裕和王承书，围在一起讨论、喝茶、吃西瓜，留下了许多有趣的照片。照片中，杨振宁风度翩翩，李政道敦实可爱，朱光亚英俊潇洒。据杨振宁回忆："我于 1948 年 6 月获得芝加哥大学哲学博士学位后，在安娜堡的密歇根大学度过了那一年的夏天，其时施温格（J. Schwinger）和戴逊（F. J. Dyson）都在那里讲学。秋后，我返回芝加哥大学，被聘为物理系的讲师"[①]。朱光亚和周光召在"李政道物理生涯六十年"一文中也提到，芝加哥大学和密歇根大学两地相距不远，"政道常去看望吴大猷先生夫妇和参加密歇根大学每年夏季举行的学术讲座及研讨会。"[②] 看着这些老照片，时常让人浮想联翩，如果这"三剑客"在一起合作搞物理学研究，那真是绝配，两位搞理论，一位做实验，会在物理史上留下怎样的成果和佳话？

由于目标明确，学习勤奋、刻苦，朱光亚的各科成绩全是 A，连续四年获得了奖学金。据他夫人回忆，由于朱光亚一贯卷面清楚干净、答题清楚准确，教授认为看朱光亚的卷子是一件令人愉快的事情，"是一种享受"。朱光亚因此赢得了教授们的好评与喜爱，他们称他为 KY（光亚）。同学们则称赞他"做

① 杨振宁："介子与核子和轻粒子的相互作用"一文的后记［C］//《杨振宁文集》。上海：华东师范大学出版社，1988 年。

② 朱光亚、周光召：李政道物理生涯六十年［C］//《李政道教授八十华诞文集》。上海：上海科学技术出版社，2009 年。

起实验来很拼命。”翻看几本朱光亚保存下来的当时的作业本和笔记本，书写工整，字迹清秀，一气呵成，标准的 3C（Clear，Clean，Correct）。

在这一段时间里，朱光亚学到了很多东西，培养了自己物理实验的技巧和科研的能力，收集了大量的实验数据，对实验物理有了初步的认识，其实实验物理最重要的工作不是去做实验，而是去记录实验，实验有没有结果是要从实验数据中经过分析后才能获得的。做任何事都认真做记录，成了他的一个伴随终生的习惯。

物理学之所以成功，是因为它坚持了很高的确定真理的标准。从物理学的传统来看，物理学家执行着比法官更为严格的标准：如果你被发现夸大、扭曲或挑拣了事实，即使不会断送你的科学前程也会损害你的学术名声。任何一个物理理论被物理学界所接受，必须有实验作为依据，任何一个验证物理理论的实验，必须是其他人可重复的。李政道和杨振宁提出的“弱相互作用下宇称不守恒”命题，正是经过吴健雄所做的一个实验的验证，才被物理学界接受。这就是所谓的“实践是检验真理的唯一标准”。严格的训练和良好的习惯养成形成了朱光亚一贯地为人处事的风格，坚持真理，尊重自然规律，倾听不同意见，不盲从，不跟风，不随便表态，不轻易下结论，不夸夸其谈，在科学研究中是这样，在政治生活上也是这样。

这段时间的朱光亚在安娜堡校园内外留下了许多照片。他和同学在密歇根湖泛舟，在校园草坪聚会、唱歌和讲演，成为中国留学生中的活跃分子。

1947—1949 年，朱光亚连续在《物理评论》上发表了 Coincidence Measurements Part I. Beta Spectra（《符合测量方法 I. Beta 能谱》）、Coincidence Measurements Part II. Internal Conversion（《符合测量方法 II. 内变换》）、Coincidences Between Beta-Rays and Conversion Electrons in Europium（《铕的转换电子与 Beta 射线的符合（计数）》）、The Radiations from ^{181}Hf（《^{181}Hf 的辐射》）的论文。这些属于实验核物理前沿课题的研究工作使朱光亚有了小小的名气。1949 年 6 月，朱光亚完成了 A Study on the Decay Schemes of 198AU and 181HF by Means of a β-Ray Spectrometer and Coincidence Measurements（《用 β 射线谱仪和符合测量方法研究 ^{198}AU 和 ^{181}HF 的衰变机制》）的博士学位论文，并且顺利通过答辩[①]。

① 杜祥琬，等:《战略科学家朱光亚》。北京：原子能出版社，2009 年。

赤子情怀

赶快回国去！

由于朱光亚学习成绩优异，待人谦和热忱，又有组织能力，在留美中国学生中威望很高。他不仅担任了密歇根大学中国留学生会的主席，还是留美中国学生科学协会中西部地区科协分会的会长，也是中国学生基督教协会（CSCA）的积极分子，这两个学会是当时在留美中国学生中规模最大的两个社团。

据朱光亚的夫人许慧君回忆，她自己就是在参加这些社会活动中，在听朱光亚演讲中与朱光亚结识的。当时的朱光亚，一腔爱国情怀，他常常组织同学们进行一些爱国进步活动，还利用星期天组织联谊活动，召集大家围坐在草坪上，传阅《华侨日报》，通过宣读家信相互传递国内的好消息。当时同学们推选朱光亚出面组织中国学生到芝加哥参加夏令营、冬令营等活动，朱光亚就利用组织这些活动向旅美学生介绍国内的大好形势，引导同学们了解中国共产党，共同迎接新中国的诞生，通过这些演讲、座谈等活动，激发大家的爱国热情，呼唤同学们努力学好科学知识，准备随时报效祖国。当时，在美国东部工作的华罗庚先生也利用假期来看望朱光亚等中国学生，还参加朱光亚他们组织的爱国活动，并叮嘱大家要注意安全。

据许慧君回忆，她是在 1948 年赴美攻读化学硕士学位时与在美国已两年多的朱光亚认识的。许慧君出身当时的名门望族，她的父亲许崇清曾担任广州中山大学校长多年，母亲廖六薇的父亲廖恩焘是民主革命先驱廖仲恺先生的亲哥哥。许慧君认为朱光亚讲话很有哲理，在思想上也比较谈得来，便经常去参加朱光亚组织的活动，也就是在这一时期她受到朱光亚进步思想的鼓动和影响，共同的理想使他们从相知到相恋。

图 2-9　1949 年朱光亚与许慧君在美国

1949 年，新中国成立的消息传来，朱光亚为之欢欣鼓舞，他在同学们中间奔走相告，并积极组织集会庆祝活动，积极鼓动大家回国效力。1949 年 11 至 12 月，朱光亚与曹锡华、佘守宪等人，多次以留美中国学生科学协会的名义组织召开中国留学生座谈会，分别以“新中国与科学工作者”、“赶快组织起来回国去”等为会议主题，介绍国内情况，讨论科学工作者在建设新中国中的作用，动员大家“祖国迫切地需要我们！希望大家放弃个人利益，相互鼓励，相互督促，赶快组织起来回国去。”他们还用《打倒列强》的歌曲旋律，自编填词了《赶快回国歌》，每次聚会都要齐唱“不要迟疑，不要犹豫，回国去，回国去，祖国建设需要你，组织起来回国去，快回去，快回去。”

曾任中国科学院秘书长的顾以健在《心向祖国——忆我与涂光炽教授自美回国前后二三事》[①] 一文中回忆说：

> 在这次集会（指 CSCA 集会，作者注）上约有 200 名留学生参加，由于光炽有很强的组织能力与高尚的品德，他在会议上能团结多种不同

① 中国科学院地球化学研究所：《资源环境与可持续发展——涂光炽院士文集》。北京：科学出版社，1999 年。

意见的人，取得大家对国内革命形势的共识，他被会议选为 CSCA 中西部组织的主席，成员中还有王曾庄、唐孝宣、梁思礼、李肇基（于 20 世纪 50 年代回国后随周总理率领的中国代表团去雅加达参加会议，不幸被国民党特务在飞机上暗置的炸弹炸伤，壮烈牺牲），还有我与两位美籍女华侨。

此后他和朱光亚同志（原国防科委副主任）还于 1949 年和 1950 年组织了两次这样的 CSCA 集会。在 1949 年冬天的 X' mas Retreat 会上，大家对新中国的成立十分高兴，有不少人表示在学成后回国为新中国建设而出力。

1949 年光炽还与侯祥麟（地质学家、北京大学教授）、朱光亚等人在芝加哥成立了留美中国学生科学协会——留美科协。这是一个进步的群众组织，为 20 世纪 50 年代中国留学生返回祖国服务做了很多卓有成效的工作。那个年代回国的留学生中有很多是后来新中国的科技骨干。

给留美同学的一封公开信

1949 年，新中国成立后，为进行战后建设，国家急需懂科学技术的人才。此时也是留美科学家学成之时，中国人民政府要全力争取、动员他们回国参加建设。

自 1949 年底开始，朱光亚就牵头组织起草了《给留美同学的一封公开信》，并送给美国各地区中国留学生传阅，讨论，联合署名，到第二年 2 月下旬，有 52 名已经决定近期回国的留学人员签上了自己的名字。其中既有从事自然科学的，也有从事社会科学的（如 1949 年底回国，后来在外交部工作的陈秀霞），可谓分布在美国各地。这封公开信于 1950 年 2 月 27 日寄往纽约的留美学生通讯社，刊登在 3 月 18 日出版的《留美学生通讯》第三卷第八期上，在当时海外的中国留学生和学者中引起强烈反响。朱光亚也于 1950 年 2 月底，在将此信寄给留美学生通讯社后，断然拒绝美国经济合作总署（ECA）提供的旅费，抢在美国对华实行全面封锁之前自筹经费，匆匆告别了学业未完成的处在热恋中的许慧英，毅然踏上“克利夫兰总统号”，取道香港，奔向刚刚诞生的新中国。据王德禄和刘志光在《1950 年代归国留美科学家的归程及命运》一文中记叙，1950 年 3 月的“克利夫兰总统号”上有华罗庚、朱光亚、王希季等几十位中国留学生。在香港逗留期间，华罗庚在船上发表了《告留美人员的公开信》，通过新华社向全世界播发，信中引用的“锦城虽乐，不如回故乡；梁园虽好，非久留之地。归去来兮。”，感染力很强，成为在留学生中广为传颂的佳句①。

当年同在密歇根大学数学系攻读博士学位的华东师范大学数学系教授曹锡华后来回忆说：

> 1948年底，曹锡华、朱光亚和吴沈钇到芝加哥参加由顾以健等地下党员组织领导的留美科协成立大会，回校后于1949年初，组织成立了留美科学工作者协会密歇根大学分会，会上选举曹锡华为分会负责人。当时参加分会的学生有三四十人，分会的工作就是介绍国内形势，宣传共产党的政策。中华人民共和国成立那天，他们聚餐欢庆，举办介绍新中国情况的报告会。1950年初，曹锡华、朱光亚和佘守宪通宵起草了由留美科协密大分会发起的《给留美同学的一封公开信》，号召全体留美学者早日回国参加祖国建设。留美同学积极签名响应。1950年3月18日该信刊登在《留美学生通讯》上，极大地鼓舞了海外赤子的爱国心。但是，当时的美国政府以各种理由阻止中国留学生返回中国大陆。美国政府还例外给留学生发放奖学金，想吸引他们留在美国继续学习。中国留学生愤起抗议，强烈要求回国。美国政府无可奈何，只得同意放行一批。1950年9月，遭锡华和一百三十几位中国留学生离美回国②。

20世纪50年代初，恰是第二次世界大战后留美热潮期间出国的留学生学成之时，学成归国是那个时候留学生们的当然选择，再加上留美科学工作者协会（简称留美科协）等进步组织的动员工作，有大量留学生回到了中国，形成了第一波回国高潮。当时大部分中国留学生是专门乘坐APL（American President Lines）轮船公司在太平洋往返的“克里夫兰总统号”、“戈登将军号”、“威尔逊总统号”回国的。

---

① 王德禄、刘志光：1950年代归国留美科学家的归程及命运。《科学文化评论》，2012年第1期，“科技与社会”栏目。

② 丘森：难忘的回忆 // 华东师范大学老教授协会数学分会:《往事与随想》，[2010-01-00]。http://wins.math.ecnu.edu.cn/wsysx

在朱光亚回国之前，1949 年 9 月的“克里夫兰总统号”上有梁思礼、陈利生、严仁英等 20 多位中国留学生。1949 年 11 月的“戈登将军号”上有葛庭燧、陆星垣等多位中国留学生；1950 年 1 月的“戈登将军号”上有唐敖庆、陈椿庭等 18 位中国留学生；在朱光亚回国之后 1950 年春的“威尔逊总统号”上有严东升等多位中国留学生；1950 年 6 月的“克利夫兰总统号”上有罗沛霖等 34 位中国留学生。

1950 年 8 月 31 日的“威尔逊总统号”是 50 年代初留学生回国途中发生故事比较多的一条船。这条船上留学生人数最多，共有 128 位。在美国洛杉矶发生了赵忠尧携带的书籍、笔记本几乎全部被扣留事件；在日本横滨发生了拘留赵忠尧、罗时钧、沈善炯 3 位中国留学生事件；在菲律宾发生了鲍文奎被拘留未遂事件。这在中国留学生中产生了很大的影响，也预示着中国留学生回国之路将不再平坦。乘坐这条船回国的中国留学生还有邓稼先、涂光炽、叶笃正、余国琮、傅鹰、庄逢甘等人。采访余国琮时，他说：“当时乘坐我们这条船回来的中国留学生人数是最多的，有 3 个方面的原因。一是，朝鲜战争已经爆发了，我们预感到美国要限制中国留学生回国，大家纷纷动身回国；二是，留美科协做了大量的宣传工作，一些人已经有了回国的打算；三是，那时候学校都放了暑假，我们回国比较方便。”

1950 年 9 月开出的“克利夫兰总统号”上有冀朝铸、王曾壮、张元一、张庆年等 90 多位中国留学生。后来又有几条船搭载部分留学生回到了中国，比如 1951 年 2 月的威尔逊总统号上有颜鸣皋、刘恢先（洪晶）夫妇等 100 多位留学生；1951 年 4 月的“戈登将军号”上有徐光宪、高小霞夫妇。

附录：

给留美同学的一封公开信

（摘选自《留美学生通讯》1950 年第三卷第八期）

同学们：

是我们回国参加祖国建设工作的时候了。祖国的建设急迫地需要我们！人民政府已经一而再再而三地大声召唤我们，北京电台也发出了号召同学回国的呼声。人民政府在欢迎和招待回国的留学生。同学们，祖国的父老们对我们寄存了无限的希望，我们还有什么犹豫的呢？还有什么可以迟疑的呢？我们还在这里彷徨做什么？同学们，我们都是在中国长大的，我们受了20多年的教育，自己不曾种过一粒米，不曾挖过一块煤。我们都是靠千千万万终日劳动的中国工农大众的血汗供养长大的。现在他们渴望我们，我们还不该赶快回去，把自己的一技之长，献给祖国的人民吗？是的，我们该赶快回去了。

你也许说自己学的还不够，要“继续充实”、“继续研究”、因为“机会难得”。朋友！学问是无穷的！我们念一辈子也念不完。若留恋这里的研究环境，恐怕一辈子也回不去了。而且，回国去之后，有的是学习的机会，有的是研究的机会，配合国内实际需要的学习才更切实，更有用。若待在这里钻牛角尖，学些不切中国实际的东西，回去之后与实际情形脱节，不能应用，到时候，真是后悔都来不及呢！

也许你在工厂实习，想从实际工作中得到经验，其实，也不值得多留，美国工厂大，部门多，设备材料和国内相差很远，花了许多工夫弄熟悉了一个部门，回去不见得有用。见识见识是好的，多留就不值得了，别忘了回去的实习机会多得很，而且配合中国需要，不是吗？中国有事要我们做，为什么却要留在美国替人家做事。

你也许正在从事科学或医学或农业的研究工作，想将来回去提倡研究，好提高中国的学术水准。做研究工作的也该赶快回去。研究的环境是要我们创造出来的，难道该让别人烧好饭，我们来吃，坐享其成吗？其实讲研究，讲教学，也得从实际出发，绝不是闭门造车所弄得好的。你不见清华大学的教授们教学也在配合中国实际情况吗？譬如清华王遵明教授讲炼钢，他用中国铁矿和鞍山钢铁公司的实际情况来说明中国炼钢工作中的特殊问题。这些，在这里未必学得到。

你也许学的是社会科学：政治、经济、法律。那就更该早点回去了。美国的社会环境与中国的社会环境差别很大，是不可否认的事实。由高度工业化的资本主义社会基础所产生出来的一套社会科学理论，能不能用到刚脱离半殖民地半封建社会基础的中国社会上去，是很值得大家思考的严重问题。新民主主义已经很明显地指出中国社会建设该取的道路。要配合中国社会的实际情况，才能从事中国的社会建设，才能发展我们的社会科学理论。朋友，请想一想，在这里学的一套资本主义的理论，先且不说那是替帝国主义作传声筒，回去怎样能配得上中国的新民主主义建设呢？中国需要社会建设的干部，中国需要了解中国实情的社会学家。回国之后，有的是学习机会。不少回国的同学，自动地去华北大学学习三个月，再出来工作。早一天回

去，早一天了解中国的实际政治经济情况，早一天了解人民政府的政策，早一天参加实际的工作，多一天为人民服务的机会。现在祖国各方面都需要人才，我们不能彷徨了！

一点也不错，祖国需要人才，祖国需要各方面的人才。祖国的劳动人民已经在大革命中翻身了，他们正摆脱了封建制度的束缚，官僚资本的剥削，帝国主义的迫害，翻身站立了起来，从现在起，他们将是中国的主人，从现在起，四万万五千万的农民、工人、知识分子、企业家将在反封建、反官僚资本、反帝国主义的大旗帜下，团结一心，合力建设一个新兴的中国，一个自由民主的中国，一个以工人农民也就是人民大众的幸福为前提的新中国。要完成这个工作，前面是有不少的艰辛，但是我们有充分的信念，我们是在朝着充满光明前途的大道上迈进，这个建设新中国的责任是要我们分担的。同学们，祖国在召唤我们了，我们还犹豫什么？彷徨什么？我们该马上回去了。

同学们，听吧！祖国在向我们召唤，四万万五千万的父老兄弟在向我们召唤，五千年的光辉在向我们召唤，我们的人民政府在向我们召唤！回去吧！让我们回去把我们的血汗洒在祖国的土地上灌溉出灿烂的花朵。我们中国要出头的，我们的民族再也不是一个被人侮辱的民族了！我们已经站起来了，回去吧赶快回去吧！祖国在迫切地等待我们！

（朱光亚等 52 名留美学生的签名略）

3

为中国核科学事业的发展耕耘开拓

- 北京大学最年轻的副教授
- 喜结连理
- 板门店谈判中的“核观察员”
- 创建东北人民大学物理系
- 第三次进北大　创建核科技高等教育基地
- 为原子能事业储备人才和技术

北京大学最年轻的副教授

1950年2月，怀着建设新中国的美好理想，朱光亚搭乘“克立夫兰总统号”邮轮，远涉重洋，取道香港，经过罗湖口岸，回到日思夜想的祖国。

朱光亚先是取道广州，将女友许慧君托他带给家人的家书与东西带去。许慧君的小弟弟许锡挥后来告诉朱光亚儿子朱明远自己初次见到朱光亚的情景：“那是一天早上，家里的门铃响了，我去开的门。见到门外站着一位英俊帅气的年轻人，自称是大姐的好朋友，刚从美国回来。我一下子就明白了，这是大姐的男朋友来了。于是，立即带他去见父母亲。”在办妥了许慧君托付的事情之后，朱光亚匆匆告别了她的家人直奔他的家乡。

朱光亚在1950年4月13日给许慧君的信中，详细地描述了这段经历：

> 四日清晨到广州东车站，因为警报未解除，我在车站旁中央酒店内中国旅行社招待所休息，到早上六点才随领导人去太平南路新亚酒店。沿途疲乏，本拟在新亚酒店休息，躺下去却睡不着，却只得去逛大街。广州的市面很冷淡，大的商店，专为资产阶级、小资产阶级服务的店都关了门，而路旁人行道的地摊却不少。吃的东西都买得到，价钱却不低。四日那天到旅行社去买票，弄了半天也没弄妥，最后只约好五日再去。下午来了一次警报，接触后到中山纪念堂去逛了一圈。因为空防的缘故，六时以前得赶回新亚，皋园（皋园是当时许慧君父母的家）也没去成。
>
> 第二天，五日，早上又有警报，没有紧急警报，所以九点多就赶到了皋园，当时只有弟弟锡挥一人在家，屋内寂静无声，铁门上锁，我还以为大家都出去躲避去了。和锡挥谈了一回，母亲上街回来，晤谈之后，才知道广州的空袭并不严重，反动派的飞机虽时常来，每次总是一架，最多不过三架。因为高射炮的威力大，飞机多在空中盘旋，只在三

月初那一次在市区内投了弹，增加了一笔血帐。你朱光亚接长广州大学不几天，工作相当忙，要到傍晚才能回家。谈了一会儿，因为要回新亚退房间，我很早就告辞了出来，约好去吃晚饭。母亲说等我好几天了，为我准备了一间房，听说我当晚就要离去，似颇不快。下午我买好票，把托运行李个手续办好，已是五点了。在到皋园时，你父亲也以回来了。谈到他的工作，新中国成立后的一切，他的兴致都非常高。……

……晚饭很丰富，我吃了三碗，母亲说我吃得太少，因为锡挥每餐总要吃过四碗。饭后大雨，八点半开车，七点半我辞出，母亲坚持要哲君和锡挥冒雨送我去车站，在路上我们又谈了一些美国的情形。车启行后，我一人在车上，感触很多，遗憾两点，一点不能在广州多住两天，另一点没会见智君。她暑假该念完三年级了，虽然这一学期她在广济医院上课，却也只能间隔着回家住[①]。

在羊城晚报记者夏杨写的《朱光亚妻弟许锡回忆：第一印象“长相很威武”，著名科学家也爱做家务》一文对许锡挥做过采访，描述了这段经历[②]：

许锡挥说，他第一次见到朱光亚是 1950 年 4 月，当时广州刚刚解放不久。“当时他找到了我们家，敲门时，还是我去开的门！”许锡挥回忆，当时他才 18 岁，还在念中学。门口站的是一位 20 多岁的年轻人，“长相很威武”。他自我介绍叫朱光亚，从美国刚刚回来，带来了姐姐的一封信。

许锡挥说，当时他姐姐在美国留学，朱光亚和她是在那里认识的，两人那时还没有结婚。母亲看了信，信中介绍了朱光亚的情况，但只说是“好朋友”。“我母亲就明白了，很热情地接待他，邀请他在家里吃饭，我也一直陪着”。

许锡挥说，当时父亲许崇清开会不在家，后来才见面。朱光亚给他的印象是非常平易近人，他们两个也很谈得来，“当时他很关心国内的情况，我就详细介绍了广州被轰炸后的情况”。

---

① 朱光亚致许慧君的信（手稿），1950 年 4 月 13 日。

② 夏杨：朱光亚妻弟许锡回忆：第一印象“长相很威武”，著名科学家也爱做家务。《羊城晚报》，2011 年 2 月 28 日。

朱光亚回到了他阔别10余年的故乡——武汉，与父母兄妹团聚。年迈的父母含着喜悦的泪花欢迎这位多年来令他们日夜思念的儿子。朱光亚写道：

回到家看见母亲，鬓发几全白了，此外大堂姐，三堂姐，光同兄嫂，以及六、七味侄子，侄女，外甥……。大家挤满了一屋，一时真是热闹。晚饭时节父亲才回来，比以前更消瘦了，因为患过一次结核症，喉头的损害仍没复原，说起话来嘶哑不成声，初见是令人饮泪内泣，难受已极①。

看着双亲的苍老面容，朱光亚很想在父母身边多留住些日子。然而，北京大学正催促他尽快赶往物理系任教，他必须尽快启程。看着仅在家待了两天半的儿子又要离去，老人们流露出依依难舍之情。朱光亚写道：

这次回家，有时两件憾事。第一，不能在家多住些时日，我得立刻北上；第二，因为旅途的不方便，我没有买什么东西回来分送给大家。离美时，本计划到香港后再买，到香港后才知道由陆路走东西不能多带，馈礼更不能多买。没有法子可想，只得把为自己买购的，和以前旧用的一些日常用品拿出来分送给大家。举一个例子，我随身用的钢笔，现在已只剩下一支离开安城时Vicki代表CSCA送我的那一支了，连我最喜欢用的一支便宜货Eskrbrook牌旧笔都送了人。

本打算星期天早上走，因为父亲星期天才有空，所以把行期推迟了一天。在家两天半，人来客往，也真热闹了一番。吃得很多，睡得很少，好在上车之后又可以大睡，睡不够也不碍事②。

朱光亚深情地安抚了双亲之后，告别兄妹，匆匆赶赴北京任教。

朱光亚一生“三进三出”北大。这一次，是他第二次进北大，第一次要算是西南联大了。这次也是朱光亚第一次到北京，关于到达北京的最初几天的活动，朱光亚在给许慧君的信中是这样描述的：

---

① 朱光亚致许慧君的信（手稿），1950年4月13日。

② 朱光亚致许慧君的信（手稿），1950年4月13日。

北京城比我想象的还大许多许多，昨天早上车由东面入城至东车站，八时三刻到达，有北大教员徐叙瑢和三位学生代表在车站拧候。徐君是我联大同班同学，毕业后就在北大服务，他告诉我饶毓泰老师卧病，正盼望我来协助系内的功课教授工作。我们同乘车来北大理学院，系里已为我准备好两间小房，就在理学院院内，和办公室、课堂聚在一处。系里的各位老师都看见了；赵广增先生又陪同往见饶先生。饶先生原来有胃病，最近胃病复发，详细检查，发觉肺亦有疾，医生嘱静养三月至半年，系里老师人数本不多，加上他又病倒，所以他心急的很，天天盼我能早一天来。他所教授的三年级光学和研院理论物理引论两课，都停了好久，光学一课必须继续，理论物理引论一课则或暂时作罢。因为我初来，他嘱我休息以二日后再作具体决定。午间至赵先生家吃饭，晚上郑华炽先生又请吃饭，师长如此款待，真令我惭愧。和各位先生晤谈之后，才发现北大物理系情形已不如前，现在亟盼吴大猷与马仕俊两位先生能早日归来。

昨天午后见着曾昭抡先生，他每天早上在教务方面处理事务，下午到系内来工作，积极精神，令人敬畏。今天早上又去会见了校长汤用彤先生，他们知道我一到校，都很高兴。科学院方面，我预备明天去拜访钱三强先生，徵询他对工作方面的意见。今天去科学院研究计划局，看见了联大同学陆君，和他谈起那面的情形，才知道一些初创，许多问题都仍旧没有解决，最严重的当然仍是人事问题①。

朱光亚非常喜欢北大的环境，他写道：

北大理学院都是些旧宫殿式小平房，环境安静可爱，念书，做学问，真再好不过了。……我是一个爱安静的人，能有一些想看的书，在一个恬静的地方住下来，我会感到很快乐的。心境静下来了，也才能踏实地做一点工作②。

读到这些文字，有谁能想到，十年之后，朱光亚会成为指挥千军万马进

① 朱光亚致许慧君的信（手稿），1950年4月13日。

② 朱光亚致许慧君的信（手稿），1950年4月13日。

行大会战的科技统帅呢？

安顿好的朱光亚，马上就成了一位大忙人。他在另外一封给许慧君的信中说：

> 郑先生告诉我，今天下午物理系师生有一个聚会，算是欢迎会，要我出席。心里惶恐得很，不知道到时候该说些什么。以前也教过中学生，学生群中比我年岁大的也有；出国前在联大也教过大一的学生。只是时隔四年，现在在做人师，一切都好像有了许多变化似的。
>
> ……
>
> 下午一点到两点参加工会练习歌咏，两点到四点工会小组会，讨论总工会提出的工作时间分配表，四点到六点迎新会，会上看见了过半数系内的同学，我说了一些美国的情形，作了很简单的自我介绍，结果似乎马虎。同学们都很坦白，他们说，现在他们极力的打破个人主义的旧观点，自己把课弄通了还要帮助其他的同学学习，集体学习，务必使大家都有了解，都有进步[①]。

置身于北京大学校园青春焕发的学生们中间，25 岁的朱光亚仿佛又回到了学生时代。作为北京大学物理系最年轻的副教授，他满腔热情地投入教学第一线，教授光学和普通物理课。他认真备课，旁征博引，枯燥的物理学概念经他深入浅出的讲解也变得生动了。

1950 年 6 月，朝鲜战争爆发。针对美国威胁说要在朝鲜半岛使用原子弹，朱光亚写了题为《原子弹与原子武器》的文章，说明原子弹的原理及如何防御，并呼吁大家行动起来反对原子战争。这篇文章由北京大学油印后，在校内外广为散发，中央人民广播电台还专门为此到北大采访朱光亚。刚一回国，朱光亚就用所学专业知识在维护世界和平和反对使用核武器的正义事业中留下了自己的身影，对揭露美国的核威胁起到了很好的宣传作用[②]。

在完成繁重的教学任务的同时，1951 年 5 月，朱光亚在商务印书馆出版了他的专著《原子能和原子武器》，该书较为详尽地介绍了原子能的发现，

---

① 朱光亚致许慧君的信（手稿），1950 年 4 月 14 日。

② 肖庆：使命与奉献——朱光亚在北京大学［C］//《风范长存天地间》编辑组：《风范长存天地间——朱光亚同志逝世一周年纪念文集》。北京：人民出版社，2012 年。

原子弹的研制、氢弹的秘密等诸方面的内容。该书共6章，各章分别是：第一章，科学家们是怎样发现原子能的？第二章，原子能在工业运用上的远景；第三章，原子弹是怎样制成的？第四章，原子弹带来了什么？第五章，氢弹的秘密；第六章，我们为什么要反对原子战争？这本书同曾昭抡早一年出版的《原子与原子能》相辅相成，互为补充，成为当时我国系统介绍和论述这方面专业知识的早期著作之一。

为了与学生打成一片，他喜欢在业余时间参加文体活动，尤其乐于和学生们打篮球。他个子高挑，动作敏捷，加上投篮技巧娴熟，颇为师生瞩目，在场上不时博得师生们的掌声。当时，有些人尚不认识这位青年教授，以为他是刚入学的研究生。他写道：

> 来北京快有两个月了，最近的生活已比以前有规律多了。每天六点半或七点就起来，也是在美国没能做到的事。这些时我们每天下午五点半到六点半都设法运动一小时。今天下午我们和物理系的同学们赛了一次排球。同学打得并不好。不过我们更差，滥竽充数，我是二排中当然是我们吃了败仗。

除此之外，他还热心于社会工作。他积极组织青年教师到地处北京郊区的通县去慰问从朝鲜战场上归来的伤病员；自己还踊跃参加当时的土改参观学习团和赴革命老区的访问团，受到深刻的革命传统教育。在朱光亚早年的照片簿中，有几张他当年参加土改参观学习团所拍摄的土改运动中贫下中农批斗土豪劣绅的照片。

当然，朱光亚在积极参与教学工作的同时，始终钟情于核物理科学研究工作。他在6月2日给许慧君的信中，特别提到了去科学院工作的问题。

> 今天六月二日了，不到一个月后，我们也要放暑假了。关于我暑假后究竟去不去科学院工作的问题，现在也还没能有具体决定。我曾数次地和系里的教授和助教同事们讨论过这个问题，大家一致劝我暂时不要离开北大。这里太差人了。目前科学院的工作还看不出眉目来，也要有人去做。把这两部分工作比较衡量一下，似乎学校工作要重要一些，至少目前如是。这样一来，我也许不该离去。以后工作情形有了改变，可以再作新的打算。两个多星期前去清华，王竹溪教授和我谈到这些问

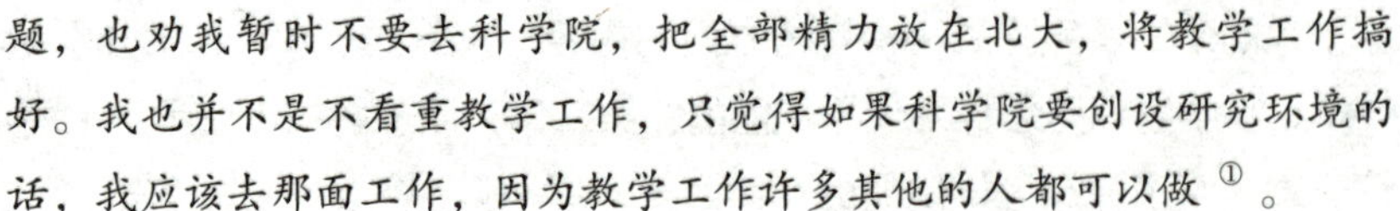
题，也劝我暂时不要去科学院，把全部精力放在北大，将教学工作搞好。我也并不是不看重教学工作，只觉得如果科学院要创设研究环境的话，我应该去那面工作，因为教学工作许多其他的人都可以做[①]。

喜结连理

许慧君是在1950年8月回国的，同船的还有黄宛夫妇。黄宛是我国著名固体物理学家黄昆的哥哥，后来成为我国著名心脏内科学专家，他是朱光亚和李政道的好朋友，还是李政道与秦惠君夫妇的媒人。朱光亚知道有黄宛夫妇同许慧君相伴非常高兴。他在给许慧君的信中说："黄宛同学夫妇能和你同行，真是再好没有了。他们决定回国来工作，真使人高兴。我相信等你们到达之后，他一定能告诉我好几位朋友们的近况详情。请代我向他致以问候。"[②] 1950年8月5日，朱光亚收到许慧君从广州发来的电报，知道许慧君已平安到达，欣喜若狂。他在给许慧君的信中说："现在总真好了，你已安全地回到了祖国。我真为这件事高兴。"[③]

1950年10月，北京美丽的金秋，朱光亚与许慧君在位于北京金鱼胡同口的森隆酒家举行了隆重而又简朴的婚礼。许锡振回忆说，许慧君的二叔婆何香凝，姨母廖梦醒、舅舅廖承志、舅妈经普椿等还有朱光亚与许慧君当时在北京的一些同学和同事都参加了婚礼。许慧君至今还保存着一块红绸布，上面有当时所有参加婚礼的来宾的签名。能看到何香凝写下的"百年好合　祝朱光亚许慧君新婚之喜"，还有廖承志、廖承慧、涂光炽、唐敖庆、邓稼先等的签名。席间，在大家的要求下，朱光亚还欣然从命，愉快地一展

① 朱光亚致许慧君的信（手稿），1950年6月2日。

② 朱光亚致许慧君的信（手稿），1950年7月3日。

③ 朱光亚致许慧君的信（手稿），1950年8月6日。

歌喉，俏皮地为大家献唱了一段当时正热演的歌剧，“王贵与李香香”里的选段，歌中唱道：“不是闹革命，咱们翻不了身，不是闹革命，咱们成不了亲。”一曲唱罢，引得全场一片热烈掌声。婚后，他们便从北大宿舍把家安到了东城区内务部街中央卫生研究院的宿舍居住，房子虽然不太宽敞，却布置得简朴温馨。那时，许慧君的二叔婆何香凝住在北新桥王大人胡同，星期天或节假日，有时间的情况下，许慧君和朱光亚以及大舅子许锡振会一同去看望何香凝叔婆，在那里也经常碰到许慧君的姨母廖梦醒。当时廖梦醒还多次对许锡振说，光亚脾气好，能体贴人，是一个好丈夫，这是你大姐的福气。

图 3-1 朱光亚一家与何香凝（右一）在一起

许慧君出身于广州的一个名门望族——许氏家族。新中国成立后不久，许慧君的父亲许崇清到北京参加最高国务会议，毛泽东主席进会议室的时候特意问道：“许崇清先生到了没有？”外公回答说，到了，毛主席说“久仰大名”，外公连称不敢当。外公的两位哥哥许崇灏、许崇济与堂兄许崇智一起，被称为孙中山麾下的“许氏三杰”，在辛亥革命中立下赫赫战功。孙中山先生更是高度评价许家兄弟的贡献，他赞扬许慧清对女儿许慧君“教子有方”，并以牌匾相赠。毛泽东如此推崇许崇清，自然有道理。许崇清不仅曾是国民党内一位思想进步的代表人物，一位社会声望极高的教育家，更是我国开拓辩证唯物主义教育理论的先驱。谈起许崇清，还有这样一段物理情缘。许崇清，作为广州高第街许氏家族的第 5 代，曾先后 3 次担任中山大学校长，是我国著名教育家和教育哲学家，被公认为是“新教育学和新中国高等教育的奠基人之一”。在长达半个世纪的岁月里，他曾担任国民政府广州市教育局长、广东省教育厅长，他还 3 次出任中山大学校长。他以追求真理和不盲从权威的精神，在教育思想研究领域进行了自己的探索。1988 年，在他诞辰 100 周年之际，他被广东教育界誉为“辩证唯物主义教育哲学奠基人”，中国民主促进会广东委员会献给他的题词是："崇正树德促进民主　高风亮节范式人师"。

许崇清当年曾与蔡元培发生过一场辩论。1917 年初，《中华新报》分两天刊载了蔡元培的演说，演说的主旨是阐明"孔子是孔子，宗教是宗教，国家是国家"的观点。许崇清不认同这样的论点，而且蔡元培用来说明自己观点的材料让他无法苟同，于是他在《学艺》杂志上刊登了一篇长文，题为《再批判蔡孑民先生在信教自由会演说之订正文并质问蔡先生》，文中叙述了爱因斯坦的狭义相对论。他写道："方今自然科学界，关于时空（即宇与宙）之研究，则有 Einstein 于 1905 年发表之'相对性原理'，此原理以二假定为前提。其一则为'相对性之假定'。其二则为'光速不变之假定'。艾氏据此以时间相对性之定义，而牛顿力学所悬设之绝对空间，绝对时间几至不能成立。"最后，他还写道："其他如 Minkowski 氏（闵可夫斯基）也主张时空无独立之主义，爱因斯坦于 1908 年关于时空之讲演［演题 Raum und Zeit（空间和时间）］震动全欧学界，旧派物理学者瞠然大惑。若乃电气力学的自然观、量子论等，亦皆方今物理学之新路径也。"一个青年留学生敢于批评质问学界泰斗蔡元培，这在民国初年的中国学术界属于比较新鲜的事情。文章中精彩的一段是对"国家之说为今至愚"的批驳。许崇清写道："'国家之说为今至愚'句，足以窥见先生之非国家主义、非爱国主义也。但先生又曰：'不过我人生长弱国，不能不由至愚以进。'是先生仍于一定程度内承认国家之必要也。"许崇清不仅指出蔡元培多处引用上的不妥，他还对中华文化不吝赞美之词："夫我庄严华美之中华，黄帝之所开辟，大汉民族之所经营，四万万神明华胄生长于斯葬于斯，承传四千多年之历史，为东亚文化之大源，行将发扬光大其雄姿，以表率天下万世。"许崇清说，能够有这样的国家，正是因为"人为上智，故胜其任"，怎么能"诋为至愚"呢？许崇清的文章引起了蔡元培的注意，蔡元培很快便在《新青年》杂志上作了回应。蔡元培说："任取一哲学家所定之说而信仰之，是谓宗教。"对此，许崇清指出："先生之言如是，无奈历史事实非如是，抑先生别有实证耶？"正是在这篇回应文章中，许崇清意外地成为了中国介绍爱因斯坦狭义相对论的第一人。心胸开阔的蔡元培很欣赏许崇清，并与他结交为好友，还邀请他来北大任教。许崇清的文章当时似乎并未引起多大注意，直到将近一年半以后才又有文章介绍狭义相对论，如吴正之（即吴有训）1919 年 2 月 7 日发表的题为《第四度量》，魏嗣銮在 1920 年 1 月发表的题为《空时释体》，"蠢材"（显系笔名）于 1920 年 3 月发表的《相对性原理和四度空间》，等等。

地处于广州高第街的许氏家族，被人们誉为“广州第一家族”。两百多年来，许氏家族名人辈出，有鸦片战争时期领导绅民抗英的许祥光；有曾当过浙江巡抚、被老百姓称之为“许青天”的许应荣；有当过闽浙总督的许应骙；有孙中山重要的军事助手、粤军总司令、国民政府常务委员、中央军事委员会主席、政府军事部长许崇智；有辛亥革命时期南京临时卫戍司令许崇灏；有鲁迅夫人许广平；有近代著名的教育家许崇清；有领导百色起义、任红七军代理政委及前委书记的许卓……等。“这个家族所连带的族群比《红楼梦》的贾府复杂、庞大得多。连绵 11 宅，几百房人，至今第 11 代；这个家族又是中国近现代社会的缩影；在不同的历史时期与中国的不少顶级政治，经济、文化人物有过交往和故事，特别是对中国近代史，这个家族有过重要的影响。”①

许慧君的母亲廖六薇是廖仲恺和何香凝的侄女，因此，许家和廖家也是亲戚。许慧君称何香凝二叔婆，叫廖承志舅舅。廖六薇与许崇清两人的婚礼还与国民党与苏联的合作有关。1922 年孙中山打算与苏联合作，派廖仲恺赴日本与苏联代表越飞谈判。如何避过日本密探的耳目呢？廖六薇的父亲廖恩焘时任北洋政府驻日本公使，于是廖仲恺趁着许崇清的婚礼，顺利地与越飞秘密接上了头，事后双方发表了《孙文与越飞联合声明》。所以何香凝对廖六薇说：“你们这段姻缘做了一件对国家有益的事。”

由于同中山大学的这层特殊关系，朱光亚一直非常关心中山大学的教学和科研发展。曾任中山大学校长的曾汉民原来在北京工作，就在国防科研系统，后来因为身体原因，转到中山大学担任校长，他回忆说：“在北京工作的时候，朱光亚是国防科工委科技委员会主任，我作为全国材料学首席科学家，他是我的顶头上级，我们经常打交道，私交也很不错，我常到他家里吃饭。后来我到中大当校长，因为他是老校长许崇清的女婿，我们也多次见面。”曾汉民说：“朱光亚是个真正的大科学家，值得当前科技界人士学习！”朱光亚为人非常低调，大智若愚，沉默寡言。工作中总是详细地听取汇报，并反复调研，总是在想清楚了之后才会发表看法。“行事风格上，他和老搭档钱学森不同，他不喜欢言谈，他们两个性格上是互补的”。曾汉民说，朱光亚是求真务实的典范。作为全国政协副主席、国防科工委科技委员会主任、中国科协主席等，却看不出一点官架子，朱光亚周围的人都很佩服他，和他共过事的人都说，想让朱主

① 钟珮璐：广州许氏家族影响近代史。《羊城晚报》，2007 年 12 月 2 日。

任表态不容易，他总要调查了解得非常清楚才会说几句话。“我们怀念朱光亚，也就是要弘扬这种可贵的科学精神！”“他在同时代的科学家中，是非常出色的！”曾汉民说，朱光亚工作上从不喊口号，他厚积薄发、深思熟虑，注重调查研究，爱动脑筋，工作非常细致，从不轻易发表言论，但是他一说话，又都是真知灼见，高瞻远瞩。“各方面都是科技人员的榜样。和他一起工作的人都深受教育！”曾汉民回忆，有一次他在中山大学小礼堂组织各学院院长、系主任开座谈会，朱光亚也参加了。那是 1992 年，邓小平南巡，国家召开了第二次全国科技大会，很多人提出，科学的春天又来了。其实当时市场开始开放，科技界也出现一些不健康的苗头，很多人浮躁起来，追名逐利的人多，国家科技投入并不够。在座谈会上有教授直言，这不是科学的春天，而是冬天。言辞非常激烈。大家很担心，不知道朱光亚会怎么说。当朱光亚表态后，大家很惊讶，他说，大家的意见很好，“我也深有同感，但是我不方便讲，靠大家努力克服！”曾汉民说：“朱光亚虽然一直搞科研，但对教育颇有看法，对大学和青年一代寄予了很高的期望。我当校长期间，曾经多次主持过内地和香港的校长联谊会，邀请他参加，因为工作关系他很难抽身，但是他很愿意参加，只要他能来，在会上他都会畅谈对大学教育的看法。他主张大学生应该全面发展，应该关心国家大事，直到现在都很有积极意义。”①

板门店谈判中的“核观察员”

1950 年，朝鲜战争爆发，随着战火向中朝边境蔓延，年轻的人民共和国面临着帝国主义入侵的严峻威胁。唇亡齿寒，为了国家安全，民族独立，中国政府在尚未抚平战争创伤的情况下，不得不出兵抗美援朝。同年 10 月，

① 夏杨：中山大学老校长曾汉民：朱光亚和老搭档钱学森性格互补。《羊城晚报》，2011 年 2 月 28 日。

中国人民志愿军跨过鸭绿江，战争态势随之发生重大变化。1951 年 7 月，美国不得不与中朝两国在板门店开始进行停战谈判。1952 年春，战争进入相持状态。停战谈判成为外交战线上的重头戏。

这时，国家急需从高等院校中选派一批政治上可靠，英语水平高的优秀教师，作为翻译赴朝，参加板门店停战谈判。北京大学选派了 6 人，除了朱光亚之外，还有年过半百的英语系教授赵诏熊，中文系和英语系教授钱学熙以及英语系的齐声乔、政治系的薛谋洪、工学院土木系的黄仕琦等几位青年教师。行前，朱光亚匆匆跟许慧君话别，他对许慧君说："我要走了。"许慧君便问："到哪里去？"朱光亚幽默地回答："到东北打老虎去！"

其实，朱光亚去朝鲜还有另外一个更重要的目的。当时，在常规战中已占不到什么便宜的美国人一直在研究使用原子弹武器的可能性。美国当时的陆军参谋长劳顿·柯林斯就曾经说：在中国共产党发动全面攻势的情况下，对他们的部队和物资集结地使用原子弹，也许是使联合国军守住第二条防线或尽早地进行一次向满洲推进的决定性因素。这就是当时美国仗着拥有核武器所狂妄叫嚣的核威胁。后来，北京大学副校长沈克琦回忆说，朱光亚去朝鲜的另外一个秘密角色是作为中国人民志愿军的观察员考察美国人在朝鲜战场是否使用了核武器。

另据史料记载，核物理学家王淦昌也曾带着探测器赴朝，专程验证美国人是否在朝鲜战场上使用了原子武器[①]。

图 3-2　1952 年，朱光亚与夫人许慧君在北京大学

1952 年 4 月，朱光亚等一行十余人，穿上志愿军军装，秘密地从北京出发，经沈阳抵达丹东向朝鲜进发。据曾任外交部翻译室主任、驻马耳他大使、驻葡萄牙大使的过家鼎回忆说[②]：

① 常甲辰：科学家王淦昌在朝鲜前线。《党史文汇》，1997 年第 12 期。

② 过家鼎：与朱光亚一同参加朝鲜停战谈判。《世界知识》，2011 年第 7 期。

1952年春，抗美援朝战争进入了阵地战的胶着状态，形势仍十分严峻。从1951年7月开始的板门店停战谈判仍在继续。这是当时我国外交战线上的头等大事。国家需要选派一批政治上可靠的外语干部到板门店这个敏感地区从事谈判翻译工作。1952年4月，我从上海复旦大学外文系调到北京参加“五一”节外宾接待工作，到北京后不久便被荣幸地选中去板门店参加停战谈判，时年21岁。

同行的有十几个人，当时互不相识，其中就有刚从美国回来的核物理学博士朱光亚，他时年28岁。我们这个梯队中，年纪最大的是50岁的清华大学教授赵诏熊和北京大学教授钱学熙。年纪最轻的是我和冀朝铸、邱应觉。冀朝铸是侨居美国多年的哈佛大学本科生，邱应觉是马来亚（马来西亚西部的旧称）归侨。

当时，我们国内尚未形成一支专业的翻译队伍，但有不少英语水平高的人。我们这批人来自各行各业，有教授、副教授、讲师、助教、医生等。选上我们，是因为组织上认为我们这些人政治上可靠，同时又具备一定的英语水平，对朝鲜停战谈判能有所贡献。

我们这一群互不相识的人在北京集合，穿上了新发的中国人民志愿军棉军装，只带了最简单的随身行李，从北京坐火车经沈阳到达安东（现为丹东）。沿途看到，人民安居乐业，建设事业欣欣向荣。从安东跨过鸭绿江，眼前便似换了天地。那是一片废墟，美国侵朝战争已将朝鲜北方的城镇夷为平地，没有一座完好的房屋。我们从新义州出发，连人带铺盖一起上了一辆军用敞篷大卡车，朱光亚和我们共十几个人挤在一起，铺盖就是我们的座位。卡车沿着崎岖的山路前进，一路冒着美国飞机轰炸扫射的危险。朝鲜人民军和中国人民志愿军战士沿途站岗放哨，一遇敌机盘旋，便鸣枪发出防空警报。白天卡车开开停停，天黑后便加速行驶，大部分路程是在夜间行进的。途中，美国飞机在我们车前扔下了照明弹，司机立即停车，让我们大家都跳下车趴在路旁的斜坡上。美机在我们车前车后扫射了一阵便飞走了。我们便拍去身上的泥土，立即上车继续前进。就这样，卡车走了两天一夜，终于平安到达了开城中国人民志愿军停战谈判代表团的所在地。

我们一开始住在朝鲜老百姓的家里，办公室也设在朝鲜老百姓为我们腾出的房子里。朱光亚就和我住在一间屋子里，睡在一个大炕上。朝鲜人的家里是没有床的，他们睡的是底下烧火的大炕。我们从北京来的人都不习惯，躺在炕上，背上很热，甚至发烫，总睡不好觉。后来，经安排，我们都改睡每人一张行军床。我和朱光亚仍然住一间房子，朱光亚曾对我说：“小过，你晚上常说梦话，说的是英文！”其实，我是在梦中背诵所记的英文词汇。

我们的代表团设在板门店附近双方协议的中立区内，一般来说，应该是比较安全的。我们的住所周围炮声隆隆，美国飞机经常在我们头上盘旋，在远处扔下炸弹。谈判开始时，美方曾一再违反协议，制造破坏谈判的事件。如在中立区内枪杀我军事警察和轰炸我代表团驻地。经我方坚持斗争和抗议，中立区内基本上能够保证安全。不过，我们要时刻保持警惕，加强各种安全措施。晚间实行灯火管制，我们要拉上防空窗帘，在微弱的灯光或烛光下工作到深夜。夏夜，尽管天气十分闷热，我们也不能拉开窗帘透气。有时，敌机深夜飞越我们的驻地上空。我们一听到空袭警报，就要抱着文件和公文包，跑到房后的防空洞里躲避一会儿，等警报解除后再出来继续睡觉或工作。开始时，我们对这样的生活环境和工作条件不太适应，但过了一段时间也就习惯了。天热了，晚饭后，夕阳西下，我们三三两两散步来到山顶，席地而坐，看着远处炮战发出的火焰，意识到战斗还在激烈地进行，谈判尚需时日。

我们的任务主要是搞笔译，就是将秘书处起草的发言稿由中文译成英文，由朝方同志译成朝文。这些稿子大部分都在谈判中使用，与对方（联合国军方面，实际上是美方）谈判时，我方的发言由朝中方面的首席代表南日大将用朝文念出，接着念出译好的英文。我和冀朝铸等人经常去板门店出席会议，因为我们还要负责速记美方的发言。朱光亚等同志则在开城总部，除了负责发言稿的翻译外，还要将报务员所听记下来的外文电讯翻成中文，并用复写纸刻写数份供领导参阅。朱光亚同志还负责将板门店谈判开始以来的会议记录整理归档。我们和他一起工作时，他把我们口诵的内容一一记录下来，整理成通顺的文字并进行归档，不仅可供领导阅读，而且成为历史档案。这项工作是十分繁琐的，但他对待工作的态度认真负责、从不懈怠，周围激烈的战火激励着他更加发奋努力。他思维清晰，逻辑性强，沉静睿智，谦虚谨慎，给我留下深刻印象。虽然他是一位副教授，与我们刚出校门的学生不一样，但他从不要求特殊待遇。我们只知道他是一位留学归来的物理学博士，哪曾想他胸怀大志，日后为振兴中国的核物理学事业做出了贡献。平时，他从来不和我们谈原子物理，因为一则

我们都听不懂，二则他正全身心地投入停战谈判工作，无暇顾及自己从事的专业。领导停战谈判的李克农同志（被称为“李队长”）和乔冠华同志（被称为“乔指导员”）经常来看望我们这些知识分子，特别是清华和北大的两位老教授（赵诏熊和钱学熙）及朱光亚博士。

从 1952 年的 4 月到 12 月，由于谈判有所进展，我们的工作自然就紧张而繁忙。到 1952 年底，谈判一度陷入僵局，双方会晤次数减少，级别降低。在军事分界线的划分和战俘遣返问题上，谈判陷入僵局，斗争重点又转到战场。由于谈判任务骤减，代表团领导决定把一部分同志送回国内，随时待命。于是，我和朱光亚同志便沿着入朝的路线坐卡车返回祖国。时值隆冬，战争仍在进行，道路更加艰险。路经平壤，我们需要休息。朝鲜老乡将他们的地下窑洞腾出一部分空间让我们四五个人蜷在一起休息，其一家四人则挤在窑洞的另一边睡觉。

到达北京后，我们受到外交部领导的热情欢迎。国内一派繁荣景象，人民过着和平安定的生活。抗美援朝保卫了我们祖国的疆土免受侵犯和破坏，我们的和平建设未曾中断，人民的和平生活未受影响。这一切使我们切身感受到抗美援朝、保家卫国的伟大意义。

1953 年初春，谈判在板门店恢复，我们较年轻的一部分同志奉召重返板门店前线工作。朱光亚同志则被调投入东北人民大学（现吉林大学）物理系创建事业，随后即献身于“两弹一星”的创制工作。

我和朱光亚同志在抗美援朝期间的八个月朝夕相处，结成战友，这是我一生中最难忘的光荣记忆。

当时，谈判代表团的办公室就设在中立区老百姓临时腾出的房子内。时任谈判代表团团领导的李克农、乔冠华常常给朱光亚和其他译员们做形势报告，介绍当时敌我双方的斗争形式，布置具体的工作任务，同时，还要随时向毛泽东、周恩来汇报和请示谈判的进展情况。谈判工作很紧张。朱光亚等人每天晚上都得加班，拉着防空布帘在极其微弱的灯光下忘我工作，一旦听到防空警报，便立即收好文件，抱着资料往防空洞里钻。敌情过后，便立即又投入到紧张的工作中。

谈判桌前，美国人耍大国威风，百般刁难，不止一次地挥舞“核大棒”进行赤裸裸的核讹诈。谈判需要有高度的原则性和政策性，语言要保证绝对准确和严密，才能不让对方有空子可钻。我方代表义正词严，寸步不让，以牙还牙，与美国人在谈判桌上斗争。后来谈判陷入了僵局。经常出现大家一言不发的场面。1951 年 8 月 10 日那天，出现了一个十分有趣的现象。美方首席代表乔埃与朝中方面首席代表南日面对面地坐着，你瞪着我，我瞅着你，谁也一言不发，全场鸦雀无声，相持达 2 小时 11 分之久，在世界外交谈判史上是空前的。久而久之，双方都练出了耐性和坐功，甚至需要忍受较长时间的沉默。这里有一个小插曲，在长时间沉默中，美国人开始一支接一支地吸香烟，一口接一口地吐着烟圈，于是我方人员也相互递烟。朱光亚也就是在此时学会了抽烟和吐烟圈。朱光亚后来回国后，一直保留了抽烟的习惯。

随着 1952 年底的美国大选，为了拉选票，艾森豪威尔声称，在他上台之后，要结束朝鲜战争。就在杜鲁门与艾森豪威尔政权交替之时，朝鲜战争再次激烈起来，此时的美国佬在谈判桌前得不到什么便宜和优势，就又想在战场上垂死挣扎。由于谈判任务的骤减，朱光亚和有关译员被奉调回国，做随时待命的准备。

回国后的朱光亚，特别喜欢披在身上的就是那件见证过板门店谈判的军大衣。记得 20 世纪 60 年代初期，那时朱光亚已调任核武器研究所任副所长，仍然穿着这件军大衣。一天，时任该所秘书的胡干达好奇地问朱光亚，你怎么会有这么一件军大衣时，朱光亚说，我曾经是志愿军的一员，参加过停战谈判，当过英文翻译，在谈判桌前面对面的同美国佬较量过。后来，朱光亚担任了核武器研究院副院长，无论是在瑞雪茫茫的青海草原，还是在飞沙走石的新疆核试验场，或是在北京的研究所，但凡是冬季，朱光亚总是喜欢把这件已经旧的褪了色的棉军大衣穿上。这件军大衣也曾经不止一次地引起人们对他的注意。一次在开会休息时，一位青年技术骨干刘锡三问朱光亚，“朱院长，现在‘文化大革命’了，人们都爱穿军装，你这件军大衣是从哪里弄来的？”朱光亚风趣地回答说：“说来就话长了，这是当时参加板门店谈判时发给我的，这件衣服又暖和又合身，它已经跟了我 10 多年了。刘锡三又好奇地问：“别人抽烟，喷出来的是一阵烟，而你喷出来的烟怎么会打圈儿？这个技术是从哪儿学来的？”朱光亚不禁哑然一笑，幽默地告诉他说：“这也要归功于板门店谈判，当时中朝方面对着美国佬谈判，常常是双方一言不发，你看着我，我看着你，静坐一两个小时后，宣布下一次会议的时间后就散会了，为了打发时间，就学会了抽烟。美国佬会从鼻子里喷圈圈出来，后来我们的代表也从鼻子里喷圈，而且喷的一次比一次多，一次比一次大，谈判成了吹烟圈儿比赛，美国佬谈判不过我们，吹烟圈儿也吹不过我们呀!”一席话，把在座的人都逗得开怀大笑起来。

这段经历使朱光亚结交了许多外交界的朋友。他时常谈起冀朝铸。亲昵地称他小冀。他说，小冀是美国哈佛大学学化学的。那时的小冀英文比中文还要好。小冀会速记，记录得特别快。朱光亚自己也练就了一套独有的快速记录的本领，中英文混合，记得又快又全。

关于朱光亚此行的秘密使命，除了沈克琦所说之外，没有找到任何佐证。由于是秘密使命，朱光亚也从来不会提及。

经过谈判桌前的历练，不仅练就了朱光亚可以长时间一言不发，不轻易表态和轻率下结论的功夫，而且练就了朱光亚日后思考问题时的深思熟虑，缜密慎行，准确无误的严谨作风，练就了他善于倾听别人发言，在集思广益的基础上分析问题，精辟地归纳与透彻地分析，最终抓住问题的要害，并总结出具有规律性和科学性的令人折服的结论。

经历了前后约一年的朝鲜战场上军旅生活的历练，养成了朱光亚严肃、紧张、快捷的军人作风，同时，也更加增强了保卫国家安全的意识。朝鲜战场上残酷的战争场面，敌我双方武器装备上的悬殊对比，美国佬的核讹诈和核威胁，使朱光亚深刻意识到：年轻的人民共和国要想真正独立，繁荣强大，重新自立于世界民族之林，就必须要有自己强大的国防。

创建东北人民大学物理系

1952年，根据当时社会主义建设的需要，国家对全国高等院校的师资力量进行调整，决定在东北地区建立一所综合性大学，并从北京大学、清华大学等院校专门抽调来一批骨干师资力量，创建东北人民大学物理系。1953年春。朱光亚作为骨干力量从北京大学抽调到东北人民大学（现在的吉林大学），在新建的物理系先后担任副教授、教授，普通物理教研室主任，副系主任，代理系主任等职。他与其他教职工一道夜以继日，忘我工作，使东北人民大学物理系在短短几年之内，便跻身于全国高校物理系的前列。

现吉林大学的张嘉志教授回忆说，当年是他将朱光亚从火车站接到学校的。“那是我第一次见到朱光亚先生，他当时穿着一身志愿军的黄色军服，脚上穿着黄色军靴，相当英俊帅气。”张嘉志说：“那时，朱光亚先生刚刚 28 岁，当时，朱光亚先生作为中方谈判代表刚从朝鲜回来，所以穿着一身军服。”

图 3-3　朱光亚从朝鲜回来后在东北

朱光亚到校后担任普通物理教研室主任、代系主任（当时没有副系主任编制，代系主任履行副系主任职责）。刚刚建立的物理系一无所有，一切从零开始。朱光亚除了讲课外，还承担了物理系建系初期的大量的教学组织管理工作。他亲自起草、撰写《物理系专业与专门化设置意见》，制订教学计划，提出专业课程与专门化课程的设置方案，撰写《物理系的年度工作总结》《物理系青年教师培养计划》《关于培养青年教师工作总结》《物理系研究生学习情况汇报》……为了节省教师的开会时间，他花费自己的时间撰写了近万字的《普通物理教研室一九五三至一九五四年度上学期第一、二学月工作总结》给教师传阅，其中对力学小组、电磁学小组、光学小组的教材研究会的作用、教材研究、各章节的教学内容、教学目的性、教学方法等都有详尽的指导。朱光亚起草撰写的手稿被永久保存在吉林大学的档案中。

朱光亚在物理系任教期间先后给五个年级 610 多名学生主讲力学、热学、光学、原子物理，有时同时给两个年级上课；他亲自讲授习题课、批改作业，晚自习给学生辅导答疑，耐心启发、解答学生的问题，时常持续到深夜；54 级学生潘守甫是朱老师的课代表，因为答疑太晚，常常于深夜陪着朱光亚回家。为了方便学生，朱光亚还印制了“答疑卡片”，学生可以把疑难问题写在卡片上，交由老师作书面回答。中国地质大学张昌达教授至今还保留着当年在吉大读书时朱光亚给他做的“原子物理”书面答疑卡片。朱光亚在《普通物理教研室一九五三至一九五四年度上学期第一、二学月工作总结》中写道：“同学们有疑难问题可以随时来教研室，老师随时解答。”潘守甫教授是 1958 届毕业生，他说：“当时朱老师直接管我们班，给我们上习题课。我当时是班长，每次都负责收作业、发作业。我们交上去的作业朱老师都会非常认真地批改，而且还会在作业后边标注清楚我们为什么会出现错误。”“那时候朱光亚先生都用红色钢笔为学生批改作业，学生作业的任何细小错误，他都会认真改正，并写下批注。”“那时候很多老师都来听朱老师的课，我们班本来只有三十几个学生，但是一到朱老师的课，几乎全系的老师都来听课，他们搬椅子坐在后面听，弄得我们非常紧张，但是听课注意力也非常集中。”潘守甫说，当时朱老师批改的作业和小考卷子都被他弄丢了，想起来十分可惜。

朱光亚在吉林大学任职期间承担着繁重的教学任务，在 1954—1955 学年教学工作量的统计中，他超额 115.5 小时，是全校超额工作量最多的教师之一。在吉林大学档案馆保存的物理系 1953—1955 年的档案中，专业、专门化设置、教学计划、开课计划、汇报、总结、报告多是他亲笔撰写，并以代系主任的名义签字上报的。由于教学与教学管理任务过于繁重，朱光亚的备课时间太少，有时不得不一边走路，一边备课。

东北人民大学物理系创建之初，师资奇缺，青年教师有的刚刚毕业，有的是提前抽调出来的，专业基础知识不足。为了培养青年教师，保证教学质量，朱光亚想尽了办法。每次讲授大课之后，朱光亚还亲自讲授一个班的习题课，给青年辅导教师作示范；辅导教师讲授习题课之前，必须写出习题课的讲稿，并由朱光亚亲自审定。一位辅导教师在讲稿（讨论）栏目中只写了几十个字，朱光亚亲自审查时给她修改、补充，写了 3 页之多。现存的 1954 年习题课讲稿中，清晰地记载着“审定者：朱光亚”的亲笔签字；对讲稿所作的补充、修改和对讲授提出的建议，记录了朱光亚培养青年教师付出的心血。制作“习题卡片”和组织“教材研究会”是提高青年教师业务水平行之有效的措施。现在的物理学院保存的朱光亚亲自修改、审定的 26 份“习题卡片”和亲自主持并记录的 7 次“教材研究会”手稿，记录了他当年付出的辛劳和严谨的学风。对金汉民等青年教师制作的习题卡片朱光亚作了十分认真地审阅、修改，有的修改篇幅比原稿还多；对公式中的运算步骤、不当（或错误）的文字符号、计算误差乃至错别字等都一一予以纠正[①]。

朱光亚和其他领导还十分重视对骨干教师的培养，特别注意选拔、培养主讲教师。曾任吉林大学物理系副主任、南京大学副校长的冯致光深情地回

① 张涛、崔田:《沉痛悼念朱光亚老师》。吉林大学网站,［2011-02-00］。http://www.jlu.edu.cn/info

忆在朱光亚手下工作的岁月:“郑建宣老师主讲化学，我做辅导，头一次讲授习题之前要求试讲，朱光亚老师亲自把关、指导”;“我担任普通物理教研室秘书，自以为辛辛苦苦做了不少工作，可是在教研室民主生活会上，朱老师给我提意见是‘任劳不任怨’。我第一次意识到只‘任劳’不行，还得‘任怨’，‘任劳任怨’成为我这几十年来工作的座右铭”[①]。

由于朱光亚躬身亲临习题课辅导答疑，批改作业，测验考试各个教学环节，从此建立了物理系的教学模式。比如在理论讲授中注重联系实际，朱光亚倡导在教学中要注意尽量联系本国、本地实际，他在给老师们做教学、教案辅导中指出:“注意尽量联系本国实际、本地实际”，“介绍中国物理学工作情况是必要的”，“古代成就可举墨翟的例子，见钱临照的文章”，“现在进行的工作可结合当时长春的物理研究所的例子”。由此类推，为物理系确立了“以教学为重，理论联系实际”的原则，这条原则在经历数十年弹指一挥间已成为吉林大学物理系一个值得发扬光大的教学理念。

朱光亚给学生主讲普通物理时，辅导教师是刚毕业或提前毕业的大学生;根据教育部的要求，当时四年制的学生要采用苏联五年制的教科书——《普通物理学》(福里斯·季米诺娃著)，困难可想而知。钻研教材是提高教学质量的重要环节，朱光亚采取“教材研究会”的形式指导青年教师钻研教材。1953 年的一个学期，他主持召开了 4 次科学报告会，7 次教材研究会，对教学内容、教学方法进行了深入的研讨，学生也纷纷组织课外科学活动小组，可见当时物理系有着浓厚的学术氛围。

作为学术带头人，朱光亚在科学报告会上论述了《关于质量和能量之间的联系问题》;在《物理通报》上发表论文《关于功与能定义的几个问题》;对教材也研究得相当透彻。在 1953 年 11 月 6 日教材研究会的记录中，朱光亚亲笔写道:“分清离心力与惯性离心力，实例有:车上的泥，伞上的水滴，火车轨道(弯道处)倾斜。离心节速器可以考虑表演给同学看。同时注意尽量联系本国、本地实际。”1953 年 11 月 24 日，朱光亚在学校召开的科研工作会议上作了《关于物理系教材研究会》的报告。1953 年的手稿记载，朱光亚指出:“批判某些教科书中对 F 与 m 不正确的理解是必要的”;福里斯·季米诺娃著的《普通物理学》上讲的“动量概念”“不够清楚”;“关于阻尼、强迫振动和共振，有一些英美教材只讲简谐振动是不恰当的”。朱光亚严谨的治

① 杜祥琬，等:《战略科学家朱光亚》。北京:原子能出版社，2009 年。

学态度和实事求是的精神，为吉林大学物理系树立了优良的学风。

在课程讲授方面，朱光亚非常注意教学质量，召开学生座谈会，听取学生对教学的反映；对教学效果不佳的青年教师，他亲自听课，给予指导。关于教学方法，他特别强调启发式教学和理论联系实际的教学原则。在理论课讲授中注意运用演示实验教学手段，为此建立了“表演实验室”。在朱光亚的教学手稿的记载中，配合讲授牛顿第三定律、动量守恒定律、向心力、离心力、水力冲击、角动量守恒、回转仪运动、振动合成……都有演示实验。建系之初，实验仪器匮乏，除了购置、借用外，朱光亚还带领教师们自己动手设计、制作演示验证仪器，如讲完角动量守恒，用茹科夫斯基凳做表演实验，辅导教师站在转凳上，两臂平伸，手握哑铃，他亲自推着转动；这样的理论教学让学生至今记忆犹新。吉林大学物理的演示实验教学在前辈开辟的基础上不断发展。朱光亚的学生、物理学院王秉超教授多年从事演示实验教学，研制出许多独具特色的演示实验仪器，建立了“物理演示与实习实验基地”，1997 年 10 月获国家教学成果奖一等奖。朱光亚讲课思路明晰，条理性强，概念透彻，鞭辟入里，板书工整飘洒，成为教师的楷模。

朱光亚治学严谨，在科学面前容不得半点虚伪。1955 年，他带领东北人大物理系的学生前往东北师大参加科学报告会，一位名望很高的教授在报告中讲述了物理学的几个概念，朱光亚发现有误，当场给予纠正，令与会者赞叹不已。物理系的教学以要求严格而闻名。朱光亚的学生丁肇中教授回忆说：“我们的实验训练是很严格的，上实验课都是老师看着你做，若做得不好，必须登记重新做。有一次，我的实验数据丢失了，只好重做一遍。”①

朱光亚重视教材建设，在《东北人民大学 1953—1954 学年度科研工作总结》中记载：“编写教材 17 种，其中重要成果有物理系朱光亚教授编写的《原子物理》讲义，被高教部列为 1954—1955 学年交流讲义。”

朱光亚严格要求自己，处处以身作则，率先垂范，重视学生的德智体全面发展。他先后担任物理系 53 级、54 级学生的指导教师；除了指导学生学习外，在课余活动与学生一起打篮球、跳集体舞、唱革命歌曲，与学生建立深厚的友谊。他的学生至今还记得在师生联欢会上朱光亚唱的歌：《卖报歌》，《大家唱》……1953 年 10 月 19 日他为全校师生员工做了形势报告。为了培

① 吉林大学物理学院：《朱光亚院士与吉林大学物理系》。吉林大学网站，[2011-02-27]。http://blog.renren.com/GetEntry.do?id=714140378&owner=220749655

图 3-4　朱光亚夫妇在东北人民大学

养学生，他请高年级学生给新生介绍学习方法，并深入学生之中，与学生交心，了解学生的学习情况，把学生编成学习小组，派教师指导；发现有的学生不安心学习物理专业，就做学生的思想工作。在当年的手记中，朱光亚写道："介绍物理专业，解决思想问题是这一时期首要工作。" 1956 届毕业生丁肇忠教授说，朱光亚先生的爱国主义精神和对教学的认真态度激励他一生。当年他考上吉林大学后，满怀期待地从武汉坐了 5 天 5 夜火车来到长春，当时的吉林大学办学资源较为薄弱，他报到后十分失落郁闷。"我们当时住的宿舍是向别的单位借的地方，一个宿舍里 20 多个人，几乎是床挨床，我当时闹了 1 个月的情绪，不愿去上课。" 丁肇忠回忆说，学校当时条件差，但是教师队伍挺强大的，几乎可以跟北大、清华媲美，后来在老师们的感召下他走进了教室。丁肇忠教授说，虽然学校条件落后，但是从美国回国的朱光亚先生却能在这样的条件中，一心一意搞教学、搞科研，很让人敬佩。丁肇忠还讲述了他上学时的一件"糗事"。"当时朱老师给我们讲物理的基础课程，我觉得太简单，就在底下偷着看高年级的书，不听课，后来被朱老师发现了，他非但没有责骂我，反而和蔼地对我说，'还没到看这些书的时候，一定要把底子打好，再学不迟。'" 丁肇忠说，朱老师对学生非常有耐心，这件事让他受益匪浅。

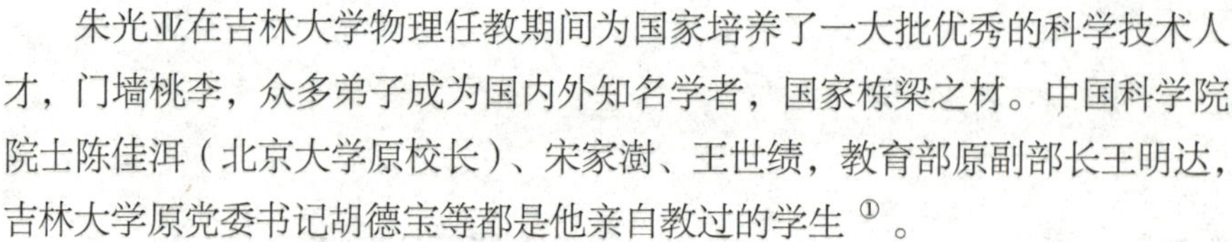
朱光亚在吉林大学物理任教期间为国家培养了一大批优秀的科学技术人才，门墙桃李，众多弟子成为国内外知名学者，国家栋梁之材。中国科学院院士陈佳洱（北京大学原校长）、宋家澍、王世绩，教育部原副部长王明达，吉林大学原党委书记胡德宝等都是他亲自教过的学生[①]。

朱光亚当时的学生，中国科学院院士，曾任北大校长的陈佳洱这样回忆道：

> 朱光亚先生是我国“两弹一星”的元勋，也是我国核科学教育事业上的一代宗师。我这辈子能有幸成为朱光亚老师的学生而感到幸福和自豪。
>
> 1952年因院系调整，我由大连理工大学转到东北人民大学上大三课程时，光亚老师当时正好教我们年级的原子物理，接着又于1954年指导我做毕业论文。1955年我由吉大调入北京大学物理研究室工作，又是在朱老师的指导下逐步走上了原子能科技教育事业的道路上。
>
> ……
>
> 那时，同学们都听说他是从北京大学来的原子核物理专家，是系里当时最年轻的教授，又是全国青联委员，而且还曾作为中国人民志愿军英文翻译参加过举世闻名的板门店朝鲜停战谈判，为国家立下了功勋。所以在班上同学们的眼里他是我们一心想学习的那种又红又专的榜样。同学们都怀着十分尊敬和诚挚的心情来聆听他给我们开的原子物理课程。
>
> 当时由于物理系处于初创期，老师们承当的教学任务很繁重，尤其是光亚老师不仅要给我们讲课，还要亲自编写讲义，上辅导课并为我们答疑，同时还要担任一年级的力学和热学的全套教学工作。面对这么繁重的任务，他夜以继日，全力以赴，倾心教学，忘我工作。他虽然在科学上有很高的造诣，但为了给我们讲好一堂课，往往要精心准备一个礼拜。所以每一堂课，他都讲得那么透彻精彩，板书又写的那么工整飘洒。
>
> 听他的课程真是一种享受，比听其他的课都吸引人。比如，他给我们讲量子论时，从一些历史背景娓娓道来，引导学生跟着他的思路去思

① 张涛、崔田：沉痛悼念朱光亚老师。吉林大学网站，[2011-02-00]。http://www.jlu.edu.cn/info

考历史上曾提出过的种种问题。比如，什么是黑体辐射，原有理论和实验之间出现了那些矛盾，当时提出了那些假设，普朗克是如何考虑的，他提出的量子论能解决什么问题，当时遭到那些反对等。这种启发式的教学引得课堂上高潮迭起，学生们都听得入神了。

光亚老师不仅课讲得好，而且教学工作做得非常深入细致。他在课后总要亲自到班上来，鼓励同学们提问，他对每一个问题，都听得十分认真，有时甚至用符号把学生们提问的要点记在黑板边上，然后逐一讲解。为了帮助学生把握正确的思路和学习方法，他还常常反问学生，或评点学生的提问。总之光亚老师不仅悉心向我们传授科学的知识，还十分注意教我们怎么思考，怎么学习。因此他的课给了我极深刻的印象，影响深远，终身受用。

光亚老师热爱教育，热爱学生。记得他带我做“盖格－缪勒粒子计数管”的专业毕业论文时，需要一种实验用的很细的钨丝，还有一些特殊真空封胶等，当时这些国内都没有，为保证我做好论文，就把他从美国带回来的很珍惜的材料，都拿来给了我，为了教育出和培养好学生，他什么都可以拿出来，这种奉献精神使我至今难忘。

光亚老师治学十分严谨，在他面前，容不得半点差错。记得他在带我做毕业论文时，他不仅要求我每隔一定时期报告工作进展，还要把阅读文献的笔记交上去，由他审阅批改。他看得很细，有不少我因粗心写错的符号或错误理解的意思，他都划上红线，帮助我纠正过来。

当我的论文进入试验阶段，他更是常来检查有关实验的状况和实验时记录的数据，或不时停下来仔细看我的实际操作，在那双锐利的目光面前，任何差错或疏漏都逃不过去。由此因为能常常看到自己的许多不足而加倍努力学习。正是在我们朱光亚的这种言传身教下，使他的学生在学习如何治学的道路上也得到较大的进步。

光亚老师虽然表面上看上去表情严肃，但为人十分和蔼。对学生不仅关心他们的学习也关心他们的思想进步与成长。我们班上或系里团总支组织的一些活动如学习劳动模范王崇伦等，只要请光亚老师，他常常是有求必应。活动中也总是有说有笑地与我们打成一片，还风趣地用他自己的阅历和故事为我们指点做人的迷律①。

① 杜祥琬，等:《战略科学家朱光亚》。北京：原子能出版社，2009年。

在白手起家创建东北人民大学物理系的两年多日子里，朱光亚在队伍组建，人才培养，学科建设，制定计划，经验总结，思想教育，组织管理等诸多方面得到了历练，为他以后担当中国核武器研制计划的技术总负责人打下了坚实的基础。以后，他又多次白手起家，开创新局面。70 多岁的高龄，还领导创建了中国工程院。

第三次进北大　创建核科技高等教育基地

1955 年，中央做出发展核工业的决策。我国核工业进入创建与发展时期，急需大量专门的核科技人才。同年，经国务院批准，在北京大学建立了我国第一个核科技高等教育基地——物理研究室（技术物理系前身）。5 月，在东北人民大学任教授的朱光亚奉调回到北京大学，同浙江大学副教务长胡济民教授、北京大学虞福春教授、复旦大学卢鹤绂教授一起组建物理研究室，担负起了为新中国培养第一批原子能专业人才的重任，为我国核科技人才培养基地的创建付出了艰辛的努力。

朱光亚的一生与北京大学结下了不解之缘。这一次，在我国核工业创建与发展急需人才之际，他第三次进入北大。

朱光亚的学生陈佳洱院士在回忆中说：

> 到了 1955 年初，中央决定要搞“两弹一星”了，为此就要建立培育原子核人才的教育基地。于是朱光亚先生先调来北大。到了五月，教育部又下第二个文件要调我走，我相信这是朱老师要我去的。因为他指导我的毕业论文，对我很了解，知道我爱动手，对我做的论文工作也还满

意。但余瑞璜老师不干了，他是我们系主任，说谁要调陈佳洱走，我就辞职。学校也没有办法，后来听说是中组部和中宣部下了调令，我才去的北大。

当时中央决定第一个原子核的教育基地设在北大，名称是“北京大学物理研究室”，并决定依托中科院钱三强先生领导的近代物理所来建。钱三强先生是世界著名的核科学家，曾发现铀的三分裂，还到过东北人民大学，跟我们讲过关于原子核的故事。我听到钱先生来指导我们，自然很高兴。

物研室建立之初，只有我们6个人，主任是胡济民院士，副主任有虞福春和朱光亚教授和韩增敏书记，还有卢鹤绂教授和一个助教就是我。当时没有办公室，就在钱三强先生的办公室办公，房间号码306。在近代物理所内我们叫“物理六组”对北大我们是“物理研究室”。那时候对外保密，我对我家人、对朋友只说我在“546信箱”工作[①]。

我来报到的时候很有意思。那时候副主任虞福春教授在值班，他是核磁共振领域的著名物理学家。他刚看到我时，不知我是谁，就说哪来的小孩儿，快走吧，我们这里要来办公。等到他看到我报到的证件，知道我是朱光亚的学生，是来报到的，就十分高兴地接待了我。

1955年，报到时我还不足21岁，其他都是老先生，就我一个年轻人。后来，又陆续从物理系调来孙佶，化学系调来刘元方，孙亦樑，从北师大调来张至善等讲师。我调来之后，给我的第一个任务是招生，叫我到其他学校去，从大学三年级里面挑一些好的学生来。那时的风气是全国一盘棋，所以拿了国家的文件，不论到了那个学校，学校都把最好的学生送来给我挑选，这个事情很快就做完了。学生好很重要。他们经过我们的培训，很快掌握了专业知识，我们56年第一届毕业生里面，后来有六位当选为院士。

……

对于原子核物理实验，实际上我只在做毕业论文中学到一些有关制备盖格核子计数管的知识和技术，其他都不会做。当时虞福春先生就给了我一本英文的“实验原子核物理”。他说书上的几个实验都很基本，

① 晓虹：大师：陈佳洱——永远的北大情怀。腾讯嘉宾访谈，[2009-11-27]。http://news.qq.com/a/20091127/001813_1.htm

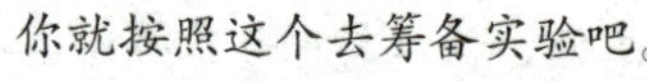

你就按照这个去筹备实验吧。

那时候大家都没有经验，只能摸索着干。好在我在吉大的时候，排过专门化实验，还有点基础。但因任务很重，大家都感到压力很大，所以也都是非常卖力。我记得那时候我在实验室里放了一张床，一天到晚拼命干到凌晨 3、4 点钟，实在睏了，就躺一会儿，醒来后接着再干。经过大家奋力拼搏，大概搞了整整七八个月，终于准备出八个实验来。当时几乎每个实验都要用到核子计数管，所以我专门搞了一个小的车间，来生产核子计数管。当然各种实验对计数管的要求也不同，有的是探测 α 射线的，有的要探测 β 或 γ 射线，还有的要探测不同粒子的符合计数。最难的是 α 射线的探测。α 射线的射程很短，所以得用非常非常薄的云母窗，才能让它透过薄窗为计数管接受，产生计数。然而这么薄的云母窗，难以承受大气压，非常容易被大气压碎。当时我想了一个办法，在相对较厚的云母箔膜上面开个洞，再粘上一层非常非常薄的云母膜，两者合在一起，就既能承受大气压，又能接受 α 射线。试验下来果真可以进行 α 粒子射线的计数，我也高兴极了。

还有一个实验是要做计数管的工作特性。因为计数管进行了大量放电计数之后，需要有一段恢复时间，在这段时间内，它是不灵敏的，称之为“死时间”，那么这死时间是多长，怎么显示出来，怎么让学生知道计数管有这个特性呢？我专门设计一个电路，进行试验。经过多次调试和调整后真能工作了。当示波器出现死时间的图形时，我非常高兴。正当我为首次得到的波形在自我欣赏时。蓦然听到一声“这个波形很漂亮嘛”，我回头一看，没想到朱光亚老师早就不声不响地站在我后面看了多时了，我的这个实验得到朱老师的夸奖，感受到极大的鼓励[①]。

朱光亚的另一位得意门生钱绍钧回忆说[②]：

我与光亚主任相识还是 20 世纪 50 年代中期在北京大学物理研究室

① 晓虹：大师：陈佳洱——永远的北大情怀。腾讯嘉宾访谈，[2009-11-27]。http://news.qq.com/a/20091127/001813_1.htm

② 王豫生：朱光亚先生与深圳大学的不解之缘 //《风范长存天地间》编辑组：《风范长存天地间——朱光亚同志逝世一周年文集》。北京：人民出版社，2012 年。

（现在的技术物理系），那是我国建立的第一个原子核物理专业。他是研究室副主任、教授，我是四年级学生。他给我们讲授原子核能谱学，这在当时还是一门处于迅速发展中的前沿科学，没有现成的教材。由于他在国外就直接从事这方面的研究，特别是在原子核能谱的实验研究方面作出了高水平的工作，加以他精心备课，他的讲课总是深入浅出，引人入胜，很受学生的欢迎。因此，他在我们学生和青年助教中威信很高。当然，除了有学问、课讲得好等原因外，还因为他当过志愿军，参加过抗美援朝战争中板门店谈判的工作，这对当时的年轻人来说可是很了不起的经历。那时，他常常出国访问或参加学术会议，每次访问归来，都要给我们作报告，介绍国外核科学技术的发展动向，鼓励我们要为发展我国的原子能事业树立雄心壮志。记得 1956 年，他应邀去印度参加他们第一个研究性核反应堆的落成典礼。他在介绍出访情况是鼓励我们说，印度对他们建成亚洲第一个核反应堆十分自豪，但他们是从西方买来的，我们完全能过够赶上去。1956 年，国家发出“向科学进军”的号召。当时我们虽然还是学生，但大家似乎都已准备这项原子核科学技术进军了。现在回想起来，光亚老师和研究室其他老师的谆谆教导，对我们这些学子后来人生道路的影响是十分巨大的。

在师生们的共同努力下，半年之内就正式成立了物理系，由校长亲自抓。随后，建了 23 号、24 号和 25 号楼供教职工居住，19 号楼作为学生宿舍。这些就成为中关村最早的楼房。同年秋天，国家又有计划地从北京大学、南开大学、复旦大学等大学选拔学完基础课的 97 名三年级学生到北京大学学习核物理专业。

图 3-5　陈佳洱（左）在接受口试（右为朱光亚）

朱光亚一面认真讲授在美国留学时研究的“原子能谱学”课程，同时指导陈佳洱等青年教师筹建原子核物理教学的实验室，要求在一年之内建成实验室，开出核物理教学实验。他亲自指导，工作严肃认真、

一丝不苟。作为对朱光亚等物理研究室全体教师在教学第一线奋力拼搏的回报，第一届99位毕业生中后来出了6位中科院院士。

物理研究室成立的第二年，我国自己培养的第一批核物理专业毕业生被输送到各个新建的核工业与核科学研究基地。1956年物理研究室又创建了放射化学专业，1957年又为我国核工业输送了第一批放化专业毕业生。为了满足我国核工业发展的需要，1958年北大物研室扩建为原子能系，1960年更名为技术物理系，并从一年级开始面向全国公开招生。从此，北京大学就大规模地为我国核工业培养专门人才。后来的50多年来，北京大学核学科为祖国核工业和原子能事业培养了5000多名高级专门人才。他们中许多人已成为核工业优秀的科技骨干和学科带头人。

朱光亚当时的学生，深圳大学核技术应用研究所原所长王豫生回忆说：

> 那是1955年10月，不足20岁、刚要开始念读大四的我迎着寒风来到被事先宣布了保密纪律“上不告父母，下不告妻儿”的“546信箱”——这就是朱先生被召回北京大学后组建原子能专业，为新中国培养第一批原子能专业人才的地方。在当时中国科学院（中关村）化学楼的一间大教室里，聚集着从各高校调集来的整整100名学生（其中有10名女生，我是其中之一），朱先生给我们上了第一节原子物基础课。在他领导下第一次正式宣布了我们所从事的事业、性质，接着再次宣布了严格的保密纪律，以至任何一页记录，笔记本都编了号码，都不可丢失、缺页（否则纪律处分，有个别同学因疏忽在学习期间就受到处分）。那时的朱光亚先生三十岁出头，风华正茂，身材高大，精力充沛、思维敏捷，谈吐清晰，对学生言语谦和、平易近人，而又严密谨慎，感觉得出他有着极强的组织纪律性。就在那时，我们还知道了朱先生参加过朝鲜停战谈判，曾担任中国志愿军代表团的外交秘书，他是一名年轻优秀、才华横溢的科学家，但在眉宇之间还有一副严肃的军人英雄气概……我们为有这样的一位老师而感到自豪和骄傲。

王豫生毕业后分配到原子能研究所二室，还是在朱光亚领导下工作。

> 朱先生是二室副主任（主任是钱三强的夫人、资深院士何泽慧先生），我从北大“546信箱”毕业后就被分配在二室（原子弹基础研究中

的核心研究室）工作，我是实习研究员并兼任团支部书记，几乎天天可以与朱先生见面。

1959年后原本天天能见面的朱先生不见了，不知哪儿去了。人们都心照不宣，谁也不问不说：年复一年，在1964年10月16日中国原子弹爆炸成功之后的内部纪录片中，我看到朱光亚先生与胡仁宇同志在核试验现场，蹲在戈壁滩野外的土地上按动着一个测试仪的按钮……我们会心地笑了……对！这正是他参与并组织领导的核爆试验，朱先生的岗位在这里！

鲁迅的儿子周海婴当时也在北京大学物理研究室学习和工作，他回忆说：

再是全国大学院系调整，我就读的辅仁大学取消，学生被分流出去。按我本人意愿想去清华，读我自小就迷恋的无线电专业。但我是调干生，组织上却要我去北大的物理系，理由是无线电与物理是相通的。之后才知道，这个系正另筹建一个系属于绝密单位，对外只叫代号“五四六信箱”（后来公开了，称“技术物理系”）。原来那时我们国家已在为研制“两弹”培养人才，为此北大、清华都设了这种系科，不过我去时，“技物系”的大楼刚刚落成，还是个空壳壳。就在这样的条件下，朱光亚和虞福春两位教授带领我们一边学习，一边干了起来。除了朱、虞两位教授，还有张至善和吴季兰（他们都是我的入党介绍人）。随后又陆续调进来一些人，都是这方面的尖子，其中就有后来当了北大校长的陈佳洱（当时他还只是个助教）。现中科院院士何祚庥的夫人庆成瑞，那时刚从苏联留学回来，也调入我们这个系。因为一切都是白手起家，因此我那时的具体工作，是在张至善同志领导之下制作实验室的仪器和各种设备。因为外国绝对禁止向我们出口这类器材，我们只有自力更生一条路。为了完成任务，有时我得拿了二机部的介绍信到处跑，寻觅稀缺的材料。好在无论到哪里，也不管多高的保密级别，都能够敞开仓库大门，任凭我随意挑选，要啥给啥，决无二话。

此后，朱光亚虽然长期离开北京大学，但他一直关注北京大学物理学科的发展，与一代代北大物理人结下了深厚的师生之情、同事之谊。他一生三进三出北京大学，都是服从于中华民族振兴的需要。他用忠诚、奉献谱写的

人生华章与北京大学有密切的联系。

1995 年，为纪念北京大学技术物理系成立 40 周年，朱光亚亲笔挥毫，写下了“核科学家摇篮”的题词，这是对北大核学科工作者最大的肯定和鼓舞。

2003 年，在庆祝北大物理学科 90 周年的时候，北京大学物理学院隆重举行了饶毓泰、叶企孙、周培源、吴大猷、王竹溪等五位物理大师铜像揭幕仪式，朱光亚专程赶来为铜像揭幕。为感念北大对自己的培育之恩，朱光亚挥毫为《北大物理九十年》一书题写了书名。2005 年，朱光亚为北大放射化学专业建立五十周年题词“发扬光荣传统，再育时代新人”，表达勉励之情。

朱光亚的谆谆教诲和关怀，一直鼓舞着北大核科技与教育工作者不懈奋斗。近年来，在我国核能和核科技事业快速发展的新形势下，北京大学核学科的整体力量得到增强，建立了“核物理与核技术国家重点实验室”，“放射化学与辐射化学国防重点学科实验室”，“核物理国家理科基础科学研究和教学人才培养基地”，以及“核物理”、“核技术”、“核化工与核燃料工程”三个国防紧缺专业。

朱光亚对他的几位得意门生也一直关心备至。陈佳洱回忆：

> 为了让我在核心价值观上更深刻地就接受“两弹”研制过程的教育，他两次安排我去马兰核试验基地参观学习。在科教事业上，从我从事的加速器研究到承担的“863”计划项目，从被选为北大校长到担任国家自然科学基金委主任的工作，都不断地得到他的悉心指导。有一次我参加“863”计划的大会，他见我衣冠不整，还亲切地帮助我整理衣着，让我感动不已。这种师生之间连绵不断的深切关爱和情谊，是推动我不断进步向上的重要力量。
>
> ……
>
> 光亚先生 80 寿辰时，我和老同学钱绍钧一起到老师家祝寿。那时，绍钧作为总装科技委的委员经常在他身边工作。他看到我们俩在一起时特别高兴，对我们说，每次看到一个胖的（指钱委员），就想到还有一个瘦的（指我），说明光亚老师心中总是关爱着他的学生，真使我感到师恩如山，毕生难报！

为原子能事业储备人才和技术

1957 年，朱光亚奉调来到位于北京郊区房山县的原子能研究所（后改为原子能研究院）任中子研究室副主任，与室第一副主任何泽慧一起，带领青年人从事中子物理核反应堆物理研究。

原子能研究所的前身是中国科学院近代物理研究所，是 1950 年在原北平国立研究院原子能研究所和中央研究院物理研究所原子核物理部分的基础上建立的。最初由吴有训兼任所长，钱三强任副所长。1952 年后，钱三强人所长，王淦昌、彭桓武任副所长。研究领域包括：实验原子核物理、放射化学、宇宙射线、理论物理、电子学等。几年之内，有一批造诣深厚的科学家从国内外汇聚这里，组成国家核研究中心。他们在这片核科学的处女地辛勤地耕耘。1950—1955 年，尽管国家财力非常困难，但在周恩来总理的关怀下，核事业得到了国家重点支持。

朱光亚深知核事业对于年轻的共和国来说意味着什么。1958 年，苏联援建的重水反应堆和回旋加速器交付使用。在反应堆和加速器旁建立了中子晶体谱仪和飞行时间谱仪后，朱光亚参与苏联援建的核反应堆的建设和启动工作，与何泽慧和戴传曾一起，指导技术人员开展核物理实验，在中子反应堆上从事中子物理与堆物理的实验研究，在回旋加速器上研究中子物理的同时，开展氘与质子极化等核反应研究。同时，还在质子静电加速器上开展了轻核反应等研究工作。发表了《研究性重水反应堆的物理参数的测定》等研究论文。这些工作为 20 世纪 60 年代的“两弹”突破作了必要的技术和人才储备。

1959 年 2 月，国家确定自行设计研究潜艇核动力堆。在朱光亚领导下，自行设计、制造并安装了国内第一座轻水零功率装置，并开展堆物理实验，进行了有关实验研究，为掌握研究性重水堆物理实验技术作了开创性工作，迈出了第一步。后来，朱光亚兼任研究所学术秘书，协助钱三强所长工作。朱光亚杰出的科学造诣和卓越的科研组织能力深受钱三强的赏识。

原中国核学会理事长、中国工程院院士钱皋韵后来讲述了朱光亚交往时给他留下深刻印象的几件事。1956 年 7 月，钱皋韵提前从苏联回国，随即被分配到原子能院（当时称原子能研究所）工作。当时朱光亚任物理研究室副主任，从事中子物理和反应堆物理方面的研究。他所领导设计、建成的轻水零功率装置（当时称 45 号）为我国自行设计、建造新的核反应堆跨出了第一步，为原子能院的发展作出了重要贡献。钱皋韵就是在那个时候与他共同工作的。他回忆说，光亚同志为人低调，做事认真严谨，平时很少发言，对大家则亲切热情。他学习很勤奋，对专业技术问题都一一记录在他随身的笔记本上。记得 101 堆建成后，他在做反应堆的中子空间能谱测量时，所需金片、铟片都是贵金属，他都亲自剪成小片，称重编号，为怕丢失弄混，他都放在从不离身的皮包中。钱皋韵说："我们背后都戏把'朱光亚的皮包'比作'最宝贵的东西'"。当时钱皋韵在原子能院反应堆专业中俄文水平较高，轻水零功率装置又是苏联专家建议建造的，所以曾有一段时间在 45 号帮助进行专业翻译。在此期间，朱光亚虚心向苏联顾问请教零功率堆的原理和用途，并具体问到该实验室应如何建设等问题，钱皋韵作为翻译都在场。他记得朱光亚向苏联顾问详细了解零功率堆怎么建，需要哪些部件，建成后是什么样子等等。经不住这一番"穷追猛问"，第二天，苏联顾问索性带来了一个用剪刀剪成的零功率堆纸模型，在纸模型上示意介绍零功率堆的具体模样……朱光亚则虚心作着记录。后来朱光亚调去核武器研究院，钱皋韵则去原子能院新成立的 14 组，就都离开 45 号了。

核工业研究生部原主任罗璋琳回忆追随朱光亚学习和工作的点滴往事。罗璋琳于 1953 年考入东北人民大学物理系。她说，第一次见到朱光亚，便被这位个子高高的，穿着旧军装的老师所吸引。老师讲课思维敏捷，言语干脆。课上，对待学生的疑问总是耐心讲解，课后，也热心与学生交流。正当罗璋琳热情高涨地学习物理专业知识时，朱光亚突然"失踪"了。直到大学三年级被抽调到北京大学学习时，罗璋琳才惊喜地发现朱光亚再次成为自己的专业课老师，"原来当时他是为了组建北京大学原子能专业（技术物理系），早早地来到了北京。"罗璋琳说。可是不到一年时间，朱光亚又离开了北大。1958 年，罗璋琳被分配到原子能研究所中子物理研究室 22 组，机缘巧合的是当时的室副主任兼 22 组组长就是朱光亚。这让罗璋琳兴奋了好一阵。在101重水堆启动后，朱光亚结合国外文献讲解与重水堆相关的光中子问题，向组内同志作了“文献导读”报告，这些都为罗璋琳日后从事核反应堆物理实验研究工作打下了很好的基础。一晃60多年过去了，罗璋琳仍然清晰地记得老师上课和工作的样子，她也就是这样幸运地追随着朱光亚，投身于中国核科技事业工作。

在罗璋琳的记忆中，朱光亚的两次公开批评留下了极深的印象。一次是罗璋琳刚工作不久，担任实验组下分小组负责人。一天，一名年轻同志因为想家，不经室领导批准就走了，罗璋琳当时默许了这件事。朱光亚后来在开会时提出了严厉批评。另一次是做实验时有人不小心把计数管弄坏了，朱光亚在大会上严肃地提出了批评。这两件事都深深烙在罗璋琳的心里。此后，罗璋琳任领导时也沿袭了这一原则：平时关心部下，但对于错误决不迁就。

1959年，朱光亚离开原子能院去核武器研究院工作。有一次，罗璋琳做物理实验需要一个设备，便专程到核武器研究院求援。当时核武器研究院属于军事重地，进出极不方便。而朱光亚听说后，专门到传达室接待，还热情耐心地对该设备的原理和用途等做了详细的讲解。之后，这件设备在原子能院反应堆物理实验中派上了大用场。在以后的日子里，朱光亚虽然身处要职，但只要是开会或参加相关活动中遇见罗璋琳，都会亲切地询问原子能院反应堆物理研究室的工作情况。2007年，83岁高龄的朱光亚重回原子能院，还专程来到反应堆物理研究室，和在场人员一一握手，仔细询问发展情况。

尽管工作繁忙，朱光亚仍受聘担任清华大学工程物理系核反应堆专业的顾问，继续关注和致力于我国核事业得人才培养。清华大学工程物理系教授郑福裕回忆说①：

> 1958年，朱光亚先生受聘，成为清华大学工程物理系核反应堆专业的顾问，同时，他还在中国原子能研究所（今中国原子能科学研究院）主持核反应堆物理实验和理论研究，尽管工作繁忙，仍然十分关心我校核反应堆专业的建设。当时我们专业白手起家，一间实验室也没有。朱先生得知这一情况，立刻主动联系原子能研究所，接收我们教研室的蒋祖行、盛菊芳同志在该所的零功率反应堆上实习，并参加堆物理实验研究工作。这样的研究工作，在当时绝对是尖端中的尖端，机密中的机

---

① 郑福裕：1958年，朱光亚先生在清华。《清华校友通讯》（复63辑），2011年。

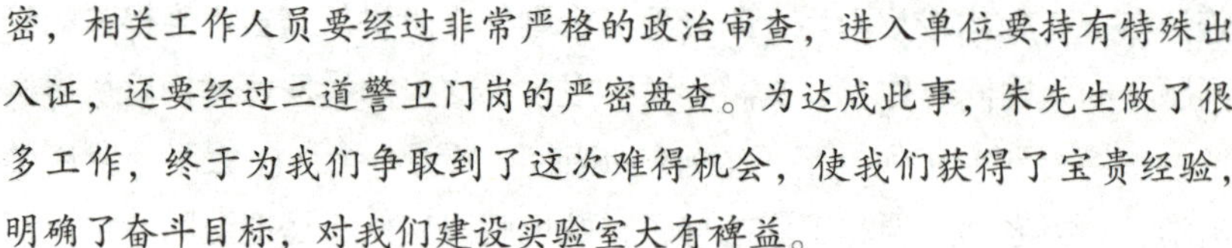

密，相关工作人员要经过非常严格的政治审查，进入单位要持有特殊出入证，还要经过三道警卫门岗的严密盘查。为达成此事，朱先生做了很多工作，终于为我们争取到了这次难得机会，使我们获得了宝贵经验，明确了奋斗目标，对我们建设实验室大有裨益。

1958 年秋，朱先生为我们专业的三个班（物 96、物 02、物 09）开设了“核反应堆物理实验”专业课（代号 405）。作为工程物理系的首届毕业生，我刚一毕业就有幸成为朱先生的助教，听课学习兼辅导教学。405 课是全新课程（欧美无此课），国内首次开设。当时我们只有苏联莫斯科工程物理学院 405 课的教学大纲，既无教材，又无实验（当时清华没有开设实验的条件，也没有核反应堆实验装置），主要资料就是第一次日内瓦和平利用原子能会议文集。在这种情况下，为培养核专业人才，朱先生从繁重的日常工作中挤出时间，义无反顾地来到清华上课。当时他家住房山区中国原子能所，离清华很远，每周来清华一次，道路不好走，汽车单程都要一个多小时，早晨 8 点上课，一讲就是一上午，课间还要回答学生提出的问题，十分辛苦。有一次，他晚上来到清华，专门为学生集体答疑，之后便住在静斋招待所，那会儿的住宿条件很差，室内没有卫生间，他不挑剔，也不提任何要求，总是一切从简。

朱先生学识渊博，治学严谨，备课非常认真，每讲一课，都要花费大量时间查阅文献资料。他讲课条理清楚，逻辑性强，内容生动丰富，同学们都非常喜欢。他不仅给学生传授先进的科学知识，耐心回答他们在建设实验室过程中所遇到的种种问题，还将宝贵的实践经验倾囊相授。他总是亲自拟选练习题、考试题，工作认真细致，一丝不苟。朱先生为人谦逊，平易近人，丝毫没有大学者的架子。我这个助教刚毕业，对辅导教学毫无经验，先生便耐心指导我如何做。他要求我深入到学生中间，广泛听取他们的意见和建议，以便及时答疑，同时还鼓励我大胆主动地开展工作，这从他给我的信中可见一斑。

1984 年，朱先生主持中国原子能所微型反应堆鉴定会，我代表李恒德先生参加鉴定委员会，得与朱先生重逢。尽管二十多年没见面，先生却还记得我，一眼便叫出了我的名字，与会期间还同我亲切交谈，对我们教研室的教学科研和实验室建设等情况依旧十分关心。这份醇厚的师生情谊令我深受感动，时至今日，仍记忆犹新。

在生活细节上，朱先生也表现出了高风亮节。当时学校每月都发放专家顾问费（每月 60 元），但朱先生从未领取。后来，财务科将这一情况通知教研室领导，吕应中主任立刻派我将几个月的顾问费一齐给朱先生送过去。谁知朱先生坚决不收，后经我一再解释，这是学校方面对顾问表达的谢意，他才勉强收下，并一再嘱咐我，回校转告吕应中先生，下不为例。我很荣幸曾做过朱先生的助教，他的言传身教，他的为人师表，都给我留下极深刻的印象，使我的人生获益良多。

除了郑福裕，朱光亚的学生还有清华大学原校长王大中等。作为朱光亚曾经的学生，后来成为中国核工业集团公司快堆首席专家、中国原子能科学研究院快堆工程部总工程师、国家能源工程快堆工程研发（实验）中心学术委员会副主任，也是中国快堆事业的开拓者和奠基人之一的徐銤院士当时也在清华大学工程物理系就读，因此有机会跟朱光亚相处了两个学期。在被问及印象中朱光亚的教学特点时，徐銤表示，“朱先生讲课相当细致，任何试验都是从原理讲起，实验怎么做，数据怎么处理或有什么用处，都讲得非常清楚。”他对朱光亚一手刚劲有力的黑板字尤为印象深刻，时隔多年回想起来仍难掩兴奋，“同学们上课光是看着都会心花怒放！”他回忆说[①]：

我有幸当过朱光亚先生的学生，那是 1958—1959 年，当时我在清华大学工程物理系反应堆工程专业四年级读反应堆物理实验课，就是朱光亚先生从北京原子能所（中国原子能科学研究院前身）来执教的。朱光亚先生的授课内容包括反应堆如何启动，中子通量密度、中子能谱、动态参数等测量原理和实验方法，讲课语言精练、严谨、深入浅出。先生刚劲有力的粉笔字，也给我们学生留下了深刻的印象。每课结束，都给我们留下参考文献，重点是 1955 年和 1958 年日内瓦和平利用原子能国际会议文集中的文章。读一门课程，学会查文献，勉强藉字典读英、俄文章，我还是在朱光亚先生要求后开始的。

我在清华大学读完六年书，1961 年分配到北京原子能所反应堆物理和实验室工作，该室原是包含核物理研究的大室的一部分，该大室的主任是何泽慧先生，副主任是朱光亚先生。我被分配到所时，大室已分成两室，朱先生已奉二机部安排到另外的单位去了。室里的老同志告

① 徐銤：追忆吾师朱光亚。《光明日报》，2012 年 2 月 27 日。

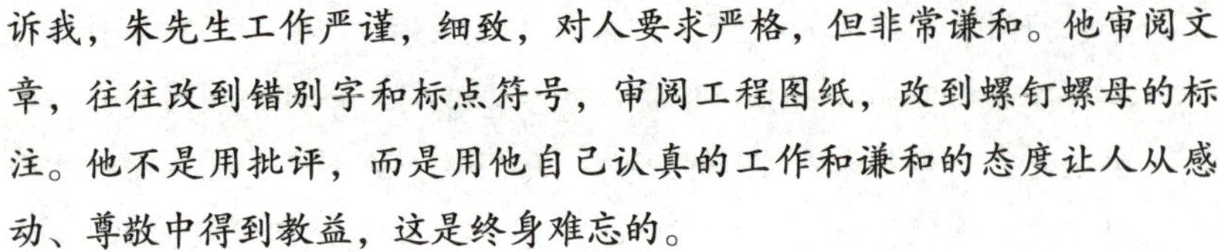
诉我，朱先生工作严谨，细致，对人要求严格，但非常谦和。他审阅文章，往往改到错别字和标点符号，审阅工程图纸，改到螺钉螺母的标注。他不是用批评，而是用他自己认真的工作和谦和的态度让人从感动、尊敬中得到教益，这是终身难忘的。

后来，朱光亚调到了核武器研究院，回家的机会就更少了。

4

朱光亚与中国核武器发展之路

- 打开裂变之门
- 东方巨响
- 两弹结合　有枪有弹
- 大漠上空升起人造太阳
- 大地深处听惊雷
- 禁核试的前前后后
- 集体集体集集体——中国核武器事业的群英谱

打开裂变之门

走马上任

1955 年 1 月，对原子弹研发来说是具有历史的决定意义的时刻到来了，因为毛泽东、党中央做出发展原子能事业、研制核武器的决定。实施原子能计划被列为新中国科学技术发展十二年规划的重中之重。

为了尽快研制原子弹，党中央做出了周密部署，开始班子建设。

1956 年 11 月，成立了第三机械工业部（1958 年 2 月 11 日改为第二机械工业部）。宋任穷任部长，刘杰、袁成隆、刘伟、雷荣天、钱三强任副部长，并组织地质人员进行探矿，筹建科研基地，抓紧队伍建设。

在 1958 年 6 月的军委扩大会议上，毛主席指出：“原子弹，没有那个东西，人家就说你不算数。那么好，我们就搞一点。搞一点原子弹、氢弹、洲际导弹，我看有 10 年工夫是完全可能的。”

1959 年酷夏，44 岁的西藏军区副司令员兼参谋长李觉将军正在北京养病。一天，宋任穷部长对这位身材魁梧的将军说：李觉同志，这是党中央的决定，调你来搞原子弹。就这样，李觉将军作为行政总指挥，全身心投入到中国核武器研制事业中。他为中国核武器事业做出了名垂青史的杰出贡献。

2002 年的一天，已经 89 岁高龄的李觉对来访者朗声说：“当时我做梦也没想过搞原子弹，仅知晓鸡蛋、鸭蛋、鹅蛋，也接触过那么多的子弹，包括成千上万的炮弹、手榴弹，可就是从来没有想过原子弹。对于原子弹到底是什么东西，一无所知。”

1957 年 9 月，以聂荣臻为团长，陈赓和宋任穷为副团长，刘杰、李强、万毅、钱学森等为成员的中国代表团抵达莫斯科，与苏联代表团就原子弹、导弹等项目的技术援助问题在莫斯科进行谈判。其中宋任穷和刘杰专谈原子能工业及研制原子武器问题。谈判历时35天，10月15日，中苏签署国防新技术协定。协定规定苏联援助中国原子弹，包括提供原子弹教学模型和技术资料。

朱光亚于1959年7月调入核武器研究所。

1959年6月20日，苏共中央致函中共中央，拒绝提供原子弹模型和有关技术资料，单方面撕毁新技术协定。7月，中共中央对苏共中央来信进行研究后，周恩来总理向时任二机部部长宋任穷传达中共中央的决策：自己动手，从头摸起，准备用8年时间搞出原子弹来。

宋任穷委托副部长兼原子能研究所所长钱三强帮助九局挑选一位抓原子弹研制的科学技术领导人。钱三强经过反复思考和比较，推荐了当时担任原子能所中子物理实验室的副主任朱光亚。

钱三强1983年在《谈培养学术带头人》一文中，特别谈到了这段选帅经过，他说：

> 他还属于当时科技界的“中”字辈，年仅三十五六岁，当时论资历不那么深，论名气没有那么大。那么为什么要选拔他，他有什么长处呢？第一，他具有较高的业务水平和判断事物的能力；第二，有较强的组织观念和科学组织能力；第三，能团结人，即与年长些的室主任合作得很好，又受到青年科技人员的尊重；第四，年富力强，精力旺盛。实践证明，他不仅把担子挑起来了，很好地完成了党和国家交给的任务作出了重要贡献，而且现在已经成为我国国防科学技术工作的能干的组织者、领导者之一。现在他还不到60岁，还可以为发展科学技术事业和培养人才继续显身手。

刘杰和李觉回忆：“1959年7月，二机部党组为加强核武器研制的科技领导力量，决定调光亚同志到核武器研究所任副所长。从此，他就以自己的全部精力和智慧，投入我国原子弹和氢弹的研制工作中。”①

据当时任秘书的胡干达回忆，调朱光亚时，原子能所不放，几经协商，在钱三强等部领导做工作的情况下，才勉强松口，但不同意转关系，并提出“让朱光亚在两个单位同时挂职，每星期在两家各工作三天”，即“每星期一、三、五在核武器研究所工作；二、四、六回原子能所。”经吴际霖、郭

① 杜祥琬，等：《战略科学家朱光亚》。北京：原子能出版社，2009年。

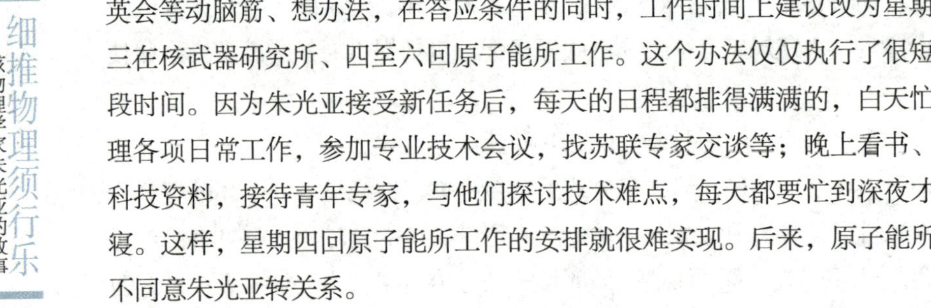

英会等动脑筋、想办法，在答应条件的同时，工作时间上建议改为星期一至三在核武器研究所、四至六回原子能所工作。这个办法仅仅执行了很短的一段时间。因为朱光亚接受新任务后，每天的日程都排得满满的，白天忙于处理各项日常工作，参加专业技术会议，找苏联专家交谈等；晚上看书、查阅科技资料，接待青年专家，与他们探讨技术难点，每天都要忙到深夜才能就寝。这样，星期四回原子能所工作的安排就很难实现。后来，原子能所不得不同意朱光亚转关系。

胡干达在《平易近人　诲人不倦》一文中回忆说：

> 朱先生到任后，工作十分繁忙，白天忙于处理各种日常工作、参加各种专业技术会议、找苏联专家交谈等；晚上看书、查阅科技资料，接待青年专家，同他们探讨各种技术难点，每天几乎要忙到深夜才能就擒。
>
> 经常在晚间找朱先生请教工作的有胡仁宇、王方定、林传骝等多位有才华的青年专家。朱先生每次总是耐心细致地解答青年们提出的各种问题，并与他们就科研工作的一些细节深入交换意见，这批专家在与朱先生的交流中得到了解惑、支持与鼓励，更明确了自己的责任和义务。他们的谈话十分投入，往往谈到深夜。为了不影响朱先生休息，有时我只好硬着头皮催他们回去休息，建议改天再谈。
>
> 朱先生同所里的各位党政领导干部相处得都挺好，他们经常在一起研究商量工作，偶尔也摊点各自经历过的生活趣事。李觉将军和郭英会同志长期在部队工作，郭局长在解放初期还当过周恩来总理的军事秘书，他们性格开朗，善于言谈；吴际霖则是位管理型干部，比较严肃；朱先生是位很有涵养的科学家，谈吐严谨。他们虽性格各异，但配合默契，往往谈得很投机，很开心，高兴时会情不自禁地发出阵阵爽朗的笑声[①]。

苏联专家请求：调朱光亚来

朱光亚正式调入核武器研究所之前，还有一个小小的插曲。据当时任苏联专家翻译的霍广盛回忆[②]，1958 年 3 月下旬，苏方根据“国防新技术协定”

① 杜祥琬，等:《战略科学家朱光亚》。北京：原子能出版社，2009 年。

② 杜祥琬，等:《战略科学家朱光亚》。北京：原子能出版社，2009 年。

派专家来华，其中科学调查组有组长聂金，实验物理学家加弗利洛夫和马斯洛夫。加弗利洛夫是苏方指派作为科技顾问并准备来华长时间工作。在原子能所，加弗利洛夫向二机部副部长兼所长钱三强提出“请给予科研支援”的要求，特别是要有才干的科学工作者。

当钱副部长爽快地同意他的要求后，加弗利洛夫很高兴，又提出“想见一见朱光亚同志”的要求。钱副部长解释说，“很遗憾，今天是礼拜天，他回城里去了。如果能等到明天，还是可以见到他的。”专家耸一耸肩膀，表示遗憾。

加弗利洛夫是个办事认真、急性子的犹太血统的俄罗斯人。当他第二天上班以后，就急匆匆地向吴际霖汇报原子能所之行，并且提出：“应当调朱光亚来工作，一定得让他来”。吴际霖听完后，颇感意外地问：“您怎么知道有一个朱光亚，并且对调他这么感兴趣？”加弗利洛夫认真地解释说，朱光亚1956年4月曾经到过莫斯科，诺贝尔物理学奖获得者塔姆院士见过他。在学术交谈中，朱光亚给塔姆留下了很深的印象。“在我出国前，塔姆院士向我推荐他，说他是一位有头脑、能力很强、有才华的青年科学家”。听他这么一说，吴际霖马上回答：“加弗利洛夫同志，您的这个建议我支持。我一定向部党组汇报，争取把朱光亚调来。”加弗利洛夫满意地大笑说：“谢谢您，吴际霖同志。调朱光亚同志使我对您的请求，我希望一定，一定。”

吴际霖很快把加弗利洛夫的建议向部党组和钱三强副部长做了汇报。

加弗利洛夫确实很关心中国科技队伍的建设，9月初在他奉调回国之前，曾和邓稼先作了次长谈，他说：“这次回去休假，一个月后就回来。”

遗憾的是，这位俄罗斯专家竟一去不返。随后，却派来了一位名叫列杰涅夫们顾问，这是一位后来被大家称作“哑巴和尚”的顾问。

放射化学家王方定在《我们自己的科学领导人》一文中回忆说：

> 1958年，我被调到正在筹建的九所。不久，一批应届大学毕业生也被分配来了。我和一些化学专业毕业生组成小组便以实习名义回到原子能研究所参加工作，实际上是作为接收苏联援助的业务准备和语言准备。翌年，苏联专家来到九所。随着中苏关系紧张，在向苏联专家提出业务上的问题时，专家总是避重就轻地应付、搪塞。对放射化学工作，该专家曾十分原则地建议我们做探测爆后中子的指示剂研究。一次，在讨论中，我禁不住问他：“是否可给我们讲讲爆炸前的放射化学工作？”

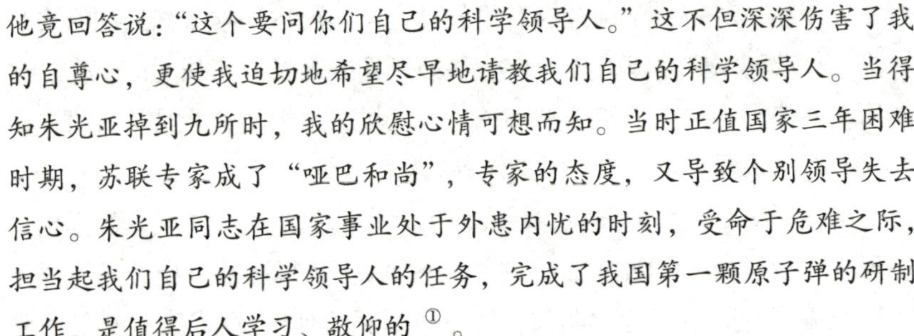

他竟回答说："这个要问你们自己的科学领导人。"这不但深深伤害了我的自尊心，更使我迫切地希望尽早地请教我们自己的科学领导人。当得知朱光亚掉到九所时，我的欣慰心情可想而知。当时正值国家三年困难时期，苏联专家成了"哑巴和尚"，专家的态度，又导致个别领导失去信心。朱光亚同志在国家事业处于外患内忧的时刻，受命于危难之际，担当起我们自己的科学领导人的任务，完成了我国第一颗原子弹的研制工作，是值得后人学习、敬仰的[①]。

朱光亚刚调来时，主要负责科研管理工作，同苏联专家在业务上对口打交道。在以后编写的朱光亚的编年纪事上，能够看到如下同苏联有关的活动：

1956 年 4—5 月，作为中国原子能代表团顾问之一，随刘杰团长等参加与苏联代表团谈判并参观学习，以争取苏联援助我国建设原子能工业。

1956 年 5 月 14—22 日，同王淦昌、朱洪元出席第一届全苏高能粒子物理会议，并联合撰写"会议纪要"，发表于《物理通报》。

1959 年 2 月 24 日，在苏联顾问指导下，主持设计建造的零功率装置达到临界。

1959 年 9 月，与九局局长李觉、副局长吴际霖、郭英会一道同苏联专家列捷涅夫谈科研试验等的准备工作。

自 1958 年起，为了迎接苏联援助原子弹教学模型和图纸资料的到来，核武器研究院以最快的速度，建成一个专用厂房和相应配套的研究室；广大科技人员几乎人人突击学俄文，除了吃饭、睡觉，其他时间都用上了，全院各个场所一片俄语声，一时间好似一个俄语研究院；所有的人都在盼望早日得到这一样品和图纸资料，以便早日上马，早日出成果。

但是，正在中国科技人员等待和盼望的时候，情况发展却不像想象的那样，1959 年，来了一位苏联专家，可是，他对原子弹的技术问题却只字

① 王方定：我们自己的科学领导人 //《风范长存天地间》编辑组:《风范长存天地间——朱光亚同志逝世一周年纪念文集》。北京：人民出版社，2012 年。

不提，怎么问他都不说，就是重复一句话“你们都去工厂实习”，他的口袋里装着一本资料，上班拿出来看看，下班装着就走，从不让中国人接触，有人生气地给他起了个外号“哑巴和尚”。

到了1960年下半年，就连这个“哑巴和尚”也不来了。

20世纪90年代的《光明日报》曾经登载过一篇由作家苏方学采写的人物特写《朱光亚与“哑巴和尚”》，通过朱光亚与苏联专家“哑巴和尚”的关系，生动地再现了那段历史：

> 当年的原子武器研究所副所长朱光亚教授，是第一颗原子弹总体计划的阐述者，也是这项科技攻关的组织领导者。
>
> 关于他的经历、智慧、勤奋，自然不可胜记，这里想补叙的只是一件小事：他和援华专家“哑巴和尚”的交谊。
>
> 那位专家，本来有个好听的名字，因为他一碰到原子弹秘密的问题，就沉默。沉默不得，就叫青年学者去采石场学习，似乎中国人不限学会打炮采石，就不能明了原子弹的构造原理。为此，他才得到这个绰号。其实，他不哑，被问题逼紧了，就声称，要等到有身份的中国学者当领导，才说实质问题。于是，上级便调来朱光亚教授来当副所长并告诉“哑巴和尚”，朱光亚曾作为中国西南大学联大选派出国深造高才生，与李政道同赴美国考察原子弹研制的情况。能和诺贝尔奖获得者的学友共事，“哑巴和尚”似感到关荣；又听说，朱光亚还曾作为高级译员，到板门店参加朝鲜停战谈判，这才与他握手说，不胜荣幸。
>
> 殊不知，朱光亚也少言寡语。但别的教授与青年人热烈讨论时，他总是静坐着，沉沉的目光投向发言者，把大家的意见归纳、推理、运筹，而后提出公关的方向。方向定了，自然希望得到“哑巴和尚”的首肯，但教授们苦于无良策让他开口，朱光亚便教青年人接着带问题去求教。
>
> 一天傍晚，朱教授又叫一位叫刘长禄的工程师去探问采石场实习的情况。专家微闭双目端坐在沙发上，似在入静做功，而两个拇指却在愉快地相对转动。刘长禄待到他双眼笑开，即刻翻开一本书，指着插图问：“爆轰试验是不是用这种原件？”他勃然变色道：“你们研究这个，还早！”怫然挥手打掉那本书。刘长禄怕再得罪他，慌忙捡起书本，撒腿跑回科研大楼，一头撞进朱教授的办公室，朱教授仔细听完他汇报，哈哈大笑道：“他否定的，正是我们想肯定的。”说着，递给他一杯热茶：

“祝贺你，刘长禄同志！”

此后，“哑巴和尚”又变哑巴了，无论朱光亚派谁去请教，他除了说“很好”和“再说”便是冷冰冰的沉默。直到1959年5月29日，他说北京热，要回本国休假，这一去就不“再见”了。

在朱光亚的儿子朱明远的记忆中，这好像是第一篇描写朱光亚的特写。里面可能有一些文学夸张，朱光亚当时看了很恼火，把苏方学叫到家里来批了一通。那天他儿子朱明远正好回家，在家门口碰到苏方学，苏方学说，我是来向朱主任负荆请罪的。看样子批得不轻，以后，再也没有看到苏方学写朱光亚的文章。

苏联专家撤走了

1960年7月16日，苏联政府照会中国，停止国防新技术协定。随即撤回全部专家，带走全部资料，停止提供设备、关键部件和重要物资。外国人对这场变故评论道，中国受到“毁灭性打击”，“你们进入了技术的真空，过不了两年这些设备就变成废铜烂铁。离开外界的帮助，中国人20年也搞不出原子弹来”，有人还讥讽说“就守着这些废铜烂铁吧！”

然而，有的苏联专家对中国很友好。当陈毅副总理去机场送别他们时，一位专家诚恳地说：“中国人很聪明，古代有四大发明。你们也有个‘格拉瓦’（脑袋），一定能搞出原子弹来！”

中国人不怕压，不信邪，卧薪尝胆，决心突破原子弹。这时，正值中国经济困难时期，同年7月18日，在北戴河召开的中央工作会议上，毛泽东愤怒地说：“要下决心搞尖端技术，赫鲁晓夫不给我们尖端技术，极好！如果给了，这个账是很难还的。”陈毅元帅愤怒地说：“即使当了裤子，也要把原子弹搞出来。”

8月，在二机部的苏联专家全部撤走。从此，中国原子能事业开始走上了完全自力更生的道路。

朱光亚后来对家人说，大部分苏联专家都是真诚地想帮助中国的社会主义建设，苏联领导人撤他们回国，他们也是无奈。

朱光亚在《深切怀念新中国科技事业的伟大奠基人周恩来》一文中指出：

大家都知道，中国人民引以为自豪和骄傲的是，原子弹爆炸和卫星上天，主要是我们自己干出来的。然而也必须说明，在‘两弹’事业的起步阶段，我们曾经得到当时苏联政府和人民的援助。周总理要求我们既不能放松对苏联和其他国家先进科学技术的学习，也不能无限期地依赖苏联专家。毛主席也告诫我们：对于苏联的援助，我们一定要搞好，我们自己干，也一定能干好。所以，在‘两弹’事业的初创时期，我们在学习苏联和其他国家先进科学技术的同时，并没有放松我们自己尖端事业的建设和尖端技术人才的培养，十分注意发展壮大自己独立的科学技术实力。因而，1959 年 6 月苏联毁约停援时，我们能够迅速组织实现全面自力更生的大转变，是我国的‘两弹’事业基本上没有受到大的影响，走上健康发展之路。在处理好自力更生和争取外援的问题上，充分显示了党中央和毛主席、周总理的政治远见。

无论怎样，朱光亚一定在苏联物理同行心目中留下了深刻印象。朱光亚去世后，2011 年 3 月 1 日的“俄罗斯之声”发表了题为《中国原子弹之父传记中的苏联一页》的文章[①]，文章说：

1955 年，苏联和中国签署了支持中国原子能和核物理领域研究的协议，向中国派遣了苏联该领域的专家；中国专家也来到苏联交流经验。朱光亚不止一次来到科研所和工厂，应同行邀请他出席了第一届全苏高能粒子物理会议。朱光亚同诺贝尔物理奖获得者、苏联科学院院士伊戈尔·塔姆进行过长期的商讨。苏联向中国提供了反应堆和回旋加速器，保证了铀矿开采的顺利进行。朱光亚每天都在从事着这些科研项目，尤其是反应堆启动工作。从 1957 年起，他在二机部工作，负责核武器的研制工作。苏联共产党和中国共产党的意识形态领域里的分歧导致两国关系恶化。但在这之前，在苏联专家的共同参与下，已经为中国第一颗原子弹的成功试验奠定了基础。1964 年中国在罗布泊进行了第一颗原子弹试验。朱光亚也是中国第一个热核炸弹的研制者之一，三年后爆炸成功。

中国核力量在朱光亚学生们的努力下发展迅速。北京在 20 世纪 80

① 俄罗斯之声：“中国原子弹之父传记中的苏联一页”。俄罗斯之声，2011 年 3 月 1 日。

年代初宣布对中国进行核打击将受到应有的回击，这最终逼迫企图对中国进行核打击的敌人三思而后行。

花园路一号——中国核武器的"摇篮"

如今的北京，沿着北三环路从东向西，穿过北太平庄桥，就能看到一条向北的丁字路口，路牌指示：花园路。沿着花园路口一直向北走大约500米左右，路的右手边有一个不大的院落，这就是花园路一号。

1958年的北京，有一点很像现在，到处都在盖房子。

1958年1月8日，当时的三机部（后改为二机部）党组决定成立九局，李觉任局长，吴际霖、郭英会任副局长。从此，一边在我国大西北地区进行核武器研制基地选址和建设，一边在北京组建科研队伍。1958年7月，开始在北京市海淀区花园路一号建设科研楼和迎接苏联教学模型的大车间，以及在河北省怀来县建设爆轰试验场——十七号工地。展开了原子弹理论、实验等方面的研究与探索，这是一个意义深远和重大的决策，它使我们能在苏联公开撕毁协议之前，做好应变准备，为以后自力更生开展核武器研制争取了宝贵时间。

当年，在筹建青海核武器研制基地同时，核武器研究所在北京西北郊的一片高粱地里建起了两座四层的红砖楼。楼北面是碧绿的稻田、菜地和点缀其间的低矮农舍。一条似断似流的元代护城河依偎着土城墙默默流淌着。河上孤零零地卧着一座石桥——蚊牛桥。向北看去，苍松翠柏和茂密的枣树，掩映着一座破败的古塔。这就是当年的花园路一号。刚开始时，这里连公共汽车都不通。

后来，李觉回忆说，这块地是他找时任北京市副市长的万里要来的。抗日战争时，他们俩儿同在山东根据地的部队工作，他是旅参谋长，万里是旅副政委。

胡干达回忆："当时的工作和生活条件都相当艰苦。由于用房紧张，吴际霖、郭英会、朱光亚三位领导只好挤在一个套间办公，朱先生在里间，吴、郭两位副局长在外间，他们相处得很融洽，工作很协调。"

以后，院子里又盖起一座四层白色小楼，所领导们都搬进了这座小楼办公。朱光亚的办公室也设在这座楼里。那是一个套间，里间是办公室，外间是一个大会议室。

调兵遣将

1960年3月，朱光亚被任命为核武器研究所副所长，与李觉、吴际霖、郭英会形成了精干的领导班子。后来，郭英会患病住院，形成了号称“三匹马”的李、吴、朱领导核心。李觉抓总体大事，常常往返于部机关、研究所和西北研制基地之间，吴际霖、朱光亚抓科研生产，其中，朱光亚重点抓核物理方面的工作。

为了集中力量突破原子弹的技术难关，经朱光亚与九所其他领导建议，二机部向党中央请求，从中国科学院和全国各地区各部门选调了郭永怀、程开甲、陈能宽、龙文光、疏松桂、宋广洲等高中级科技人员，又将王淦昌、彭桓武、黄祖洽等高级研究人员从二机部原子能研究所调到核武器研究所，后来，又陆续调来周光召、俞大光、张兴钤、方正知、黄国光等一百多名科学家与高中级科研人员和工程技术人员。这批科学家和工程师会同先期到达的朱光亚和邓稼先等人一起，基本形成了中国核武器研制工作的科技骨干力量，这些技术人员的工作均由朱光亚负责安排。对于从国外留学或工作回来的青年人，诸如胡仁宇、唐孝威、华欣生等，均由朱光亚阅过档案后，进行个别谈话。这时，在原子能所成立了27和28两个大组，分别由胡仁宇、赖祖武任组长，他们的工作由朱光亚亲自抓。按照苏联专家的意见，当时的核武器研究所分理论、实验、设计、生产4个部、13个研究室，分别由邓稼先、陈能宽、龙文光和宋光洲任部主任。

此时的核武器研究所真可谓藏龙卧虎，一批杰出的科学家在一张白纸上开始描绘最新最美的国防现代化画卷。

为了抓紧工作，朱光亚至多每两周才能回一次家。于是，他搬进了核武器研究所北红楼的一间单身宿舍。一件约20平方米的房间，安放两张单身床，一张三屉桌，两把椅子，一个木制衣架，一个脸盆架，两个5磅热水瓶，房间虽小，但很整洁。

后来，他又搬进了核武器研究所位于北太平庄宿舍楼的一套单间宿舍。

朱光亚“交底”

万事开头难，研制初期的最大困难是缺少资料。

1958年7月间，苏联专家聂金、加弗利洛夫和马斯洛夫在中国西北考察之后，给宋任穷部长、刘杰、钱三强副部长和吴际霖等讲过一次技术课。苏联专家组组长聂金说，不要作记录，将来不仅运来模型，还要提供有关资料，并派专家来帮助造原子弹。他们一边在黑板上写，一边又飞快地擦。在这种情况下，那些听课的领导们还是抢着记了一些并不系统的东西。后来，这些记录本统一存放到档案室。

1960年6月，吴际霖想起了这件事。朱光亚就请李嘉尧工程师借回这些笔记本。由于听课的人除钱三强、吴际霖之外，其他人对所讲内容听不太懂，加之苏联专家讲得很快，所以，笔记记得很零散。此后，朱光亚就在办公室与邓稼先、李嘉尧对这些笔记进行整理。

邓稼先分工理论原理、计算、空气动力学、内爆原理部分，李嘉尧负责结构、材料、起爆时间部分。他们用了二三天时间，整理出一份初稿。最后，又由朱光亚仔细核实、审定、补充，形成一份较为完整的资料。

根据核武器研究所的决定，朱光亚于6月15日在北红楼主持召开全所组长以上技术人员参加的大会，讲明了研制原子弹的目的和要求，详尽地介绍了上述资料。最后他又强调：由于苏联人撕毁了合同，我们的研究工作必须建筑在自己工作的基础上，这份资料仅仅作为我们开展工作的一条参考线索。原子弹是世界上已经有了的东西，它的规律已经被人们掌握。对于我们来讲，只是没有做过，没有经验而已。大家要开动脑筋，献计献策。只要我们破除迷信，辛勤工作，就一定会把原子弹研制出来。我们应当努力研制出爆炸力强、用核材料少、体积重量小的原子弹。但是，我们当今的一切努力，均以“响”为目标。只要我们能完整地设计、制造出一个来，那么向高级发展便具备了重要条件。这就是被参加过第一颗原子弹研制的人们所津津乐道的“朱光亚‘交底’”。

那么，这份资料对于我们自力更生、自己动手研制原子弹究竟起了什么作用呢？二机部第一任部长宋任穷在《毛主席指导我们创建原子能事业》一文中说：

> 这对我们研制原子弹初期的工作是有益的，使我们一开始就能从理论、实验、设计、生产几方面齐头并进地展开工作，起到了引路的作用，争取了一些时间。但是，这毕竟是一种教学概念，不是工程设计，而且有的数据根本不对。我们用了两年左右的时间，经过反复计算，才完全弄清楚。后来的研制工作，主要靠我们自己的技术人员，刻苦钻

研，艰苦奋斗，反复实验，逐步过关……

关于朱光亚“交底”，刘杰和李觉在《杰出的科技帅才》[①] 一文中回忆：

> 核武器研究所决定由光亚同志主持，向全体科技骨干进行技术交底，使大家对自己承担的研究任务目标和途径方法有了基本了解，能够心明眼亮地工作。这次技术交底，实际上也是进一步的政治思想和组织动员。从此，自力更生研制原子弹的各项工作在我国迅速、全面展开。

胡仁宇、胡思得、朱祖良、赵宪庚在《我国核武器事业的组织者和领导者》[②] 一文回顾这段历史时也说：

> 按照分工，朱光亚副所长主管科研、实习、生产计划和学术活动，他组织有关人员抓紧对苏联专家的讲课笔迹进行整理，形成一份参考资料，以此为线索，组织科技人员一边学习，了解基本原理开展自己的理论研究，一边开展科研实验的准备工作，亲自审定大量的技术任务书。

胡仁宇在另外一篇回忆文章《精心谋划中国特色的核武器发展之路》[③] 中也讲到：

> 1960 年，他组织人员收集、整理、分析、研究有关资料，提出当前的主攻目标、拟采取的技术途径，并在全体科技骨干会议上向大家交代了任务。要求以它作为今后一个阶段工作的主线，希望每一个人都能发挥创造性，通过实践是计划不断充实、完善。

从此以后，中国科学家们真正闯出了一条具有中国特色的核武器研制发展道路。

---

① 杜祥琬，等:《战略科学家朱光亚》。北京：原子能出版社，2009 年。

② 宋炳寰:《周总理宴请参加原子弹研制、试验的有关人员》。两弹一星历史研究会网站，[2010-09-00]。http://ldyx.blog.ifeng.com/

③ 杜祥琬，等:《战略科学家朱光亚》。北京：原子能出版社，2009 年。

核武器研制的方略

根据中共中央1959年6月确定的“自己动手，从头摸起，准备用八年时间搞出原子弹”的方针，二机部制定了原子能事业八年规划纲要，提出“三年突破，五年掌握，八年适当储备”的奋斗目标，明确核武器的研制立足于自身，自己研究，自己试验，自己设计，自己装备的“五自”方针。李觉、吴际霖、郭英会、朱光亚会同有关专家，经过全面思考，对研制任务进行分解，确定主要科学问题和关键技术，选择解决问题的技术途径，设立课题及主要课题实施方案。决定分3阶段开展研制：1961年前创造条件全面探索；1962年掌握基本原理和关键技术；1963年完成原子弹设计。

1960年初，由于核武器研制基地在青海草原刚开始建设，所领导决定，先在北京地区创造研究工作的条件，因陋就简地开始理论、爆轰、中子物理和实验工作的研究与探索。

那个时候大家在讨论工作时，无论是权威科学家王淦昌、彭桓武、郭永怀，还是刚毕业的大学生都可走上讲台，在黑板上写写、画画，学术气氛非常宽松。即使是青年人发表了非常稚气的意见，也会受到尊重。

1960年6月，吴际霖在理论部主持一次由组长以上技术骨干参加的学术报告会。会上朱光亚就“内爆”型原子弹问题作报告，提出了更多需要解决的课题。

1960年10月，在朱光亚等主持下打破了苏联专家在时4个大部的布局，进行研制机构的调整，成立理论物理、爆轰物理、中子物理和放射化学、金属物理、自动控制、弹体弹道、非标准设计、建筑设计8个研究室和一个加工车间，另成立非标准设备、建筑工程两个设计室。

图4-1　1966年9月30日，钱学森（左）、邓稼先（中）、朱光亚（右）在北京参加国庆观礼。

在理论物理研究工作过程中，在彭桓武的领导和参与下，邓稼先率领一批青年科学工作者首先对核武器力学运动进行复算，其中包括状态方程和参数。在核实文献上某个数据时，在邓稼先指导下，青年技术人员孙清和、朱建士等利用电动计算机和手摇计算机对原子弹爆炸反应前物质运动全过程的数值，不分昼夜地算了 9 次，否定了文献上的这个数据。1961 年 9 月，周光召从理论上进行了论证，提出了“最大功”模型，肯定了他们的结论。在这个过程中，朱光亚对重要工作“事必躬亲”，关键工作汇报他都要倾听，哪里有困难，就到哪里去。他对邓稼先领导的十几位青年人的工作十分赞赏。他说：在国家经济遇到困难的情况下，同志们忍饥挨饿，用简陋的计算工具每次要算出 5 万个以上的数据，这是非常浩繁的工作量。这些实实在在的成绩和贡献，是永远不会被忘记的。

宋任穷部长来到理论部，他在气动力学组鼓励大家把“气”变为“动力”。他说:“空气动力学，有了‘气’，就有了‘动力’。苏联人不给我们技术，我们憋着一口气，一定要搞出原子弹来！”

彭桓武、邓稼先带领青年们进行原子弹理论设计研究，取得了大量有价值的关键数据。在进行高温高压下铀材料的状态站程研究时，青年们想出了一个“妙计”，当胡思得详尽地向朱光亚汇报后，朱光亚一向严肃的脸上绽开了满意的笑容。随后，他又大大鼓励了青年们的这种探索精神。

1961 年，在彭桓武指导下，应用解析法研究了核爆物理过程。当时，钱三强和朱光亚听取了彭桓武此项工作的报告，并与大家一起进行讨论。不久，研究所对前段工作进行总结，针对青年人急于求成的状况，李觉、郭英会和朱光亚明确提出第一阶段的奋斗目标是研制出一个试验性的原子弹装置，而不是真正供使用的产品。核武器总的要求是效率高、体积小、用料少，重点是能“响”。

他起着诸葛亮的重要作用

核武器研制是多学科衔接和交叉的庞大工程，包括理论、设计、生产、冷热试验、测试等各个方面，需要科技人员发扬团队精神，通力协作，有时甚至需要全国的配合。这就要求高层技术领导和决策者，不仅要有深厚的科学功底，能够高屋建瓴地把握研究方向，而且要具备杰出的组织管理才能和非凡的领导艺术。

在中国早期核武器研制的舞台上，朱光亚究竟扮演了什么角色、起了什么作用？曾经担任核武器研究院院长的胡思得院士说："在高层决策领导岗位，从技术的角度看，我个人认为他起着诸葛亮的重要作用。"核武器理论研究所原科技委主任郑绍唐研究员说："如果把理论部主任邓稼先比作'中国的汉斯·贝特'，那么，当时作为主管科研工作的领导，朱光亚可以称为'中国的奥本海默'"而朱光亚在谈起和回忆他这一时期的工作时，形象地把自己比作一个瓶口子，上面的方针和下面的意见都要经过他这个"瓶口子"来承上启下，有的还要筛选、过滤，选其主要归纳上报。

在高层决策领导岗位，朱光亚对核武器研究在技术上负全面责任，参加制定并亲自撰写科研计划和规划，撰写有关技术问题的报告向二机部和中央汇报；领导和指导核武器研制任务，确定研究的主攻方向和关键技术；设置重大课题并制定重大课题实施方案；选择解决问题的技术途径；对于科研生产上出现的各类重大问题，事必躬亲。

建所初期，刚从四面八方调来的青年人组建的科研队伍，不仅在学识上，而且在思想上、作风上尚不能适应国家重大任务的要求。为使科研人员一开始就养成严肃认真、一丝不苟、刻苦钻研、精益求精的作风和科学求实的精神，朱光亚协助李觉，首先抓了"科研小整风"。他讲解如何做研究课题，怎样写科研工作报告，并且拿出一套科学的规范化的科研管理程序。这时，他以自身的言传身教为青年们做出了有口皆碑的示范。诸如，对于下边报上来的技术性文字材料，大到科研总结、科研工作报告，小到工作简报，他都字斟句酌地修改，连标点符号也不放过。有的大段大段地删改后增加内容、补充数据；有的修改之后又查资料核实有关数据，最后还把文稿重新誊写一遍，字迹工整、纸面干净。这常令原作者既惭愧又深受教育，他们说："朱副所长对工作这样认真，我们怎敢马虎呢？"这种作风还体现在朱光亚多次向周总理所做的工作汇报上。周总理在一次重要会议上特别表扬了朱光亚这种严谨细致的科学精神和严肃认真的工作作风。王方定回忆：

朱光亚考虑问题全面细致，安排工作时，会将工作的来龙去脉、背景要求讲得清清楚楚，使工作人员对任务心中有数，知道应当怎样去达到目的。假若不听他的意见，往往不但完不成任务，而且还会遇到麻烦。为了热核材料的处理问题，他曾派我去某厂出差。临行前，他不仅交代了这次出超的目的、要求，而且将可能遇到的问题详细地告诉了我，使我在火车上就开始考虑如何利用有利条件，克服困难，完成任务。十分幸运的是：当时正值‘四清’运动前后，原子能所党委第一书记郑琳同志担任该厂‘四清’工作团团长，刘云斌同志夫妇分别担任我需要了解情况的研究室和车间主任。他们毫无保留地任我在厂区和车间独立闯荡、随意记录。由于任务清楚，我得以利用有利条件，了解到必需的情况，很好地完成了任务，为院、厂谈判提供了有利院方意见的充分依据。我也从中学习到了发挥科研人员主动性的工作方法[①]。

刘杰和李觉说：

几十年来，光亚同志对核事业发展的科学贡献主要表现在决策层面上。我们与他共事核武器研制的组织领导工作中，经常与他商量，并得益于他承上启下，出谋划策。在向周总理和中央专委请示汇报时，也经常由他起草文件或口头汇报。

他学识渊博，思维精细，作风严谨，处事认真，善于把一些复杂的科学技术问题深入浅出地表达清楚，善于从全局高度观察和判断科研工作进度情况和存在的问题，并提出很好的意见。他文字功底也好，起草的文件，概念准确、逻辑严密，语言规范，文字工整，甚至标点符号也很讲究。所有这些，显示了光亚同志科学帅才的素养和造诣[②]。

三种思路齐头并进——在中子源研究工作中

创业初期，为了安排中子截面等基本核数据的调研、计算等工作，朱光亚让刚从苏联留学回国的胡仁宇承担组建中子物理实验室的重任。当胡仁宇求教时，朱光亚告诉他要利用原子能所老基地的条件。于是，他向领导提出建议，把这一任务及中子物理方面的工作交给原子能所负责，在钱三强、何泽慧等老一辈科学家指导下，尽快把实验工作开展起来。

胡仁宇回忆：

---

① 王方定：我们自己的科学领导人 //《风范长存天地间》编辑组:《风范长存天地间——朱光亚同志逝世一周年纪念文集》。北京：人民出版社，2012 年。

② 杜祥琬，等:《战略科学家朱光亚》。北京：原子能出版社，2009 年。

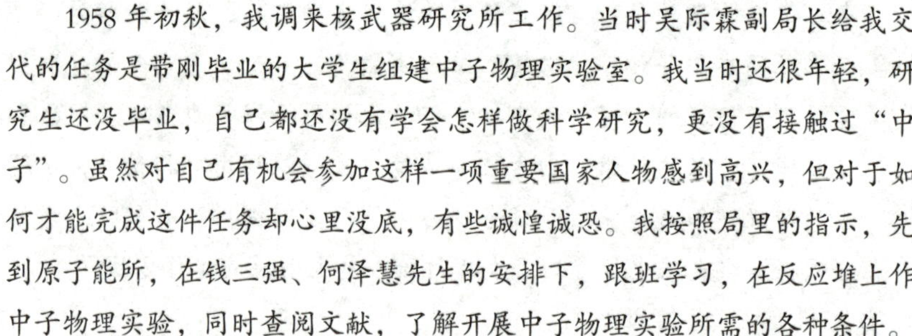

1958年初秋，我调来核武器研究所工作。当时吴际霖副局长给我交代的任务是带刚毕业的大学生组建中子物理实验室。我当时还很年轻，研究生还没毕业，自己都还没有学会怎样做科学研究，更没有接触过“中子”。虽然对自己有机会参加这样一项重要国家人物感到高兴，但对于如何才能完成这件任务却心里没底，有些诚惶诚恐。我按照局里的指示，先到原子能所，在钱三强、何泽慧先生的安排下，跟班学习，在反应堆上作中子物理实验，同时查阅文献，了解开展中子物理实验所需的各种条件。

经过一段时间的摸索，虽然开始有点眉目，但仍感到对任务的重点把握不住，内心存在很多困惑，又限于保密，难以就心理存在的疑虑向周围老科学家和同事请教，有些不知所措。1959年中，朱主任调到核武器研究所领导科技工作后，我就带着自己思想上的困惑多次向朱主任求教。他不厌其烦地向我们交代今后面临任务的内容，让我们充分利用原子能所老基地，在钱三强、何泽慧等老一辈科学家的领导下，尽快创造有关实验的条件，开展工作。当遇到重大科技问题是，学会将其化解为基础研究问题，多向老科学家和同事们请教。

同时，为了加强学科领导力量，他还亲自点将，抽调了赖祖武、唐孝威、吕敏、吴当时等人来承担临界实验和脉冲中子测量等方面的工作，并嘱咐我们这批30岁上下的年轻人在工作中要多互相支持，多讨论，多商量；要发扬技术民主，对学术问题做到畅所欲言，集思广益，这样才能弥补个人学识经验的不足，避免出现重大差错。当我们讨论一些重大科技问题时，他经常亲临指导，并及时做出决策。例如，1963年初，他在我们室指导工作时，对每方面的工作都提出了具体要求，并明确指出，我们对科研工作要求与科学院有所不同，做实验一定要取得足够精确的数据，制备部件一定要做出合格产品。

经过三四年的努力，依托原子能所这个基地，在老一辈科学家指导下，我们带领一批从大学刚毕业的年轻人，建立了有关实验室和一批仪器、设备，完成了突破原子弹任务所必需的次临界实验、制备点火中子源、脉冲中子和伽马测量等任务，通过完成任务，培养、训练了科技队伍，为以后的持续发展打下了良好基础[①]。

① 杜祥琬，等:《战略科学家朱光亚》。北京：原子能出版社，2009年。

朱光亚从高教部和其他部门选调技术骨干，并嘱咐胡仁宇、赖祖武、唐孝威、王方定等青年人，在工作中要多学习、多讨论。要发扬学术民主，集思广义，弥补个人学识的不足，避免出现重大失误。每当青年们讨论重大问题时，朱光亚都尽量亲临指导，经过四五年努力，带出了一批技术骨干，完成了突破原子弹必须完成的临界实验、制备点火中子源、脉冲中子和伽马测量等任务，为核武器发展打下了坚实基础。后来，胡仁宇、唐孝威、王方定等都成为中国科学院院士。

由于当时条件不具备，核物理与放射化学的实验先在原子能所开展。当时的原子能所是外国专家涉足不到的地方，简陋的工棚改用做放射化学实验室。工棚用芦苇做墙，黄泥巴抹面，黑油毡做顶。从外面看，好像是放破烂的仓库，里面则是用奶黄色油漆涂的墙面，地上铺着黑色橡胶，实验台、自制的简易手箱、烘箱、马福炉等都安排得井然有序。实验环境非常艰苦，冬无暖气，夏无空调，自制手套箱密封很差，废水放射性剂量也很高。为了打造中国第一颗原子弹，当年的科研人员就是在如此艰苦的条件下夜以继日地奋力拼搏。

1960—1961 年，朱光亚、彭桓武、王淦昌常来这里指导王方定小组工作。每次来他们都询问得非常仔细，并认真做记录。有一次，因朱光亚独自来而闹出了一场误会，当时，他站在门紧闭着的实验室外，由窗口向里瞧。新来的大学生罗德勤正在做实验。一抬头，看到一个陌生人正向室内专注地看着，就立即警觉起来。他马上停止实验，脱掉防护手套和工作服就跟了出去。只见那人向科研楼大厅走去。罗德勤马上打电话给王方定。当他把来人的外表特征讲完以后，王方定笑了。他告诉小罗："那是朱副所长！"

为了尽快研制出中子源，最初朱光亚布置分 3 个小组用 3 种方法去做，"三种思路齐头并进"。朱光亚经常了解 3 个小组的工作进展，有一次，朱光亚等来听取汇报，不断提出问题，要求 3 个小组写出详细工作总结。当朱光亚连夜研读完 3 份总结后，提出先做其中最有希望的一种；另外两种办法，由原子能所中子物理实验室主任何泽慧指导继续做下去。

当用第一种办法做出好征兆样品时，送到青海核武器研制基地。首次实验在基地一个仅 18 平方米的小房间进行，操作人员从 100 千克大铅罐内拿出微量核爆尘埃，做放射性剂量分析。朱光亚站在旁边，静静地看着王方定在手套箱内操作。

当王方定院士回忆起那段往事，感慨地说：

朱光亚副所长身着实验服站在我身边长时间地看着我做实验，不仅鼓舞我一个人，也使在场的全体工作人员深为感动。三种思路齐头并进，出现苗头集中突破、对后两种思路穷追不舍并作为后续突破工作的技术储备的决策，把高层管理者的重要作用表现出来了。特别是后两种思路的成果在多年之后的新的研制中又派上大用场，朱副所长真是站得高，看得远[①]！

与中子源探索的同时，核裂变材料的临界、次临界试验也起步了。承担这项工作的是1960年成立的中子物理与放化研究室（三室），胡仁宇、赖祖武任副主任，朱光亚亲自兼任三室主任。可见这项工作的重要性。建所初期，这方面的工作是空白。说得通俗一些，研究并获得核裂变材料的临界、次临界数据，相当于与人相处中摸透对方的脾气、性格，这是与之打交道的重要的先决条件。当时，主要是在自行研制的临界装置、次临界装置与脉冲堆上进行实验，测量特定系统的精确临界质量及缓发临界状态下的多种宏观中子参数，为校核理论计算方法及检验、调整核数据提供依据。只有掌握了这些关乎核试验安全的数据，才能保证核材料在加工、包装、运输、储存以及装配过程中始终处在安全状态。

在这项从零起步的工作中，从制定方案、研制实验装置、探索实验方法，验证临界参数，研究宏观中子参数测量，到为两弹突破提供临界安全数据，朱光亚有时要通宵达旦地工作，为此前后组织了几百、上千次安全实验，直到取得了宝贵的临界、次临界安全数据。可以说，一个个实验点都是用心血凝成，来之不易。

在十七号工地

1960年2月，在长城脚下的十七号工地上，实验部主任陈能宽带领一批优秀的青年科学家开展了我国核武器爆轰物理实验，4月8日打响了第一炮。

从北京出发，翻过八达岭，就来到河北省怀来县。燕山山脉，长城脚下，官厅水库边，山坡上，孤零零地支着几顶军用帐篷，距帐篷不远处的一

① 杜祥琬，等:《战略科学家朱光亚》。北京：原子能出版社，2009年。

块平地上，筑起了一座不显眼的水泥碉堡，这就是借助工程兵靶场一角而建起的原子弹爆轰实验的靶场，被称为十七号工地。

时值国家三年经济困难时期，方正知、钱晋、任益民、陈常宜、刘长禄、孙维昌、林传骝、刘文翰、吴世发、张寿齐、经福谦、唐孝威等许多各具专长的青年科学家，在极其艰苦的条件下，冒着塞外风寒酷暑，因陋就简地进行爆轰实验。他们用普通铁锅熔化炸药，用木棒搅拌，进行高能炸药注装工艺研究，进行雷管结构性能、起爆元件和测试技术及设备的研究。白天在工棚或靶场做实验，晚上则挤在狭小的营房里进行判读和数据分析。王淦昌、郭永怀、程开甲等也常来这里指导工作。

在十七号工地诞生了首批直径100 mm与直径200 mm的炸药平面透镜。在此基础上，开始核部件的研究设计。

朱光亚作为主管科研工作的副所长，在关注理论研究工作和中子源工作及其他工作的同时，常常来到这里，深入班组，了解工作进度，听取工作汇报，并与王淦昌、陈能宽一起，提出了科研工作“三步曲”：既每个课题都要详细调研，经过认真论证后，写出设想方案；在执行方案中要有工作计划；完成工作后要写出工作总结。

1960年6月，朱光亚向疏松桂、惠钟锡下达研制多路高压同步脉冲发生器的任务。他强调，这是核装置内爆的关键技术之一，要把“安全、可靠、准确”作为指导思想，尽快研制出来。在一座小平房里，在疏松桂指导下，惠钟锡等人以饭桌为实验台，用床板当仪器架，经过连续奋战，很快研制出引爆装置的雏形。

关于这段历史，陈能宽是这样描述的：

> 我和同志们按照领导指示，在长城脚下的十七号工地白手起家，研制核装置球面同步起爆装置。两年内进行了上千次爆轰试验，初步带动了有关炸药和加工工艺以及光、电测试等的技术攻关，增强了信心。光亚同志经常冒着刺骨寒风，与老一辈科学家不时赶到实验场地，观看指导试验，给大家很大鼓舞。记得当时缺乏爆轰试验测试技术手段，光亚听说后，建议用唯象的研究方法过技术关，对我很有启发。我体会到，原子内爆是个新的科学技术领域，也是机密性很强的技艺诀窍的总和。光亚指示我们必须在研究方法和思想方法等方面有所创新，既要注意逻辑思维分析，也要注意形象思维。当时，大家迫切希望能如期做出一个

较高级的产品，所以倾心探索，奋力拼搏，不畏风险，不畏挫折，终于研制成功新的球面爆轰波聚焦元件[①]。

回忆当年的情景，陈能宽至今历历在目，如数家珍，他说：

我还记得许多有关炸药研究的故事。1962 年和 1963 年 7 月，光亚率领钱晋教授等人到西安参加、指导与兄弟单位协同的工作。我也去了。当时我们均 40 岁不到，有一晚同看一台"秦腔"戏，光亚为我们讲起"狸猫换太子"的剧情，兴高采烈、历历如昨，一点不是一般人说的"寡言少语"。最近，一位老同事发现了一张当年在西安的老照片拿给我看，我很高兴，凑巧在广东珠海要召开一个"2002 年火炸药技术及钝感弹药学术研讨会"，我把照片寄给了与会的战友们，他们也很激动兴奋。我感慨，时光和科技真是飞速发展啊！40 年前，光亚领我们到西安开始研究炸药时的情景，形象地说，就是"长安一片月，万户捣衣声"。49 年后的今天，我们已跻身国际钝感弹药研究的前沿了。我体会：所谓"钝感"，形象地说就是研究出的炸药既"似火"又"如木"！

对于十七号工地在我国核武器研制过程中的重要地位，朱光亚一直念念不忘。宋炳寰回忆说：

1984 年 11 月上旬，国防科工委副主任伍绍祖同朱光亚商议，拟前往位于河北省怀来县境内官厅水库旁的工程兵科学实验场，凭吊第九研究所 1960 年在此建成的小型爆轰实验场 -17 号工地的故址。我请吕昌绪参谋与工程兵领导机关联系妥当后，11 月 21 日上午，朱光亚、伍绍祖等一行，由当年在 17 号工地艰苦奋战过并在爆轰物理实验方面做出过重要贡献、时任核工业部军工局副局长陈常宜同志陪同带路，来到了工程兵的这个实验场。此时已是中午，实验场的领导为我们一行人安排了午饭。用餐前，朱光亚、伍绍祖向实验场的领导表示感谢，感谢工程兵在当年给予九所多方面的大力支援。朱光亚说：你们不仅把实验场的一角借给我们做爆轰实验场，而且派部队帮助施工，挖地基，灌水泥，埋

① 杜祥琬，等:《战略科学家朱光亚》。北京：原子能出版社，2009 年。

电缆，架线路，盖试验室和测试工房。工程进展很快，给我们早日进行爆轰实验工作创造了最必要的条件。我们要感谢工程兵的同志们。

餐后结账时，实验场的领导说不收了。朱光亚、伍绍祖要我一定交足粮、钱。经我们再三坚持，我们还是按朱、伍的嘱咐，按规定交足了粮票。

随后，由陈常宜引领，我们一行实地参观了当年进行爆轰实验的碉堡、碉堡前方的爆炸场地与沙丘、浇注炸药部件的砖结构工房及加工爆轰试验元件的工房等建筑物（均已加锁）。接着，陈常宜又引领我们参观了当年他和战友们生活起居的院落和睡通铺的大房间。

在参观过程中，陈常宜向我们介绍说：在这里开展爆轰实验，我们俗称打炮，首先就得解决所需的不同规格的炸药零部件。在当时，工号未建成，就连最基本的装药工具也是残缺不全的。在这样的条件下，研究室副主任吴永文、孙维昌等和搞炸药的一些技术人员和工人师傅，克服了许多困难。浇注工房没建好就用帐篷代替，没有进口的熔化锅就用开水炉烧出蒸汽在自制的熔药筒溶解炸药，没有铸造模具就用牛皮纸卷筒代替，用铝锅、铝盆做注装药辅助工具，锅炉水是从几里地之外的兵营里拉来的。经过大家齐心努力，终于浇注出第一发药柱，于 1960 年 4 月 21 日在这里的沙滩上打响了第一炮。

陈常宜介绍说：当年我们在这个工地生活很艰苦。我们粮食定量每人每月 28 斤，其中有许多粗粮，没有多少副食和油。每天紧张工作，有时一天要打十几炮。每放一炮之前，都要堆起 1 米多高的沙丘。有时笨重的实验装置需要几个人抬着就位。这样强的体力活，饿得我们头昏腿软，一部分人因饥饿患了浮肿病。即使这样，大家对工作仍然全心全意。塞外寒冬，滴水成冰，我们用冻僵的双手接插雷管是一件十分危险的工作。因为手上有潮气，一接触导线就冻在了一起，一不小心就可能牵动雷管摩擦引爆，其后果不堪设想。我们白天打炮做爆轰实验，晚上加班处理数据，陈能宽（金属物理学家，时任九所第二研究室主任，直接领导大家进行爆轰试验）等讨论分析实验结果。有一次，在一个寒冷的冬夜，陈能宽和刘文翰（刚毕业分配来九所不久的大学生）用手摇计算机计算实验数据，直到午夜。当他俩都饿得疲倦了，陈能宽从抽屉里拿出一个凉窝窝头，这是他有意从晚饭中省下来的。他把窝窝头掰成两半，分给刘文翰一半，说："一起吃吧，还得再计算一会儿，争取今夜拿出个计算结果来。”我们就是这样边打炮，边分析，边计算，边设计，直至成功。在这个过程中，九所的副所长王淦昌、郭永怀、朱光亚等经常在现场、研究室检查指导工作。他们的工作细致深入，对各个课题的进展和遇到的困难都了如指掌，并同我们一起研究讨论问题。我们的原子弹起爆元件以及其他研究成果就是这样取得的。那时，包括朱光亚、王淦昌、彭桓武、郭永怀、陈能宽等大家无不虚心地称自己搞原子弹是外行，彼此之间切磋琢磨，学风十分热烈可贵。那时，光亚同志经常冒着刺骨寒风，与王淦昌、彭桓武、郭永怀等不时赶到这个17号实验场地，观看指导实验，给大家很大鼓舞。由于当时缺乏爆轰实验测试技术手段，光亚同志建议我们用唯象的研究方法来过技术关。他要我们在研究方法和思想方法等方面有所创新，既要注意逻辑思维分析，也要注意形象思维。

在参观过程中，朱光亚向伍绍祖和我们一行人缅怀往事说：当年北京第九研究所的同志们，在这个17号工地艰苦奋斗了3年，这3年是开创时代，是奠基时代。第一颗原子弹的主要设计参数是在这17号工地完成的。第一颗原子弹的理论设计的框架在1962年底已经初步形成。陈常宜、张寿齐、孙维昌、刘文翰、林传骝、吴世发等等一大批科研人员，在王淦昌、陈能宽等的指导下，他们在这17号工地日日夜夜辛勤劳动了3年，是他们浇灌出丰硕成果。他们的功绩会永垂史册。

离开工程兵科学实验场后，我们一行返京。途经居庸关时，我们稍事休息。朱光亚很高兴地同我、倪廷裕（副局长）、罗箭（副处长）、吕昌绪、黄铭（前任秘书）、张若愚（现任秘书）、一位保卫干事在一起合影留念[①]。

核材料研制队伍的建设

1960年，核武器部件的研究尚未开始，核装置的设计、制造等工作都要从头摸起。这时，核材料的研制还是一片空白。最困难的是刚从全国各地调来的技术人员专业知识不足，其中不少人从未见过铀是什么样子。

朱光亚认识到核材料的重要性，首先抓了队伍建设。他找到东北人民大

① 宋炳寰:《记朱光亚同志的优秀品质，悼念朱光亚同志之二》。两弹一星历史研究会网站，[2011-03-00]。http://ldyx.blog.ifeng.com/

学金属物理专业的研究生宋家树，要他把这副担子挑起来，并叮嘱这位曾经教过的学生说：“一定先把现有的资料搞清楚。”同时，他还调来陈宏毅、何文钊、杨庸等组成第四研究室。朱光亚常来这个室，就关键问题进行指导，及时决策。在后来的3年里进行的有关研究工作，奠定了特种材料研究的基础，为后来核材料、核关键部件的研制培养了一批技术骨干。

宋家树在《我最敬重的老师》一文中说：

> 我虽然是金属物理专业的研究生，但对特种材料也是一无所知。朱老师对核材料的研究十分重视，告诉我们一定要把现有的资料认真搞清楚，并由陈宏毅、何文钊、杨庸等学材料学的人组成一个室，交代了未来的任务，是我们的工作有了明确的方向。成立“四室”是一项非常重要的决策，不仅在3年多的时间内开展了许多基础技术研究，更重要的是为以后特种材料、核部件研制培养了一支技术骨干队伍。为特种材料和核部件的研制生产做出了重要的贡献。

蒙大桥和武胜在题为《风范与卓识齐仰　贤德共高寿俱望》一文中[①]回忆说：

> 第四研究室的成立聚集了材料研究的科研力量，加强了攻关力度，使第一颗原子弹得以研制成功的重要组成部分，也充分证明了这一研究是成立的正确性与必要性。尔后，在朱主任的推动下，研究室的任务得以继续发展深化，进一步加快了新型核武器的研制步伐，由此奠定了特种材料研究的基础。
>
> 作为一名科学技术领导人，朱主任从一开始就认识到特种材料研究对原子弹研制的重要性，在一些重大、关键的科技问题上，他往往亲自领导或指导，及时做出正确的科学决策，同时，开创性工作需要高水平人才，在科技骨干调动上，他亲自过问或积极推荐，使材料研究工作取得重要进展并保证了第一次核试验的成功。
>
> 四室建立初，时任东北人民大学金属物理教研室副主任的宋家树经朱主任推荐来到北京核武器研究所。朱主任在认真分析了其所学专业

① 杜祥琬，等：《战略科学家朱光亚》。北京：原子能出版社，2009年。

与特长后，建议他到第四研究室从事特种材料及其部件的研制工作。事实证明了朱主任慧眼识人才。这位思维敏捷、头脑冷静的年轻人不负厚望，带领一支年轻科技队伍，经过团结拼搏、艰苦奋斗，圆满完成了任务，为我国第一个原子弹关键部件的制造打下了坚实的科学技术基础。

蒙大桥和武胜说：

我国第一台质谱仪的诞生与朱光亚有密不可分的关系。质谱仪是核部件研制生产中用于同位素丰度分析的重要仪器。当时国内尚不能生产，又不能从国外引进，因此必须想方设法，立足于自身解决。为了解国内相关仪器生产厂家是否有质谱仪生产的可行性，核武器研究所委派四室的科研人员对此事展开调研。

在对北京、南京和上海等相关厂进行详细调查后，时任核武器研究所副所长的朱主任亲自批阅了调研报告，专门向有关人员逐一说明修改的地方及原因，并就下一步的调研工作做出了细致安排。很快，二机部决定由北京气体分析仪厂研制生产质谱仪。第一台国产质谱仪承担并圆满完成了核聚变材料的分析任务，并由此开创了我国自行生产质谱仪的历史①。

核试验基地研究所的组建

核试验是研制发展核武器必不可少的重要环节，是研究和战争中充分发挥和有效防护核武器杀伤破坏效应必不可少的手段。我国在开始发展核武器时，就决定组建核武器试验靶场。

1996年8月22日，中央军委副主席刘华清在听取核武器研究院和核试验基地领导汇报后感慨地说："我国发展核武器有两支队伍，一只研制队伍。一只试验队伍。两支队伍互相信任，互相支持，互相帮助，互相促进，这才保证我国的核武器能以较少的投入和较少的试验次数取得这么高的水平。"

1958年刚开始组建基地时，曾经拟定基地的任务是提供核试验的各类条

① 杜祥琬，等:《战略科学家朱光亚》。北京：原子能出版社，2009年。

件、工程和生活保障，研究核武器效应和战争条件下核武器的使用和防护，进行核武器使用演习等，这里拟定的任务明显地刻上了苏联核武器试验靶场的印记。当时，基地机关遂下设了一个试验部及所属的技术处，但只有机关职能，并不开展具体技术研究。1960 年 12 月，在基地试验部的基础上成立技术部，下属机构也作了相应体调整，但仍然属于机关性质，不具备全面开展核试验技术研究的能力。此后由于国家遇到了暂时的经济困难，许多工作被迫停止或放缓了进度。

1962 年 9 月，根据周恩来、陈毅等领导在北戴河中央工作会议期间对原子弹研制的有关指示，依据当时核武器研究、试验、核材料生产的进展以及西北核武器研制基地和核试验靶场建设等状况，二机部部长刘杰与九所所长李觉、副所长吴际霖和朱光亚等提出研究争取在 1964 年，最迟在 1965 年上半年爆炸我国第一颗原子弹的“两年规划”。就在“两年规划”酝酿的过程中，钱三强等二机部领导决定兵分两路：一路人马是从事核武器研制的技术人员集中精力保证搞好核装置研制，另一路人马提前进行核试验技术攻关。根据朱光亚的建议，后一个任务就交给核试验基地。正是根据这个意见，1962 年 5 月 12 日，国防科委召集了二机部、基地和有关单位人员的会议，朱光亚作为九所的技术负责人参加了这次会议。会议要求基地尽快将技术部按研究所的性质和规模组建成所，其任务是研究国家核试验内容、理论、方法和技术，研制试验控制和测量仪器，分析处理测试数据等。5 月 23 日，朱光亚和李觉、国防科委二局胡若嘏、核试验基地张蕴钰等人又专门召开会议，就如何开展某项目的技术工作再次交换意见。会议根据朱光亚和李觉的建议，提出了国家试验的项目与任务及核试验基地研究所的专业设置与规模。会议围绕第一次核试验技术准备，提出了基地研究所最近二三年的任务，并指出在试验任务期间，该所除完成本身的任务外，还是国防科委组织试验方面的技术参谋部。会议还指出，当前的关键是迅速调配一批有实际经验的技术骨干，并提出技术干部调配使用意见与工作步骤。这两次会议基本上统一了尽快组建核试验基地研究所的思想。

1962 年 10 月 16 日，张爱萍召集钱三强和朱光亚商定：在当前核试验基地技术队伍开始组建期间，核试验基地技术部的工作由二机部统一规划、具体组织。会后，朱光亚按照钱三强的要求，结合同钱三强、程开甲等讨论的意见，亲自起草了《关于迅速组织某项目基地所属研究所并安排国家试验各项准备工作的建议》(简称《建议》，下同)。对研究所的组成、技术骨

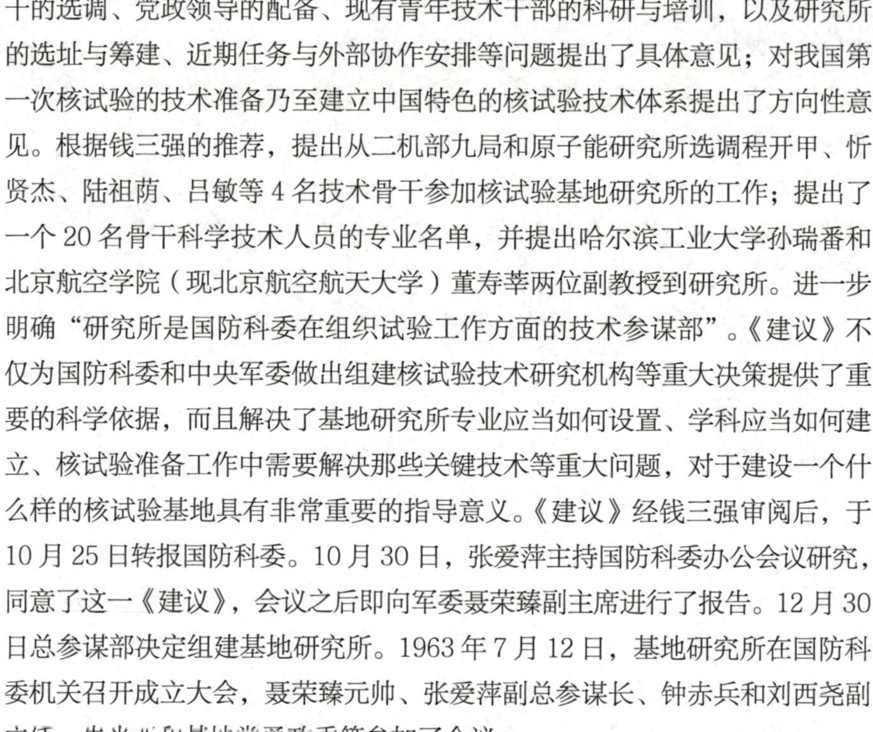

干的选调、党政领导的配备、现有青年技术干部的科研与培训，以及研究所的选址与筹建、近期任务与外部协作安排等问题提出了具体意见；对我国第一次核试验的技术准备乃至建立中国特色的核试验技术体系提出了方向性意见。根据钱三强的推荐，提出从二机部九局和原子能研究所选调程开甲、忻贤杰、陆祖荫、吕敏等4名技术骨干参加核试验基地研究所的工作；提出了一个20名骨干科学技术人员的专业名单，并提出哈尔滨工业大学孙瑞番和北京航空学院（现北京航空航天大学）董寿莘两位副教授到研究所。进一步明确“研究所是国防科委在组织试验工作方面的技术参谋部”。《建议》不仅为国防科委和中央军委做出组建核试验技术研究机构等重大决策提供了重要的科学依据，而且解决了基地研究所专业应当如何设置、学科应当如何建立、核试验准备工作中需要解决那些关键技术等重大问题，对于建设一个什么样的核试验基地具有非常重要的指导意义。《建议》经钱三强审阅后，于10月25日转报国防科委。10月30日，张爱萍主持国防科委办公会议研究，同意了这一《建议》，会议之后即向军委聂荣臻副主席进行了报告。12月30日总参谋部决定组建基地研究所。1963年7月12日，基地研究所在国防科委机关召开成立大会，聂荣臻元帅、张爱萍副总参谋长、钟赤兵和刘西尧副主任、朱光业和基地常勇政委等参加了会议。

基地研究所边组建边工作。1962年11月，即根据国防科委10月30日办公会议的决定，抽调九所副所长程开甲主持基地研究所技术工作，原子能研究所的吕敏、忻贤杰、陆祖荫也先后调来，开始了核试验理论、方法和工程技术研究。不久，北航董寿莘和哈工大孙瑞番被调来参加这一工作。之后，按照程开甲提出的专业要求，中组部、总政治部从全国全军各研究所、高校中抽调了24名专家和技术骨干，分别担任各研究室的主任、副主任，他们在基地科研实验发展中，成为各个学科专业带头人。

研究所领受的第一项任务就是拟定我国第一颗原子弹装置试验的技术总体方案。根据“两年规划”和朱光亚主持编写的两个纲领性文件及《建议》，程开甲带领吕敏、忻贤杰、陆祖荫等人反复研究，于1962年11月26日提出了《关于第一种试验性产品国家试验的研究工作纲要》（草稿），同时提出了《急需安排的研究课题》，共安排研究项目45个，研究课题96个。这个《纲要》经钱三强审查同意后，在张爱萍主持下，12月20日国防科委办公会议审查通过。从此，围绕第一颗原子弹试验的准备，基地的科研试验全面展开。张蕴钰司令员在回忆这一情景时说：“这是基地科研工作的开始。”

依据程开甲提出的技术方案，研究所的科研任务涉及了核试验总体、核试验安全、核武器性能诊断、核武器效应参数测量、核试验控制和核试验技术保障等，基本奠定了我国核试验技术体系。这样，基地的任务就不仅仅是承担试验靶场的工程建设、技术勤务保障和核爆炸条件下作战演练了，而且更重要的是赋予了基地全面系统地进行核试验技术研究的任务，实际上成为完成我国第一次核试验的重要技术力量，使我国的核试验一开始就有一个较高的起点。

王振荣、范如玉、刘国治在《核试验基地和核试验技术发展的领路人》一文中说[①]：

> 现在回想起来，组建基地研究所开始是为了完成我国第一颗原子弹试验的技术准备，而它的诞生及其发展的意义却非常重大而深远，关系到建设一个什么样的核试验基地，以及能否建立我国独立自主的完整的核试验技术体系。也正是有了这样的需要及已经形成的技术基础，1978年国防科委党委常委决定：核试验基地为我国核试验技术总体单位。
>
> 正是40多年前，朱光亚等一批领导人高瞻远瞩，打破苏联专家设置的框框，决定组建基地研究所，使我国有了一支专门从事核试验技术研究的专业队伍。同时也正是朱光亚等为研究所选配的一批杰出的技术领导人的出色工作，我们才能够全面地、系统地研究核试验技术的发展，建立起我国完整的核试验技术体系，从而大大推动了我国核武器技术的发展。
>
> 在写给研究所成立20周年的贺信中，朱主任高度评价了这种作用："如果没有你们的艰苦奋斗、坚持攻关和卓有成效的研究和开发工作，很难设想这些年来我们能实现从原子弹到氢弹……，从天上到地下，从平洞到竖井等等的发展计划。"

吕敏在《我所敬仰的老领导》一文[②]中说：

> 1961年，我在苏联联合核子研究所工作，当得知苏联撕毁合同、撤走专家之后，联合所中方党支部经过讨论，提出由何祚庥代为向国内

① 杜祥琬，等:《战略科学家朱光亚》。北京：原子能出版社，2009年。

② 杜祥琬，等:《战略科学家朱光亚》。北京：原子能出版社，2009年。

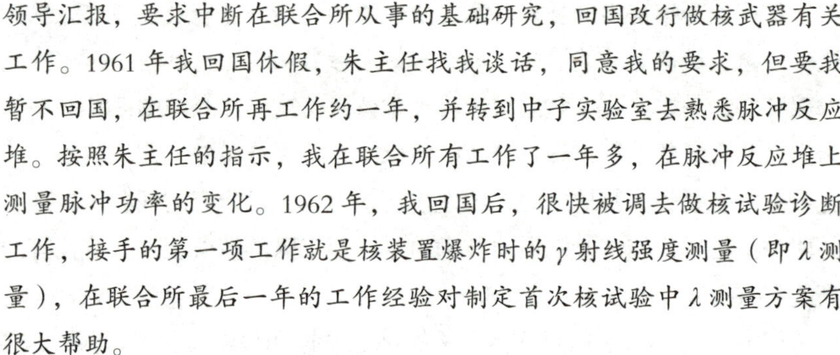

领导汇报，要求中断在联合所从事的基础研究，回国改行做核武器有关工作。1961 年我回国休假，朱主任找我谈话，同意我的要求，但要我暂不回国，在联合所再工作约一年，并转到中子实验室去熟悉脉冲反应堆。按照朱主任的指示，我在联合所有工作了一年多，在脉冲反应堆上测量脉冲功率的变化。1962 年，我回国后，很快被调去做核试验诊断工作，接手的第一项工作就是核装置爆炸时的 γ 射线强度测量（即 λ 测量），在联合所最后一年的工作经验对制定首次核试验中 λ 测量方案有很大帮助。

1962 年回国后，在钱三强推荐下，朱主任决定调我到研究所工作，在程开甲领导下参加研究所筹建和首次核试验准备，由我领导几十位刚大学毕业的年轻人完成 λ 测量的准备。当时我仅仅 30 出头，承担了如此意义重大、光荣而艰巨的任务，感到兴奋而紧张，经过全体同志协同工作，我们圆满地完成了任务，提供了重要的核反应参数。我和 λ 测量组的全体同志在核试验中得到了锻炼提高，立了功。我感谢组织，感谢朱主任、钱先生和程先生对我的信任和培养。

关于核试验研究所的成立，吕敏还回忆说：

还在刚开始筹备第一次核试验的时候，朱光亚主任就清楚地看到，为了尽快推动我国核武器研制工作，必须非常重视核试验的测量工作，鉴于核武器研制单位的任务已经很重，应该建立专门的队伍来负责核试验的技术研究工作，也包括核试验中的诊断测量工作。朱主任亲自动手起草报告，建议成立核试验研究所，这就是后来的核试验基地研究所，并且抽调几位适合于这项工作的同志在程开甲领导下开始工作，我就是在这个时期被抽调来从事核试验的物理测量工作的。可以说，研究所物理诊断工作是在朱主任一手筹划、培植、指导下开展起来的。

筹建研究所的物理诊断工作的测量队伍，曾有许多不同意见，即使到现在，可能还有人不同意这样的做法，但是朱主任对这个决策从未动摇。我国 40 余次核试验的实践说明这个决定的正确性和及时性，研究所的物理诊断队伍的测量水平不断提高，诊断项目陆续增加，提供了丰富的、配套的、比较准确的实测物理参数，为改进核武器做出了贡献。

东方巨响

从探索到突破

如果说 1959 年和 1960 年核武器事业处于探索研究阶段，那么，1961 年和 1962 年则是掌握基本理论和关键技术的阶段。

1961 年初，朱光亚等组织全所对已经做过的大量理论探索和实验工作进行总结分析，归纳出若干关键性理论和技术问题，要求各部门按专题进行研究，摸清规律内在的联系；对于尚不清楚的问题，继续探索解决问题之途径，以期达到各个掌握的目的。这样，“各路诸侯”分别对关键理论和关键技术展开了攻坚战。

图 4–2 朱光亚（左）与同彭桓武（右）交谈

在彭桓武、邓稼先、周光召、周毓麟、黄祖洽的带领下，经过一年努力，对爆轰波和冲击波以及原子弹爆炸过程的规律进行了大量计算、分析和验证，取得许多有价值的数据。同时，对各种物质间的相互作用，建立了清晰的物理图像，对于某些过程有了透彻的了解。理论研究取得重要突破。

在王淦昌、陈能宽领导下，在起爆元件设计、波形汇聚流体力学过程，爆轰波传播规律和高压状态方程等实验研究方面取得可喜成果。同时，测试、高压雷管、炸药工艺和新炸药合成研制等均有新的进展。

在彭桓武、何泽慧、朱光亚指导下，核武器研究所与原子能所合作，在中子物理和放射化学研究方面取得显著成果。在中子源的多路探索中，王方定小组经过数百次艰苦实验，研制出中子源。

在郭永怀、龙文光指导下，结合理论研究和爆轰试验，开展了原子弹结构设计。

这时，从理论、实验、设计、工艺加工到装置设计制造均有新的突破，为下一步大型模拟试验和原子弹装置的技术设计，奠定了良好的基础。

朱光亚在高层决策技术的领导岗位，默默做了大量鲜为人知的组织管理工作。今天，当我们再一次打开核武器研究院 1961—1962 年的若干卷科技档案，就会看到许多由他撰写或仔细修改及批阅的技术工作文稿。在这些重要文稿中，多数至今还是保密的，不能公之于众。有些修改细致到数据、术语乃至一个标点。即使你对内容完全陌生，只要见到浩瀚文档中留驻于字里行间的那工整流畅的红色笔迹，便会油然生出一种敬佩之情。

“两年规划”与“两个纲领性文件”

1962 年 9 月，原子弹起爆元件获得重大突破，内爆法的关键技术获得验证。中子源明确了主攻方向。核武器研制基地和核试验场已初具规模。这为大型原子弹的模拟试验和核装置技术设计准备了必要的条件。

同年 10 月，刘杰、朱光亚等向聂荣臻、罗瑞卿和国防科委汇报爆炸第一颗原子弹的规划。明确提出 1963 年完成缩比尺寸的模拟实验、1964 年二季度完成全尺寸的实物爆轰实验的任务要求。

经二机部部长刘杰与李觉、吴际霖和朱光亚等研究后，由朱光亚执笔拟就了《关于自力更生建设原子能工业情况的报告》上报中央，提出在两年内进行第一颗原子弹装置正式试验的目标。随后，二机部正式呈报了《1963 年、1964 年原子武器工业建设、生产计划大纲》（简称《两年规划》）。

为了进一步分析论证《两年规划》的可行性，同年 9 月，按照二机部领导的安排，在李觉、吴际霖同志主持下，经老科学家和主要科技骨干反复研究，倒排进度计划，顺排落实措施，由朱光亚主持编写了《原子弹装置科研、设计、制造与实验计划纲要及必须解决的关键问题》和《原子弹装置国家试验项目与准备工作的初步建议及原子弹装置塔上爆炸试验大纲》。在这两个文件中，对前一段核武器研制工作做了科学的总结分析，由此明确提出要实现规划，在技术上最关键的问题是尽快实现聚合爆轰试验，掌握和材料压缩规律，以及解决中子点火部件的可靠动作问题。对下一步原子弹研制工作进行全面安排部署，明确提出核爆试验分两步走的方案，第一步，先作地面爆炸试验；第二步再作空投爆炸试验。并在附件中详细列出科研、设计、制造、试验工作共 51 项进度计划与要求，整个安排有条不紊，一环紧扣一环。

这就是在中国核武器发展史上，被称作“纲领性文件”的重要杰作，并为党中央对《两年规划》做出正确决策起了关键作用。

胡仁宇、胡思得、朱祖良、赵宪庚说：“实践证明：这些分析和部署是符合实际、切实可行的。这几个凝聚群体智慧的文件，对当时很快突破原子弹起了非常重要的指导作用，被誉为纲领性文件，也充分显示了朱光亚队对研制工作中各个环节的技术问题有深刻的洞察力和系统管理的出色组织才能。”①

胡仁宇回忆说：“1962 年 9 月，他（朱光亚）组织起草了《原子弹装置科研、设计、制造与实验计划纲要及必须解决的关键问题》。应该说，这是对我国尽快掌握原子弹技术起到了极为重要作用的一个文件，明确指出关键技术是尽快实现聚合球形爆轰试验，掌握核材料压缩规律与中子点火规律问题。由于该文件指明了关键，分清了轻重缓急，不但调动了院内各不同学科、工种的积极性，而且还调动了部内外很多单位为实现共同目标而‘大力协同’，避免了走弯路，节省了经费、人力和时间。”②

11 月 3 日，毛泽东对《两年规划》做出重要批示：“很好，照办。要大力协同做好这件工作。”

从此，我国核武器研制工作进入一个新阶段，意味着新中国将进行一项全国性的科学技术大会战。随后，国家先后从全国 26 个部委、20 个省市自治区、900 余家工厂、科研机构、大专院校调集了一批领导与技术人员参加到这项会战中来。

对于这“两个纲领性文件”，陈能宽有着这样的评价：“这里要具体举出

① 杜祥琬，等：《战略科学家朱光亚》，北京：原子能出版社，2009 年。

② 杜祥琬，等：《战略科学家朱光亚》，北京：原子能出版社，2009 年。

两份光亚主持起草的文件：一是《原子弹装置科研、设计、制造与实验计划纲要及必须解决的关键问题》；二是《原子弹装置国家试验项目与准备工作的初步建议及原子弹装置塔上爆炸试验大纲》。这两个纲领性文件是当时科研和试验工作的重要里程碑。也许，'现在可以说了'。如果要加以评说，我感到，在当时非常薄弱的科学和工业基础条件下，这两个文件为如期完成代号为'596'的第一颗原子弹装置起到了十分重要的作用。"[①]

刘杰和李觉也说："这两个文件对推进和指导原子弹研制并取得试验成功起到了重要作用。"[②]

第一次向周恩来总理汇报工作

1962 年 11 月，为落实《两年规划》和"两个纲领性文件"提出的采取有效组织措施建议，核武器研究所成立了四个技术委员会，这 4 个委员会各有不同分工：产品设计委员会负责原子弹的工程设计，由吴际霖和龙文光分别任主任和副主任；冷试验委员会全权负责非核部件的试验，由王淦昌和陈能宽分别任主任和副主任；场外试验委员会负责进行武器研制的实验（"武器化"），由郭永怀和程开甲分别任主任和副主任；中子点火委员会负责中子点火装置的工作，由朱光亚兼任中子点火委员会副主任，与彭桓武主任一起指导点火中子源的研制。

同年 11 月，成立了由周恩来总理亲自领衔，七位副总理和七位部长级领导干部组成的专门委员会，简称中央专委。核武器研制工作从此在党中央有了专门的领导机构，并因此加快了研制的步伐。

从成立中央专委那天起，专委主任这项重要工作就成为周总理的终生工作之一。他在百忙之中，对国家核武器事业倾注了很多的心血。一次次地向总理汇报工作，与总理和中央专委其他领导人一起讨论国家核武器有关具体事宜的往事，那些都至今深深地铭刻在朱光亚的心底。

1962 年 12 月 4 日，周总理在中南海西花厅主持召开专委会，审议《两年规划》。这已经是在半个月之内总理亲自主持召开的第三次专委会了。会议厅很小，为数不多的几把椅子紧凑地摆成一圈儿。总理与贺龙、李富春、聂荣

① 杜祥琬，等:《战略科学家朱光亚》，北京：原子能出版社，2009 年。

② 杜祥琬，等:《战略科学家朱光亚》，北京：原子能出版社，2009 年。

臻、薄一波、罗瑞卿等专委成员围坐在一起。二机部部长刘杰、副部长钱三强首先汇报了原子能工业生产、建设的进展和《两年规划》工作；朱光亚汇报《原子弹科研、设计、制造与试验计划纲要及必须解决的关键问题》《原子弹装置国家试验项目与准备工作的初步建议及原子弹装置塔上爆炸试验大纲》。

这是时年 38 岁的朱光亚第一次参加这样的会议，当他准备发言时，总理亲切地招呼：请光亚同志坐到前边来！朱光亚从后面来到了总理对面坐下。他清晰的阐述，敏锐的思路，对技术工作全面透彻的了解，回答有关技术问题的准确性，给与会者留下深刻印象。当朱光亚汇报完后，总理高兴地说："很好！很好！""核武器研究所的同志们做了艰苦的努力，党和人民是清楚的。"①

会议开了一整天，总理最后作了重要指示：实事求是，循序而进，坚持不懈，戒骄戒躁。总理解释道，实事求是，既是思想方法，又是指导原则；在工作中必须按照客观规律办事，但也不能怕失败；在科学实验中，有时必须经过失败，甚至多次反复，才能成功；要循序而进，想超越阶段跳过去也不行；还要坚持不懈，做任何事，靠突击是不行的，只能在有一定可能性时才突击；无论成功或失败，都要戒骄戒躁，略有所成绩就骄傲起来固然不好，急躁也容易犯错误。我们大可在现有的工业基础上，自力更生，立足于全国，搞出一点名堂来。

散会时，周总理握着朱光亚的手说："请你回去告诉研究所的同志们：主席和中央领导同志感谢你们！人民感谢你们！你们要不懈地努力。"

会议从上午开到下午，总理便留大家吃午饭。餐厅在会议厅背后，摆了两张大圆桌就没有多少空地了。每桌都是一大盆肉丸子熬白菜、豆腐，四周摆几小碟咸菜和烧饼。周总理及其他中央领导同志和朱光亚等人同桌就餐，吃同样的饭菜。好几年后，余秋里同志曾告诉朱光亚：这种大盆菜是周总理创导的国务院的传统饭菜，既有营养，又很方便。这种传统的饭菜在国家经济好转的年月里一直没有变化。一位在周总理身边工作的同志还给朱光亚讲过一个小故事：1963 年的一次晚餐也是这样的饭菜。大家都入席了，后到的贺龙元帅进入餐厅后，望一眼每张桌上的食物，风趣地对总理说："总理呀，国家经济好转了，你家的饭桌上怎么还没体现出大好形势来呀。"总理笑道：

① 朱光亚，口述；赵春阳、苏方学，整理：我国爆炸第一颗原子弹前后 //《不尽的思念》。北京：中央文献出版社，1987 年。

"大好形势是靠大家奋斗得来的。将来，国家富强了，也不能丢掉艰苦朴素的传统啊。"在总理家里，就是在餐桌上也有警示人的风范[①]。

回忆起这段往事，朱光亚在《深切怀念新中国科技事业的伟大奠基人周恩来》一文中说：

> 中央专委会成立后，在1962年12月初召开的第三次专委会会议上，有刘杰、钱三强同志汇报原子能工业建设和原子弹研制《两年规划》及进展情况，我做了补充。汇报完后，周总理作了重要讲话，概括起来是科研工作要遵循的这4个要点，共16个字，即"实事求是，循序渐进，坚持不懈，戒骄戒躁"。后来成为知道"两弹一星"事业的一条重要原则。它虽然带有一定的时代烙印，但也揭示了科学研究工作的特点，具有普遍指导意义。当时的中国，虽然在政治上纠正了'大跃进运动'不从实际出发、不尊重客观规律、急躁冒进的错误，但在具体问题上人们仍怕犯右倾保守的错误，"左"的影响远没有消除。在这样的背景下，周总理说：实事求是，既是思想方法，又是指导原则。要认识客观规律，也不能怕失败。在科学实验中，有时必须经过失败，甚至多次反复，才能成功。要循序渐进面向超越阶段跳过去是不行的。还要坚持不懈，做任何事，总靠突击是不行的，只能在有一定可能性时才能突击。无论成功或失败，都要戒骄戒躁，有所成就骄傲起来固然不好，急躁也容易犯错误。遵照总理的这4点要求，在核科技领域，从1964年10月开始，我们在原子弹装置塔爆试验和飞机空投核航弹爆炸试验之后，又安排了导弹运载核弹头爆炸试验和氢弹原理塔爆试验，到1966年底，一步接着一步地实现了我国核武器的所谓"三级跳"计划。

在那遥远的地方

朱光亚的唱片柜里有一张老唱片，是男声独唱歌曲《在那遥远的地方》。20世纪60年代初的几年里，这是他在家时最爱听的唱片之一。有时，还边听还边跟着哼唱。

---

① 朱光亚，口述；赵春阳、苏方学，整理：我国爆炸第一颗原子弹前后 //《不尽的思念》。北京：中央文献出版社，1987年。

在那遥远的地方
有位好姑娘
人们走过她的毡房
都要回头留恋的张望
她那粉红的小脸
好像红太阳
她那活泼动人的眼睛
好像晚上明媚的月亮
我愿抛弃了财产
跟她去放羊
每天看着那粉红的小脸
和那美丽金边的衣裳
我愿做一只小羊
跟在她身旁
我愿她拿着细细的皮鞭
不断轻轻打在我身上

那遥远的地方就是他长年工作和生活的地方——青海省海北藏族自治州海晏县的金银滩草原，那片神秘的草原寄托着他深深的爱。

金银滩，据说是因为草地上盛开一片片金黄色和银白色的小花而得名。对去过那里的人来说，这是一个美丽的名字，一片美丽的草原，一个不会忘记的地方。提起金银滩，现在的人们会自然地想到王洛宾的那首歌《在那遥远的地方》。1941 年春天，导演郑君里去青海拍摄一部电影，邀请当时住在青海省西宁市的王洛宾参加演出，他们一行人到了青海湖畔的金银滩，在这儿，王洛宾遇到了美丽的藏族姑娘卓玛……，于是，就有了这首传唱半个多世纪的爱情歌曲。

1958 年以后，金银滩这个名字在中国的地图上悄然消失了。与此同时，几百户牧民也突然离开了这里。不久，金银滩有了一个新的名字——221 厂，青海金银滩成立了西北核武器研究设计院，随后，核武器研究院的总部也设到了金银滩，因保密需要，对外称“221 厂”。221 厂的厂区处于金银滩草原的中心地带，占地约 570 平方千米，但保密的区域遍及整个草原。其时，李觉担任了厂长，他的主要副手有三位：吴际霖、郭英会和朱光亚。中国第一颗原子弹、氢弹就在这里诞生，因而被人们誉为“原子城”。

20 世纪 50 年代末，这里就成为我国第一个核武器研制、实验、生产基地。曾经有成千上万的军人和科学家隐姓埋名，在这草原深处生活过、奋斗过，贡献了青春甚至是生命。60 年代，科技人员在这里先后研制成功了中国的第一颗原子弹和第一颗氢弹，并生产出多种型号战略核武器。从此，朱光亚以及王淦昌、郭永怀、彭桓武、陈能宽、邓稼先、周光召等许多闪光的名字便和这片土地永远联系在了一起。

据说确定金银滩为核武器研制基地的主要因素有 3 个：

其一，从大环境看，青海的地理位置非常特殊、非常合适。她远离北京，对内地许多人而言好像边疆一样遥远而又陌生；她又远离任何一条中外边界，对于我们所有的邻国而言，也是遥远而陌生的。

其二，从小环境看，金银滩草原非常符合美国的原子弹之父——罗伯特·奥本海默制定的核武器研制基地选址原则：外人难以进入，但是内部通信必须自由，可以进行严密的控制以防泄密；可以牺牲舒适环境以确保隔绝。1958 年时，金银滩上仅有 1700 多户、近 9000 名牧民和 27 万头牲畜需要外迁。同时它距离西宁只有 100 多千米，物资供应较为便利。

其三，苏联专家对此也无异议。讲起当时 221 厂的保密制度，有核武器研究院的老同志举了这样一个生动的例子—— 1964 年 10 月 16 日，当中国第一颗原子弹爆炸成功的消息传到青海湖畔金银滩草原时，他的一个同事，一个投身原子弹研制工作并于此坚守多年的人竟然问：威力这么大的武器，是在哪里制造的？

这个严格的保密制度直至 1987 年 221 厂宣布退役才告解除。

金银滩位于青海省海北藏族自治州海晏县境内，一眼看不到边的大草原。生活中的金银滩，可不像它的名字那样浪漫，这个地方很偏僻，海拔 3200 余米，年平均气温在 -4℃，气候恶劣，高寒缺氧，空气稀薄，水烧不到 100℃沸点，80℃就开，饭煮不到全熟，一年要穿八九个月棉衣，由于气候变化快，5 月也会飘下纷纷扬扬的雪花。入冬更是一片冰天雪地，气温可达 -30℃以下。夜间人们熟睡之后，眉毛胡子都会结上白霜。用原二机部第一任部长宋任穷的话说：“鬼都不生蛋，没有人烟。”许多人到了那里都会患高原反应症，头昏呕吐、流鼻血。住的是帐篷和藏民遗弃的牛羊圈，没有煤也没有电，大家就上山打柴，捡牛粪用来做饭取暖。在三年自然灾害期间，粮食定量低，没有副食，没有蔬菜，大家就挖野菜、捡蘑菇；没有自来水，就到水河沟去挑；吃的是青稞、谷子面和喂牲口的燕麦面。由于吃了带皮磨的谷子面，很多人大便困难，因此人们体重普遍下降，全身浮肿，头昏眼花，没有力气，有的同志还献出了年轻的生命。李觉、赵敬扑等厂领导不但和群众一起吃野菜，还带领群众上山打黄羊，下湖捕鱼，和群众同甘共苦。尽管这样，大家也没有被困难吓倒，而是咬紧牙关，奋发图强，实行大礼拜9小时工作制，争分夺秒，用最短的时间建成了221厂。

唐孝威，原子核物理及高能物理学家。1952年毕业于清华大学，现为中国科学院院士、浙江大学教授，主要从事原子核物理、高能实验物理、物理学与其他学科的交叉领域等方面的研究，并取得多项重要成果。当时，在突破原子弹中子点火技术时，他领导试验测试组进行测试，是确证中子点火技术成功的第一人。对于当年的苦与乐，唐孝威是这样描述的：

> 脚踏金银滩，满目荒凉。这里原是老藏民族耗牛的地方，牧草很丰盛，草原上还有野花和鲜美的蘑菇，但除去这些什么都没有了。没有路，没有房子，没有树，只有太阳、月亮、大风、霜雪和酷冷。对了，还有狼。人们像开荒那样，最初都住在帐篷里，天天夜里听风吼狼嚎。海拔三千米，缺氧，走路急了喘不过气，胸膛憋得像灌满砂子；干活很容易累，喉咙像塞了塞子。气压低得馒头都蒸不熟。这里一铁一木，一砖一瓦，以及日用的一切，包括一盒火柴都得从很远处运来，又正赶上“三年困难时期”，物资缺乏，运输也跟不上。生活决谈不上半点特殊化，材料仪器都是缺这少那。多难！但我们站在这三千米高原上，满怀豪情，决心就在这儿把显示中国人志气的蘑菇云升起来。当时我们最爱说一句话，叫作“空气动力学”。这是物理学的一个名词，借用过来的意思是把“气”作为“动力”。我们肚子憋一口气，就是动力。国家强盛就是我们的人生目标。虽然身在茫茫金银滩，两手空空，连一个原子弹零件也没有。反正一来到这里，一辈子就交给它了。当时我们的想法就这么简单！现在年轻人可能会讥笑我们是“虔诚的一代”，“驯服的一代”，可我们当时活得那么充实[①]！

① 冯骥才:《一百个人的十年》。北京：时代文艺出版社，2004年。

家人曾经发现朱光亚常常随身带着一个红皮工作证，上面有朱光亚的证件照，名字却不是朱光亚，而是一个陌生的名字：朱冬生。证件上打印的职务是青海机械厂副厂长。家人好奇地去问朱光亚，这是怎么回事，他只是轻描淡写地说，这是为了出差方便使用的。后来知道，王淦昌王老也有一个化名：王京。

1963 年 3 月，理论部交出了邓稼先签署的第一颗原子弹初步理论设计方案后，千军万马的草原大会战即将登场。

1962 年 4 月 2 日，毛泽东、周恩来、邓小平等中央领导人接见二机部在京科学家和出席专业会议的代表，朱光亚等 78 名同志受到接见。书记处书记邓小平说："你们的计划，毛主席、党中央已经批准了。路线、方针、政策已经决定，现在就要你们去执行。你们大胆地去干，干好了是你们的，干错了是我们书记处的。"

这年春，刘杰部长请张爱萍将军在北京铁道干校礼堂为核武器研究所职工作草原大会战动员报告，在介绍了研制基地和试验基地的基本情况后，张爱萍豪情满怀地说：现在的情况是"春风已度玉门关"，"西出阳关有故人"，他大声朗诵唐代王昌龄"黄沙百战穿金甲，不破楼兰终不还"的诗句，激励大家艰苦创业的热情。

朱光亚告诉大家：青海草原已经搭好了为青年科学工作者展示才华的大舞台，在那里大有用武之地。去青海的同志牢记工作的性质、地点"上不秉父母，下不告妻儿"的保密纪律，肩负着共和国神圣使命，在北京火车站与家人们匆匆地依依惜别，踏上征程。

唐孝威后来回忆说：

> 1963 年初，核武器研究所按计划从北京迁往青海，在搬迁动员会上，我记得所领导李觉、吴际霖和朱光亚都讲了话，朱所长说，"青海基地是我们的试验基地，在那里，科研人员是大有用武之地的"。随着一声号令，大批科研人员从首都北京乘车抵达青海，春去秋来，许多同志在青海居住和工作了一二十年，把一生中宝贵的青春岁月献给了祖国国防建设。
>
> 我们实验组的同志一到青海，立即投入紧张的实验工作。那时所领导李觉、吴际霖、朱光亚等也都住在青海基地，在科研一线指挥。1963 年起，在进行大型爆轰实验时，李觉、吴际霖、王淦昌与朱所长都到实验场和试验室来检查工作。

1964 年上半年，我的爱人吕芳从广州调到青海基地工作。她刚到基地的第一天，在总厂宿舍区的路上遇到朱所长，我向他介绍吕芳，他对吕芳调来表示欢迎。有一年过春节，王淦昌所长和朱所长看望科研人员，也到我家来过。

这时，中央批准的 126 名高中级技术干部和一批转业军官也来到草原。一顶顶帐篷星罗棋布地夹杂在已经耸起的职工宿舍的黄楼周围。此时，有些职工也住进了简易工棚。

核武器研制基地二分厂的东、西两部分工棚的分布区被人们戏称为“东伯利亚”和“西伯利亚”。朱光亚组织大家写好设想方案、实验记录、工作总结。在有危险的时候，朱光亚和李觉等领导不但坚持在现场，并且都是坚持到最后撤离。1963 年上半年，在王淦昌、陈能宽、方正知和苏耀光等组织下进行了系列局部大型爆轰实验，朱光亚和李觉、吴际霖经常深入到实验一线指导工作。

今天的金银滩夏季是去那里的最好时节。从青海省会西宁出发，可以乘坐火车，也可以选择汽车，因为无论青藏铁路，还是 315 国道，在去金银滩的过程中始终是亲密地并肩而行。穿越了蜿蜒的湟源峡之后，一片平坦而广袤的草原几乎是“跳”进了你的眼里。这里就是昔日原子城——青海金银滩，它曾经是我国第一个核武器研制基地所在地。

根据国家战略部署的调整，1987 年 6 月，国务院、中央军委作出撤销国营 221 厂的决定。至此，221 厂缓缓地拉开了庄严而神秘的帷幕。为了永久地纪念，在厂区内竖立了由张爱萍将军题写的“中国第一个核武器研制基地纪念碑”。1993 年，基地整体移交给青海省，成为世界上唯一主动退役的核武器研制基地。1995 年海北藏族自治州州府迁至该地，命名为西海镇，誉为原子城。1995 年 5 月 16 日，新华社向全世界播发了“中国第一个核武器研制基地”已完成历史使

图 4-3　1995 年 9 月，朱光亚在核武器研究院讲话

图 4-4 2005 年朱光亚（中）在核试验基地

命、全面退役的消息，这里成了世界上第一个退役的核工业研制基地。后来核废料集中填埋，经过核设施彻底无害化特殊处理及严格检验之后，这片土地重新交回了地方政府，中国第一个核武器研制基地化剑为犁。2001 年原子城被国务院命名为全国第三批重点文物保护单位。2002 年，朱光亚致信中央有关部门，希望成立原子城国家级爱国主义教育示范基地，以达到传承“两弹一星”精神，激励后人，教育后人的目的。2005 年 11 月，国务院又命名中国原子城为全国爱国主义教育示范基地。2006 年，国家发改委正式批复了原子城国家级爱国主义教育示范基地项目建设，总投资 8200 多万元，由纪念馆、纪念园、爆轰实验场、地下指挥中心、纪念碑等组成，占地 12.1 公顷。2007 年 4 月 3 日，原子城纪念馆开工建设，2009 年 5 月 26 日原子城纪念馆开馆，正式对外开放。纪念馆前“青海原子城国家级爱国主义教育示范基地”名称由张爱萍将军题写。

两次关键性整体聚合爆轰试验

1963 年 5 月 3 日，朱光亚组织起草和修订《对试验铁塔的技术要求》，并报送国防科委。5 月 13 日，朱光亚又同钱三强一道列席国防科委第五十九次办公会议，听取预选3个地面和试验场地方案。会后，钱三强委托朱光亚拿出试验计划方案。5月21日，朱光亚协同程开甲撰写了《第一期试验大纲草案》，送钱三强审阅。大纲提出：由低到高逐步过技术关。先在地面上进行一次静态试验，目的是验证产品的核心部分动作“灵”与否。如果“灵”了，3个月到半年之后再采取动态空投试验。这就是“两次”关键性的整体聚合爆轰试验。

1963年5月，朱光亚与二机部九局研究，将“596”定为第一颗原子弹的代号，二机部同意使用这一代号。这时，在核武器研究所，理论、实验、设计、生产等各方面的工作进展顺利，各阶段实验结果均符合要求。核武器研究所确定于1963年下半年进行首次点火装置冷试验。

科学家们非常清楚：如果设计合理，原子弹能够很快从亚临界、临界达到超临界，适时点火，就会产生链式反应，威力巨大。反之，就会从临界降为亚临界，成为哑弹。有人把适时点火这一关键技术，风趣地喻为“燧人氏钻木取火”。

在李觉、吴际霖、朱光亚的严密部署下，于秋冬之交，中国人进行了现代的“钻木取火”试验。这是凝聚着核科技人员几年心血的缩小尺寸的整体聚合爆轰试验。

11月的一天，一队汽车奔赴试验场地。陈能宽坐在小轿车内，小心翼翼地抱着用棉毯包好的试验部件。原子弹主体部件由一辆吉普车运载，为了减轻震动，特意把李觉办公室的紫红色沙发垫垫在下边。这就是当时被人称之为有名的“原子弹坐花轿”。为了掌握行进速度，李觉、吴际霖乘车行驶在最前面。

这次试验的测试数据表明：向心爆轰波和点火装置均达到技术指标，并有一定创新。从试验角度认识了聚合爆轰物理的全过程。朱光亚认为：这次试验标志着原子弹研制有了新的突破，只要核部件如期生产出来，中国人的第一颗原子弹就能总装了。他为此撰写了这次缩小尺寸的整体聚合爆轰试验的总结。

1964年3月2日，核武器研究院成立。李觉任院长，王淦昌、彭桓武、郭永怀、朱光亚任副院长。

1964年3月28日，朱光亚同王淦昌等通过研讨确定了全尺寸（1:1）炸药球的成型工艺。鉴于聚合爆轰试验的重要性，院领导决定立即进行一次全尺寸试验。经过全体科学工作者夜以继日的艰苦奋斗，聚合爆轰试验装置

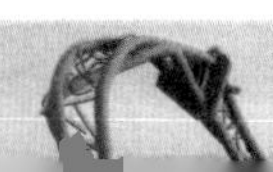

研制完成。

1964 年 6 月 6 日，继半年前缩小尺寸试验之后，又进行了全尺寸的全球聚合爆轰试验。

当实验测试组组长唐孝威向守候在试验场的朱光亚、李觉等院领导和专家报告“测到了结果，试验成功”时，全场响起了热烈掌声。这是正式核爆炸之前的一次全面考核。这说明：第一颗原子弹从理论设计、结构制造、加工能力、实验测试手段等各项工作都相当优异。此时距第一颗原子弹试验仅有一步之遥。

唐孝威，中国科学院院士，1931 年 10 月生于江苏省无锡市前西溪的一个书香世家。少年时期的启蒙教师是他的祖父，我国著名教育家、交通大学第一任校长唐文治先生。1949 年秋在上海南洋模范中学毕业，考入北京清华大学。1952 年毕业于清华大学物理系，先后在北京中国科学院近代物理研究所、北京二机部原子能研究所、苏联杜布纳联合原子核研究所、青海核工业部九院、北京中国科学院高能物理研究所、德国汉堡电子同步加速器中心、瑞士日内瓦欧洲核子研究中心等单位工作。现为浙江大学教授、博士生导师，北京大学、中国科学技术大学等校兼职教授。60 年代初，唐孝威转到国防科研领域。1960 年 4 月起参加中国“两弹”研制，进行在研制中国第一颗原子弹和第一颗氢弹中所需的核测试工作，以及核探测器的研制工作。从 60 年代初至 70 年代，他领导的研究室在中国青海核基地艰苦创业，在原子弹中子点火、核试验近区测试和氢弹原理实验等方面进行了大量的科学研究工作，解决了一系列重要的技术问题。在突破原子弹中子点火技术时，他领导实验组进行测试，是确证中子点火技术成功的第一人。完成任务后，又到新疆核试验现场进行核爆炸的测量。1964 年 10 月中国第一颗原子弹爆炸成功后，是受周恩来总理在人民大会堂接见的有功人员之一。在 1966 年突破氢弹技术时，他领导实验组在新疆核试验现场进行测试，是判断并证实我国氢弹原理成功的第一人。唐孝威是这样描绘这两次试验过程以及试验成功后大家的喜悦心情的：

来到草原，我们马上投入紧张工作。先是做缩小尺寸的爆轰试验，用的是模拟材料，代用品，不是真的材料，看它的原理性怎么样，与指标符不符合，其他动作过程也完全一样，要看它是不是满足设计要求。我领导一个组，都是实验科研人员。每次试验都要花费巨额的钱，测量数据出不来就白实验了，所以工作责任大，价值很高，一点粗心大意也不行；必须全神贯注，全心贯注。我常对大家说，实验用的电缆是我们的生命线，真把原子弹看得比自己生命还要重。基础工作扎实，任何细节都一丝不苟，这是中国原子弹为什么这么快就试验成功的重要原因之一。

缩小尺寸的模型试验于1963年就成功了。64年又重复成功，当年就做全尺寸的爆轰试验，意思是尺寸和正式原子弹1∶1，一样大，除了装料不是活性材料，其他都是用原子弹的材料和结构。这次试验关系重大哟，不成功就谈不上下边的核试验，它的成败紧紧抓住整个基地上所有人的心！我们更是紧张，住在基地分厂的工号里做准备，我负责实验测量，一连几天几夜反复检查每台仪器，每个接点，每条缆线，还要做模拟操作，我们叫“预演”，生怕正式“开场演出”时出差错。半点差错就全报废！那几天，我时时都能听见自己的心跳声。

这次试验效果非常好。试验一完，我就赶紧把记录的相片底片，用车送回厂部，马上冲洗出来，接着捏着这底片恨不得一步跨进总指挥部。领导们都在那里等着呢。有总指挥，还有从北京赶来的负责人。当我急匆匆进屋时，满屋领导都一声不响，所有眼睛都盯住我，静极了。我好像也听见他们的心跳声，我举起底片给大家看，说：“试验成功了！”大家顿时欢呼、鼓掌、拥抱，然后喝酒，互相祝贺。这是我永记在心的场面呀！总指挥叫我快睡觉去。他知道我们自来到草原，很少睡个好觉。谁知我躺下来反而阖不上眼，太激动了，可是不知不觉睡了我一生也忘不了的一个觉。我睡觉从来都有梦，但这个觉竟然没梦，一个“真空”的觉，好像整整睡了一个世纪。多少个日日夜夜积下的辛劳，一次成功就一扫而光[①]。

中央专委发来了贺电。

组织这次试验的张爱萍将军当即赋诗《贺第一颗原子弹冷试验成功——赠朱光亚和核武器研究院全体同志》：

祁连雪峰耸入云，
草原儿女多奇能。

① 冯骥才：《一百个人的十年》。北京：时代文艺出版社，2004年。

炼丹修道沥肝胆，
应时而出惊世闻。

陈能宽后来回忆这段历史时，有过如下描述："光亚多次到青海指导大的聚合爆轰实验。如 1963 年 8 月 18 日、21 日、12 月 24 日等，他与李觉、吴际霖、王淦昌、邓稼先、周光召等都去了。他们都是实实在在地进入了角色，让人感到他们亲如一个战壕里的战友和指战员。有几次记得老领导刘杰去了，后来刘西尧也去过。因为光亚积累了各方面的情况，所以能写出超脱性、综合性的报告。"

亲拟"596"试验大纲

1964 年初，核武器研究院包括实验部、设计部、生产部的大队人马在青海进行代号 596 的第一颗原子弹试验前的大会战。理论部派胡思得、孙清和、朱建士等人赴青海研制基地，朱光亚经常听取他们的汇报并给以指导。院领导中，李觉主持京区与青海两地全面工作，吴际霖抓青海基地工作，朱光亚负责北京区与草原的技术工作。

1 月 14 日，兰州生产出浓缩铀产品。这时，炸药部件浇注在青海基地进行。注装车间安放着四台带有蒸气夹层的球形底不锈钢药炉，工人师傅们三四个人为一个小组，一人投料，二人轮流用木棒搅拌，待梯恩梯炸药熔化之后，再制成悬浮体进行浇注。朱光亚有时与技术人员讨论，有时站在工人身旁看他们操作，闲暇还亲切地和工人师傅们拉拉家常。

3 月，朱光亚撰写《1964 年科研工作纲要》，纲要分为"596"装置的研制与试验、"596"产品的第三阶段飞行试验的准备、某缩小产品理论设计及其他 3 个部分。纲要详尽部署了第一颗原子弹的工作，对新的研制工作作了周密安排。

4 月 11 日，在第 11 次中央专委会上，决定首次核试验采用塔爆方式。要求于 9 月 10 日前做好准备。

6 月 12 日，朱光亚组织起草了《"596"装置国家试验大纲》，阐述了试验目的："最后检验'596'装置的动作性能、测定其威力、效率（有效作用系统）以及各种核物理、放射化学参数、验证其理论与技术设计"，明确了核装置运输、总装与质量检查等各个环节的要求。

核试验基地和核试验场的考察

图 4-5　朱光亚在核试验基地

核试验场选在干旱少雨的千里戈壁。在一年的 6—8 月，沙漠也会出现大雨或暴雨，7—8 月的气温可达 38℃，地表温度在 40℃以上。昼夜温差很大，真可谓“早穿皮袄，午穿纱”。8 月以后就会刮起三级乃至七八级以上的狂风，黄沙蔽日，飞沙走石。就在这大漠深处仍然能够看到古楼兰遗址、丝绸之路，联想到女娲补天、共工怒触不周山、唐僧取经路过火焰山的神话，碰巧还能一睹“戈壁蜃楼”的奇景。

1963 年 4 月，李觉和朱光亚到核试验基地和试验现场进行了一次为期 9 天的实地考察。

他们出发后先乘火车再乘汽车，行驶数百千米才抵达目的地，掌握了沿途的铁路、公路及站台转运、气象、历年气候变化等资料。在核试验基地，听取了张蕴玉司令员介绍工程进展、后勤保障等情况，参观了基地建筑物，并就有关工作进行接洽。随后，他们在“搓板”式的公路上颠簸，最后抵达了核试验场区。

这时，沉睡千年的戈壁滩上，已经是一片灯火通明，充满着建设工地上才有的喧闹声，供第一颗原子弹试验的铁塔正在紧张地进行安装，这座高 102 米的铁塔凝聚着朱光亚等人的心血。1962 年 12 月 25 日，曾召开有关铁塔的技术会议，会前，朱光亚审阅并对技术要求文稿做了补充说明，重新起草了《对试验铁塔技术要求的初步意见》，特别是对塔顶上的工作面积、工作间的通风与保温、工作间要安装电话、铁塔应有的简易吊车、电源、照明、防雷击设备及信号灯等事无巨细的各小环节，提出了具体要求。

朱光亚他们乘车向塔西行驶 25 千米后到达主控站。一路上茫茫的沙海中，偶尔能见到几只黄羊，在低洼处能看到泛绿的骆驼刺。朱光亚他们还考察了主干线以南、孔雀河以北的指挥中心和距离铁塔 45 千米处简陋的机场。4 月 28 日，李觉、吴际霖和朱光亚等人风尘仆仆地从试验场回到基地，与基地司令员张蕴钰和有关同志一起对核试验事宜进行讨论，做出了明确分工。

这次大漠深处之行，朱光亚等人掌握了基地和试验场的工作条件和生活供应等情况，因此，在试验产品运输方案中，明确提出：在哪一路段需要空运，在空运过程中要注意什么问题；哪一段路需要陆运，在陆运中行驶什么路线，翻越天山时要注意什么事项。并提出，参试人员进基地一定要看看空运路线有什么问题，最好不坐飞机。

毛泽东主席提出早试

尽管采取了极其严密的保密措施，中国的核计划还是被美国人嗅出了蛛丝马迹。1960 年底，美国中央情报局号称完成了他们意义最为重大的一项使命：终于确认了中国核计划的存在。肯尼迪和约翰逊两届政府的最高决策班子，在 20 世纪 60 年代相当多的时间里，就如何对中国核计划做出反应，以及用军事或外交手段来遏制中国的核计划，中国的核计划对东南亚和世界局势会产生怎样的影响，以及如何谋求苏联合作对付中国的核计划等等，进行了一系列的评估和辩论。在这其中，使用武力打击中国核计划的方案，不仅被提出，甚至已经有了雏形。

1964 年 6 月，第一颗原子弹冷试验成功后，核武器研究院开始紧锣密鼓地进行核试验准备。当时，遇到了核材料加工切屑如何处理的问题。当听完王方定对生产流程的调研报告之后，朱光亚决定将切屑回收再利用。多年后回忆起这段往事时，王方定院士感慨地说：“这不是每一位科研领导干部都能做到的。他对工作思考得非常细，有一套科学的管理方法，注重调查研究，抓工作总是一抓到底，直到抓出成果。”

图 4-6　朱光亚在核试验现场

7 月初，核武器研究院组成了以李觉、朱

光亚为首的下设 7 个分队的第九作业队，并由吴际霖、王淦昌、彭桓武、郭永怀、陈能宽、邓稼先、方正知、苏耀先、何文钊、疏松桂、陈文曾、吴永文等专家组成技术领导核心，负责处理现场中出现的问题。

一天，研制基地四周站着消防队员，工作人员身着白色工作服、工作帽与口罩。第一颗原子弹部件临界测试正在进行。铃声响后，赖祖武与龙属川等抬起盛着原子弹的容器向平台走去，经过启罐，打开容器、搬运部件、测量、记录大小尺寸，一直把它护送到装置上。经过一个多小时，第一个产品部件测试顺利完成，人们悬着的心才放下来。朱光亚等专家从头至尾看着技术人员们操作。有人说，"有朱光亚等科学家在场，是绝好的镇静剂。"

7 月 20 日，首试用的装置、备件加工、装配、验收完毕，并陆续运往试验场。为保安全，采取了极为严密的措施。提前 9 天完成了中央专委"于 9 月 10 日前做好一切准备"的要求。

同日，第二生产部开始进行分装与总装，并于 8 月 19 日装配完毕。

8 月 20 日，朱光亚与李觉等赴首次核试验现场。此时，首次核试验装置、备品全部加工、装配、验收完毕，并陆续运往核试验基地。

8 月 23 日，成立由张爱萍、刘西尧等 30 余人组成中共首次核试验委员会，朱光亚等 13 人任常委。随后，中央军委批准成立由张爱萍及包括朱光亚在内的 68 人组成的首次试验委员会，下设试验部、司令部等 12 个部，朱光亚任试验部副部长兼第九作业队副队长，李觉任队长。

这时，美国在我国周边地区建了 20 余个监听点，30 余个测向站，并不断用间谍卫星、高空飞机窃取情报。

9 月，张爱萍等向中央专委汇报首次试验安排。鉴于核大国的破坏图谋，我们选择试验时间时很慎重，专委会上提出两种方案：一是早试，安排在 10 月炸响；二是晚试，先抓紧三线基地的建设，择机待试。在中共中央政治局常委扩大会上，周总理向毛泽东、刘少奇汇报了中央专委议出的这两个方案，毛泽东从战略上进行了分析，指出：原子弹是吓唬人的，不一定用。既然是吓唬人的，就早响。会议决定按 10 月早试的方案进行。

核试验现场副总指挥刘西尧后来回忆说[①]：

爆炸第一颗原子弹的准备工作一切就绪，张爱萍和我回到北京向

① 刘西尧：我国"两弹"研制决策过程追记。《炎黄春秋》，1996 年第 5 期。

总理和专委汇报后，总理把我留下问我，假若暂不试验行不行？我说估计没有问题，肯定可以实现核爆炸，但是为了研制氢弹，还得先爆炸原子弹，弄清我们的原子弹的梯恩梯当量才行。总理为什么要提出这个问题？人所周知，当时的国际形势对我国是险恶的，霸权主义者扬言，中国若进行核试验，他们就要摧毁我们的核设施、核基地。中央专委经多次研究，提出了两个方案，一个是早试；另一个是晚试，先抓紧三线建设，待机再试。凡遇重大问题，提出两个或更多的方案，供中央决策，这是我党的例行作法。经反复考虑，从战略上进行认真分析后，毛泽东说，原子弹是吓人的，不一定用，既然是吓人的，就要早响。中央果断地选择了早试的方案。

中央作了早试的决定后，我们建议国庆节进行，中央没有同意，要我们在10月15日到20日间选择适当的时间进行。在回试验基地前的专委会上，贺龙元帅连问两声："你们能保证响吗？"刘杰和我都没有吭声。从会议室出来，张爱萍对我说，你们这些部长怎么不吭声，我没有答话，只笑了笑。心想，我们的原子弹虽然肯定是研制成功了，但是谁能保证在试验瞬间不出现万一呢？就是在这次会上，周总理向我们说，对这次试验要严格保密，万一不成功，让外国人知道了，风险会更大。他接着说："凡是和试验无关的人员都不能让他们知道，包括你们的妻子儿女。"邓颖超是他的妻子，中央委员，因为她和核事业没有关系，所以他没有对她讲。回到现场后，张爱萍把总理的讲话原原本本地向参试人员进行了传达，使大家深受教育。由于保密工作做得好，事前一点风声也没有泄露出去。那时超级大国的侦察工具还只有U-2飞机，飞到江西就被我空军拦击回去了，还曾被我国新试制出来的地空导弹打下来一架。因此，当我国原子弹首次试验成功，原子弹爆炸的威力及放射物，分别经地震波和高空烟云传出去时，全世界大吃一惊。

升腾的蘑菇云

在核试验基地，第一次核试验的准备工作开始紧锣密鼓地进行。面对霸权主义者的"中国若进行核试验就摧毁核设施和基地"的核威胁的势态，周总理做出严格规定，不准向外人，包括亲属泄露有关试验的消息。

1964年9月23日，张爱萍传达周恩来指示：由吴际霖、朱光亚等到现场仔细检查产品质量、装车等。

9月24日，朱光亚和吴际霖、刁筠寿等到青海，对产品质量、规格、包装、装车等进行严格检查。10月4日，原子弹运抵试验场区。

根据总理关于预演工作的指示和“严肃认真，稳妥可靠，万无一失”、“一次试验，多方收效”、“高度的政治思想性，高度的科学计划性，高度的组织纪律性”的要求，朱光亚协助李觉、张震寰等领导，与陈能宽、程开甲等按照定职务、定位置、定动作、定关系、定人员的“五定”岗位责任制，先后组织了全区的单项、单元和综合预演。朱光亚等人深入现场，严格按规程装配和检验。对控制系统进行数十次联试，证明是可靠的。为了确保试验成功，准备了备用设备和部件。

中国首次核试验由周总理领导，张爱萍副总参谋长担任试验场总指挥，刘西尧副部长任副总指挥，刘杰部长在北京负责与试验现场和中央的联络。

10月8日，张爱萍派专机从北京接王淦昌、彭桓武、郭永怀、邓稼先到罗布泊。10月12日，朱光亚参加了首次核试验党委常委第十次会议，会上传达了周恩来、罗瑞卿的重要指示，党中央批准了试验计划。10月13日，朱光亚又出席了首次核试验委员会第一次会议。研究试验程序、回收计划、紧急刹车及试验指挥等问题。茫茫戈壁进入了临战状态。102米高的铁塔宛若倚天之剑，仿佛要刺破苍穹。作业队人员日夜对各环节进行查漏补缺检查。

在朱光亚和参试科学家们的注视下，原子弹在距铁塔150米的地下室进行总装。由于有的部件在运输中变形、膨胀，需要技术人员一边进行校正，一边组装，终于在经过了连续工作70多个小时之后，顺利完成装配。

经张爱萍、刘西尧、张震寰、张蕴钰、李觉、朱光亚等人签字后，14日18时33分，凝聚着核武器研究院全体职工心血的第一颗原子弹由工房吊出，19时19分吊上塔顶。不知是不是老天有意要出难题，傍晚突然刮起了8级大风，塔身出现摇摆，陈常宜、张寿齐、叶钧道等七人被困在塔顶。阳平气象站战士刘宝才自告奋勇，于晚上攀附着摇晃的铁梯慢慢地爬上塔顶，为被困的技术人员送去水和面包。

15日，当塔上作业完毕后，第九作业队的领导李觉、吴际霖、朱光亚与张蕴钰等一行来到铁塔，与陈能宽等对安装调试工作进行复查。晚上，已率先撤离试验场区的负责测试的唐孝威，拨通了设在铁塔下的指挥部的电话，请求最后撤离的同志在安装好原子弹之后，再核查一下塔上仪器电源是否接通。听筒里传出的声音令唐孝威感到意外，“在指挥部接我电话正是朱所长。当时他还在指挥部值班”。

16 日凌晨，李觉代表第九作业队向试验委员会报告：原子弹的塔上安装和测试引爆系统第三次核查完毕，请示六点半开始插雷管。工作人员在陈能宽陪同下到塔顶插雷管。李觉手握着起爆台的钥匙登上塔顶：“张司令员、朱副院长都在塔下。不要怕，你们看，钥匙在我这里。”最后，朱光亚、吴际霖、张蕴钰等登上塔顶验收、签字。这时，从塔顶俯瞰罗布泊地区：茫茫沙海帐篷连营千里，环铁塔周围布好了进行效应试验的设施与生物。

在各个系统分别自查之后，张爱萍、刘西尧、李觉、朱光亚等领导和专家又到各关键岗位核查落实。复查完毕之后他们最后撤离到距铁塔 23 千米的主控站里。这时，所有参试人员都撤离试验现场，准备好墨镜，静候那个期盼已久的时刻。

下午 3 时，碧空下骤然闪出一道强光，随着天崩地裂般的巨响，大地在抖动之后升起了巨大的火球，火球以磅礴之势吸起万丈沙柱，顷刻之间变为硕大的蘑菇云，伴随着轰鸣，变幻着无穷色彩，它像一顶巨形的草帽一样向着宇宙苍穹，旋转、蔓延，升腾，再升腾。

图 4-7　1964 年 10 月 16 日 15 时，中国进行了第一次核试验爆炸，这是核爆后曝心的景象。（秦宪安　摄）

这个威力为2.2万吨TNT当量的中国第一颗原子弹爆炸试验成功！

图4-8　1964年10月16日，我国首次核试验成功后，朱光亚（左）在核试验现场与张爱萍（右）握手

观测现场的扬声器里传出张爱萍转达周总理的祝贺。人们忘情地跳跃欢呼、拥抱、淌着欣慰的泪水。这时，刘西尧等领导却找不到朱光亚了。

“光亚副院长哪里去了？光亚呢？！”李觉一直亲切地这样称呼着朱光亚，向来不提姓。原来在离开主控站后撤时，情急之中司机驾车走错了路，记得我们陪朱光亚看这段资料片时，朱光亚还记忆犹新地说，由于走错了方向，结果整个过程未看全。朱光亚与吴际霖一行人还没有赶到山头的观测站，原子弹就爆炸了。还在赶路的朱光亚转过身来，看见正在升腾的黄褐色蘑菇云。18年前的美国寻梦——今天终于实现了，我们中国人终于有了自己亲手研制的原子弹！

日后，朱光亚在题为《自力更生　筑起核盾》一文中这样写到：

> 1964年10月16日下午3时整，一朵黄褐色的蘑菇云在我国的西北戈壁滩腾空而起。中国自行研制的第一颗原子弹爆炸成功的消息，震动了全世界。那天晚些时候，毛泽东、刘少奇、周恩来等党和国家领导人在人民大会堂接见了参加音乐舞蹈史诗《东方红》创作和演出的全体人员，周总理向大家宣布我国第一颗原子弹爆炸成功，全场欢呼。第二天在人民大会堂周总理向人大常委第127次会议宣布这一特大喜讯，大家热泪盈眶，长时间的响起了暴风雨般的掌声，热烈庆祝我国首次核试验成功，欢呼中国人民打破了帝国主义的核垄断。

中共中央和国务院联名致电参与首次核试验的全体人员和一切从事国防建设的同志们，热烈祝贺第一次核试验成功的巨大胜利。贺电指出，首次核试验的成功，标志着中国国防现代化进入了一个新阶段。这对美帝国主义核垄断、核讹诈的政策是一个有力的打击，对全世界一切爱好和平的人民是一个极大的鼓舞。22日，《人民日报》就中国第一颗原子弹爆炸成功发表题为《打破核垄断，消灭核武器》的社论。

晚上，在试验基地举行的宴会上，张爱萍向大家宣布了周总理告诉的好消息：赫鲁晓夫下台了。宴会大厅欢声雷动。大家高兴地互相祝酒，很多人都喝得酩酊大醉。平时酒量很大的朱光亚开怀痛饮，而且平生第一次喝醉，也是唯一的一次。后来，朱光亚告诉儿子朱明远说，那一天，他从清晨起床后就一直忙碌，以至于一天滴水未进，饥肠辘辘，晚上空腹畅饮，所以就喝醉了。记得日后，刘西尧在接受"凤凰卫视"记者专访时，在被问到大家那天如何高兴的场景时说，"朱光亚都喝醉了！"

几十年后，唐孝威在描述这段激动人心的时刻时，留下了这样一段感人肺腑的文字：

> 北京的命令下来，点火！10，9，8，7，6，5，4，3，2，1，直到0。怎么还不见动静？一瞬间，紧张得心蹦上来，卡在喉咙里：失败了？若是一败，说不定就要从头干起。正想着，霎时间，一朵无比巨大的、鲜花一样的大蘑菇云升天而起。原来我们离得太远，"零时"的闪光没注意到，但我们终于看到这朵苦苦期待的蘑菇云向蓝天翻涌而起。我们喊呀，叫呀，跳呀，喧叫得嗓子哑了。有人忘乎所以，跳得一屁股儿摔在地上，起来再跳。我笑得哭了，直抹泪。那时，泪也是甜的……这场面你肯定在电影或照片上看见过。第一颗原子弹成功了！给我们用自己双手干出来了！跟着是大庆祝，北京出了号外。如果你在现场，身在其中参加这工作，你也会体会它的来之不易，体味我们当时那种作为中国人强烈的自豪感。自豪不是虚张声势，自豪是自己干出来的。这朵在大西北升起的蘑菇云，是千千万万人赤胆忠心、成年累月、实实在在工作的结果。大家想的都是国家强盛，没人想到赚钱发财，或为了升级、职称、住房，打破了头。我是亲身参加者，我接触到无数无名英雄，无论高技术工人、科研人员、组织者们，还是那些从事找矿、开采、浓缩、提炼、加工、制造的人，都把青春年岁贡献给了这事业。还有防化兵们，他们必须在爆炸后冲进现场取回样品，供给我们研究爆炸效果。他们的防护服里装着多少斤汗水呀。这样，到了"文革"前，我们基地已经像一座小城镇了。百货公司、电影院、医院、学校、托儿所、银行等

应有尽有，事业真是充满希望。我们每个人都觉得还有许多大事要做。我是在这次核试验之前结婚的，爱人也来到基地，好像没经过什么选择，就把自己的一切，一生，全放在这儿了。

刘西尧回忆说[①]：

根据试验场区气象预测，经中央批准，定于10月16日北京时间下午3时进行试验。10月14日赫鲁晓夫下台，完全是巧合。原子弹装配好，吊上塔顶后，张爱萍和我等大部分人员退出场地。张爱萍等返回60公里外的地面指挥所，我在离炸心20公里处的路口指挥撤退。基地司令张蕴玉、核武器研究院长李觉、副院长吴际霖、朱光亚等，在现场指挥陈长仪接好引爆装置后才撤离，李觉下到地下指挥所。他们都撤离警戒线后，我再次检查了地下指挥所并将启动钥匙交给了在那里的张震寰，然后回到地面指挥所。在地面指挥所每人带上一副黑眼镜，以防光辐射伤害眼睛。张震寰按动电钮，九、八、七、六、五、四、三、二、一，北京时间下午3时整，一道巨光，一声巨响，蘑菇云冉冉升起。从巨光的强度和蘑菇云的形象中，我判断是原子爆炸，叫了一声："是核爆炸！"张爱萍拿着电话机正在和北京通话，北京也听到了我的叫声连问："是不是核爆炸？"我回头问了问王淦昌，他点了点头，我放心了。当时吴际霖、朱光亚因为走岔了路，都还没有回到指挥所。原定部署，取样飞机已经过我们上空直插蘑菇云。北京来电话，毛主席、党中央要我们拿出确系实现了核爆炸的证据。以程开甲为所长的二十一所的有关人员开始了紧张的分析、化验工作。两小时后张爱萍和我等六人穿上防护服，坐直升机到了爆心上空，只见钢架像面条样歪歪曲曲地躺在地上。

此时，我国核技术专家团队的平均年龄仅有29岁。其中，按年龄排序排列为：王淦昌59岁，彭桓武49岁，郭永怀51岁，程开甲46岁，陈能宽40岁，朱光亚39岁，邓稼先39岁，周光召35岁。

这次试验测试结果表明：中国第一颗原子弹从理论、结构、设计、制造，到引爆系统的设计制造及测试方法均达到了相当高的水平，标志着中国

① 刘西尧：我国“两弹”研制决策过程追记。《炎黄春秋》，1996年第5期。

国防现代化进入一个新阶段。

1964 年 10 月 16 日 22 时，中央人民广播电台向全世界播送《新闻公报》。《人民日报》印发了套红号外，中国政府发表了《中华人民共和国政府声明》。

声明强调："中国进行核试验，发展核武器，是被迫而为的。中国政府一贯主张全面禁止和彻底销毁核武器"，"中国发展核武器是为了防御，为了保卫中国人民免受美国发动核战争的威胁。中国政府郑重宣布，中国在任何时候、任何情况下，都不会首先使用核武器"，"中国政府向世界各国政府建议：召开世界各国首脑会议，讨论全面禁止和彻底销毁核武器问题……"

10 月 17—20 日，朱光亚参加了首次核试验党委常委第十三、第十四次会议，组织撰写核试验技术总结，研究第一颗原子弹爆炸后防护、保密和人员健康等问题。

王方定说："朱光亚亲临科研第一线、密切联系实际的工作作风，鼓励着科研人员严谨踏实地去做好工作。第一颗原子弹爆炸成功后，爆炸灰样品从试验场运到放化实验室后，首先要从屏蔽容器中取出样品。这时的放射性剂量很大。当时，实验室初创，条件较差。我们经过几次演练后才开始实际操作。没想到，正式操作那天，朱光亚竟来到实验室，站在我们身后，看我们操作，他亲临现场，和我们一同置身于较大的辐射剂量场中，更给我们以很大的鼓励。"①

中国第一颗原子弹爆炸两小时之后，美国总统约翰逊说："中国只不过爆炸了一个小东西"，"是个粗糙拙劣的装置"。几天之后，自以为得到了可靠情报，美国人又说："中国是一枚钚 -239 制成的原子弹"，其实，中国并没有走前 4 个核大国的老路，而是使用铀 -235 作为核裂变材料的内爆型原子弹，中国的原子弹研制有自己的特色。这说明，中国已经掌握了同位素分离技术，这正是西方核大国所担心的。

1964 年 12 月 28 日，朱光亚组织整理国外资料，分析认为："连美国原子科学家也不得不承认，我国这次（首次）核试验已超过了美、英、法初期和试验水平。"

从 1964 年 10 月 17 日以后的数天里，《参考消息》登载了大量国外新闻

---

① 王方定：我们自己的科学领导人 //《风范长存天地间》编辑组：《风范长存天地间——朱光亚同志逝世一周年纪念文集》。北京：人民出版社，2012 年。

媒体对我国第一颗原子弹爆炸成功的评论：

【合众国际社东京十七日电】（记者史密斯）由于共产党中国爆炸了一枚原子弹，它在大约六年前在苏联大力支援下开始的全力以赴的发展核武器的计划收到了成果。

苏联后来撤回了这个帮助。有迹象表明，他们甚至尽一切可能来拖慢或破坏这个计划。

但是，这并不能够剥夺他们认为是正当的进入这个排他性的世界核俱乐部的权利。这个计划是阻止不了的。

俄国背弃了关于提供技术和物质援助的保证，只是促使中国人自己加倍努力，并且增强了他们的决心。

【合众国际社东京十七日电】（史密斯）中国神话说，喷火的龙是全能的猛兽，它始终追逐着一颗火珠子，这象征着中国永远追求着知识，并且它会带来好运气。

今年是中国的龙年，它给赤色中国领袖带来了好运气。神话就说，它会带来好运气。对他们来说，龙已经逮住了火珠子。

因为在这个龙年，中国终于爆炸了一颗原子弹，并且看到它的最大的对头赫鲁晓夫被解除职务，这一切都是在几小时内发生的事情。

不管中国原子爆炸对中苏关系有何影响，可以肯定，在世界上大部分地区，政治上和心理上的微粒将是巨大的。在亚洲尤其是如此。最初产生的关注和激动情绪大概会相当快地消失。可是中国的爆炸在整个亚洲引起的震惊和恐惧大概会长期存在，尽管美国努力贬低它的意义。

【合众国际社东京十七日电】（记者：克莱布）红色中国今天已成为一个比它星期五爆炸第一颗原子弹以前更加重要得多的国家。

心理上的影响是巨大的。一个非白人的国家第一次打开了军事技术中的一些最深奥的秘密。中国人已插足于一个过去只有西方民族才能进入的领域。

【本刊讯】法《民族报》二十六日刊载一篇文章，摘要如下：

中国的炸弹不仅打开了核俱乐部的大门该俱乐部的成员国曾设法不

让它进入这个大门，而且也把中国可能加入联合国的问题以及它作为大国登上国际舞台的问题提上了日程。

吴丹以他的职位要求有的那种审慎而温和的态度，呼吁国际上注意同中国谈判的迫切性，华盛顿对这一事实不能漠然视之。美国领导人在距总统选举还有十天之际，不会在这方面采取惊人的主动行动，但是，在美国原子能委员会宣布，在新疆试验的炸弹不是钚弹，而是不折不扣的一个浓缩铀炸弹时，要继续无视中国，那就困难了。因此，人们发现，由于把赌注太多地押在中苏争吵上，因而就忘记了毛泽东制造了意识形态以外的论据，以便使东方和西方相信，人民中国在政治上是成熟的（在军事上也是这样）。

在爆炸炸弹之前，人们认为，在最好的情况下，北京在一九六六年以前不可能加入联合国，现在，在“炸弹之后”，要在十一月召开联合国大会时继续孤立中国，那便更加困难了。

对于侨居海外的华人，从这一天开始，也有了一种翻天覆地的感受。中国第一颗原子弹的成功爆炸，深深地改变了他们对“祖国”这个字眼的理解和认同，感受到国家的强盛与个人的价值的紧密关系。

1964 年 10 月 16 日，陈佳洱正在英国卢瑟福高能物理试验室做访问学者，他还清晰地记得我国第一颗原子弹爆炸的消息对整个西方世界的震惊[①]。

1964 年 10 月 16 号，这一天我记得非常清楚。当时英国正在大选，茶歇的时候同事们基本都看有关大选的电视新闻。可那一天的下午，大选的新闻在广播中突然全部中断，屏幕显示了“中国爆炸了原子弹”一行大字。大家很惊讶，中国不是很落后吗，怎么爆炸原子弹了呢？我连夜赶回到使馆，问使馆是不是真的爆炸成功了。

因为此前也不断有一些文章说我们原子弹试爆不成功等。使馆告诉我中国爆炸原子弹真的成功了，我高兴得跳了起来。第二天回到所里吃午饭时我成为餐厅的中心了，都来问我，你们中国是怎么做原子弹的，怎么做得这么快，用什么元素做成的原子弹，怎么爆炸的等等。对这些

① 晓虹:《大师：陈佳洱——永远的北大情怀》。腾讯嘉宾访谈，[2009-11-27]。http://news.qq.com/a/20091127/001813_1.htm

问题我一时也讲不清楚。我只说，中国政府已经声明：中国制造原子弹只是为了防御，中国决不首先使用原子弹。当时，不仅是在所里人家问我，我去看牙，牙医一边给我治牙，一边问我你是中国人还是日本人。我说我是中国人。他说你从哪来的，我说北京来的。北京来的，你们爆炸原子弹了，了不起啊！

我坐火车，火车上的老太太问我，你们中国现在已经有原子弹爆炸了，是不是要发动第三次世界大战呀？我说不是的，我们中国政府已经声明了，我们决不首先使用原子弹，我们有这个承诺。老太太听了放心了。

……

所以我在那个时候真正体会到一个国家的强盛的意义。在这个世界上没有国家、民族的强大，就谈不上个人的价值。尽管有人对你好，并不代表真正对你的尊重。没有国家，没有民族的强盛，就没有个人的价值和地位。只有国家强大了，民族强大了，个人在国际上才能得到应有的尊重。

陈佳洱的中学同学和大学同事钱绍钧当时正在苏联杜布纳联合原子核研究所从事高能物理研究，他回忆说[①]：

1964 年 10 月 16 日晚上，电台报道了一则消息，说中国爆炸了一颗原子弹，我们赶紧打电话问大使馆，确认消息后，大家很高兴。平时在那里很少喝酒，但那天我们中国人聚在一起喝酒庆祝。当时正好是苏联政局变化，赫鲁晓夫下台，苏联人还以为我们是庆祝他下台呢。

中国爆炸原子弹，我们在苏联也觉得扬眉吐气，因为当时苏联人仍觉得中国特别落后，以为我们到苏联是来学习他们的技术。其实我们不仅仅是学习，我们也为联合所做出了贡献，如王淦昌先生发现了反西格马超子。中国原子弹爆炸成功，长了中国人的志气，工作起来就更有劲了！

多年以后，邓小平在南巡讲话中如是说：“如果六十年代以来中国没有原子弹、氢弹，没有发射卫星，中国就不能叫有重要影响的大国，就没有现在这样的国际地位。大家要记住那个年代。”

---

① 钱绍钧：《为中国的核事业做点实实在在的事》。清华大学新闻网，[2004-10-15]。http://news.tsinghua.edu.cn

两弹结合　有枪有弹

原子弹武器化的第一步　核航弹

1964 年中国第一颗原子弹爆炸成功后，美国人说：中国在五年之内不会有运载工具。西方记者也说：中国人“有弹无枪”。其实，他们都错误地估计了中国人的能力。

中国第一颗原子弹爆炸成功，主要是解决了核装置问题，还不是核武器，要真正打破超级大国的核垄断，必须解决原子弹武器化的问题。

此时作为高层技术领导的朱光亚与有关领导和专家一起，根据国家要求，早就做出了科学决策，从原子弹研制一开始，就瞄准了空投航弹的目标。在进行第一颗原子弹的理论设计、爆轰试验的同时，很多工作诸如弹体设计、气动力学实验、弹体引爆控制系统设计与实验等，已经在同步进行。所以，当中国第一颗原子弹刚爆炸成功，核武器研究院很快就进入了原子弹的空投试验准备。有关部门也对飞机改装做了很多工作。

第一颗核航弹试验是以改进的“596”装置配上航弹弹壳和弹上用引爆控制系统，用轰 -6 飞机运载进行的。当时的七机部一院、一机部、三机部、空军对飞机改装和机上投弹系统改造都做了大量工作。

从 1960 年 4 月开始，在郭永怀副院长指导下，由弹体弹道研究室主任龙文光带领技术人员先后设计了三种核航弹壳体的气动外形模型。后来又在国防部五院（后改为七机部）和北京航空学院协助下，进行了风洞试验。1961 年 进行了缩小比例的空投模型弹试验，1962 年底进行了全尺寸的空投模型弹试验。1963 年 12 月至 1964 年 11 月，在西北导弹基地和空军协作下，进行了引爆控制系统的飞行试验。同年 12 月，郭永怀、龙文光、疏松桂、俞大光和相关技术人员参加了试验。

今天，从珍藏的技术档案中可以发现，时任九院原子能所副所长的朱光亚为此在幕后做了大量鲜为人知的技术指导与组织协调工作。

当时朱光亚在审阅修改建立遥测站的意见后，指出："在 ×× 任务的空中试验时，从产品脱离挂钩与机舱后，自动控制系统的主要参数与动作程序都要如实记录下来，以便对产品的各种性能作出肯定的结论。"朱光亚还对遥测站面积、室内高度、温度、电源、通风、接地装置、站内工作人员数目等提出了具体要求。

朱光亚亲自修改请示飞机改装的任务报告，在协作项目的任务书上加上"引言"部分，审阅设计方案与协作技术要求，修改机外遥测天线使用试验方案，并用红笔加上"核试验机外遥测天线等与高频放大器系统"，以及与中科院协作项目委托书等。

中央专委、中央军委批准由 50 人组成第二次国家核试验委员会。张爱萍担任总指挥。

为使弹体适应飞机运载环境，1965 年 3 月底和 4 月中旬，共振试验与多种形式的环境振动试验证明，核弹结构可靠，引爆系统和遥测系统正常，可满足运载和空投技术要求。

这次核试验携带原子弹的轰 -6 飞机是在位于甘肃省的西北综合导弹试验基地 14 号机场起飞，到罗布泊核试验场投弹，航程约 1000 千米。这次核试验在 5 月份实施，西北的春季和初夏天气复杂，变化规律不易掌握，符合试验条件的好天少，持续时间长的好天则更少。天气预报的范围也广，要预报起飞与降落机场、航线及场区范围内的气象，同时增加了高云和垂直能见度的预报要素。预报出符合试验要求的气象难度大。原来预报 5 月 8 日会出现符合试验要求的气象，于是，8 日 2 时，张爱萍与周总理直接通加密电话，正式报告"零时"（原子弹爆炸的时间）定在 8 时，拟在 4 时半还要再订正一次气象，并报告原子炸弹已全部装好，准备挂上飞机；核试验场区一切准备工作均已就绪。周总理在电话中指示：要注意载弹飞机航线的气象，防止飞机途中飞不过去，如果确实航线的气象不好飞不过去，就不起飞。4 时半研究气象很重要，如气象良好，就正式下命令试验。飞机起飞前，5 时 50 分左右你要再向我报告一次情况。你们千万不要松懈。周总理最后嘱咐说，飞机挂好弹一切准备好后，飞行人员要好好休息一下。

4 时半，张爱萍主持研究气象。此时，一直在密切监视天气发展的气象预报人员从探测资料中发现，核试验场区的高空风已由西北风转为东北风，在这种风向下，核爆炸后的放射性灰尘会对场区造成污染，这不符合试验条件要求。张爱萍、刘西尧等都认为不能进行核试验。6时许，张爱萍立即向周总理直接通话，汇报了气象有了变化，不宜进行核试验，并向总理请示。周总理首先问载弹的飞机起飞了没有？然后指示说：同意暂停试验，停止待命。继续研究气象，分析高空风的变化及对核试验场区的影响。总理还说：这件事使我们多了一次经验，增加了气象知识。周总理指示要另择有利气象再试。

在随后的6天中，周总理多次询问气象情况，并亲自主持会议听取国防科委二局和总参气象局的同志关于核试验场区天气发展趋势的汇报。核试验场区的气象人员经过几昼夜连续工作，到5月13日深夜，从比较复杂的天气形势中，看出了5月14日上午将出现符合试验的气象条件，并预报在9时到12时是短时的好天。经张爱萍、刘西尧等主要领导与气象预报人员一起分析论证，确认上述预报可靠无误之后，张爱萍立即用加密电话报请罗瑞卿总参谋长并周总理批准后，命令载机起飞[①]。

1965年5月14日10时许，轰-6载机在罗布泊上空成功地投下了一枚核弹。中国人在第一颗原子弹试验成功的半年之内，又成功地第一次空投了原子弹，表明：中国核武器的研制向武器化迈出了第一步。

周恩来总理请喝庆功酒

我国第一次核试验成功后，当年11月2日，周总理在听取张爱萍、刘西尧汇报第一次核试验情况和第二次核试验的初步安排时曾提出：参加这次核试验的有关人员回到北京后，要组织一次接见。后因周总理等工作繁忙，这次接见没能排上日程。

半年后，我国原子弹空爆试验成功。为了表彰和鼓励从事核武器研制和试验的人员，周总理决定同其他党和国家领导人一起，于5月30日12时在人民大会堂接见并宴请参加第一颗原子弹塔爆试验和第二次原子弹空爆试验的核武器研制和试验部门的负责人、科学家和技术专家及投弹机组的代表。

参加接见和宴请的各方面的代表有：朱光亚同核武器研究院的科学家王淦昌、彭桓武、郭永怀、陈能宽、邓稼先、周光召、龙文光等，核试验基地

---

① 宋炳寰:《周总理宴请参加原子弹研制、试验的有关人员》。两弹一星历史研究会网站，[2010-09-00]。http://ldyx.blog.ifeng.com/

的张蕴钰、张志善、程开甲、孙瑞蕃、吕敏、乔登江、韩云升等，以及承担轰 -6 飞机改装任务的三机部 172 厂的代表和空军的两个投弹机组代表。张爱萍、杨成武、成钧、刘杰、刘西尧、罗舜初、张震寰、胡若嘏、李旭阁、高健民等也参加了接见。接见前，张爱萍向周总理汇报了被接见的人员名单。

朱光亚在回忆这段经历时这样讲述：

> 飞机起飞之前，大家还是一身冬装，到达北京时，已经是风和日丽的初夏了。5 月底的一天，我们刚刚步入人民大会堂，就受到周恩来总理、邓小平总书记、陈毅元帅、贺龙元帅、聂荣臻元帅、罗瑞卿大将等许多中央领导同志以及国务院和总部有关负责同志的欢迎。
>
> 周总理一边和我们一一握手，一边歉疚地说："大家辛苦了！去年 10 月本来应该和大家见面的，因为忙，延迟到现在，真对不起。这次空爆成功，计划圆满完成，老总们很高兴，都要来见见有功之臣。"
>
> 陈老总朗声笑道："是喝庆功酒啊！"
>
> 合影后，老总们在欢笑声中招呼我们入席。每一张饭桌前都有一位领导陪同就餐。我们在亲切、和谐、欢畅的氛围中感受到党中央对国防科学技术事业的高度重视，对战线上的科技人员的亲切关怀。
>
> 总理即席讲话，勉励我们继续努力学习马列主义、毛泽东思想，群策群力，戒骄戒躁，再接再厉，为攀登下一个高峰，尽快掌握氢弹技术，加强国防、保卫和平做出更大的贡献[①]。

图 4-9　朱光亚（中）试验归来

关于这次接见、合影和宴请，时任国防科委二局参谋的宋炳寰在《周总理宴请参加原子弹研制、

---

① 杜祥琬，等:《战略科学家朱光亚》。北京：原子能出版社，2009 年。

试验的有关人员》一文[1]有更详细的描述。

中央领导的集体接见，给大家极大的鼓舞。这年夏天，核武器研究院和核试验基地发动科研人员，集中讨论了下一步的攻关计划。

两弹结合的起步

早在第一次核试验之前，导弹核武器的研究工作就已作了安排。1963 年 9 月，聂荣臻元帅在听取二机部刘杰、刘西尧、钱三强、朱光亚等的汇报时就曾指示："我们装备部队的核武器，应以导弹为运载工具作为主要发展方向；第一颗原子弹炸响以后的安排要及早考虑，计划安排要跟得上；要考虑核装置的小型化和氢弹的问题，以及与运载工具相结合等问题。"[2]

正在这时，美国、英国、苏联三国的代表，于 1963 年 7 月 25 日在莫斯科草签了《关于禁止在大气层、外层空间和水下进行核试验的条约》，8 月 5 日在莫斯科正式签字。这个条约的主要内容是：禁止在大气层、外层空间和水下（包括领海或公海）进行任何核武器试验爆炸或任何其他核爆炸，但并不禁止在地下进行核试验。这就是说，美、英、苏等已拥有核武器的国家可以继续通过地下核试验来改进和发展他们的核武器，巩固他们核大国的垄断地位，而中国为建立自己的核力量，即将开始在大气层进行核试验却不符合这个条约，因而属被禁止之列。当时，美国出席莫斯科会谈的代表曾公开说：这次我们三国所以能够达成协议，是因为"我们能够合作来防止中国获得核能力"。一语破的，遏制中国独立自主的发展核力量就是"部分核禁试条约"的实质。

鉴于美、苏、英三国签订《关于禁止在大气层、外层空间和水下进行核试验条约》后出现的国际形势，中央专委认为：核航弹应继续进行试验，但其作战价值不如导弹核武器。核武器的发展方向，应以导弹核弹头为主，空投航弹为辅。

1964 年春，朱光亚会同核武器研究院其他领导着手制定小当量核导弹头的研制工作计划。在理论设计方面开始初步计算，并对不同的方案作比较。

1964 年 2 月，聂帅指示：两弹的结合，即把原子弹装在导弹头上，成为

① 宋炳寰：导弹核武器试验往事。《神剑》，2006 年第 4 期。

② 杜祥琬，等：《战略科学家朱光亚》。北京：原子能出版社，2009 年。

导弹核武器的核试验，应在不妨碍当前任务的前提下，妥善安排，要组织论证好两弹结合的方案[①]。这时，核武器研究院制定了核弹头研制计划，同年3月，朱光亚在参与计划及组织实施过程中，耗费许多心血，度过许许多多不眠之夜后，提出核弹头试验项目、工艺定型进度及对外协作等项目。

3月上旬，核武器研究院按照聂帅的指示，派了一个小组到国防部五院初步研究了有关“两弹”结合技术协调的问题。五院介绍了中近程地地导弹总的设计情况及导弹和战斗部的尺寸、重量、温度变化、振动、过载加速度、弹道、发动机推力、燃烧工作时间等技术数据。随后，核武器研究院又于3月21日提出了关于小当量核导弹头协作任务的主要设计、试验项目及工艺、定型等进度计划。4月间，核武器研究院理论部研究人员通过对一些理论模型的计算分析，确定了理论设计的优选法，进一步对几种方案做计算和分析比较。在无线电引信方面提出了初步方案并进行线路试验。

5月7日，核武器研究院向国防部五院钱学森副院长、林爽总设计师、屠守锷、黄纬禄副总设计师、谢光选、梁思礼主任设计师及6名总体设计人员介绍了原子弹的工作原理及正在探索研究之中的拟与中近程地地导弹结合配套的核装置大致的外形、尺寸、结构形式及无线电引信的设想等。

5月8日，核武器研究院郭英会副院长主持召开了由朱光亚、王淦昌、彭桓武、郭永怀、程开甲、陈能宽、邓稼先等参加的会议，讨论了下一步科学研究的方向问题和实现缩小并减轻第一颗原子弹的体积、重量的途径及必须解决的问题。初步安排1965年进行研究、设计，1966年进行为中近程地地导弹配套的小当量核弹头装置本身的平洞方式地下核试验；成功后，再安排把小当量核弹头同中近程地地导弹结合起来的不装高浓缩铀的飞行“冷”试验。

为了促进二机部与国防部五院的协作关系，中央专委办公室副主任、国防工办副主任郑汉涛于9月11日下午召集会议，就“两弹”结合方案的论证工作及研制、试验计划问题作了研究。刘西尧、朱光亚、国防部五院副院长刘秉彦等参加了会议。会议确定由二机部与国防部五院共同组织一个方案论证小组，进行“两弹”结合的研究、设计工作，并于12月10日前提出“两弹”结合方案与具体研制、试验计划报中央专委。

研制小当量核弹头的难点在于其体积和重量都要比第一颗原子弹装置缩

① 杜祥琬，等:《战略科学家朱光亚》。北京：原子能出版社，2009年。

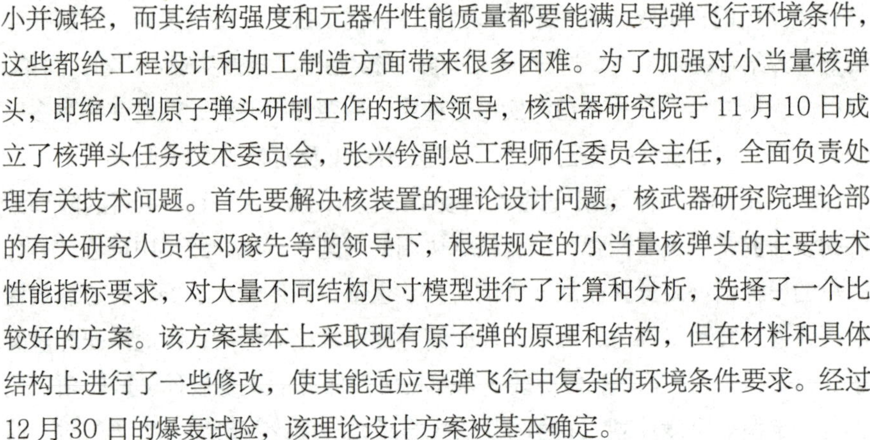

小并减轻，而其结构强度和元器件性能质量都要能满足导弹飞行环境条件，这些都给工程设计和加工制造方面带来很多困难。为了加强对小当量核弹头，即缩小型原子弹头研制工作的技术领导，核武器研究院于 11 月 10 日成立了核弹头任务技术委员会，张兴钤副总工程师任委员会主任，全面负责处理有关技术问题。首先要解决核装置的理论设计问题，核武器研究院理论部的有关研究人员在邓稼先等的领导下，根据规定的小当量核弹头的主要技术性能指标要求，对大量不同结构尺寸模型进行了计算和分析，选择了一个比较好的方案。该方案基本上采取现有原子弹的原理和结构，但在材料和具体结构上进行了一些修改，使其能适应导弹飞行中复杂的环境条件要求。经过 12 月 30 日的爆轰试验，该理论设计方案被基本确定。

从 1965 年 1 月起，核武器研究院开始进行缩小型原子弹头起爆元件和模拟核装置一系列的爆轰试验，进行了大量的工艺试验，同时还开展装置的结构设计。核装置如何满足导弹发射和飞行中力学、温度环境，并保证发射过程中意外事故的安全性，是结构设计的关键问题。核武器研究院设计部的工程技术人员在结构设计中，采取了多项措施，并选用了一些高性能小型化元器件，使核装置尺寸缩小，重量减轻，强度和刚度提高，以适应导弹飞行中复杂环境条件的要求。

缩小型原子弹头引爆控制系统的研制工作，也是在第一颗原子弹引爆控制系统的基础上展开的。由于导弹头部壳体内空间位置和重量的限制，要求弹头内各系统和组件要小，而且要轻。核武器研究院设计部的工程技术人员对引信以及飞行试验测量用的无线电遥测和天线等关键部件进行了设计、试验，并较快地取得了成果；同时开展了包括多级保险和多种类型引信的整个引爆控制系统的设计和研制，还设计了自毁安全系统。

经过以上的研制、试验，到 1965 年 6 月底，核武器研究院已完成缩小型原子弹头的理论设计、结构设计和引爆控制系统原理设计，并与七机部（原为国防部五院）商定了缩小型原子弹头与改进型中近程地地导弹头部壳体的连接结构方案。通过前一段的研制实践及对缩小型原子弹头研究的认识，核武器研究院于 6 月 30 日讨论修订了研制计划。计划在继续完成起爆元件定型试验、模型试装、遥测系统与无线电引信单项试飞等工作的基础上，再进行 4 项试验，即：缩小型原子弹头的环境条件模拟试验、爆轰出中子“冷”试验、引爆控制系统全射程飞行试验、测量原子弹头核爆炸性能的地下核试验。核武器研究院认为，通过这 4 项试验就可以作为缩小型原子弹头与改进型中近程地地导弹相配装的标准。

在核武器研究院保存了近半个世纪、留下大量笔迹的有关缩小型原子弹头及与导弹结合的技术档案中可以看到，经朱光亚审阅并修改过的《关于两弹结合会议纪要》，红色的蝇头小字在原稿上改得密密麻麻，最后又亲自誊写了一遍，交付打印。从签好上报下发的单位与数量，到撰写导弹产品的规划报告、会议纪要、两弹结合规划，就某方案与国防部五院进行论证事宜、缩小型任务的协调安排等，再到用红笔修改关于某任务与五院进行方案论证工作情况的报告后，又重新誊写一遍，从那密密麻麻的字迹与文字材料中可以看出朱光亚为这项工作所付出的心力。

1965 年 1 月 31 日，撰写《与七机部关于碰头会纪要》。同年 2 月，审阅某聚焦元件试验准备的报告。2 月 13 日，撰写某产品环境条件试验急需增添的设备（初步意见及附件）。6 月，撰写《关于导弹环境条件与导弹参数的几个问题的请示报告》。11 月 26 日，撰写《有关安排某试验的几个问题》。 这是一次重要的两弹结合（某引爆系统）导弹飞行试验。目的是考验某引爆控制系统的性能。12 月 29 日，审阅并批改某材料的热压缩成型工艺及防潮涂层试验的进展情况简报，并批示："这份'简报'尚需补充两个数据。"

两弹结合技术攻关

1965 年 1 月，当邓稼先领导的理论部交出导弹核弹头理论方案后，龙文光、疏松桂、俞大光等开始组织弹头的工程设计。为使炸药量减少时中心部位仍能产生核反应，需改进配方以提高炸药能量。同时，对无线电遥控部件进行设计、试验，进行多级保险、多种类型的引信设计。

1965 年初，实验部对起爆元件和模拟装置进行了爆轰实验。

1965 年 5 月，朱光亚派人进驻四机部某厂，为提供弹上无线电引信样机和资料进行协调，计划于1965年第3季度完成天线图纸设计，交付工厂生产。7 月，朱光亚、陈能宽副院长与疏松桂、俞大光等部主任听取汇报，初步定下了发射功率、接收灵敏度等主要技术指标，并为第一颗导弹飞行试验用的引信明确了进度、数量等具体要求。10 月中旬，朱光亚、龙文光、俞大光、黄国光等听取了有关方案的汇报。

与此同时，1965 年 6 月，朱光亚带队参加与七机部一院就原子弹与导弹

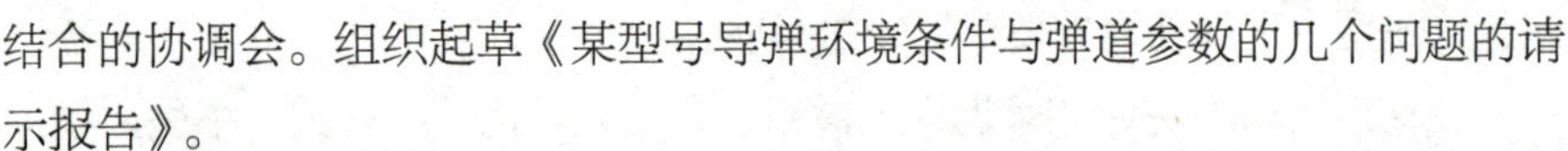

结合的协调会。组织起草《某型号导弹环境条件与弹道参数的几个问题的请示报告》。

在周总理指示下，中央专委办公室多次主持召开二、七机部领导、专家会议。要求七机部保证做到：只能在指定的弹着区投弹，导弹在空中飞行过程中绝对不能掉下来。要求二机部保证做到：万一导弹在中途掉下来，核装置绝对不能爆炸。

在朱光亚的组织安排下，苏耀光主持进行包括振动、碰撞、核弹头坠地撞击、自毁、燃烧等一系列异常状态下严格的模拟试验。同时，为使原子弹适应弹头环境，还进行综合静力、噪声、底部压力的测试以及脉冲试验等，确保核弹头在解除保险后，即使发生异常也不会发生核爆炸。

第一个导弹核弹头振动试验在激振力 250 千克的电磁振动台上进行。当时在没有大的振动台的情况下，把产品搬上汽车进行振动试验。为建造大型振动试验设备，朱光亚和郭永怀非常具体地指导工作，他们建议国防科委组织各工业部领导听取研究院的调研报告，最终通过协作得到了国内研制成功的大型环境试验设备。

犹如苍龙呼啸而过

1966 年 3 月 11 日，周恩来在国务院会议厅主持召开中央专委第十五次会议，讨论了国防科委关于改进型中近程地地导弹核弹头试验方案的报告。刘杰、刘西尧等参加了这次会议。基于当时的技术状况，为了更快地拿出经过实际飞行考验的核弹头，中央专委决定原则同意先按进行“冷”（不装高浓缩铀）、“热”（装高浓缩铀进行核爆炸）试验的计划做好准备工作，并由国防科委进一步组织二机部、七机部研究落实各项措施，一定要从多方面设想，分析可能出现的问题，并多做一些试验，以保证绝对安全。中央专委要求：七机部要发动有关职工群众研究导弹上可能出现的各种安全问题，包括用地面无线电遥控使导弹自毁的试验，并相应地准备好 7 发改进型中近程地地导弹；二机部要进行在各种意外情况下是否会引起核爆炸的试验，做出可靠的结论，同时准备好 4 发“冷”试验弹头、两发“热”试验弹头；国防科委要抓紧进行临时发射阵地和弹着区的勘察、建设和场区准备工作，对导弹发射时经过的地区要再作一次详细的调查。为了加强“两弹”结合的工作联系，中央专委要求二机部、七机部应尽快选定专人，互派工作组，深入有关研究院和工厂进行工作，并由国防工办检查落实。中央专委要求各项试验准备工作在8月底以前完成，国防科委、国防工办应将进展情况每月向中央专委报告一次。

在中央专委原则同意用改进型中近程地地导弹装上核弹头进行“两弹”结合的飞行“热”试验后，刘杰和刘西尧做了商议并及时召开会议向核武器研究院及部内各有关业务局领导传达了中央专委的决策和指示。刘杰特别强调：在我们自己的国土上用导弹运载核弹头进行核爆炸试验，这在世界上是罕有的做法。确保绝对安全可靠是这次试验最重要的问题。他要求部内各有关业务局特别是核武器研究院，要认真发动群众，切实贯彻“质量第一，安全第一”的方针，兢兢业业地抓紧研制工作，做好各项地面试验，确保飞行“冷”、“热”试验的绝对安全可靠。

为了考验核弹头的引爆控制系统在导弹飞行过程中的工作性能，核武器研究院于4—5月间，对核装置及引爆控制系统的一些部件、组件、整体进行了高频和低频振动、过载、离心、跌落及调温等一系列环境条件地面模拟试验，进行了核装置静力强度试验。在此基础上，由西北综合导弹试验基地统一组织领导，进行了引爆控制系统飞行遥测试验。7月4日，还成功地进行了第二发整体爆轰出中子试验，这是一发模拟真实环境影响和放宽加工与装配尺寸公差的爆轰出中子试验。为了确保安全，核武器研究院进行了核弹头在未解除保险情况下是否发生核爆炸的燃烧模拟试验、坠地撞击模拟试验，并对引爆系统和自毁系统的可靠性再次进行了论证。此外，还于5月8日在青海省海晏至刚察的公路上进行了时速为40千米、距离为200千米的核弹头整体运输安全考核试验。试验的核装置用保温车拖运，核装置除了未装浓缩铀部件和真正的中子源之外，其他均为实物。到9月上旬，全部地面试验工作均已完成。通过以上这些一系列试验和分析论证，得出了结论：核弹头可以保证安全与可靠。

在此期间，为了保证“两弹”结合飞行试验的绝对安全，七机部也向参加改进型中近程地地导弹设计制造的全体职工传达了中央专委关于“确保安全可靠”的指示，组织职工对设计图纸、原材料、零组件、设备和总装测试等各个环节，进行了群众性的质量检查监督；在生产过程中，对每一个部件、每一个零件都严格掌握好工艺，严格控制好质量，把不安全因素消灭在导弹出厂之前，保质保量按计划完成了导弹的生产任务。另外，为了保证导弹安全爆炸系统的可靠性，七机部对该系统作了多项技术改进，并通过了地

面综合试验。8—9 月间，对改进型中近程地地导弹进行了定型鉴定试验，共发射 5 发，均获成功。结合定型试验，8 月 30 日还进行了弹体自毁试验，证明导弹的安全系统工作可靠。

西北综合导弹试验基地在准备工作中，研究提出了发射方案，勘选了发射阵地的位置，抢建了临时野战发射场坪、地下指挥控制室和各类人员掩体等工程。在技术阵地、发射阵地开展了操作训练。

6 月 30 日，周恩来率中国党政代表团结束了在罗马尼亚、阿尔巴尼亚的访问后，由巴基斯坦拉瓦尔品第返回北京的途中，特地在西北综合导弹试验基地停留，亲自检查“两弹”结合飞行试验的准备情况。他不顾长途飞行的疲劳，一到基地立即听取汇报，视察了地地导弹发射阵地，观看了改进型中近程地地导弹发射合练。周恩来还观看了地空导弹的实弹发射。周恩来的视察大大增强了基地官兵圆满完成“两弹”结合飞行试验的决心和信心。

核试验基地在罗布泊空爆靶心南偏西 20 余千米处勘选了弹着区的位置，在孔雀河上架设了木桥，修筑了通往弹着区的简易公路，构筑了测量工号，还研究提出了测量方案，安排了保证测准爆炸威力和爆炸点位置的测量项目。

发射阵地和弹着区的安全防护措施也分别由西北综合导弹试验基地、核试验基地具体研究拟制了方案。两个基地还组成联合工作组，制定了弹道飞行走廊（即导弹飞行弹道下面经过的地区）的安全防护方案。

9 月 5 日下午，李觉、朱光亚与国防科委、七机部、西北综合导弹试验基地、核试验基地的领导向聂荣臻汇报了“两弹”结合飞行试验准备工作的完成情况及试验工作的安排。

9 月 12 日，国防科委副主任张震寰率机关工作人员到西北综合导弹试验基地后又到核试验基地，检查了试验准备工作完成情况，具体研究了试验方案、试验时间安排及安全防护措施。9 月 14 日，国防科委向周恩来并中央专委、中央军委写了关于“两弹”结合飞行试验准备情况及试验时间大体安排的报告。

9 月 25 日下午，周恩来在人民大会堂福建厅主持召开中央专委第十六次会议。会议着重讨论了“两弹”结合飞行试验等问题。经周恩来同与会的诸同志讨论后，中央专委原则同意国防科委和二机部、七机部在 10 月初进行“两弹”结合自毁试验，10 月中旬进行“冷”试验的安排，根据这两项试验的情况再决定“热”试验问题。周恩来指示：你们一定要有严格的科学态度，认真对待，大力协同，首先把合练搞好。要求张震寰在9月底回北京报告“两弹”结合自毁试验和“冷”试验的准备情况，以及试验场区10月的气象情况。中央专委还指示国防科委会同兰州军区、总后勤部、铁道部、公安部及有关部门组成联合小组，统一指挥办理核导弹飞行弹道下面的居民点甘肃红柳园地区约1万余名人员临时疏散到安全地区的工作。

图 4-10　朱光亚（右）在核试验基地听汇报

9月15日，经总政治部批准，由张震寰、栗在山、钱学森等11人组成了“两弹”结合试验党委会。由张震寰任第一副书记，暂时代理书记职务，栗在山、张蕴钰任副书记。

到9月底，核武器研究院已完成“冷”、“热”试验弹头的全部生产加工，七机部已完成导弹的加工。“两弹”结合自毁试验和“冷”试验用的导弹及弹头已运到西北综合导弹试验基地。“热”试验用的核弹头已在青海核武器研制基地总装好，待命启运。核试验基地的测试工作也已准备好。试验中的通信、气象、航空、医疗、防护和核试验基地场外放射性烟云侦察等各项保障工作亦都做好了准备。至此，“两弹”结合飞行试验的各项准备工作已经就绪。

为了确保“两弹”结合“热”试验的稳妥可靠、万无一失，按照中央专委同意的安排，10月7日在西北综合导弹试验基地进行了一次实际检验安全自毁系统的“两弹”结合飞行试验。这次试验的目的是：验证改进型中近程地地导弹安全自毁装置在飞行条件下的工作可靠性，以便在正式发射核弹头进行“热”试验时，万一导弹出现发动机工作不正常或控制系统失灵、导弹不按预定弹道飞行时，地面及时发出一个无线电自毁信号，先将弹头、后将弹体在空中炸毁，防止发生核爆炸，以确保发射核弹头时地面的绝对安全。这次试验的改进型中近程地地导弹于17时31分起飞，弹上和地面所有的设备工作正常。导弹飞行50秒时，地面发出安全自毁指令，接着，弹头在先、弹体随后在空中爆炸自毁。试验中，时间统一勤务信号和通信联络均正常。发射阵地人员、车辆按计划有秩序地进行了安全撤离。弹着区也按正式试验程序进行了合练，所有设备状态良好，除地面接收设备联试时发现有干扰信号外，一切工作正常。这次试验的结果证明，导弹工作正常，安全自毁系统可靠，空爆自毁试验是成功的，达到了试验目的。

10月8日下午，周恩来和聂荣臻、叶剑英听取了张震寰关于“两弹”结合安全自毁试验的结果及“冷”、“热”试验的准备情况和10月适合试验要求的好天日期预报的汇报。周恩来指示：这次试验事关重大，我们在自己的大陆上搞，不要出乱子；“冷”试验弹要严格检查，做好记录，“热”试验弹更要严格检查，做好记录，一切工作都要百分之百地保证都没有问题才行，要把各种因素都考虑到，凡是想到的问题都要检查到，一切缺陷都要弥补好；核弹头要进行撞击试验，斜撞、横撞都要试验，保证在各种异常状态下不发生核爆炸；责成总参谋部、兰州军区、铁道部组织好居民的疏散工作；弹着区的人员要撤离远一些。周恩来与聂荣臻、叶剑英两位商量后，指定由张震寰负责这次试验，要他10月10日去西北综合导弹试验基地，然后也要去核试验基地再检查一下。“冷”试验完后，回北京再汇报一次，最后报请毛泽东主席下决心。“冷”试验的时间可安排在10月15日前后，试验的详细结果要在两、三天内报来。

10月11日上午，张震寰在西北综合导弹试验基地主持召开“两弹”结合试验党委会。传达了周恩来和聂荣臻、叶剑英的上述指示，听取了第一发“冷”试验弹在技术阵地测试情况的汇报，研究了发射时间的安排。鉴于这一发弹已测试准备好，且13日将出现符合试验要求的好天，试验党委确定12日做好一切发射准备，13日发射。经国防科委批准，第一发“冷”试验弹于13日8时33分发射成功。紧接着，16日17时30分又成功地进行了第二发“冷”试验弹的发射。这两发运载模拟核弹头（不带核装料）的导弹飞行都正常，模拟核弹头的引爆控制系统工作也正常，并在弹着区内预定的高度按程序起爆了炸药部件，从而进一步检验了导弹及引爆控制系统的可靠性。在这两次“冷”试验中，发射场区和弹着区都按正式试验程序工作和行动，从而也进一步全面检验了各项准备工作。这两次“冷”试验的成功，鼓舞了全体参试人员的斗志，增强了安全、可靠、保响地进行“两弹”结合“热”试验的必胜信心。

10月中旬，运送正式“热”试验用的导弹和核弹头（各两发，其中1发备用）的专列火车安全顺利地抵达西北综合导弹试验基地。

10月18日，聂荣臻指示国防科委通知核试验基地：“两弹”结合“热”试验时，要注意场区人员的安全防护与掩蔽，以防弹道出现偏差时发生事故。对此，要预先制定好周密的计划。

10月19日晚，聂荣臻向周恩来电话报告：“两弹”结合飞行试验的场区，近期有几天适合试验的好天气，建议开个会，听取张震寰等关于试验准备工作情况的汇报。

10月20日，周恩来召集专门会议，与聂荣臻、叶剑英、杨成武等一起听取了张震寰关于两发“冷”试验弹试验结果和检查“两弹”结合“热”试验发射区和弹着区最后准备工作情况的详细汇报。刘杰和朱光亚等参加了这次会议。周恩来和聂荣臻、叶剑英同到会的有关部门的负责同志和专家们，对“热”试验的准备情况和试验安全问题，再次进行了全面的检查。分别由朱光亚和国防科委、国防工办、七机部的有关同志把几个月来进行的扎扎实实的试验工作和分析论证的结果做了简要明确的汇报。总的结论：质量和安全是有保证的，一般不会发生事故；根据已进行过的3次核试验成功的经验，这次核爆炸也是可以成功的，但是不经过实践的检验，还不能完全放心；这次试验成功了就可为今后发展更高一级的导弹核弹头打下一个基础。在会上，叶剑英高兴地指出：在我们自己的国土上用导弹进行核试验，这在世界上还是一个创举，这次试验搞成功了，会在国内外引起很大震动。他说，过五关斩六将，“热”试验是最后一关，一定要检查得更仔细，连一个螺丝钉都要检查到，杜绝疏忽大意，坚决消灭人为的误差。周恩来说：根据过去发射的经验，还是要领导、群众、专家三结合，不要着急，要沉着。周恩来特别强调：从领导到每个人都要更加细心，保证地面上没问题，操作中不出问题。要精益求精，周到细致，要保证万无一失。周恩来还说：工作检查好了，要让参试人员好好休息，要搞好伙食。聂荣臻在会上要求到发射现场主持这次试验，并得到周恩来的同意①。

10月25日，聂荣臻来到西北综合导弹试验基地。他在现场听取了导弹、核弹头测试情况汇报，检查了试验准备工作。他还向试验党委及西北综合导弹试验基地的领导传达了毛泽东主席在24日晚听他汇报时所做的指示。毛主席指示：你过去是打胜仗的，这次也可能打败仗，打了败仗也不要怕。聂

① 宋炳寰：导弹核武器试验往事。《神剑》，2006年第4期。

图 4-11　朱光亚（右）在检查核试验准备工作

荣臻解释说：毛主席指示的意思是警示我们不要打无准备的仗。一定要认真，要充分做好准备，要从坏处着想，力争成功。聂荣臻说：这次试验中，10月上、中旬发射了3发弹是成功的，正因为顺利，如果麻痹了，就可能打败仗。在这方面，过去是有教训的。聂荣臻要求各级领导都要认真贯彻毛主席的指示，把最后的各项准备工作做细做好。

25日下午4时，聂荣臻参加了试验党委会，对发射区和弹着区未来48小时的气象进行了研究。在听取了基地气象预报人员的报告后，聂荣臻与试验党委的同志一起进行了讨论。当时正值深秋季节，发射场区刮着大风。按照预报，27日黎明以后，天气可转好。据此，聂荣臻同意试验党委的意见，按27日正式发射来安排发射区、弹着区及场外的各项行动。试验党委于19时30分将上述安排意见用加密电话向国防科委并周恩来、叶剑英、杨成武做了报告。

核武器研究院的同志们进一步发扬了严细的工作作风，对每一个部件、每一个零件又都反复进行了严格的检查和测试。他们在七机部一院有关人员的密切配合下，精心完成了核弹头的最后总装。

26日9时许，张震寰主持试验党委会，再次研究气象。根据早7时的天气预报，27日为好天。经党委研究并报告聂荣臻同意，确定27日9时为发射时间。9时45分，试验党委用加密电话向国防科委并报周恩来、叶剑英、杨成武请求批准上述发射时间。周恩来看了国防科委呈送的电话记录单后批示：以绝密电和绝密电话用密语复同意，要他们突出政治、沉着打好这一仗。

26日上午，聂荣臻视察了正式发射用的改进型中近程地地导弹，并详细询问检测情况。随后，聂荣臻又视察了正式发射用的核弹头，询问了总装配质量和检测结果。

导弹、核弹头转到发射阵地后，聂荣臻和张震寰等冒着大风一直在阵地上，仔细观察部队进行对接、瞄准、校零及各项测试检查的操作。

27日5时许，发射阵地一切准备工作就绪，就等待加注推进剂了。张震寰在阵地上用直通北京的加密电话向周恩来汇报了发射区的准备情况，并请求批准加注推进剂和按时发射。周恩来听了很高兴，并指示：一切由聂荣臻在现场决定。稍后，聂荣臻同周恩来通了电话，认为可加注，进行试验。他们定下了加注推进剂的决心。随后，发射阵地进入加注推进剂和临射前的各项检查工作。

27日8时，聂荣臻等下到在地下的发射控制室。聂荣臻勉励在这里坚守岗位的7人发射小组要沉着勇敢，圆满完成党和毛主席交给的光荣任务。直到下达“30分钟准备”口令后，聂荣臻等才撤离发射阵地，到敖包山指挥所。

1966年10月27日9时10秒，发射命令下达后，操纵人员按下了导弹发射的按钮。随着一声巨大的轰鸣声，一条苍龙从烈火中怒吼着，呼啸着，刺向苍穹，伴随着滚雷般的啸声，拖着巨大而浓烈的烟云渐渐变成一个闪光点在湛蓝湛蓝的晴空下穿过云层，划出一条长长的白带，在祖国大西北的上空疾驰。

9时9分14秒后，核弹头在新疆罗布泊命中目标，在靶区观测站，人们看到了一种雄伟的景观：570余米的高空突然出现一个巨大火球，闪烁着七彩光与东面的太阳遥相辉映。瞬间，火球变为一朵硕大的蘑菇云，翻滚着向苍穹升腾。

在首区地下室里，67岁的聂荣臻元帅指挥了这次试验：一枚威力为1.2万吨TNT当量的核导弹在本土上空发射、飞行，并且弹头在预定的射程、预定靶区、预定的高度爆炸成功。这在当时的国际上是没有先例的。试验证明：原子弹中各种精巧的部件确实能够承受导弹飞行恶劣环境的考验。中国从此有了可用于实战的核导弹。

对于在我国本土上进行两弹结合飞行试验，有些人一直捏着一把汗。张开善回忆说：

> 1986年春节我去看望当时在现场的核武器研究院院长李觉将军时，他讲述了当时的真实心情，他的担心是很有代表性的，他说：“当时我站立在发射场，看着即将发射的载带核弹头的导弹，从开始紧张，到越来

越紧张，紧张得有点麻木了，像个木偶一样，一动不动，心里好像压着一块石头，非常沉重，当导弹点火发射后，进入程序飞行，我思想上仍然沉重，担心导弹掉下来，如果万一掉下来时，希望它在空中自毁，空中自毁系统不能失灵，不能让它落地造成灾难；当报告飞行正常，我心里仍不正常，核弹正常不正常，还要看最后核弹爆炸是否正常，我好像心都快掉下去了。当收到报告，核爆炸一切正常，阿弥陀佛，我这才放心了。当人们热烈欢呼鼓掌时，我仍站在那里没动，别人问我为什么还不鼓掌，我说，核爆炸的结果还不知道，怎么鼓啊？你鼓你的掌，我这个掌先不能鼓。"①

11月4日，当时法国的《国际论坛》对这次在本土进行的导弹核武器试验这样评论说，"中国技术人员差不多达到了美国50年代的阶段。中国可能靠他的数学家和越来越多的研究人员制造一种战略洲际导弹。那时，中国将成为与拥有8亿人口的大国相称的强国。"

导弹核试验成功后，周恩来希望核武器研究院能寻找一种替代方法，即不用真的核爆炸，却能严格考核核装置在飞行环境下的各种性能。核武器研究院又历时10个春秋，终于掌握了替代方法。所以后续其他型号的地地核弹头就未再进行两弹结合的飞行热试验了。

回首这段往事，朱光亚欣慰地说："继原子弹塔爆试验和1965年5月机载核航弹爆炸试验之后，1966年10月，我们又成功地进行了导弹运载核弹头爆炸试验，一步接一步地实现了我国原子弹研制的'三级跳'计划"②。

从第一颗原子弹装置到安装核弹头的导弹，美国从1945年到1958年，用了13年；苏联从1949年到1955年，用了6年；我国从1964年到1966年用了两年。此后，朱光亚又继续在他的岗位上参与组织了一系列核弹头的研制。

到了20世纪七八十年代，中国的核导弹已从近程、中程，延伸到洲际。有人说：朱光亚、钱学森等科学家是把物理成果转换成工程成果，把科学技术转换成人民军队战斗力的大师。

---

① 张开善：我国首次导弹核武器试验幕后。《百年潮》，2005年第7期。

② 杜祥琬，等:《战略科学家朱光亚》。北京：原子能出版社，2009年。

大漠上空升起人造太阳

突破氢弹理论与技术的攻坚战

早在原子弹技术攻关紧锣密鼓进行的同时，氢弹原理的预先研究也悄悄地展开了。胡仁宇、胡思得、朱祖良、赵宪庚回忆说：

> 氢弹研制是比原子弹研制更加复杂的科学工程，核大国严格保密，当时我们没有任何一点可供参考的信息资料。1960 年冬，我们正在集中力量研制原子弹时，二机部刘杰部长与钱三强副部长研究，组织原子能所黄祖洽、于敏等一个精干的科研小组，预先进行了氢弹理论探索。1963 年秋，我们完成第一颗原子弹理论设计后，也及时调整理论部的力量，开始向氢弹理论方面转移。1965 年初，于敏等 30 余名研究人员正式调入我院，与理论部的研究队伍汇聚一起，从原理、结构、材料等方面广泛开展氢弹理论研究。在朱光亚、彭桓武副院长的指导下，理论部主任邓稼先组织开展突破氢弹技术途径大讨论，制定了科研工作大纲，确定氢弹理论研究主攻方向，并由黄祖洽、于敏、周光召等副主任领导，分解课题，兵分几路，多路探索。随着工作的进展，朱光亚代二机部起草了《关于突破清单技术关键问题的安排》，全面部署解决‘理论技术和核燃料两方面的问题’，拉开了重点攻坚战的帷幕[①]。

早在 1960 年秋天，刘杰就曾对钱三强说：核武器研究所正在忙于原子弹的技术攻关，原子能所能不能组织力量在氢弹理论研究方面先行一步？钱

---

① 杜祥琬，等:《战略科学家朱光亚》。北京：原子能出版社，2009 年。

三强回答：氢弹的研制工作迟早是要进行的，早作布置好。氢弹有自己的原理和规律，与轻核反应有关的理论问题确实须及早探索。我很赞成。这样，在原子弹研制工作开始不久，就部署了氢弹的预先研究工作。

1960 年 12 月，在原子能所组建了由黄祖洽、于敏为正副组长的轻核反应装置理论探索小组，开始了氢弹原理的探索，对热核材料性能和反应机理的基础参数进行研究。

1961 年 10 月以后，在朱光亚安排下，黄祖洽到核武器研究所理论部工作。有一段时间，黄祖洽就在原子能所与核武器研究所两个单位工作。有一条纪律：黄祖洽可以把原子能所的工作向核武器所透露，而核武器所的工作则要“守口如瓶”。因此，原子能所的青年们私下里调侃黄先生是“半导体”。不久，黄祖洽调到核武器研究所理论部任副主任。原子能所轻核反应装置理论探索小组的工作全部由于敏负责。

从 1960 年第 4 季度到 1965 年初，“轻核理论组”在第四研究室数学组和承担轻核反应数据测量任务的轻核实验组的大力帮助下，经过 4 年扎扎实实的探索，他们对氢弹有关物理过程做了深入研究，对氢弹的原理作了初步探索，对氢弹可能的整体结构也有了一些初步的设想，提出了加强型原子弹和在液氘中实现非热动平衡情况下燃烧两条技术途径，并建立了相应的模型和计算参数，编制了相应的简化计算程序。这 4 年颇富成效的工作，无论对热核反应基本现象的了解、基本条件的掌握，还是对某些规律的认识，都为后来的氢弹攻关工作奠定了一些必不可少的应用基础，在最终突破氢弹原理中起了重要作用。

从 1963 年 9 月起，核武器研究所理论部在交出了第一颗原子弹的理论设计方案后，抽出部分研究力量也开始了氢弹原理的探索，并由副所长彭桓武亲自指导。

1965 年 1 月 7 日下午，刘杰在二机部党委会议上讲话时，传达了不久前毛泽东主席的指示。毛主席说：如果有氢弹、导弹，仗可能就打不起来，和平就更有把握了。原子弹要有，搞起来也不会多，吓吓人，壮壮胆。毛主席又说：还有三年才搞成氢弹，太慢了。

1 月 23 日，毛主席在听取国家计委关于经济建设长远规划设想的汇报时指出：敌人有的，我们要有，敌人没有的，我们也要有，原子弹要有，氢弹也要快。管他什么国，管他什么弹，原子弹、氢弹我们都要超过。

根据中央精神，二机部党委决定，1965 年 1 月，黄祖洽、于敏等原子能研究所“轻核理论组”的科研人员携带着预先探索研究的所有成果和资料，调到了核武器研究院理论部，与主战场汇合，一起攻关。黄祖洽、于敏被任命为理论部副主任，于敏作为部副主任参与氢弹研制一线攻关。这预示着：突破氢弹理论的攻坚战正式打响了。

周总理在首次核试验成功后，也提出氢弹要加快，并要求二机部做出规划。刘杰、刘西尧、李觉、吴际霖、郭英会、朱光亚等领导反复研究后，1965 年 2 月 3 日，二机部向中央呈报了经集体讨论、由朱光亚起草《关于加快核武器发展问题的报告》，报告提出：一方面抓紧原子弹武器化工作，装备部队；一方面尽快突破氢弹技术，向战略核武器的高级阶段发展。

报告在讲到氢弹设计问题时说：目前我们在氢弹的理论上还没有解决，有待进一步探索。根据现在了解，从原子弹到氢弹是一个阶段性的发展，需要有个过程，这个过程美国是 7 年，苏联是 6 年，英国是 5 年，法国从 1960 年进行原子弹试验之后，至今尚未搞成，据说要到 1968 年才行。氢弹一般的含意，当量在百万吨以上，聚变反应的能量要在 30% 以上。从低级的，即比威力（单位重量的爆炸威力）和聚变比（聚变反应的能量在整个核反应中所占的份额）较低的氢弹，到高级的，即比威力和聚变比较高的氢弹，也有一个发展过程。从开始试验氢弹装置到开始试验氢导弹头，美国经过 6 年，苏联经过 8 年。他们都是经过一系列核爆炸试验才突破氢弹技术的。看来影响氢核反应的因素很多，错综复杂，不仅许多已经理解的东西需要通过试验去验证，还有许多没有理解、没有发现的东西，需要通过试验才能理解和发现。

报告还说：经过将近一年，特别是最近几个月的调查研究，初步看来，要解决氢弹设计制造的理论技术问题，必须通过各种必要的试验摸清各种核燃料的基本性能和各种核反应的基本规律；必须抓住有关氢弹设计、制造的主要问题，在原理和结构上从多方面进行理论探索和科学实验。我们准备再经过一个季度到两个季度的调查、研究，提出初步的研究、实验的规划，力争在 1968 年开始进行氢弹装置试验。

在周总理主持的中央专委会会议上，审议并原则同意二机部的安排，要求通过 1965—1966 年的试验，完成原子弹武器化，尽快突破氢弹技术，力争于 1968 年进行氢弹装置试验。

中央专委会议以后，2—3 月，核武器研究院院根据二机部党委的要求，在朱光亚和彭桓武指导下，由理论部主任邓稼先、副主任周光召主持，组织理论部有关方面的专家和研究人员召开规划会议，讨论制定突破氢弹的具体规划。会议在回顾了前一段氢弹理论研究工作，分析了美国、苏联等国氢弹发展的历史以后，制定了旨在突破氢弹技术的《氢弹科研大纲》。

到了1965年7月，在彭桓武和理论部主任和几位副主任的组织领导下，理论部的研究人员在过去原子能研究所“轻核理论组”和理论部氢弹探索的基础上，经过半年的努力，在氢弹探索的道路上有所前进，确定了热核燃料的取舍，着重研究了突破氢弹的两条可能的技术途径。

7月初，刘西尧又与朱光亚和彭桓武一起指导理论部开了一个规划修订会，对2—3月制定的《氢弹科研大纲》作了修改。经过会议讨论，研究人员认识到，要改变过去想一下子把聚变的份额提高很多的做法，脚踏实地分阶段前进。修改后的大纲提出：今后理论工作应在原理、材料、结构和计算方法等方面进行艰苦的研究与探索，并结合我国实际条件，正确地设计实验，同时还要密切联系实际，加强与实验的紧密结合，以获得第一性的资料。

这次规划修订会除对这几次大威力试验进行了部署外，还确定要通过讲课来提高大家的知识水平，以弥补现有知识的不足，进而去发现和解决在理论工作中可能存在的还没有被认识的东西。

会后不久，邓稼先、周光召、于敏三位主任和副主任分别在相关的研究室讲了“等离子体物理”课程。听众甚多，出现了等离子体物理热。

1965年7月10日，二机部党委向中央专委呈送了由朱光亚代二机部起草的《关于核武器研究试验工作的报告》。报告说，核武器的研究试验工作当前的主要任务有二：其一，按预定计划在1966年上半年解决原子弹与中近程地地导弹结合的问题；其二，突破氢弹技术关键的问题。

1965年8月9日上午、10日下午，周总理在人民大会堂河北厅主持召开中央专委第十三次会议。会议着重研究了加速实现氢弹试验等问题。在讨论关于突破氢弹技术关键的问题时，会议同意二机部提出的安排意见，一方面继续进行理论上的探索研究，另一方面进行若干次“热”试验。

1965年9月底，于敏带领科研人员将氢弹基本理论与计算机计算分析相结合，夜以继日苦战。根据已经掌握的理论知识，总结以往的经验，经过反复的摸索、计算、研讨，于敏提出了一个全新的氢弹理论模型的设计思想。经过在计算机上的仿真、计算和验证，两个月后，终于牵住了实现热核反应条件的“牛鼻子”，形成了突破氢弹原理的全新的用原子弹引爆氢弹主体的具体理论方案。这就是后来被人们津津乐道的“于敏构形”。

在朱光亚和彭桓武主持下，向理论部的研究人员做了多次学术报告，详细汇报了于敏氢弹新原理设想方案。理论部具有各方面专长的专家和研究人员对这个设想方案进行了反复的讨论和推敲，分析技术难点，寻求解决的途径。大家补充了一些非常好的重要改进意见，使氢弹原理理论设想方案更臻于完善。当时大家估计这就是突破氢弹的技术途径。

氢弹原理试验成功

突破氢弹，准备两手

1965 年 12 月初，刘杰在北京获悉核武器研究院理论部已突破氢弹原理后，喜出望外。正在青海的刘西尧得知氢弹原理已经被突破的消息后，也很高兴。他在征得刘杰的同意后，立即指示核武器研究院副院长吴际霖，要在即将召开的该院科研生产两年规划会议上优先讨论研究新突破的氢弹原理。

12 月 8 日，彭桓武在青海 221 厂召集院内的专家开会，研究论证了于敏等人新突破的氢弹原理理论设想方案。与会专家认为没有理由对此方案表示怀疑，它很可能成为突破氢弹的重要途径。

9—10 日，吴际霖主持召开了核武器研究院 1966—1967 年核武器科学研究与生产两年规划讨论会。参加会议的有刘西尧、李觉，国防科委二局局长胡若嘏，朱光亚及其他核武器研究院副院长王淦昌、彭桓武、郭永怀、陈能宽等，邓稼先、周光召、于敏和理论部的部分研究人员，以及核武器研究院所属各大部门的专家和行政领导人。于敏向与会者详细介绍了利用原子弹作为“扳机”（“初级”）来引爆“被扳机”（“次级”）的两级氢弹原理理论设想方案，以及实现该方案所必须解决的关键技术问题与结构问题，初步提出了对爆轰实验、加工制造、核测试诊断等方面的要求，并回答了大家提出的问题。会上还与各大部门的专家一起对该方案涉及的各方面的问题进行了仔细研究讨论。会上除个别同志对该方案有一些疑虑外，都认为于敏报告的方案从基本物理规律上判断是合理的、可行的，前景乐观。会议决定，按照新的理论设想方案组织理论、实验、设计、试制等方面的力量，加速准备试验工作，要求尽快确定两级氢弹的理论设计方案，力争在 1966 年底前后用铁塔爆炸方式进行一次减威力的两级氢弹原理试验。

刘杰在审阅了由朱光亚起草的核武器研究院上报的核武器科研生产两年

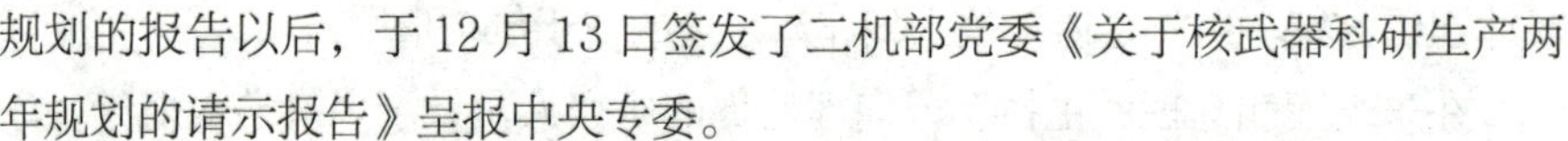

规划的报告以后，于 12 月 13 日签发了二机部党委《关于核武器科研生产两年规划的请示报告》呈报中央专委。

1965 年 12 月 29—31 日，周恩来在国务院会议厅主持召开中央专委第十四次会议。这次会议有多个议题，第一个议题就是讨论核武器研制和试验问题。刘杰汇报了二机部党委 12 月 13 日请示报告的内容。周恩来很关心已突破的氢弹原理的新设想。他还问刘杰：准备好“扳机”试验需要多长时间？明年能成功吗？刘杰答：明年年底可以试验“扳机”。外国经常爆炸 2 万吨 TNT 当量的核试验，很多试验是为了解决和改进“扳机”。

会议原则批准了 1966—1967 年核武器研制两年规划。

协同攻关，完成氢弹原理试验核装置的研究与加工

要使氢弹原理理论设想方案从理论变成现实，就必须通过核试验的实践来检验原理是否正确，技术上是否现实可能。要进行氢弹原理核试验，首先需要核武器研究院理论部尽快把包含有“扳机”和“被扳机”的氢弹原理试验装置的物理设计方案确定下来。在确定物理设计方案之前，“扳机”设计中有一些问题，必须先要通过爆轰实验来检验。在刘西尧、李觉的指导下，核武器研究院的领导立即组织全院理论、实验、设计、加工制造等方面的力量进行攻关。1966 年 1 月，核武器研究院实验部制定了爆轰模拟实验方案，并为探索模拟试验方法进行了一系列小型试验。核武器研究院理论部最初提出的进行爆轰模拟实验的“扳机”结构方案存在着 3 个难以克服的技术问题。面对 3 大技术难题，王淦昌、彭桓武、陈能宽、周光召、于敏等科学家，多次与在第一线工作的理论、实验和设计人员在一起分析研究，寻找解决的办法。经过 3 个多月的不懈努力，进行了上百次爆轰模拟实验和反复研究分析，在大家的相互启发下，最后解决了“扳机”系统的结构方案。经过爆轰模拟实验，取得了满意的结果，从而圆满地解决了遇到的 3 大技术难题。4 月 7 日，核武器研究院理论部根据爆轰模拟实验结果，修改了原来的理论模型。这样，就诞生了代号为 629 的氢弹原理试验装置的“扳机”理论设计模型。

为了加快实验研究，突击完成 629 装置全部的爆轰模拟实验，4 月 7 日，核武器研究院领导研究决定，把实验、理论和设计人员组织起来，在实验部成立了第二研究室，由陈常宜为主任，陶祖聪、赵维晋为副主任。朱光亚和刘西尧、王淦昌、陈能宽等对这个室的工作进展情况给予了更多的关注。

在陈常宜、陶祖聪、赵维晋的具体组织下，张寿齐、李杰山、周创志等

二室的研究人员通过大量的缩小比例的不同代用材料的爆轰模拟实验，采取了巧妙办法，解决了系统保护这一主要技术难关。在进行一系列爆轰模拟实验中，由二室科研人员黄世明等负责研究的X光透视照相诊断技术，有效地观测到了系统结构破坏的过程。

就在此时，核试验基地、核武器研究院、空军等单位遵照中央专委的要求完成了含有热核材料的加强型原子弹空中爆炸试验的各项准备工作。这次核试验于1966年进行，爆炸成功。结果表明，试验装置的反应过程与理论预计基本相符，氘和氚的热核聚变已经点燃，实现了一定程度的裂变—聚变—裂变反应，只是事先由于理论设计缺乏较确切的与热核材料有关的物理参数和核参数，实测的总威力值与理论预计值相差较大。这次核试验给氢弹理论研究提供了实测数据，加深了对热核聚变规律的认识。

到了6月上旬，在经过了大量的理论计算和爆轰模拟实验以后，629装置“扳机”的理论设计方案初步确定。随后，核武器研究院立即安排“扳机”各部件的结构设计与加工和“扳机”整体爆轰出中子实验的各项准备工作。进行“扳机”整体爆轰出中子实验是为了进一步验证此前进行过的缩小比例、代用材料、局部爆轰模拟实验所得结果的正确性，也是629装置“扳机”能否在正式加工生产后参加核爆炸试验的一次验收性鉴定试验。经过认真准备，1966年8月19日和9月8日，核武器研究院先后进行了两次1∶1尺寸的局部爆轰实验，并最后于11月12日晚成功地进行了一次1∶1尺寸的整体爆轰出中子实验。实验结果非常理想。至此，氢导弹头“扳机”试验的方案最后被肯定。

与此同时，8月15日至9月30日期间，核武器研究院实验部三室的研究人员还完成了629核装置的次临界安全试验，结果表明，各装配操作环节都是安全的。

核武器研究院理论部的研究人员，在配合爆轰模拟实验确定629装置“扳机”理论设计方案的同时，还进行了629装置“被扳机”的理论研究计算工作。为了争取时间，“被扳机”的设计是按尽可能采用加强型原子弹的热核材料部件，其他许多设计细节问题则不准备在这次核试验里同时解决的思路进行的。为了清楚计算从原子弹“扳机”爆炸传送能量给“被扳机”这一重要过程，核武器研究院理论部的数学工作者，根据当时的计算条件，发展了计算方法，在二维计算程序的编制中做了很出色的工作。物理与力学工作者研究了热核聚变反应过程中各阶段的物理图像和发展规律，论证了“扳机”爆炸对“被扳机”的作用和影响，研究了部件的配置与能量释放的关系。经过几个月的不懈努力，到11月，从理论上解决了这个问题，确定了629装置“被扳机”的理论方案。

作为“被扳机”的热核材料部件能否满足氢弹原理试验的需要呢？1964年我国第一颗原子弹爆炸成功后，221厂第一生产部102车间便着手进行热核材料氘化锂6部件加工工艺研究。1965年2月，刘西尧到102车间检查工作时，他要求用一年时间完成该项任务。核武器研究院研究人员宋家树等负责这项研究任务。当时，他们对于采用什么工艺、需要什么条件一无所知，一切都得从头摸起。宋家树等人主要从热核材料粉末成型、机械加工和防潮涂层三个方面开展试验研究。在热核材料部件的工艺加工、成型试验研究方面，为了争取时间，定准方向，宋家树等人决定用最短的时间进行多路探索。经过对几种工艺大量的试验比较，发现一种加工工艺可以获得接近理论要求的密度、且缺陷较少的坯件。于是，核武器研究院领导支持宋家树等人选择这种加工工艺作为主攻方向，集中力量来攻克热核材料坯件的工艺关。经过不到一年的努力，1966年1月制成了合格的热核材料部件。关于机械加工，经过大量的试验和反复探索，终于也掌握了成熟的加工方法。此外，宋家树等人，从全国各地选了数十种涂料，进行了数百次试验，终于初

图4-12 朱光亚（前排右四）与王淦昌（前排右五）、胡仁宗（前排右三）彭桓武（前排右二）、程开甲（前排右一）等在核武器研究院合影

步解决了热核材料部件的防潮涂层问题。总之，宋家树等人在不到一年的时间里攻克了粉末成型、机械加工、防潮涂层三个难关，拿出了合格的热核材料部件，用于1966年5月9日含有热核材料的加强型原子弹空爆核试验，获得成功。接着，宋家树等人再接再厉，又于12月中旬为629-1核装置“被扳机”加工出了合格的热核材料部件。宋家树在回忆这段经历时说：

当时我负责轻材料的实验研究，他（指朱光亚）经常来车间详细了解工作进程，具体指导我们该抓哪些问题。在攻关中由于可供参考的资料很少，一切只有通过试验，这是领导的支持显得更为重要。他对我们提出的各种困难都仔细听取，一一布置并落实解决。由于有及时的正确指导，轻材料的技术攻关进展顺利，在一年多时间内取得了满意的结果，从材料与制造上保证了第一颗氢弹实验的进行[①]。

核试验现场展开各项准备工作

1966年4月3—11日，国防科委在核试验基地召开会议，请核武器研究院、工程兵设计院、核试验基地研究所等单位的技术专家和工程技术人员研究了“扳机”核试验的方案。核武器研究院王淦昌、陈能宽、周光召、方正知（核武器研究院实验部主任）、胡仁宇（核武器研究院实验部副主任）、陈常宜等，核试验基地研究所副所长程开甲和研究室主任孙瑞蕃、陆祖荫等，工程兵设计院张跃斗、曲从治等参加了会议。会议由国防科委二局局长胡若嘏主持。会议对“扳机”核试验的目的、方式、特点，测量要求和方案，工程要求和方案进行了研究。经初步论证，首次原子弹试验的备份铁塔可以使用，塔顶安放氢弹装置的工作间和起吊系统需要重新设计。会议讨论了这次核试验的铁塔工程及其他的场地工程的技术要求，其中，铁塔顶部安放氢弹装置的工作间及休息室设计成圆柱形结构，以利于测量工作的需要并商定由工程兵设计院负责上述各项工程的设计。会议还研究了这次核试验的测量要求及新增测量项目和总体测量方案。

由于这次核试验的主要目的是检验用“扳机”引爆“被扳机”的两级氢弹原理是否正确，因此，用什么实测数据来检验氢弹原理试验是否成功，用什么测量方法取得这些实测数据，是这次核试验测量技术准备的主要内容。

---

① 杜祥琬，等:《战略科学家朱光亚》，北京：原子能出版社，2009年。

在这次会议之前的3月里，为了让核武器研究院实验部的科研人员做好测试工作的准备，周光召、黄祖洽、于敏亲自给他们讲课，对他们进行技术交底，向他们全面介绍了两级氢弹的原理、结构和要求测量的物理参数，使他们做到心中有数。核武器研究院的理论设计和测试两方面的科研人员，共同讨论了这些问题，并根据试验目的拟出了测量项目及测量要求。

二机部核武器研究院在加紧629核装置理论设计和爆轰实验的同时，也积极地投入了分工承担的核爆炸测量项目的准备工作。在王淦昌和胡仁宇的主持下，实验部的研究人员认真制定了测量方案，利用实验室的条件，对探测器、传输系统和记录仪器进行了反复调试、考核和标定。从事放射化学测量的研究人员，根据这次核试验中既有裂变反应又有聚变反应的情况，在629核装置的不同部位，增设了一些监测指示剂，并从收集核爆炸烟云放射性微粒样品到放射化学分析方法以及最后物理测量等工作，都做了认真的准备。另外，作为突破氢弹的第二手，即加强型三相氢航弹的设计、研制工作也按照计划安排进行着。

周恩来表扬朱光亚的报告写得很好

为了执行好629核试验任务，核武器研究院组成了专门的赴核试验场的作业队——第九作业队。由陈能宽任队长、方正知任副队长，郭英会任党委书记、刘志宽任党委副书记兼政治处主任。第九作业队人员总计305人。按照核试验现场工作需要，于11月底前分批抵达核试验场。另外，周光召、于敏等也率领理论部工作组到核试验现场，解决试验中可能出现的问题。

1966年12月初，朱光亚在北京向刘杰、李觉等汇报了核武器研究院在221厂刚刚开过的科研生产汇报会的情况。朱光亚在汇报中说：221厂的职工同志们认识到这次氢弹原理试验的重大意义，当前的生产热情、积极性是高涨的。正式试验用的核装置力争在12月20日以前完成全部加工生产工作，待命启运。刘杰与李觉听完汇报后，请朱光亚代二机部起草一份向中央专委汇报氢弹原理核试验准备工作情况的报告。朱光亚用了几天的时间写好了报告稿，经刘杰、李觉阅改后，于12月9日以二机部的名义正式上报中央专委。

朱光亚代二机部起草《关于氢导弹头“扳机”试验准备工作情况的报告》，第一部分，简明通俗地介绍了利用原子弹（“扳机”、“初级”）爆炸的能量引爆氢弹主体（“被扳机”、“次级”）的氢弹设计原理，“扳机”、“被扳机”的研究试验情况，研制中遇到的主要技术关键及解决的结果。报告的第二部分，汇报了核装置加工生产进展情况、进度安排及出厂运输安排。报告中说：由于11月底才将629装置的设计方案和图纸全部肯定下来，较原计划拖迟了几乎一个季度，加工生产和其他准备工作曾遇到不少困难。经过职工群众坚持不懈的努力，密切配合，采取了平行交叉作业、准备两手、留有余地等办法，设计方案定一部分就出一部分图，并相应地安排加工或生产准备工作，结果仍赢得了不少失去的时间。报告说：为这次核试验将准备两套产品，一套供现场合练预演用，另一套供正式试验用，此外再附一定数量的备份零件和部件。预演用的氢弹模拟装置（代号629-0）可于12月10日在核武器研究院221厂加工、试装配完毕，并开始转运核试验现场。正式试验用的氢弹装置（代号629-1），计划在12月20日以前（力争提前）完成全部加工生产，待命启运。报告还说：核武器研究院221厂的职工同志们认识到这次试验的重大意义，当前的生产热情、积极性是高涨的。从前一套产品（629-0）的加工情况看，个别部件在质量上还不够理想，必须采取有效措施，保证正式产品的高质量。报告的第三部分，介绍了核装置的一些数据，并对理论预计总威力上限、下限的幅度较大的原因做了分析。报告的第四部分说：由于我们在氢导弹头“扳机”的研制上还缺乏经验，这次核试验也仍然存在有成功与失败两种可能。这是因为，对所遇到的主要技术关键问题解决的深度也还是不够的，还可能有尚未被我们理解的东西，而这些问题，目前看来，还必须通过核试验来求得可靠的答案。

12月11日下午，周恩来在人民大会堂福建厅主持召开中央专委第十七次会议。贺龙、聂荣臻、赵尔陆、刘杰等出席了会议，叶剑英、张震寰、胡若嘏、刘西尧、李觉、钱学森和朱光亚等列席了会议。会议着重讨论了氢导弹头“扳机”核试验和中程地地导弹飞行试验这两个议题。在讨论氢导弹头“扳机”核试验这一议题时，刘杰做了汇报。当汇报中涉及突破氢弹技术关键的一些技术问题时，刘杰请朱光亚向周恩来等到会的领导同志作汇报。朱光亚以二机部12月9日给中央专委的报告为提纲，结合带去的629核装置结构示意图作了补充汇报。

两个议题汇报完后，周恩来、聂荣臻、叶剑英等高度赞扬国防科委、二机部、七机部及各有关部门的广大群众紧接着导弹核武器发射试验成功之后，发扬勇敢战斗，不怕牺牲，不怕疲劳和连续作战的作风，紧张地为这两个试验作了各方面的准备工作，并取得了较大的进展。周恩来说：二机

部《关于氢导弹头“扳机”试验准备工作情况的报告》写得很好，是高举毛泽东思想伟大红旗的。周恩来问朱光亚：这个报告是你起草的吧？这个报告要多印几份送军委各位副主席。周恩来接着说：实践证明，只要发动广大群众，善于运用毛主席的哲学思想，指导我们的生产和科学实验活动，就能够战胜一切困难，就能不断地前进，取得更大的胜利。

这次中央专委会议原则同意国防科委和二机部关于这次核试验准备工作情况的报告，同意在12月底或1月初进行这次核试验。周恩来与贺龙、聂荣臻、叶剑商量后，决定这次核试验的前线总指挥由张震寰担任，并要求张震寰在12月20日以后报告核试验现场的各项准备工作情况。周恩来还同意聂荣臻要再次去试验现场主持中程地地导弹飞行试验和这次核试验的要求。

聂荣臻在现场主持氢弹原理试验

中央专委1966年12月11日的会议后，张震寰于13日来到核试验现场，向核试验基地的领导及各参试单位的领导传达了中央专委的指示，组成了第五次核试验党委，统一领导这次核试验。核武器研究院加工好的供预演用的氢弹模拟装置（629-0），于12月11日空运到核试验现场。经过检查、总装配以后，于16日顺利地吊上铁塔就位。在各项准备工作基本就绪后，12月18日核试验场区进行了全场联试，20日进行了全场综合预演，全面检查了各项准备工作，并按正式试验所规定的全部程序和动作进行了演习。

正式试验用的氢弹装置，于21日15时20分空运到核试验场区。为了做好空运工作，空军做了周密细致的准备工作。在运输中，空军承运人员不断监测机舱温度，满足了保温、防震和安全的要求。

为了确保氢弹装置在地面运输的绝对安全，核试验基地制定了周密的运输方案，对参与这项工作的人员提出了严格的要求。从飞机上卸装开始，到路途运输，直至送到铁塔下的地下装配间为止，核试验基地领导亲临指挥，一跟到底，保证了氢弹装置的运输安全。经过核武器研究院人员开箱检查，各部件、组件，精度和质量均良好。25日完成了氢弹装置的总装配。

在经过全体参试人员几个月的艰苦努力，团结奋战之后，到12月25日，第五次核试验的各项准备工作已全部完成。只等出现适合试验要求的好天气，确定了零时，即进行正式试验。

25日晚，张震寰主持召开第五次核试验党委会议，研究气象情况。根据气象预报，28日可能是适合试验要求的好天气。26日3时，核试验党委向国防科委并周恩来、中央专委请示，拟先按28日正式进行核试验来安排各项工作，待气象情况查明后，再请示批准零时。周恩来批准了这一请示。

26日下午，正式试验用的氢弹装置吊装到102米高的铁塔塔顶工作间。

图 4-13　朱光亚（左）乘专机抵达核试验基地

26日晚，张震寰主持召开核试验党委会议，最后检查了全场区的工作情况，并与试验党委的同志一起听取了气象汇报。根据预报，28日中午将出现适合试验要求的短时间的好天气。试验党委讨论拟将试验零时定为28日12时（北京时间）。随后，张震寰用保密电话向聂荣臻做了请示汇报。聂荣臻同意试验党委的意见。

27日下午，聂荣臻乘专机来到核试验基地。一下飞机，他立即听取了张震寰、张蕴钰等关于氢弹原理核试验的最后准备情况汇报。聂荣臻同意按计划于28日12时正式试验。晚上，聂荣臻用保密电话向周恩来做了汇报。周恩来同意零时定在28日12时，并预祝试验成功。

27日13时，核试验场区进行了全场最后一次联试，结果良好。仅效应工号有两台测试仪器没有动作，后已排除故障。效应试验的动物于20时布设完毕。27日13时，核试验场区进行了全场最后一次联试，结果良好。仅效应工号有两台测试仪器没有动作，后已排除故障。效应试验的动物于20时布设完毕。

21时，核武器研究院的装配工人与技术人员开始在铁塔顶部安放氢弹装置的工作间内接插雷管。郭英会、陈能宽、方正知在一旁观看。完成了各道工序并按照周恩来的指示对氢弹装置再次细心地做了外观和局部检查后，已是28日凌晨。此时，朱光亚陪同杨焕民等来到塔顶工作间察看氢弹装置最后的准备结果。在下铁塔前，朱光亚问方正知："从总的装配质量上看，这次试验的把握如何？"方正知满怀信心地回答："从试验准备工作的全过程，包括已做过的一系列爆轰实验和总装配质量来看，这次核试验完全有把握成功。"在一旁的陈能宽听后，也以自信和放松的心态点头表示同意。随后，所有人员撤离铁塔。

11 时许，聂荣臻等来到核试验现场指挥部观察所。在等待零时的时候，为了松弛大家多日紧张的情绪，聂荣臻要在场的专家们给这次核试验的成功率打分。于敏虽然对他自己和理论部科研人员的工作有充分的信心，但他只打了 90 分。他生怕准备工作万一出现点纰漏，因而心中仍有点惶恐不安。

12 时，在聂荣臻亲自主持下，氢弹装置按时爆炸。看到翻滚着的蘑菇状烟云向上升起，聂荣臻同在场的科学家、基地的领导和指挥部的工作人员握手，表示热烈祝贺。

核爆炸后，根据爆后侦察分队的宏观观察报告，铁塔全部被熔化，地面无明显弹坑，仅残留少量变了形的钢管。塔架周围地面被烧成褐色。距爆心 200 米内的建筑物全部被吹光。另外，测试队很快向指挥部报告了速报数据。聂荣臻、张震寰、张蕴钰、李觉及核武器研究院的领导与专家和程开甲及核试验基地研究所的专家，一起听取了上述宏观观察和速报数据的汇报。当于敏一听到两个关键的速报数据后，便脱口而出："与理论预估的结果完全一样！" 此时，于敏断定，我们掌握的氢弹原理是正确的，设计方案是可行的，氢弹研制中的关键科学技术已获解决。

这次核爆炸后还取得了大量的测量数据，特别是取得了热核反应过程、

图 4-14　朱光亚（右二）查看试验数据

氘化锂-6 反应速率及聚变威力等重要数据。根据对多种测量数据的综合分析，这次爆炸的威力为 12.2 万吨 TNT 当量，试验取得了圆满成功。

12 月 28 日晚，新华社发表《新闻公报》，宣布中国又成功地进行了一次新的核爆炸；中央人民广播电台也广播了《新闻公报》。《新闻公报》中说："继导弹核武器试验成功之后，又圆满地实现了这次新的核爆炸，从而把我国核武器的科学技术提高到一个新的水平。"

这次核试验，无论是按照氢弹的三要素——原理、材料、构形，还是以测得的数据及实际结果来看，就是一次名副其实的低威力氢弹地面试验。国外的报刊在当时也评论说这是一次地面塔爆，爆炸威力为 20 ~ 30 万吨 TNT 当量，是一次初步的氢弹试验。美国原子能委员会在 1967 年对中国前 6 次核试验的估计中还认为，这次试验的当量故意受到限制，以便使落在中国境内的放射性尘埃保持在可接受的程度之内。因为二机部在制定 1966—1967 年核武器研制两年规划时，是以突破氢弹为重点，目标是要研制出重量轻、体积小、威力大、可以上导弹头的百万吨级的氢弹，而这次氢导弹头"扳机"核试验的主要目的是通过实践来检验我们自己探索到的氢弹原理是否正确、技术上是否现实可行，所以，在《新闻公报》中对这次氢导弹头"扳机"核试验只宣布是中国"又成功地进行了一次新的核爆炸"。实际上，这是中国的首次氢弹原理试验，也就是一次成功的氢弹试验。由于有意识地限制了它的爆炸威力，所以也可以称作减当量的氢弹试验。因此，1966 年 12 月 28 日实际上就是中国氢弹试验成功的日子。它距中国第一颗原子弹爆炸，仅相隔 2 年 2 个月。这次试验的圆满成功，表明中国已掌握了氢弹原理，氢弹研究中的关键科学技术已获得解决，标志着中国核武器技术迈上了一个新台阶，它是中国核武器发展史上的第二个里程碑。

中央人民广播电台广播了《新闻公报》后，北京市的广大人民群众纷纷走上街头，敲锣打鼓，举行庆祝游行，还张贴了庆贺的大字标语[①]。

大漠上空升起一颗人造太阳

1967 年初，朱光亚将核武器研究院理论部意见向上反映：空爆氢弹理论

① 宋炳寰：《中国突破氢弹原理纪实》。两弹一星历史研究会网站，[2011-12-00]。http://ldyx.blog.ifeng.com/

方案在春节前即可敲定，请国防科委考虑氢弹空爆试验赶在法国之前于 7 月 1 日炸响。周恩来、聂荣臻同意提前进行试验。

1967 年 2 月 22 日，核武器研究院计划在青海召开落实氢弹试验安排的会议。这时，“文化大革命”挑起的两派斗争已影响到基地工作，如不抓紧，要“抢在法国人之前爆炸氢弹”的计划就可能搁浅。鉴于此，聂荣臻决定会议改在北京召开，并派专机将已抵达青海基地的部分参会人员接到北京。3 月 2 日，聂荣臻召集罗舜初、李如洪、刘杰、李觉、陈能宽和朱光亚等开会，听取了朱光亚关于氢弹研制安排和进展汇报，并严肃地说：“科学家对于科学技术问题要敢于坚持真理，不要怕，不要被‘造反派’左右，否则要犯错误。”“核试验和有关的会议，不能让‘造反派’把持，也不能让他们知道得太多，该保密的一定要保密。”

氢弹的理论方案完成之后，于 3 月铺开氢弹装置结构设计和制造等工作。此时，有些科学家和工程技术人员已经被造反派“打倒”或“靠边站”了。这令主抓技术工作的朱光亚，既困惑又有苦难言，当时的科研组织管理更是如履薄冰。聂荣臻在请示周恩来后，提出对国防工业部门实行军管，以解脱许多单位处在瘫痪或半瘫痪状态的困境。

1967 年 4 月 27 日，在朱光亚主持下写成的又一个纲领性文件《关于 1967 年核武器研制与试验工作的安排意见和报告》上报中央专委。实践证明，文件对几个战略导弹热核弹头的研制，起了重要作用。

1967 年 5 月 9 日下午，周恩来主持召开中央专委第十八次会议，着重检查讨论了这次氢弹空爆试验的准备工作。聂荣臻、叶剑英、杨成武、粟裕、余秋里、谷牧、罗舜初、张震寰、郑汉涛、刘西尧、刘伟、李觉、钱学森和朱光亚等出席了会议。中央专委认为，这次核试验是中国第一次大威力氢弹试验，在政治上有重大意义，在军事科学技术上将进入新的发展阶段。中央专委要求国防科委在 6 月 20 日前做好试验的各项准备工作，并在 6 月 1—10 日陆续提出 6、7 月核试验场区和放射性烟云经过地区的详细气象资料，再确定试验日期。中央专委还指示，这次试验威力较大，要切实注意做好放射性烟云经过地区的卫生防护工作，确保安全，对地面辐射累积剂量可能超过允许标准的地区，应事先做好防护准备工作，并准备好应急措施，以预防发生意外。中央专委同意这次核试验的现场指挥工作由核试验基地党委负责，吸收参加试验工作的有关部门负责同志参加，并指派张震寰、李觉参加试验的领导工作。

1967年6月5日，经过夜以继日的苦战，氢弹装置加工完毕。6月8日，氢弹装置运抵试验基地。

广袤的罗布泊呈现出壮观景象：军内外近30个单位6000余名技术、后勤人员进入试验场。6月上旬，反复进行站级联试。6月13日，在全场综合联试中，重点检查机、伞、弹的情况。在靶区不同方位和距离处，由10个效应大队布置效应试验项目近140项；设置效应物诸如飞机、大炮、舰船、装甲车及动物近1900件。

6月12日上午，周恩来主持召开中央专委会议，听取关于这次氢弹空爆试验准备工作完成情况的汇报。在这次会议上，周恩来传达了毛泽东主席1958年6月21日在中央军委扩大会议上讲过的一段话："原子弹就是这么大的东西，没有那东西，人家就说你不算数。那么好吧，我们就搞一点吧。搞一点原子弹、氢弹、洲际导弹，我看有十年工夫完全可能。"周恩来指示，这次试验要更认真。他说，现在看来，防止意外情况发生，关键的是保证伞的强度和正常开伞。这个问题，必须认真严肃对待。周恩来还指示，6月13日综合预演后，还要对氢弹总装配认真地做全面检查，保证安全可靠。对遥测站及经常出现的示波器和相机卡片，也要重点检查。周恩来请聂荣臻赴现场亲自领导这次核试验。此时的聂荣臻已被诬为"二月逆流"的"黑干将"。

1967年6月17日，大漠深处出现了难得的好天气。这一天，朱光亚与参试人员在距靶区几十千米以外的山丘上，看到一种举世罕见的奇伟景观。

上午8时，一架轰炸机在靶区上空盘旋了一圈。20分钟后，飞机再次绕场一周，突然抛出一颗弹体。降落伞拽着弹体在碧空中摇荡、滑翔。刹那间，碧蓝的天空出现强烈闪光，一个巨大的火球显现在天空，把天幕背后正冉冉升起的太阳掩盖在一片辉光之中，一个自然的太阳，一个人造的"太阳"，"两个太阳"在蓝天上高挂。接着，飓风般的冲击波从爆心袭向四周，爆炸巨响震耳欲聋。随后，一朵非常壮观的蘑菇云形成，在旋转着、轰鸣着的同时又变幻着五颜六色，骄傲地向着宇宙苍穹升腾、再升腾。

同一时刻，距爆点400千米处，人们听到了连续不断的爆炸声；在爆点以西250千米处，有人看到了闪光、火球与清晰的蘑菇云；在乌鲁木齐、库尔勒等地响起了晴天霹雳；运行在吐鲁番附近的火车上，有人惊呼："快看呀！天空又升起了一颗大'太阳'！"

如今，在朱光亚书房的书架上方，依旧挂着一副当年我国第一颗氢弹爆

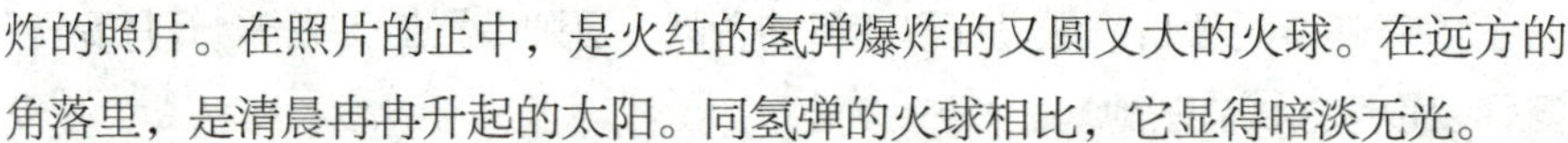

炸的照片。在照片的正中，是火红的氢弹爆炸的又圆又大的火球。在远方的角落里，是清晨冉冉升起的太阳。同氢弹的火球相比，它显得暗淡无光。

不久，试验初步结果的各种速报数据接连向指挥所传来。根据事后对多种测量数据综合分析，氢弹的爆炸威力为 330 万吨 TNT 当量。实测爆炸高度为 2930 米。氢弹爆炸试验成功了。在距爆心 60 千米处的白云岗指挥所，当聂荣臻得知这次核试验的爆炸威力在 300 万吨左右时，他非常高兴地连声说："300 万吨，够了！够了！"

在这次试验中，理论与实验工作者互相交流，配合默契，使高能中子总数的零前预估值与零后测试结果相差仅一倍。这次空投氢弹试验的成功表明：中国人研制的氢弹，一开始就进入武器的行列。

当天深夜，毛泽东主席审批的《新闻公报》称："今天，1967 年 6 月 17 日，中国的第一颗氢弹在中国的西部地区上空爆炸成功了"，"中国进行必要而有限的核试验，发展核武器，完全是为了防御，其最终目的是消灭核武器。我们再一次郑重宣布，在任何时候，任何情况下，中国都不会首先使用核武器。我们说的话，从来是算数的……"。

1967 年 6 月 20 日出版的《参考消息》刊载了大量外电关于我国第一颗氢弹爆炸成功的评论：

【本刊讯】英星期日《泰晤士报》六月十八日以《中国爆炸氢弹》为题，发表一篇评论，摘要如下：

北京电台宣布，共产党中国昨天在西部地区上空爆炸一颗氢弹成功。

这是中国共产党人自一九六四年十月十六日以来所爆炸的第六枚原子装置。

中国在通向完全核地位的道路上前进的速度，又一次使西方专家们大为惊讶。它的第一颗氢弹爆炸的实现，比预计的早了六个月到一年的时间。中国由原子武器而制造热核武器所用的时间，比任何其他国家为短，现在已经追上了法国。

【法新社巴黎十七日电】（法新社科学编辑评述）由于中国爆炸了氢弹，它成了第四个热核炸弹国家。

中国去年十二月爆炸的原子弹，不仅含有铀 238，而且含有锂。在那次爆炸以后，看来中国人走上了一条独特的研究道路，他们希望迅速制成氢弹。

中国人制成他们的热核炸弹的速度，似乎证实了过去仅仅是一种推测，即：中国人拥有同位素分离工厂，例如生产重水的工厂的综合设备，氟反应堆等等，因为他们必然需要大量的氚、重氢、锂和类似的材料。最后人们注意到下面这一点：美国人是在爆炸第一颗原子弹之后七年半才爆炸第一颗氢弹，在这七年半之间做了四十五次原子弹爆炸。苏联人用了四年，英国人用了六年。中国人在速度上打破了一切纪录，因为中国从爆炸第一颗原子弹到爆炸第一颗氢弹，只花了两年零七个月的时间，而且这当中只进行过五次原子弹试验。

【法新社巴黎十七日电】法国负责原子能的高级专员弗朗西·贝朗在获悉中国爆炸氢弹之后说，“这是一个很出色的成绩。”然而，他又说，“不是要缩小这个事件的重大意义，这颗炸弹在宣传方面的意义要比在军事方面的意义大，至少在最近的将来是如此。”

贝朗在谈到中国的热核炸弹的威力（美国原子能委员会估计是几百万吨级）时指出，问题在于知道中国人是否只关心爆炸的威力，而不去寻求作战上的实用。他在这个问题只追述了美国人的先例，美国人在爆炸第一颗氢弹时，是爆炸的一颗威力特别大的装置，这种装置只是到后来才成为可用于作战的。

斯特拉斯堡核研究所所长戈罗德茨基教授说，中国氢弹的爆炸是一个“很重要的事件，大家都没有预料到会这么迅速。”

这位教授继续说，“这次爆炸证明，中国人在原子方面拥有很先进的技术，拥有庞大的设备，大概有一座同位素分离工厂。他们的进步是很快的。”

再看看这些有力的步伐和扎实的足迹吧：

1964 年 10 月 16 日，中国第一次核爆炸使人吃惊，因为中国人试验的炸弹，不是钚弹——走其他核大国的老路，而是一颗浓缩铀弹——一颗内爆型浓缩铀弹。

1966 年 5 月 9 日，中国的核爆炸是另一次令人吃惊，因为试验的炸弹包含有热核材料，是一颗加强型原子弹。

1966年10月27日的核爆炸，又是一次惊奇：这是一颗原子弹，爆炸前由一枚中程火箭运载。

最后在1967年6月17日试验的第一颗热核炸弹（指第一颗氢弹），甚至使美国最有经验的专家感到惊奇。从原子弹到氢弹，按其原理试验的年、月间隔比较，美国用了7年3个月，英国是4年7个月，法国8年6个月，苏联6年3个月，中国只用了两年8个月，于1966年底就成功地进行了氢弹原理试验。实现了毛泽东主席提出的“氢弹也要快”的要求。中国发展速度是世界上最快的。

1967年7月7日，毛泽东主席幽默地说：“……我们发展核武器的速度超过了美国、苏联和英国，现在在世界是第四位”。“这是赫鲁晓夫帮忙的结果，撤走专家，逼我们走自己的路，要发给他一个一吨重的勋章。”

1970年10月19日，美国作家埃德加·斯诺夫人访华时，对中国在氢弹发展速度上比法国、美国快一倍而感到不解时，周恩来总理这样回答她：“不光氢弹，整个核武器我们还在试验阶段。试验速度比较快，其中一个原因还得感谢赫鲁晓夫，是他撕毁了在原子弹方面同我们签订的协定，是他在1959年撤回了在中国的全部苏联专家，迫使我们自力更生解决问题。所以1964年比我们原来预估的提前爆炸了第一颗原子弹。但那么凑巧，正好成了把赫鲁晓夫送下台的一个礼物。赫鲁晓夫15日下台，第二天我们第一颗原子弹试验成功。这肯定是巧合。”

今天，当朱光亚回顾往事时，他说：“这是集体的事业，所有的一切荣誉都是集体的。我仅仅是其中的一员，是一个代表。中国核武器事业从无到有，发展到今天这样的水平，是全国大力协作的结果，倾注着集体的智慧和心血。有许多科学家、工程技术人员做出了杰出的贡献，也有很多人做出了牺牲，有的同志甚至贡献出了宝贵的生命。”

图4-15　1966年10月1日，朱光亚（左）与彭桓武（中）、邓稼先（右）在天安门城楼

一次惊险的核试验

我国的核武器试验并不是一帆风顺的。1971 年底，在周恩来亲自参与指挥下，朱光亚成功地组织并指挥了一次惊险的核试验。

1967 年，核武器研究院开始进行体积与重量都较小、比威力较大的核武器探索研究。1970 年，提出了较小型的氢弹引爆弹（即“扳机”，原子弹）的理论设计方案。为了检验设计的正确性，探索较小型的引爆弹的特点，经中央专委批准，国防科委和空军研究安排用强 5 甲型强击机上仰甩投核炸弹的方式，进行一次较小型的氢弹引爆弹原理性试验。

1970 年 12 月 14 日，周恩来主持召开中央专委会议，朱光亚等汇报了这次核试验的准备工作情况。周恩来听汇报时，仔细地询问了可能影响成败的各个关键环节，还问是否把各种不利或意外因素都考虑到了。例如，弹已挂上飞机后，气象起了变化怎么办？万一弹投不下来怎么办？飞机带弹着陆试验过吗？飞机带弹返回机场时会不会弹又意外地脱钩？在这种情况下又应采取什么可靠的保险措施？等等。周恩来要国防科委认真研究这些问题，他再次重申他以前提出的 16 字方针，并语重心长地告诫大家说：核试验关系重大，绝不能有一丝一毫马虎。我们国家穷，做什么事，都要考虑周到。略有失误，都会加重人民的负担。

会后，朱光亚同核武器研究院、空军、核试验基地的领导研究了落实周恩来上述指示的措施。但是，正当核武器研究院刚安排研究落实周恩来指示的措施时，核武器研究院在青海的核武器研制基地进行的与这次核试验有关的三次爆轰出中子试验，都没有测到中子。这一结果迫使国防科委向周恩来并中央专委写出报告，提出推迟进行这次核试验。

12 月 23 日，周恩来在推迟核试验的报告上批示，必须进行好爆轰出中子试验和飞机带弹着陆试验。12 月 26 日，国防科委党委常委办公会议认真讨论了周恩来的上述批示，要求核武器研究院要从多方面查找并认真分析爆轰试验没有测到中子的原因；要立即组织人员研究强 5 甲飞机带弹着陆安全性试验方案，并做出试验安排。

核武器研究院多次召开学术讨论会，分析爆轰试验没有测到中子的原因，寻找可能还没有被认识到的某些因素，提出了进一步改进设计的途径。后来，经过几个月的努力和 10 余次爆轰出中子试验的不断改进，才找到了

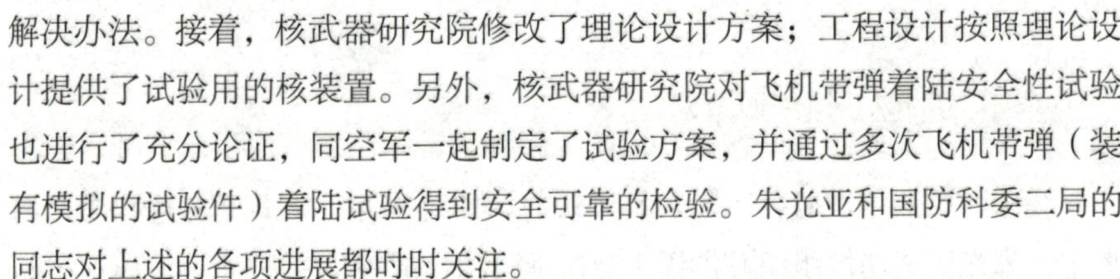

解决办法。接着，核武器研究院修改了理论设计方案；工程设计按照理论设计提供了试验用的核装置。另外，核武器研究院对飞机带弹着陆安全性试验也进行了充分论证，同空军一起制定了试验方案，并通过多次飞机带弹（装有模拟的试验件）着陆试验得到安全可靠的检验。朱光亚和国防科委二局的同志对上述的各项进展都时时关注。

时任朱光亚秘书的黄铭在《首长的关怀和指导》一文[①]中回忆说：

> 朱主任善于组织群众讨论，发挥群众积极性。一次，准备进行核试验，试验队伍已开赴和试验场地开展工作，但试验产品出厂前比作的爆轰试验，三次都未测到中子。在这紧急关头，又接到报告：一个部件的杂质超标。在这关头，朱主任亲自坐镇研制基地，组织监督试验，组织讨论。当时，大多数研制人员参加“运动”，滞留少数人“抓生产”。记得，以邓稼先带队的理论设计小组和以陈能宽副院长带领的研制试验人员，经常被召集开讨论会，大家各抒己见，连我这个新参加工作的小字辈，也被鼓励积极发言。最后朱主任下决心，安排进一步试验和加工工作。问题一个一个得到解决，使这次核试验能够顺利进行。

1971年9月8日下午、晚上，周恩来在人民大会堂新疆厅召开中央专委会议，议题之一是审查将由强5甲型强击机执行甩投较小型氢弹引爆弹原理性试验的准备工作，主要是审查核炸弹和飞机的准备情况，朱光亚参加了会议。时任核武器研究院理论设计研究所副所长的周光召向周恩来等与会领导人汇报了引爆弹等的研制情况。时任空军工程部外场部部长的张开帙结合带到会场的强5甲型飞机上的炸弹架实物，向周恩来等汇报了这次核试验强5甲型飞机的准备情况。当张开帙汇报到投弹线路，讲到怕核炸弹脱钩后可能由于气流影响，核炸弹不能及时脱离飞机，所以要采用推脱装置时，周恩来再次提出弹投不掉怎么办？张开帙回答，没有问题。并说：“我们为了能保险把核弹投下，铺设了三条投弹线路，即正常投弹线路、应急投弹线路还有超应急投弹线路，并且在推脱装置上安装了两个燃爆管，因此，是可以保证把核弹投下去的。”周恩来听完张开帙的说明后，又问：万一投不掉怎么办？张开帙回答，解决办法只有两个：一是为了不带弹着陆，飞行员在预定

① 杜祥琬，等：《战略科学家朱光亚》，北京：原子能出版社，2009年。

的安全投弹区跳伞，把飞机和核弹都摔在安全投弹区；另一个是突破禁律，带弹着陆。张开帙接着汇报说，带弹着陆要冒两种危险：一是着陆时飞机在跑道上可能被摔；一是着陆时核弹可能掉在跑道上。解决这两种危险的办法，一是靠飞行员的沉着和技术，在跑道上不摔飞机；二是增加一个锁死弹钩的装置，即锁死装置。当万一在空中投不下核弹，就命令飞行员按一下按钮，把弹钩的开放机构锁死，保证着陆时不会由于震动等原因自动掉弹。听了张开帙的汇报后，周恩来满意地笑着说：张开帙同志，什么事情都要考虑"万一"的情况，只要我们准备了"万一"，就不会措手不及了。

为了落实周恩来的指示，空军又认真检查了各项准备工作，并经过进一步论证后，很快在载弹飞机上加装了弹钩锁死装置。

10 月 12—15 日，朱光亚带领国防科委二局的参谋到青海核武器研制基地检查了即将进行的一次核试验试验弹的加工和试总装配的质量，同时也检查了拟于年底进行的较小型氢弹引爆弹原理性试验的各项准备工作。随后，朱光亚等又到新疆核试验基地检查了这两次核试验的各项准备工作情况。

12 月 16 日，朱光亚再次来到核试验基地全面检查了强 5 甲型飞机投弹训练情况及试验场区的各项准备工作。19 日，他在看了试验场区指挥部的一份关于这次核试验任务长期天气预报的电报后批："若未报科委，请以基地名义报国防科委"。21 日，朱光亚到现场检查了正式试验弹的质量状况，检查指导测试系统联试及场区其他技术准备工作，还审阅修改了核试验基地报国防科委的关于这次核试验现场准备工作情况简报（第三期）的电报稿，并批："送请白（斌）司令员、廖（鼎琳）政委、杨（焕民）司令员、王（定烈）副司令员和九院龚（幼卿）副院长审阅后发（国防）科委。"22 日，朱光亚在试验场区检查指导了第一发遥测弹空投试验和全场区控制及测试系统联试。23 日，他还审阅修改了核试验领导小组报国防科委的关于这次核试验现场准备工作情况简报（第四期）的电报稿，并批："送请领导小组审阅修改后发（国防）科委。"

12 月 27 日，周恩来主持召开中央专委会议。朱光亚参加了这次会议。中央专委批准了这次核试验的各项安排。28 日，朱光亚同核武器研究院、空军、核试验基地来京向周恩来等汇报这次核试验准备情况的同志一起，乘专机返回核试验基地。朱光亚在现场指导即将进行的这次核试验。

毛泽东主席批准 12 月 30 日 13 时为核试验"零"时。

按照事先商定的分工，朱光亚同兰州军区空军司令员杨焕民在马兰机场空军指挥所掌握这次核试验的全面工作；核试验基地司令员白斌、政委廖鼎琳等在核试验场区主持这次核试验；济南军区空军副司令员王定烈担负马兰机场空军指挥所的指挥；空军某师师长宋占元担任投弹飞机飞行的塔台指挥员。驾驶强 5 甲型载核炸弹执行投弹任务的是团长、彝族飞行员杨国祥。

12 月 30 日上午，核武器研究院科研人员将正式试验的核炸弹拉到临时飞机机库（乳白色的充气橡皮保温房），交给空军军械人员挂入强 5 甲飞机弹舱，杨国祥对飞机和弹体的挂弹安装进行了认真检查。

此后，杨国祥在预定的时间第一次开车就成功，他驾驶强 5 甲载弹飞机起飞，沿预定航线准时到达核试验场区，有条不紊地做上仰投弹的准备工作。当拉起飞机，按下投弹按钮时，核炸弹在弹舱内没有甩投出去。杨国祥一边向地面报告情况，一边绕飞第二次进入，并使用应急投弹系统，核炸弹又没有甩出去。

此时，周恩来总理正在中南海他的办公室等候听到这次核试验的消息。当他听到国防科委加密电话报告核炸弹没有投下来时，立即指示：要沉着，再来一次！

杨国祥驾机第三次进入，并使用超应急系统再次投弹，仍未成功。此时，强 5 甲载弹飞机剩余油量已不允许第四次进入投弹了。

国防科委再次用加密电话把情况向周恩来作了报告。总理听后，用命令的口气对他的秘书纪东说："由现场指挥员临机处置，怎么安全怎么办！情况这样紧急，不能由北京决定了。"

作为这次核试验在现场的最高领导人的朱光亚，面对如此紧急情况，他遵照周恩来的上述指示，沉着镇定，他凭着对核炸弹性能的深刻了解和此前按照周恩来的指示已做过的飞机带弹着陆安全性试验得到的检验，在与杨焕民商量后，他们共同做出飞机按预定方案带弹返航着陆的决定，部署马兰机场地面做好迎接飞机带弹着陆的准备，并向白斌、廖鼎琳作了通报，还向国防科委作了报告。于是，塔台指挥员宋占元命令杨国祥使用锁死装置，把核炸弹牢牢锁死在飞机弹舱，并命令他带弹返航着陆。

当周恩来得知投弹飞机正按预定方案带弹返航时，他指示：要相信飞行员的处置能力，一定要保证飞机安全着陆。杨焕民用电话向塔台指挥员传达了周恩来的这一指示。

此时，周恩来静静地坐在办公桌前，正在思考着万一出现最坏的结果时要怎么办。

随后，杨焕民和朱光亚一起在机场的空军指挥所掌握飞机返航着陆的情况。此时，核试验基地指挥部命令机场和其周围的人员都进入防空洞，并在机场拉响了警报器。当有人劝朱光亚进防空洞时，他说：用不着进防空洞，没事的。此时，朱光亚已在思考飞机带弹着陆后，核武器研究院预先准备的小队伍怎么把弹卸下来，怎么检查弹投不下的原因等问题。

为了避免不必要的牺牲，杨焕民决定，在机场跑道边的塔台指挥车上，只留下宋占元和空军轰炸机处处长唐志敏指挥飞机带弹着陆。

宋占元师长担任塔台指挥员已有上千场次，处置特殊情况也有一二十次了。他在思考着如何落实周恩来的指示，确定着陆指挥方案。根据返航飞行时间计算，飞机已接近有效联络距离。宋占元拿着话筒向飞行员呼叫："杨国祥，我是宋占元，我在塔台上，机场天气很好。你要沉着、冷静，再检查一下挂钩是否确实锁死，一定要保证一次落地成功。"扬声器里立刻传出杨国祥坚定、简练的回答："明白！"宋占元令杨国祥直接进入四转弯着陆，并发出具体操作指令："注意检查襟翼、起落架"，"注意调整速度！"13 时 45 分，杨国祥果敢、沉着，驾驶载核弹飞机平稳地接地后滑到机场边远地方停稳。

13 时 50 分，在北京指挥室的国防科委副主任罗舜初接到朱光亚的加密电话报告后，他非常激动，立即用保密电话以颤抖的声音向周恩来报告："报告总理，载弹飞机已安全着陆，飞行员和弹体都安全。"周恩来听后，轻轻地嘘了一口气，深情地说："处置得当，很好！感谢核试验现场的同志们！"

这是中国空投核试验中唯一的一次带核弹着陆的事故，它既暴露了工作中有问题，也考验了核航弹及飞机携带核弹飞行的安全可靠性。朱光亚在 1997 年 1 月 31 日接受中央文献研究室、中央电视台电视文献纪录片《周恩来》摄制组采访时说：由于我们遵照周恩来的指示预先认真地做了出现"万一"的准备，"所以（那次带弹返航着陆）是很平安无事的。所以，那次（得到了）一个副产品，就是我们也做了一次（真正的）带弹着陆的试验"。

在北京，空军领导机关为了及时了解这次核试验的进展情况，设立了指挥所。30 日这一天，空军指挥所与核试验基地的通信联络都是沟通的。张开帙一直在空军指挥所，有关飞行员三次进入和没有投下核炸弹等情况，他都听到了。飞机带弹安全着陆后不久，朱光亚给在北京的张开帙打电话，说：飞机安全着陆后，现已停在机场的边远地方。现在准备把弹从飞机上卸下来，转入装配厂房。考虑到飞机机身可能会有静电，为了安全地卸下弹来，需要注意什么问题？张开帙回答说：①检查机轮接地线接地没有；②用测试仪器检查飞机是否带电。张开帙向朱光亚解释说：因为接地线接地了，飞机归来如果带电，着陆时就会被放光，即使因为飞机内部各种电路导通的搭铁线接触不好，有的部位尚存静电，便可采用接地线放电。这些工作做完后，就可以放心卸弹。

在与张开帙通过电话后，朱光亚同杨焕民组织核武器研究院和空军的同志对飞机和弹的外壳进行了初步检查，并要他们对机、弹都采取了安全措施。随后，朱光亚主持会议，研究弹从飞机上卸下来的工作程序和必须进一步采取的安全防范措施，同时要求各方工作人员做好弹、机分离的准备，还要安排好工作人员的就餐。

会议结束后，朱光亚不知疲倦地继续在现场指导工作人员严格按程序检查和实施弹、机分离工作。核炸弹从飞机机舱安全地卸下后，运回核武器研究院在机场附近的装配厂房。另外，朱光亚还组织有关单位的人员查找故障原因，进行模拟试验，使故障现象多次重现，初步判定弹甩不出的问题在于燃爆管引线短路，致使燃爆管未能引爆，而引线是否短路，与燃爆管外的钢套管密封螺栓松紧有关。

30 日晚，朱光亚指示核武器研究院对从机舱卸下来的核炸弹进行检查，同时召集有关单位的人员，以及空勤和地勤人员开会，对燃爆管作了专题讨论研究。重点围绕“为什么正式试验所用的两个燃爆管上天前是好的，而上天后就出了问题？”、“燃爆管引线短路是哪些因素引起的？”这两个问题进行分析，查找原因，制定相应的改进措施。会议经过讨论，并根据过去的情况和这次故障现象，以及飞机飞行和地面与空中温度差别的因素，决定在 31 日抓紧进行燃爆管加力和高低温几种状态的试验，同时组织专人研究燃爆管引线电路和燃爆管固定方法的可能改进方案。

31 日，为了使国防科委和有关方面尽快了解事故查找的进展情况，朱光亚以这次核试验领导小组的名义起草、签发了关于这次核试验发生弹甩不出去的事故情况报告，并附一个便条：“请速送领导小组同志传阅（注：‘速送’二字下方均加了着重号）。我起草了一份电报稿，请审阅修改，争取今天能发出。朱光亚 12 月 31 日 17 时 10 分”。

在北京，12 月 30 日黄昏，国防科委副主任罗舜初请张开帙到国防科委，讨论了弹甩不出去的可能原因。张开帙说：从现象看，是投弹系统出了毛病，很大可能毛病出在推脱装置上，可能是军械系统的问题，可能是线路上的问题，也可能是燃爆管的问题。至于为什么会出毛病，要到现场调查研究才能得出结论。张开帙建议，他可以同在西安地区的设计或加工弹架、推脱装置、燃爆管的两家工厂有关的工程师一起去现场研究解决问题。罗舜初同意张开帙的建议，并立即向周恩来作了电话报告。周恩来同意张开帙、国防科委和有关工厂的工程师去现场，并令空军派一架大运输机伊尔 18 送张开帙等经西安去马兰。

张开帙、孙兆贵（国防科委二局参谋）和有关工厂的工程师等到达现场后，在朱光亚和核试验领导小组的统一组织下，进一步对弹未甩投下去的原因进行了反复检查和实验，排除了设想到的多个疑问。最后是在访问实际参加工作的军械人员才发现了问题。原来，军械主任出于好心，他认为正式带核弹试验，为了保险，把弹架上的一个关键性的小螺钉多拧了一下，他又忘记按规定拧完后要测量电阻值这一工序，于是酿成大事。这一情况了解后，按他的操作程序做实验，炸弹架就是不开钩。这才肯定了原因就是它。

原因找到后，在朱光亚和核试验领导小组的组织下，研究了改进措施，进一步制定了预案，分析了重新进行这次核试验的各项条件，安排了核试验前的各项实施准备工作，提出了“零”时建议。

1972 年 1 月 3 日至 5 日，朱光亚先后签发了核试验领导小组起草的关于三次甩弹未成功的原因和拟采取的改进措施、请示重新执行核试验任务的时间、关于这次核试验中投弹程序和特殊情况处置意见的报告等 3 份电报报国防科委。朱光亚对上述第一份电报稿进行了仔细修改，并批：“即送领导小组同志并张开帙同志审阅修改（我对原拟电报稿作了少许修改）。”还对第三份电报加上了标题。

为了确有把握，在重新正式试验之前，核试验领导小组

图 4-16　朱光亚（左）试验归来

安排杨国祥驾机进行了一次甩投训练弹和一次甩投模拟弹的飞行训练，两次均成功。

针对年前出现的飞机甩弹故障，朱光亚组织有关人员研究和总结了燃爆管与推脱装置质量问题的初步经验，并委托空军在现场的人员起草一份总结报告。

经周恩来批准，1月7日14时，杨国祥再次驾机，顺利地甩投下核炸弹，实现了核爆炸，试验取得了圆满成功。这次核试验的成功，加深了对较小型的氢弹引爆弹特点的认识，为改进设计积累了实测数据。

图 4-17 朱光亚（中）查看每一个细节

1月9日，核试验领导小组在核试验场区召开扩大会议，对这次试验任务进行了初步总结，部署了下一次核试验任务的准备工作。朱光亚参加了会议。

1月13日，朱光亚审阅了此前委托空军在现场的人员起草好的《关于燃爆管与推脱装置的初步经验总结》。随后，他以核试验领导小组的名义起草了给国防科委并空军的电报稿，转报了这份初步经验总结。

曾任核试验基地副司令员的高健民和曾任核试验基地副总工程师的周清波写道：

> ……在这千钧一发的紧要关头，朱主任表现了大将风度，沉着、冷静、果断地做了决策：在了解飞机油料情况后，先指示杨国祥按预定投弹方案，重复进行两次。同时部署机场地面做好飞机带弹着陆的准备，部署试验基地和场站紧急疏散部队、家属和居民。杨国祥驾驶的强-5飞机在靶区上空按正常投弹和应急投弹两种方式进行了3次甩投，均未将弹投下去，即按塔台上指示，飞机带弹返航着陆。飞机于13时45分安全着陆，避免了一次特大损失和灾难。这位优秀而勇敢的少数民族飞行团长立了头功。事后，朱主任在现场，将研制核弹、改装飞机、飞机

上投弹推脱装置等3方面技术人员组成三结合小组，用了3天时间，夜以继日地工作，查出了故障，并总结了经验，研究了再次试验的防范措施，向国防科委和中央专委请示批准后，胜利完成了这次核试验。

宋炳寰在回忆这次惊险的核试验过程后说：

从上面这次鲜为人知的、惊险的核试验中，我们可以看到朱光亚同志为国防科技事业无私奉献、尽职尽责的忘我精神和深入细致、严谨科学的工作作风。在1970年以后我国进行的每次核试验中，他都直接参与了组织、决策、领导和严格把关。他始终不渝地认真贯彻周恩来提出的16字方针，从地面、空中到地下平洞、竖井核试验，几乎每次试验方案的确定、计划安排、现场指挥和指导、试验成果的分析总结等，他都严格细致把关。他经常在环境艰苦的核试验现场了解情况，指导工作[①]。

实际上，朱光亚之所以能够果断地做出投弹飞机带弹着陆的决策，除了他对核弹及其引爆系统的基本原理了如指掌和胸有成竹外，试验前，他还预先决策，安排做了大量相关试验，并设计了飞机带弹着陆的预案。

大地深处听惊雷

停止核试验是一个大骗局

正当中国第一颗原子弹研制处于关键时刻，美、苏、英于1963年7月25日在莫斯科签订了《关于禁止在大气层外层空间和水下进行核试验的条

① 朱光亚:《原子能与原子武器》。北京：商务印书馆，1951年。

约》(简称《部分禁试条约》)。美国代表露骨地说：这次三国之所以能够达成协议，是因为"我们能够合作来阻止中国获得核能力。"

遵照周总理的指示，朱光亚组织了调研分析，与刘杰等讨论后，写出了《停止核试验是一个大骗局》的报告，一针见血地揭露美、苏、英三国禁止在大气层、外层空间和水下进行核试验的目的，并结合我国核武器研制现状提出对策。

报告指出："几个世界核大国在研发核武器上的做法，一向是试试停停，停停再试。经过一段时间的试验，取得大量数据后，停下来进行分析、整理、总结、提高，准备下一阶段的试验，以便改进已有的武器与试验新型的武器品种。一般说来，这也是符合科学研究的一般规律的。他们核试验的停与否，最主要的是根据其核武器发展的需要来决定的。"

报告重点分析了美国核武器试验的3个阶段。1945—1948年为第一阶段。这阶段进行8次试验，做成了原始型的原子弹。这时美国是世界上原子弹垄断国家。从1948年5月到1951年1月，停止试验两年零8个月。停试期间，"美国除积极从事生产外，在研究发展上重新部署了力量，进行了核弹头与氢弹的研究"。

从1951—1958年为第二阶段。这一阶段进行了116次试验(其中地下核试验16次)。主要目的是：进行原子弹的定型与改进，提高效率，增加威力；研究战术核武器、核导弹头，包括原子炮等；原子战争的军事演习；研究与发展氢弹。

"通过这一阶段的试验，核武器已趋完善，军事已有配备。这时需要一个休整时间，以便转入实验室和理论研究，并等待运载工具——导弹的进一步发展。"

从1958年10月底停试，到1961年9月15日恢复试验。这段时间，"大量进行了中程和洲际导弹的试验。这期间大约进行196次试验，而1957—1958年，则共进行75次试验。与此同时，还大量进行地下试验的理论与实验准备，并积极探索其他新型核武器的可能途径"。

1961年到现在(1963年)为第三阶段。这一阶段进行了105次试验(其中地下试验67次，占半数以上)。目的是："改进战略导弹核弹头，包括'民兵'、'北极星'等，提高比威力，减轻弹头重量，以便增大其射程；研究与改进战术核武器，增加品种；研究与发展反弹道导弹，试验多种核弹头；研究与发展新型核武器，包括所谓'干净的原子弹'、'中子弹'等"。

这一期间试验次数更频繁，又取得了大量数据，需要转入另一个休整期。

报告还分析了美国核武器投资和贮量。“美国从1940—1963年总投资已达314亿美元；年度投资则是逐年增加”，“美国目前停止核试验，即使是全面停止试验，对美国的备战计划并无重大的影响，因为他现有足够的生产能力，并已有大量的武器贮备”，“美国的核弹头有35000到40000个。”因此，美国始终认为，“核优势在他那一边”。

在报告中，朱光亚高屋建瓴地指出：美国“在核武器试验中最最重要的需要，就是在军事上谋求发展高效率的第二代导弹弹头。”

报告最后指出：美、苏、英三国签订《部分禁试条约》的目的，就是要“束缚中国的手脚，阻止中国获得核武器的能力，妄图把中国核武器事业扼杀在摇篮里。这就是美、苏、英禁试的实质。”“因为在这个条约中，不包括禁止地下核试验，他们三国可通过地下试验继续发展核武器。而中国则即将开始在大气层进行核试验，是不符合此条约所规定的，因而是不允许的。”

朱光亚鞭辟入里地揭露美、苏、英所谓禁试“是一个大骗局”，我们绝对不能上他们的当。我们不仅不能禁试，反而还要抓紧时机，时不我待。

1963年9月，根据朱光亚的建议，中央专委决定，在抓第一颗原子弹研制的同时，把地下核试验作为设计项目，并要求二机部和国防科委订出地下核试验的具体方案。

从此，核试验基地组织了反复勘察。计划于1966年5月进行首次平洞地下核试验。但由于忙于导弹运载核弹头试验以及氢弹的探索，地下核试验工作拖了一定时间。

朱光亚回忆起这段历史时说:《部分禁试条约》的出笼，更加激发了我们尽快研制成功我国核武器、进而掌握地下核试验技术打破西方大国核垄断的决心。遵照周总理的指示和中央专委的决定，在抓紧第一颗原子弹爆炸试验的准备工作，继续完成空投核航弹试验准备工作，同时，我们又开辟了另外一条战线——地下核试验的准备工作。地下核试验虽然在技术上更复杂，但也难不倒我们。

实际上，根据中央的指示，基地在准备第一次核试验的同时就开始了地下核试验场址的勘选和技术研究工作。1969年9月，我国成功地进行了第一次平洞核试验；1978年10月，又成功地进行了第一次竖井核试验。但是，地下核试验毕竟比大气层核试验复杂得多，要完全过地下核试验技术关还需要艰苦的探索和实践。对此，朱光亚指出:“我们的工作任务理应随形势和需要的变化发展不断调整前进，不断发展提高。”“我感到最重要的是一定要继续增强奋发图强的决心和勇于夺取更大胜利的信心。当时霸权主义欺负我们，说我们不算数。我们组织起来，不畏艰难险阻，攻克一道道技术堡垒，用事实证明中国人民是有志气、有能力的。”他鼓励大家发扬那种为祖国国防事业献身的革命精神，横下一条心，通过这一代人的努力（包括培养新一代接班人），改变落后状态，夺取新的更大的胜利，继续用事实回答他们。

平洞地下核试验

首次平洞地下核试验

地下核试验，就是把核装置放进地下一定的深度，进行核爆炸试验。我国采用了平洞与竖井两种方式进行地下核试验。

平洞核试验，是在山体开掘一条特殊设计的长坑道，在坑道内放置核装置和各种探测器，按照特殊的方案回填堵塞之后，实施核爆炸，是地下核试验的方式之一。核爆炸成功后，对坑道及爆室进行了开挖和钻探，取得各种珍贵的数据资料。竖井核试验，是将核装置和各种探测器一起吊置于大口径竖井底部，回填后实施核爆炸。竖井核试验不受地形限制，但钻井、建井、吊装直至回填堵塞、爆后取样，都需要一套规范化的工程程序和特殊设备，难度较平洞核试验大。

面对部分禁试条约，朱光亚深知：核试验应尽快转入地下。因为地下核试验对精确的物理诊断、用数据验证理论设计、校正数值模拟的方法和参数，均十分有利，并能取得各种反应物样品。其中许多宝贵资料和反应量是地面试验难以得到的。同时地下核试验也有利于保密和减少放射性污染。

1964 年 4 月 11 日，在中央专委会议上，周恩来在部署第一颗原子弹试验以塔爆与空投为主时，就指示，要继续抓紧地下核试验研究设计与勘察，待地上试验告一段落，便集中力量开展地下试验准备。

1964 年 4 月下旬，核试验基地司令员张蕴钰，副司令员张志善、张英率有关人员在核试验场兴地、东大山、西大山等地进行首次勘查。经过艰辛跋涉，发现在南山进行首次平洞地下核试验比较理想。

1967年10月底至11月中旬，国防科委领导与朱光亚、王淦昌、程开甲、邓稼先等科学家讨论首次地下核试验的目的、测试项目、工程要求等问题。核武器研究院由王淦昌负责首次地下试验技术工作。在忙于准备一次空投试验的同时，朱光亚常常来到地下核试验场现场，与工程技术人员和部队指战员一起风餐露宿。

12 月，一个瑞雪初晴的下午，朱光亚等应邀出席周恩来主持召开的会议。会上，朱光亚、王淦昌汇报了研究院地下核试验准备工作的进展情况。

周总理指示：“我们的试验是有限的，要在有限试验中得出多项数据。我们要掌握核试验的主动权，不仅要掌握大气层核爆的规律，而且要掌握地下核爆的规律。我们有限的核试验完全是为了防御。”同时，总理还询问了核试验的后勤保障（如火车、吃水、气象、安全等）工作，想得非常周到、问得非常仔细。

朱光亚对贯彻“一次试验，多方收效”的方针非常重视，千方百计在试验中多安排几项技术工作，尽可能多安排近区测试项目，用来取得一手资料，验证理论设计，校正数值模拟方法和参数。

1969 年 8 月 10 日，周恩来主持地下核试验准备情况汇报会。朱光亚汇报了平洞试验的目的、核装置准备及其加工情况，核试验基地张英副司令员汇报了核试验现场的准备。周总理指示：一定要注意安全，防止“冒顶”或放射性物质沿坑道向外冲出来等意外事故，切实做好安全防护的准备工作。9 月 14 日，周恩来要求于 9 月 25 日前全部准备工作就绪。

1969 年 9 月上旬，供平洞试验用的特定坑道施工完毕。工程技术人员冒着酷暑将 400 余台（套）仪器调试好。9 月 15 日，核装置在主坑道的爆室内安装完毕，技术人员对平洞内的阻力、消波作用、洞外环境等因素作了认真分析。在张英、王淦昌、赖祖武进行检查以后，工程兵封堵了洞道。周恩来一天之内 3 次来电话，问值班的高健民：你们那里有保密电话吗？潮湿度怎么样，一周时间的回填能不能再提前一些？高健民向张英传达了周恩来的询问，并说总理正等着回答。张英思考后立即作出回答：“可以提前。”9 月 13 日，中央专委批准由朱光亚等 7 人组成试验领导小组。朱光亚等在现场指挥了这次试验。

9 月 23 日晚零时 15 分，罗布泊深处，一阵巨响之后，山体抖动起来，几万方碎石如雪崩般滚落下来。月光下，整个山峦腾起蒙蒙尘埃，大漠陷入一片混沌之中。

从首次核试验到首次地下核试验，历时 5 年。

在试验后开挖坑道时，见到了玻璃体并发现一条子坑道出现了扩孔。闻讯后朱光亚与程开甲、周清波等人踩着乱石，躬身钻入狭窄的坑道，冒着

图 4-18　朱光亚（左）与当时的核武器研究院院长胡仁宇（右）交谈

40℃高温与塌方危险，深入到几百米的爆心附近，观察爆炸产物、岩体分布、泄漏等情况。

据核武器研究院前院长胡仁宇回忆，1970 年朱光亚与钱学森调任国防科委副主任后，仍然关注研究院的测试工作。如在实验技术难以满足要求，有不少科技和工程问题亟待解决的情况下，如何通过地下核试验，尽可能多而准确地取得核爆过程的信息；怎样克服地下核爆炸对测试系统造成辐射和电磁干扰，如何在狭窄的洞内空间安排尽可能多的测试项目，怎样协调核武器研究院与核试验基地研究所在核测试方面的分工，怎样遵照周总理“一次试验，多方收效”的指示，千方百计多上一些项目，通过每次试验取得尽可能大的科技进步，借机多探索一些新的思路和方法等，这些，一直都是朱光亚经常考虑的重大问题。

朱光亚在 1989 年 9 月发表的文章《对我国核试验的几点回顾和思考》一文中回忆说：

> 第一次平洞地下核试验原计划作为我国的第三次核试验于 1966 年 5 月进行，目的是通过实践检验我们对地下核爆炸特点的认识，同时测量中近程导弹核弹头的威力和性能参数。后来，为了更快地拿出经过实际飞行考验的核弹头，并集中力量进行氢弹技术攻关，1965 年底调整了计划。这次地下核试验的准备工作暂停了一段时间，到 1967 年空投氢弹试验成功后才继续进行，并于 1969 年 9 月 23 日顺利完成。试验结果表明，坑道自闭封技术和“零”后钻取放射性样品技术等都是成功的；对地下核爆炸流体力学过程的理论认识与实践基本一致；靠近核弹进行的诊断测量取得了重要数据，从而为发展近区物理测量技术开辟了道路。通过这次试验，肯定和丰富了我们对地下核试验特点的认识。

深入虎穴——第二次平洞核试验

在第二次地下核试验之前，朱光亚已调任国防科委，他带着几位参谋，来到核武器研究院理论所，听取课题组理论设计工作汇报。核武器研究院前院长胡思得回忆说："朱主任问得很仔细，边提问，边记录。因为最后向中央的报告，要从他手里出来。"

为尽快地过地下试验"关"，从1971—1973年，朱光亚等组织技术人员多次开会，并把两次地下试验一齐安排。

1975年10月，邓小平副总理指示："要抓紧发展地下核试验，尽快结束在大气层试验。"

10月18日，朱光亚、张震寰、张蕴钰等赶赴试验基地，指导第二次平洞试验准备。10月26日，张爱萍、陈彬、朱光亚、张震寰、张蕴钰向军委叶剑英和邓小平副主席报告，请示第二次地下核试验定在10月27日9时进行。这次试验的目的，是进一步解决自封、快速照相、近区物理测量、抗干扰技术等问题。

地下试验作业队员下了火车，转乘汽车，顶着似火的骄阳，在"搓板"路上颠簸几百千米，来到千里戈壁。这时，罗布泊的南山地域，一顶顶绿色帐篷，一座座半地下的工棚，一个个水泥工号，遍布在黄色的沙丘土。平洞井口昭示着工程兵的业绩。有的战士为了开凿岩洞整整干了一个服役期。参试人员有的住帐篷里，有的住土坯房，十几个人挤在一起。在极艰苦的条件下，在狭窄的洞内装仪表、安支架、装探头，连续作业，度过了一个又一个不眠之夜。

10月27日上午，试验准时开始，南山突然震颤起来，伴随着闷雷一样的轰鸣，爆心扬起浓重的白色粉尘。零时29分，在距洞口10千米处待命，准备到洞内采集气体样品做放化分析的傅依备、胡广才、常炳离、丁厚本、陈玉山等人驱车来到距洞口95米处。突然，从洞内刮来一阵狂风，刹那间，地面铺满了灰色尘埃。洞口处的山体哗啦倒塌下来。取样间被碎石淹没，现场放射性剂量比较高。

指挥部命令取样人员暂时撤离。听取了取样小组的汇报后，朱光亚紧锁眉头陷入沉思，二机部副部长赵敬璞用手指轻叩桌面，王淦昌站起来搓着双手来回踱步。突然，王淦昌急切地说："我要进洞里去看一看，一定要把样品取出来"，"不然怎么向总理交代？怎么向人民交代？"朱光亚冷静地劝阻：

“那怎么行呢？您如果进洞里去，我们这些人就都要坐牢。”随后又安排第二次、第三次取样，均未成功。

第二天，朱光亚、王淦昌等人来到现场。白色的粉尘虽已被风吹散，而石块还不断往下滚落。后来，乱石堆中冒出缕缕白烟使人眼前一亮，扒开乱石露出了预备洞口。朱光亚断定：“预备洞口有气体往外冒，证明这里并没有被堵死，可去预备洞口试一试”。

这时，现场沉重的气氛顿时有所缓解，人们似乎有一种绝处逢生之感。经过磋商，决定再次进洞，这实属不得已而为之。洞内不仅污染严重，松动的岩石和支架随时可能塌落，并且一旦洞外滚石把预备洞口堵死，后果就不堪设想。

最终，傅依备、霍国良、胡广才、张其林、叶全成、李怀曾、陈玉山、郑天璋等人戴上防毒面具、计量仪，抬着钢瓶，乘车驶向预备洞口，丁厚本不顾劝阻悄悄地跟着上了车。当取样人员带着两瓶气体安全归来，朱光亚悬着的心才放下来。

随后，朱光亚和程开甲亲自进入爆后的坑道实地观察爆后景象。王真荣、范如玉、刘国治回忆说：

> 我国最早进行地下核试验的地质环境对‘零后’放化样品分析的准确性带来了困难，也容易造成放射性泄漏。为了弄清原因，在第二次地

图 4-19　朱光亚（右二）与王淦昌（右四）、彭桓武（右三）、于敏（右一）在会议上

下核试验后，朱光亚和程开甲就决定亲自进入爆后的坑道实地观察爆后景象。爆后的坑道内放射性剂量很大。他们从主坑道进入，钻进一条窄窄的通道，又躬身前行几十米进入测试间。这几十米坑道已经被爆后冲击波挤成直径只有 0.8 米的小通道。在约有 40℃高温，随时伴有塌方和放射性危险的坑道中，他们仔细观察每一个现象。测试间到处是石英石烧结生成的黑色玻璃体和破碎的石块。这次‘深入虎穴’，他们取得了大量的地下核试验现象的第一手资料[①]。

零后（起爆后）44 小时，化验室报出核爆炸威力数据。朱光亚一向严肃的脸上绽开了笑容。他一一与取样功臣握手，连声说：谢谢同志们！谢谢！整个试验现场沸腾了，人们奔走相告。中共中央、国务院、中央军委发来贺电。朱光亚、李觉与张震寰、张蕴钰等人钻土屋、串帐篷，一一向参试人员祝贺，与大家共享成功的喜悦。

一次试验，多方收效

1976 年 10 月，在罗布泊北山又进行了第三次平洞地下核试验，并首次在地下试验中安排一项新任务，结果证明：测试总体技术方案完全成功。高精度、信噪比较好和抗辐射抗电磁干扰的某能谱的探测系统已研制成功。在基地总结会上，这些成果得到朱光亚肯定。随后，朱光亚与王淦昌、程开甲组织了本次试验总结。

我国仅做了三次平洞地下核试验，就基本上掌握了地下核试验的技术，近区物理测试技术和放化分析技术均上了新台阶。第四次平洞地下核试验，在技术上获得大丰收。这是一次为突破中子弹原理而安排的低威力试验。

曾任核试验基地副司令员的高健民和曾任核试验基地副总工程师的周清波在《我们心目中的朱主任》一文[②]中回忆这三次平洞核试验时说：

1974 年 3 月，朱主任在北京主持召开了一次试验工作会，安排了地下核试验过试验关、技术关的两次平洞试验任务，为转入地下核试验奠定了坚实基础。早在我国做首次原子弹试验准备的时候，就安排了部分

① 杜祥琬，等:《战略科学家朱光亚》。北京：原子能出版社，2009 年。

② 杜祥琬，等:《战略科学家朱光亚》。北京：原子能出版社，2009 年。

技术力量研究和准备地下核试验。1965年底，核试验基地准备了第一次地下核试验的坑道。因核武器研制发展进程的需要，将原定的地下试验时间推迟。到1967年下半年，在完成了氢弹的系列研究和试验以后，地下核试验又提到议事日程。经过1年多的技术准备，于1969年9月23日进行了第一次地下试验。

试验后经过认真总结，在理论和实践相结合的基础上，初步认识了地下核试验一些问题。综合归纳为：①试验实现了自封，即核爆产物封闭在爆室内，没有“放枪”；②核爆形成了空腔和“烟囱”，与理论上的认识基本一致；在爆室周围堵塞不密实的孔洞，都产生了射流扩孔；③探索了在石灰岩介质中进行核试验的特点和规律；④摸索了平坑道试验的钻探取样；⑤取得了核爆产生的强辐射和电磁波对物理测量信号干扰很大的认识，推进了近区物理测量抗干扰技术的研究。以上这些认识是非常宝贵的，为指导地下核试验过试验技术关起了关键作用。

1971—1973年在地下核试验安排上不断发生变化。在这一段时间里，对地下核试验的认识比较分散，出自不同的目的，有不同的想法。有急躁的情绪，也有悲观的认识。

1974年3月的试验工作会就是在这样的背景下召开的。朱主任一方面动员与会专家、技术人员发扬技术民主，畅所欲言，展开大讨论，以达到统一认识的目标；另一方面分别听取核武器研究院近区物理测量、放化分析的专业技术人员、核试验基地工程技术人员等各方的意见，集思广益，对分歧的意见求同存异，不断协调解决矛盾，对新的项目，有创新的课题，明确表示支持，使会议伊始分散的思想状态逐步统一。朱主任不断归纳各方面的先进思路，从全局出发，通盘考虑，以过试验技术关为目的，即支持各个方面要求在试验中上项目的积极性，又考虑试验工程和测量技术准备周期长的特点。最后决定安排两次试验，用同样的产品，而且规定都属于过试验技术关的同一阶段，这就是两次平洞试验的统筹安排。

这样的试验安排解决了原方案项目多、难度大、施工周期长、相互干扰因素多的缺点，将部分过关的试验项目安排在另外一次试验，突出第二次试验重点，加快准备时间，争取早做试验。第三次试验安排在花岗岩介质，可以在核爆产物样品和放化分析方面与石灰岩介质比较，进一步深化认识样品分凝和放化分析数据的可靠性。同时，第三次试验可以在近区物理测量技术、抗干扰技术和带管道的直坑道自封方面作进一步研究，在第二次实验基础上有所前进。

这三次核试验在试验工程、快速取样挤进去物理测量的方法和手段，抗干扰技术的研究等方面取得可喜进步，为过地下核试验的技术关奠定了坚实基础。就在两次过试验技术关的试验进行现场准备时，朱主任将注意力转到了竖井试验的技术研究，部属各单位研讨竖井试验方案。

中国停止进行大气层核试验

1967 年 4 月，罗布泊西北的辛格耳被选定为竖井核试验场，竖井核试验方式是地下核试验的主要类型。1975 年 4 月，钻成深 100 m，直径 0.83 m 的第一口花岗岩竖井。

1975 年 11 月 9 日，朱光亚亲自修改、批准《关于抓紧做好竖井方式地下试验准备工作的通知》。1976 年 7 月 15 日，参加第一次竖井方式地下试验方案讨论会后，朱光亚等又组织在北京召开几十天会议，专题讨论竖井试验问题。

1978 年 10 月上旬，于花岗岩地层处，参试人员将核装置和有关仪器放进深井中。10 月 14 日，首次竖井方式核试验成功。

高健民和周清波回忆[①]说：

1976 年 1 月，决定让工程设计所承担竖井试验设计任务，做竖井试验技术调研；同年 7 月召开了竖井试验方案讨论会。此时，试验基地用国产钻机钻成了竖井。在有关会议上，对竖井井壁喷浆、封水；在有水的竖井中下钢套管，钢套管与井壁间用水泥浆回填；在试验下井的产品、试验探头、真空管道及电缆上采取抗水压的措施，在全水位井中作试验等 3 种竖井建设方案进行了深入细致讨论，最后形成了统一认识。

1977 年，朱主任组织专家和技术人员审查首次竖井试验方案，会议解决了安全堵塞、核装置下井的环境条件及设计加工产品罐、核试验突出重点，解决核反应动力学参数测量和力学定当量、钻探取样部署等问题。这次会议还确定组织跨单位的试验技术总体小组，由试验基地牵头，以便及时研究解决方案实施中的工程技术问题。1978 年 10 月实现

① 杜祥琬，等:《战略科学家朱光亚》。北京：原子能出版社，2009 年。

了第一次竖井地下核试验。

1978年12月27日至1979年1月20日，朱光亚主持本次竖井试验总结会。2月28日，审阅修改《关于首次地下核试验的初步总结及竖井试验下步安排意见》报中央专委。3月26日，在中央专委会议上汇报了《关于竖井地下核试验的问题》。

1984年5月，根据中央尽快结束大气层核试验的指示，朱光亚要求核试验基地对历次地下核试验技术工作的丰富经验进行系统而深入的总结，并特别指出基地近期重点科技任务是继续抓好地下核试验技术和取样技术攻关，要提高效益，少花钱，多办事，贯彻改革精神，找出适合我国国情的有效解决途径。在后来召开的总结会上，朱光亚就试验规模、试验周期、提高效益、节约经费，如何使试验工作规范化、程序化、标准化等问题作了重要指示，并提出了许多需要进一步研究的课题。这次地下核试验技术总结和相关技术的深入研究，对于全面过地下核试验技术关，大大增强核试验基地地下核试验技术能力有十分重要的意义。

1976年至1988年底，我国又相继进行了4次竖井试验，均获得大量试验数据。这表明，我国在掌握地下核试验技术上取得重大突破。

关于朱光亚在这些地下核试验中所倾注的心血，高健民和周清波说[①]：

> 此后，朱主任就转入地下核试验还有诸多重要决策：1978年决定核试验技术总体工作由基地负责；1981年4月决定组成跨单位的核试验近区物理技术专业组，7月决定成立放化分析技术专业组和试验工程专业组，这种专业组后来涉猎抗核加固、地下核防护工程、核侦察等多项领域；1982年决定做钢套管建干井的调研，并确定用钢套管建一口干井，用于竖井试验；1983年组织调研电缆、探头抗水压问题，探讨设计能装产品罐和测试设备下井的大容器抗水压问题，同时，基地组织研究了水下注水泥浆的设备和施工问题，经过一年多时间取得突破后，制定了竖井全水位试验方案；1987年，全水位中深井试验成功实施，这时，地下试验工程技术和测试技术都已取得突破性进展，为后来此类试验顺利实施奠定了良好基础。

① 杜祥琬，等:《战略科学家朱光亚》。北京：原子能出版社，2009年。

在组织地下核试验中，朱主任在抓住关键环节，适时组织研究，推动了核试验技术发展之外，还具有两方面特点：①支持创新技术发展。每次创新技术项目经过时间考验以后，有成功的，也有不理想的，但朱主任都以极大的热情支持、鼓励技术人员实践后总结经验，不断前进；②注重实践第一的观点。1977 年 9 月，朱主任主持某次空爆试验后，从试验场返回基地途中，在基地程开甲副司令员陪同下，到第二次地下核试验现场实地考察。当时洞内尚有放射性剂量，温度达 40℃，很闷热，也十分不安全，两位专家年龄在 50～60 岁，为了观察直坑道尾部的射流扩孔，匍匐前进了好几米才进到大空洞里面。对于这次临时动议的考察，朱主任毫不介意。从技术上来讲，这次实地看了以后，增强了对直坑道子风、射流扩孔的认识。

随着地下核试验技术日趋成熟，1980 年 10 月 16 日的大气层核试验后，1986 年 3 月，中国政府在维护世界和平大会上庄严宣布：我国已多年未进行大气层核试验，今后也将不再在大气层进行试验。这是我国核武器研制中有决定意义的一步。不仅解决了大气层核试验不能解决的许多技术问题，而且为国家在国际政治斗争中赢得了主动。后来的我国核试验全面转入地下；包括中子弹和近年的核试验，也都采用竖井方式。

总结我国地下核试验的经验，朱光亚说：

同大气层试验相比，它的工程量大，花钱要多些，但它具有大气层试验难以做到的优点。它不仅可以将放射性产物基本控制在地下，有利于环境保护，也有利于保密，更重要的还在于它有利于‘零’后取得各种反应产物样品，特别是可以靠近核弹进行各种反应过程和参数的物理诊断测量，以改进或验证武器设计和研究射线破坏效应特征。要掌握和发展核武器的理论和设计，这样的研究工作是必不可少的。因此，核试验从天上转入地下，是核武器研究发展的客观需要所决定的。1963 年‘部分禁试条约’出笼之前，美、苏已分别进行了 300 多次或 100 多次各种方式的核试验，但这个条约却唯独不禁止地下核试验，也清楚地说明了这一点。

图 4-20　朱光亚（前排左四）同装备部的同志在实地考察

潜射核导弹

潜艇发射的导弹与地面发射的导弹一样，如果装上了核战斗部，就成为核导弹，只是潜射核导弹借助于大海的隐蔽，其威慑力就将大大提高。潜射核导弹的关键技术之一是核战斗部引爆控制系统，这种系统于 1979 年 8 月成功地进行了陆上飞行试验。俞大光副院长率核武器研究院试验队到试验基地潜地导弹试验区，参加我国首次潜艇水下发射导弹试验的准备工作。这是一次比较真实的全武器系统发射飞行试验。

1982 年 10 月 12 日 15 时，潜射导弹从潜艇上在水下发射，水面上点火向上直飞，一条巨龙在碧水上空轰鸣着飞向靶区。核武器研究院技术人员在靶区遥测站收到了全部测量数据。数据表明：我国在自己的海域首次以潜艇从水下向预定海上目标发射导弹成功。

10 月 20 日，时任国防科工委科技委副主任的朱光亚同中央军委副秘书长张爱萍、国防科工委主任陈彬、政委刘有光和海军司令员刘华清、政委李耀文等一起，在码头上接见了作业队全体同志。朱光亚一到码头，核武器研究院的同志就涌上来争相与他握手，并习惯地称他为“朱院长”。朱光亚愉快地与大家一一握手，诚挚地问候大家“辛苦了”，随后又高兴地与大家合影留念。

禁核试的前前后后

一次试验，多方收效

我国核武器事业的成功经验

从1964年10月16日我国第一颗原子弹爆炸成功到1996年7月29日最后一次地下核试验，我国一共进行了45次核试验。而美国的核试验次数为1056次，苏联为715次，英国为45次，法国为210次。这两千多次核试验中，地下核试验1500多次，大气层核试验500多次，水下核试验8次。同其他核国家核试验次数相比，试验次数是最少的，试验成功率和效益是最高的。从第一颗原子弹到第一颗氢弹爆炸成功，中国只用了两年零8个月的时间[①]。总结这些经验时，朱光亚认为是在党中央、国务院、中央军委高度集中统一领导下注意抓了以下几点[②]：

> **严肃认真，万无一失。**从第一次核试验开始，党中央就成立了由周总理牵头的十五人中央专门委员会。周总理提出“严肃认真，周到细致，稳妥可靠，万无一失”的“十六次”方针。张爱萍、刘西尧主持的试验指挥部坚决贯彻执行，并发出了“一定保响、基本保测、确保安全”的号召；接着，又提出了“不放过一个问题。不带着问题试验”的要求。在许多重大问题上都做了两手准备。在某些环节上定了保险系数，留有必要的余地。试验前还组织了预演，反复查缺点，补漏洞，力争把一切可以预见的、应该回答的问题都予以解决，保证一次成功。当

① 罗上庚:《走进核科学技术》。北京：原子能出版社，2005年。

② 杜祥琬，等:《战略科学家朱光亚》。北京：原子能出版社，2009年。

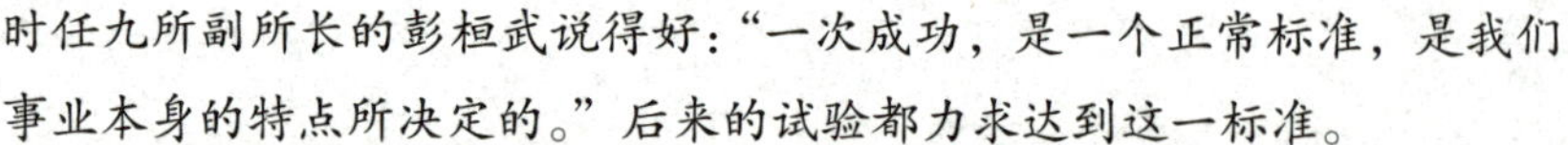

时任九所副所长的彭桓武说得好："一次成功，是一个正常标准，是我们事业本身的特点所决定的。"后来的试验都力求达到这一标准。

大力协同，攻关会战。核武器研制与试验是一项规模大、技术复杂、综合性强的系统工程。它联系着研究、生产、试验、使用各个部门，需要全国有关各方面配合。1962年11月3日，毛泽东主席批准成立15人专门委员会时就明确批示"要大力协同，做好这项工作"。据统计，全国先后有26个部（院），20个省、市、自治区，包括900多家工厂、科研机构、大专院校参加攻关会战。仅中国科学院就有20多个研究所承担了大量科研项目协作攻关。例如，兰州化学物理所配合核武器研究所与兵器工业部的一个研究所，为原子弹研制出高效能炸药和高电压雷管；数学所和计算所合作进行了数学与计算方法的研究；北京和上海的计算机研究所为核武器理论研究、设计提供了当时国内性能最好的电子计算机；长春、西安光学机械研究所改进和研制的高速摄影机在首次核试验火球摄影和测定中子做出了贡献；大气物理所配合气象局进行了核试验所需的准确气象预报。为加强领导，及时协调解决研制中的具体问题，还由二机部和中科院刘杰、钱三强、张劲夫、裴丽生、刘西尧等领导同志组成的协作小组，及时解决研制中的具体问题。特别是当时核试验的内容与目标几乎是次次有所不同，前后两次试验间隔的时间又短，准备时间相当紧张，各有关单位仍然是相互谅解，大力协同，发挥了社会主义大协作的优势，保证了各次任务的胜利完成。

发扬民主，群策群力。核武器研制与试验既是新鲜事物，需要刻苦钻研、攻关，又因其专业繁多，相互联系复杂，而必须在工作中注意发动群众出主意，想办法；要注意发挥专家和科技人员的智慧与作用，群策群力，在集中指导下发挥民主，在民主基础上进行集中，保证各项任务的顺利完成。

总结经验，不断提高。每次核试验结束以后，我们都要进行总结，同试验前一样，要求在总结中也不要放过任何一个小问题。有时还结合前一次或过去的经验一起总结，努力做到得出一些带规律性的认识，有所发现，有所创新，有所前进，用以指导下一次试验的设计、加工以及包括诊断技术在内的各项工作。

一次试验，多方收效。我们坚持在每次实验中都注意从科学、技术与国防建设的需要出发来安排实验项目。既有主要项目，也有次要项目，并对以上项目反复论证、审查，做到一次试验，多方收效。如有可能，有的试验还努力做到“两次并成一次”，少花钱，多办事，既节省了经费，又争取了时间。

关于坚持“严肃认真，万无一失”和“一次试验，多方收效”原则，长期在朱光亚领导下工作的胡仁宇深有体会，他说[①]：

在每次核试验时，朱主任都要求我们正确贯彻“一次试验，多方收效”的原则，并处理好确保核试验成功和实现大跨度科技进步的关系。在试验前要求我们阐明试验的目的、要求，明确通过试验能取得哪些进步，并要求对试验进行风险分析和评估。他亲自审定试验方案和实施大纲，组织对测试项目逐个评审。在试验过程中，他一直要求每个参试人员都能按照周总理提出的16字方针办事，每次核试验都亲临现场检查实施过程的重要环节，包括产品加工、装配；各子系统的联试情况；每个测试项目的状态以及试验安全和后期取样的准备等等。正因为如此，我们每次核试验不但取得成功，而且确保了剂量安全，圆满完成测试、回收、取样等工作。

关于“大力协同，攻关会战”原则，朱光亚也做到亲力亲为，以身示范。胡仁宇说：

“要大力协同，做好这项工作”，这是毛主席在我们事业发展初期所作的重要批示。朱主任几十年来一直十分重视做好“大力协同”工作。早在事业初创时期，我们几乎白手起家，调来的科技骨干绝大多数是30岁以下的年轻人。为了加快突破两弹的步伐，他根据任务需要，组织科技骨干分别与科学院有关所、工业部门有关单位和高等院校合作，把分解的子任务带去与他们一起攻关，利用已有的物质条件和科技基础，不但较快地取得成果，而且我们自己的科技队伍也很快随着任务的进展而成长起来，在基地建成了相关实验室。例如，我院有关实验核物理和放射化学的工作，就是在原子能所这个老基地的基础上成长起来的。

---

① 杜祥琬，等:《战略科学家朱光亚》。北京：原子能出版社，2009年。

20世纪70年代末，随着改革开放高潮的到来，他要求我们努力扩大眼界，尽可能吸取国内外最新科技成果，吸引那些有可能对我们事业做出贡献的单位和专家参与工作。20世纪80年代初，他很重视吸引上海地区一些单位来参与我院有管和物理及强激光方面的研究，加快我院事业的发展，培养高层次的科技人才。为此，我院除了派科技领导到上海有关单位参观、学习、交流商谈合作事宜外，他还曾专程到上海拜会当时的上海市领导，亲自解决一些基层难以解决的问题。20多年来，我院与有关单位的合作已取得相当显著的成果，双方的科研工作都获得很大进展。

20世纪90年代初，为了吸引国内有优势的单位和专家参与激光聚变这个大科学研究领域，在他主持下，在“863”高技术计划当中增设了一个有关激光聚变研究的主体。这个主题设立十多年来，吸引了国内很多科研单位、高等院校来共同参与，从理论、驱动器、诊断技术、制靶核物理实验等方面广泛开展了多项预先研究，取得了大量成果，建立了一些重要的设备，制备出一些关键元器件，打破了国外对我国垄断封锁的企图。现在可以说，我们自力更生初步具备了开展这项庞大、复杂、精密的大科学工程所必须配套的条件（包括所需设备、技术工艺以及有关人才）。这些成就是与朱主任当年高瞻远瞩的正确决策分不开的。

核试验的物理诊断

进行核试验的主要目的之一就是通过和试验区的各种核爆炸实测数据，其中改进核武器所需要的实测数据尤其重要。尽管核武器理论设计专家充分发挥了他们的聪明才智，利用最先进的计算机，仍不可能将所有的过程都计算得非常精确，所得到的结果，所用的参数还必须经过核试验的实际考核，并且要通过核试验去发现、探索改进核武器设计的途径。各个核国家在核武器试验中都很重视核试验的物理诊断工作。物理诊断工作往往要在靠近核装置的地方布置探测器，因此也被称为近区物理诊断。

吕敏在回忆这段往事时说，朱主任“在筹建核试验基地研究所时，要求建立一支专业的物理测量技术队伍。这支队伍在历次核试验中圆满完成了任务，提供了丰富的武器物理参数（该研究曾获得中央军委命名‘勇攀科技高峰研究奖’）。”他在《对核试验物理诊断工作的指导》一文[①]中还回忆说：

① 杜祥琬，等:《战略科学家朱光亚》。北京：原子能出版社，2009年。

在我国第一次核试验中，仅安排了近区物理测量项目，即链式反应动力学测量。随着武器设计水平提高，核装置反应过程更加复杂，理论设计专家对实测数据寄以更高希望，提出了各种测试要求。在理论设计专家指导下，我们根据对核装置工作过程的理解，根据核探测技术的原理，参考了某些资料，陆续提出扩大诊断项目的想法、测试方法和所需条件。1966年氢弹原理实验开始，随着多种诊断、测试项目的陆续上马，需要大量仪器设备支持，需要现场工程技术的配合，需要耗费大量昂贵的同轴电缆，所有这一切都得到了研究所和基地批准，也得到了朱主任的支持和批准，研究所在发展物理测试项目、提高测试水平等方面都得到了朱主任极其重要的关怀和支持。

在我国核试验逐步转入地下的时期，一次核试验中应该安排多少测试项目的问题，曾经引起不同意见和争论。著名科学家于敏等强调应该多上项目，多取数据，我们从事核试验测量的同志们完全赞成尽量多安排项目，或者说所有能设想的项目都争取上，以便取得更丰富、更完整的数据。但也有人表示怀疑，主要怕多上项目增加工程要求，耽误进度。在讨论、研究某次地下核试验的总体方案时，意见矛盾比较突出，最后朱主任批准了多上测试项目的意见，肯定了竖井方式地下核试验中也应尽量多上测量项目。

我国经济实力不能和核大国相比，不可能每年进行十几次甚至几十次核试验，也不可能为了某一个特殊目的就进行一次核试验，每进行一次核试验都应该争取取得更多的数据，虽然从某一次核试验来看，进度会受一些影响，但是从长远来看，可节省核试验次数，是一条适合于中国国情的核试验道路。我国以后的每一次核试验都尽量做到多安排测量项目，获取更多的数据，朱主任对这种做法的支持，无疑是贯彻在物理诊断测量上“多方收效”的重要保证。

1984年以后，多项目测试成为我国核试验的传统。

核试验的安全保障

核试验安全保障按不同的试验方式略有差别。在大气层核试验中，要求做到场区安全、场外安全、空中安全；地下核试验要求不冒顶、不放枪，电离辐射安全保障、试验后的安全保障等。这些安全保障涉及多学科和交叉学科的广泛知识领域，没有深厚的学术造诣是难于胜任指导工作的。同时这项工作又要受核武器总体任务要求制约，只有对核武器原理、试验目的和要求以及上级指示，甚至政治形势等全局在胸，才能对安全保障提出恰当的要求，才能在全局的高度上指导这项工作。

乔登江在《凝聚在核试验中的心血》一文中[①]说：

> 朱主任在这方面游刃有余，他在每次核试验从项目的立项，试验方案的制订，零前准备直到实施全过程的重要试验的安全论证中，都仔细听取汇报，在要害问题上及时给予指导，使我们顺利地完成了历次试验的安全保障。

朱光亚在《自力更生　筑起核盾》一文中谈到核试验安全保障问题时说：

> 从1964年我国首次核试验算起，到1996年共进行了45次核试验，其中半数是地下核试验；同其他核国家相比次数是最少的。成功率、效益是相当高的，在辐射安全方面也是相当好的。
>
> 首先说说试验现场的安全问题。在第一次核试验中，自始至终抓了安全防护工作，再三强调不准有一个人受到伤害。制定了安全防护规定，从难从严进行了防护训练。爆炸后成果回收、辐射侦察等工作进行得很顺利，严格控制了进入沾染区的人数，并进行了剂量监督。切实保证了试验安全。10月20日，在核试验基地召开的总结会上，当时在军事医学科学院工作的魏履新同志风趣地说：试验成功了，回首成果的同志们都很忙，而我们这些来现场专门负责人员辐射防护安全监督护理工作的却没事干，都“失业”了。
>
> 再说场外，全国广大地区的放射性本底调查和对国外核试验放射性沉降的监测，50年代末即不间断地进行。由于我国首次核试验在百米高塔爆炸，放射性烟尘经过的部分地区有轻微放射性沉降高出本底，但仍在安全阈之下。由于高出本底的时间短，对当地居民造成的辐射剂量是

① 杜祥琬，等:《战略科学家朱光亚》。北京：原子能出版社，2009年。

很小的。即使如此，也引起了领导上的关怀与重视。1964 年 11 月 2 日，周总理在听取张爱萍、刘西尧同志关于首次核试验情况汇报时指示，以后核试验要进一步加强场外放射性沉降的监测工作。地面沉降取样点要增加，我国的最南边、最北边和东部边界合适的地方也要舌战。空中要布置在正东、东南、东北三条线上拦截放射性烟云取样。淡水中取样，海水中取样，蔬菜、织物、果品等也应研究取样，积累经验和数据。对这些指示，会后由有关部门一一作了落实。后来，为了减轻下风向地区的放射性沉降，还加强了烟云走向的预测预报，把烟云经过地区无降水作为选择试验日期的重要气象条件之一；在核试验场的邻近地区部署卫生防护分队，准备好应急措施等，以做到万无一失。

正是由于我们十分重视人民的健康安全，并坚持不懈地抓了辐射安全工作，在我国的 23 次大气层核试验中，都没有出现什么问题。根据卫生部门 40 年对北京、兰州、敦煌等地区的降尘灰、气溶胶、水源、食物等放射性水平的调查，结论是对上述地区的居民未造成放射性伤害。

核武器的效应研究

我国主要是利用大气层核试验，开展了大规模的核武器效应研究。通过几次全面的技术总结，总结出我国核武器效应规律。

乔登江回忆说：

核武器效应研究是我记忆颇深的又一方面。为对付核武器的威慑，当时我军在核爆炸防护中，全部应用公开报道的国外核武器效应资料作为依据来考虑自己的防御，因此，从首次核试验开始，中央军委就组织了各军兵种和有关单位参加了核武器效应研究工作，真可谓是“千军万马齐上阵，多种设备齐上场，核爆一响，收获满仓。”

在朱主任的指导下，我国核武器效应研究利用多种多样的爆炸方式（触地爆、地爆、空爆）和微粒从千吨级到百万吨级的核爆炸环境，加上广大参试人员的努力，我国仅通过 20 余次大气层核试验，就积累了大量的数据资料，对核武器效应规律有了深刻认识，从而建立了我国自己的技术体系，编出了核武器效应手册，全军丢掉了“洋拐杖”，用上了自己的作为我军核防护与核安全的核武器效应数据。

这是一项涉及 5 个方面的庞大工程：①陆海空三军装备和各类防护

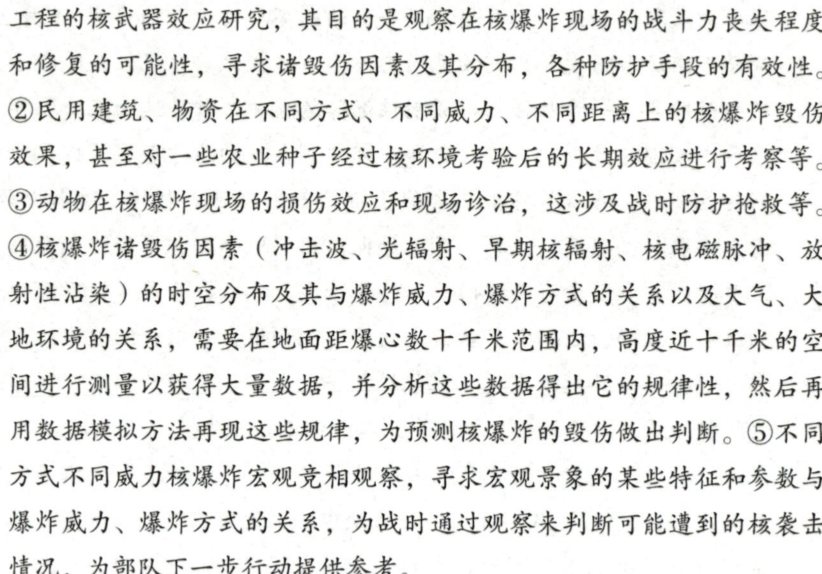

工程的核武器效应研究，其目的是观察在核爆炸现场的战斗力丧失程度和修复的可能性，寻求诸毁伤因素及其分布，各种防护手段的有效性。②民用建筑、物资在不同方式、不同威力、不同距离上的核爆炸毁伤效果，甚至对一些农业种子经过核环境考验后的长期效应进行考察等。③动物在核爆炸现场的损伤效应和现场诊治，这涉及战时防护抢救等。④核爆炸诸毁伤因素（冲击波、光辐射、早期核辐射、核电磁脉冲、放射性沾染）的时空分布及其与爆炸威力、爆炸方式的关系以及大气、大地环境的关系，需要在地面距爆心数十千米范围内，高度近十千米的空间进行测量以获得大量数据，并分析这些数据得出它的规律性，然后再用数据模拟方法再现这些规律，为预测核爆炸的毁伤做出判断。⑤不同方式不同威力核爆炸宏观竞相观察，寻求宏观景象的某些特征和参数与爆炸威力、爆炸方式的关系，为战时通过观察来判断可能遭到的核袭击情况，为部队下一步行动提供参考。

在 20 多次核试验中，曾几度进行了大范围的技术总结，在上述 5 个方面积累了大量资料，经过理论分析提高，为部队提供了软设备。

朱主任在周总理“一次试验，多方收效”的指示精神的指导下，在核武器效应的技术发展中起到了画龙点睛的指导作用，使我国的核效应研究取得了丰硕成果。1980 年前后，我根据核武器效应的大量总结资料编写了《核爆炸物理概论》一书，送呈朱主任审查，朱主任在百忙中，看了这本书后提出了多条意见，特别是对核爆炸中子提出了修改意见，使本书增色很多，也使我个人受益匪浅。

自参加核试验任务以来，我和朱主任一起论证技术的次数不少，涉及的面也很广。朱主任对我们的论证都经过深思熟虑后才发表意见，从不轻易否定我们的方案和论证，以身示范，教育启迪我们如何做好一个技术指导者，对我个人有极大帮助。

核武器研制与试验队伍的建设和管理

核武器研究院管理体制的两次调整

随着我国核武器事业的深入发展和科技领域的不断拓宽，核武器研究院的管理体制就成了对全局工作发展影响重大的突出问题。1990 年，国务院、中央军委决定调整中国工程物理研究院（简称中物院，下同）的管理体制，成为相对独立的国家科研事业单位，院领导由中央组织部直接任命，在国家计划中实行单列。2000 年，总装备部成立后，又进一步理顺了中央有关部委对中物院的管理关系。

朱光亚是这两次管理体制调整的积极谋划和促成者。胡仁宇、胡思得、朱祖良、赵宪庚在《我国核武器事业的组织者和领导者》一文中说：

在我院管理体制调整的决策过程中，朱主任一直非常关心和支持。他作为长期工作在国防科技战线的资深科学家和组织领导者，深深了解我国国情和国防科技事业的特点，总是站在国家安全和战略全局的高度，积极赞同和维护中央加强对这个特殊事业的高度集中统一领导，坦诚建言，促成了国务院、中央军委领导对调整中国工程物理研究院管理体制的适时决策。这些年的实践证明，中央的这一重要决策对我国核武器事业持续发展和我院各项工作的全面推进提供了强有力的体制保障和物质技术条件，是顺应国防科技改革发展大势的明智效验之举。

中国工程物理研究院原党委书记姜悦楷在《朱主任起了不可替代的作用》一文[①]中回忆说：

我院体制转换，两万人的单位变成国家计划单列、相对独立的事业单位，领导班子纳入中央管理范围。这在我们国家是很少有的、非常特殊的。这个体制对核武器发展非常有利。……后来，我们院经历了两次体制转变，就是 1999 年和 2000 年。有两个文件，就是以国务院、中央军委名义发的两个文件，都是对我院体制的明确。我要讲讲朱主任在我院第二次体制转变中起的作用。1998 年，国务院成立新的国防科工委。国防科工委、总装备部，两家都要管中物院，如何分工管理，对此我们很有顾虑，就在 2000 年找朱主任讲顾虑和意见，我们倾向于历史上核武器由中央专委管，以总装备部为主。后来，国务院、中央军委有关文件中明确总装备部管哪些方面、国防科工委管哪些方面。中央在决策时，时任中央军委副主席的胡锦涛专门找朱主任，听取他的意见后才定下来

① 姜悦楷：朱主任起了不可替代的作用 //《风范长存天地间》编辑组：《风范长存天地间——朱光亚同志逝世一周年纪念文集》。北京：人民出版社，2012 年。

的。有了这个文件，我院才变成现在的体制。科技方面的事，朱主任是起了非常重要的作用。体制问题、重大工程问题、重大专项问题，他都起了重要作用。他在高层、在中央部委中起了不可替代的作用。

关于1999—2000年第二次管理体制转变，时任朱光亚秘书的陈建平在《功勋卓著　风范永存》一文[①]中回忆说：

1999年，时任中央军委副主席胡锦涛同志单独约见朱老，就中国工程物理研究院管理体制问题及应对某国导弹防御计划的思考交换看法，两位领导交谈了一个多小时，胡锦涛同志还亲自把朱老送出中南海办公区，建议朱老要保重身体，多运动运动，比如每天坚持散步，在同我握手告别时，叮嘱我们工作人员一定要精心照顾好朱老的身体。

核武器发展的顶层设计和发展战略研究

在领导我国核武器技术发展的几十年时间里，从初期的组建队伍到建立研制基地，从原子弹攻关的纲领性文件到“两弹”突破，从应对禁核试挑战到推动技术转变，朱光亚始终以其前瞻的战略思维和敏锐的政治眼光，准确判断国际形势，做好顶层设计和发展战略研究，统筹制定战略规划，以此总揽全局，保证我国核武器事业沿着正确方向发展。胡仁宇回忆[②]说：

朱主任一直很重视武器发展的“顶层设计”，要求做好“发展战略研究”。为了贯彻他的指示精神，我们组织各专业专家，分不同专题认真调研国外相关资料，总结分析自身的科技水平、存在问题和与先进国家的差距；研究如何根据我国国情确定一个时期内我院科技工作的主要目标和技术途径。在这些工作的基础上，我院曾在1989年和1992年召开了两次重要的科技委扩大会议，专门研究我院的“发展战略”。邀请了曾在我院工作过的老一辈科学家、兄弟单位和上级机关的科级领导参加。较广泛和深入地研讨我愿拟定的目标和采取的技术途径是否妥当；

① 陈建平：功勋卓著　风范永存 //《风范长存天地间》编辑组：《风范长存天地间——朱光亚同志逝世一周年纪念文集》。北京：人民出版社，2012年。

② 杜祥琬，等：《战略科学家朱光亚》。北京：原子能出版社，2009年。

对可能到来的禁核试形势和应采取的对策也进行了初步探讨，从而使重大决策能建立在坚实的科学基础上。

整个研讨过程中，朱主任不但事先指明方向，告诉我们应做哪些准备，而且每次都在百忙中抽出时间到我院全程参加会议。在会上，他发表了极其重要的讲话，对会议讨论形成统一意见起到了关键作用，并亲自指点我们如何起草向上级的汇报文稿，从内容（包括应重点说明的问题、立论的依据、存在的问题和建议等）的文字描述直到行文的抬头和落款。正因为朱主任的指导，使我院这两次会议后形成的报告主题比较明确，论据充分，存在问题找得比较准确，建议也比较切合实际，在向中央领导汇报后都顺利地得到批准，使我院的事业能沿着中央指引的正确方向，不断走有特色的核武器发展道路。

朱主任始终坚持实事求是的科学精神。记得20世纪60年代初，北京刮起一阵“超声波”风，一时“超声波”似乎成了“万能手段”，有人甚至讲超声波能影响核反应。一是科研工业部门把它搞成了“运动”。我们当中也有些人受到影响，要求停下手头的工作搞超声波的应用。对此我们及时向朱主任请示，它指示要从任务实际出发，如经科学分析对完成任务有利就搞，不然则不必去搞。正因为他的指示，我们受这股风的影响很小。

他也强调要根据科研进展不断审视原定计划，不符合实际的地方应及时加以调整，以免走更多的弯路。20世纪80年代初，我院研制成功一台6兆伏的强流脉冲加速器。在验收会议上，专家们经过讨论，曾认为这项技术比较成熟，为了解决高速运动物体的X光照相，建议在建造一台同类型的加速器。两三年后，在科研工作中发现这类加速器电子束的靶点漂移较大，而且焦斑空间分布太散。这两个缺陷使所获X光照相质量难以达到要求，而且这种缺陷是该类型加速器所固有的，短期内难以克服。经调研和预先研究，院内的科技专家提出抓紧研究更合适于这个目的的电子直线加速器。经院里反复研究后，也打算改变原来的计划，当我们把阶段科研工作的情况和对两类加速器的性能比较向朱主任汇报后，很快就得到他的支持。这样，我们决心重新调整计划。20世纪90年代初，我院完成了第一台10兆伏的电子直线加速器，性能指标基本都能符合使用要求，及时满足了科研工作的要求。

核武器研制与试验科研人才队伍培养和建设

事业兴旺，人才为本。朱光亚高度重视核武器研制与试验的人才队伍的培养与建设。早在我国核武器事业发展之初，他就与有关领导商定，把选调科技骨干和年轻科技人员作为发展事业的一条重要措施，主张以任务带学科，出成果，出人才，通过核武器重大任务的实践增长科技才干，锻炼科技人才。

胡仁宇、胡思得、朱祖良、赵宪庚说[①]：

几十年来我院一批又一批科技人才再核事业的大舞台上成长起来，成为对国家核武器和高技术事业有贡献的学术技术带头人。后来随着事业的不断发展，朱主任又多次指示我们，“要重视并安排海外人才的培养，要不拘一格选拔人才，要让那些有才干、有创新精神、敢于拼搏的年轻人挑重担，使我们科研工作增加活力，后继有人”。在他的关心支持下，我院1984年在北京设立了研究生部，1994年他欣然为研究生部成立10周年题词，勉励我们：“积极开展研究生教育，培养高层次科技人才。”他还多次听取我院关于人才培养和加强科技交流措施的汇报，指示我们：“院任务重，地域较闭塞，最好多组织出去参观。重点实验室应请一些全国有名的专家去兼个职，对培养人才和科技交流作点贡献。”按照这些要求，这些年我院对国内外交流和科技合作日益加强，已同近30个国家和地区建立了两高的科技交流合作关系；院建立的5个重点实验室已成为人才培养和科技交流的重要阵地。

图4-21 朱光亚（左）在核试验基地

与此同时，朱主任还嘱咐我们，一定要加强对年轻一代的优良传

① 杜祥琬，等：《战略科学家朱光亚》。北京：原子能出版社，2009年。

统教育，他语重心长地说:“物质的东西固然重要，精神的东西更重要。要发扬过去总结的五种精神，能够把这面旗帜高高举起。”在1999年建国50周年之际，朱主任倡议我院认真总结两弹发展经验，组织科技专家报告团到院内单位和总装备部、四川省级机关、有关科研院所、高校等，广泛宣传“两弹”成就和“两弹”精神。我们把新形势下弘扬和培育“两弹”精神作为职工教育的一项经常性内容，收到了好的成效。目前，我院各科研所的技术骨干、管理骨干已基本实现了新老交替，一大批有希望有作为的年轻人脱颖而出。近几年，朱主任到我院视察指导工作时，看到院所科研工作继续蓬勃发展、新人辈出的局面，他感到由衷的高兴和欣慰。

在核武器研究院是这样，在核试验基地也是如此。核试验基地的主要矛盾是国家核试验任务需求与基地核试验技术能力之间的矛盾。而国家核试验人物的需求只会随着核武器的发展越来越高，解决这个矛盾的唯一办法就是不断地提高基地的核试验技术能力来适应和保证这种需求，除此没有别的任何办法。而在核试验技术能力中最重要、最活跃、起决定作用的因素是人才。王振荣、范如玉、刘国治回忆说[①]：

朱主任非常重视人才队伍建设，尤其是年轻人才队伍的建设，几乎是一有机会就讲。到基地视察也总是要了解人才问题。看到年轻人成长他感到由衷的高兴。早在1983年，他就要求基地要“把培养新一代人才的光荣任务承担起来”。以后又多次讲“加快培养年轻一代科学技术接班人，补充新生力量，不断发展壮大我们的科技队伍。”他认为现在的年轻人有比较扎实的基础知识，工作有冲劲，但要通过科研试验锻炼才能取得经验。现在不少人有了博士、硕士学位，但学历不等于能力，文凭不等于水平。科研人员只有积极参与到各种课题中去，探讨问题，研究问题，解决问题，才能提高能力。

他希望老同志搞好传帮带，给年轻人压担子，让他们去闯，在实践中锻炼。要上下信赖，新老信赖，互相信赖，才能把工作做好。

他要求基地要注意调动人员的积极性，在评奖、职称晋升等方面注重

① 杜祥琬，等:《战略科学家朱光亚》。北京：原子能出版社，2009年。

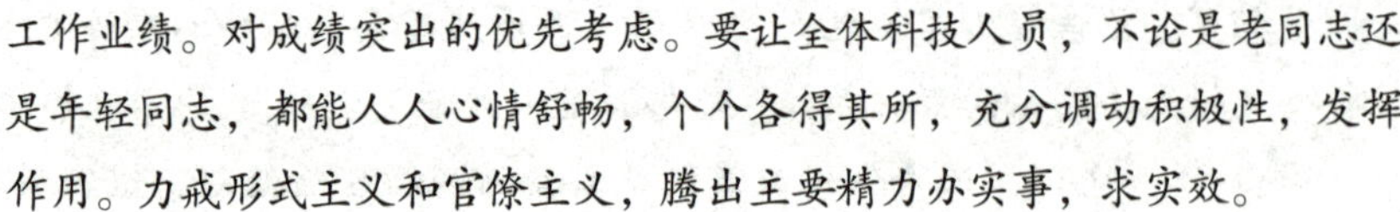
工作业绩。对成绩突出的优先考虑。要让全体科技人员，不论是老同志还是年轻同志，都能人人心情舒畅，个个各得其所，充分调动积极性，发挥作用。力戒形式主义和官僚主义，腾出主要精力办实事，求实效。

他强调要保持科技人才队伍的稳定和健康成长。对年轻同志，要教育和提倡奉献精神、团队精神，弘扬优良传统。他积极支持基地研究所申报博士点，但同时也告诫大家，稳定人才主要不是靠博士点，而是靠工作基础，靠实验设备。博士点的建设一定要注重质量。

他鼓励年轻人多处去闯，扩大学术交流，学习别人的长处，增强竞争能力，用自己的贡献获取社会的承认。他呼吁鼓励科技人员申请基金项目，不在钱多少，而在提高知名度，竞争不上也能锻炼人。

核武器研制中的制度建设和作风培养

总装备部科技委在题为《科学巨匠，卓越功勋》一文[①]中指出，朱光亚是我国科技管理的积极探索者和模范实践者。他以渊博的知识、民主的作风、求实的精神和谦逊的风范，不断追求科学精神与管理艺术的完美结合，推动形成了科技管理的一系列好思想、好传统、好作风。

在我国核武器研制过程中，这些好思想、好传统、好作风包括：研究工作的“三步棋”、研制过程中的“三部曲”、“三严”作风、试验中的“五定”制度规范等。胡仁宇、胡思得、朱祖良、赵宪庚说[②]：

在实际工作中，朱主任很早就倡导贯彻“预先研究、型号研究、生产装备”三步棋精神，特别重视搞好预先研究工作。他强调要将在研制过程中已经成熟的技术成果，适时地运用到新型号，并去改造提高老型号。同时非常重视在科学研究中发扬学术民主，一直强调“要注意发挥专家和科技人员的智慧与作用，群策群力，在集中指导下发扬民主，在民主基础上进行集中，保证各项任务的完成。”

由于朱主任等老专家的积极倡导和率先垂范，我院形成了科研“三

① 解放军总装备部科学技术委员会：科学巨匠，卓越功勋 //《风范长存天地间》编辑组：《风范长存天地间——朱光亚同志逝世一周年纪念文集》。北京：人民出版社，2012 年。

② 杜祥琬，等：《战略科学家朱光亚》。北京：原子能出版社，2009 年。

部曲”的好传统，这就是：第一步慎重确定目标，开展先期探索研究；第二步科学分析论证，选择较佳的研究方案和技术途径；第三部组织集体攻关，解决技术难题。1965 年我院在朱光亚、彭桓武等专家指导下开展的氢弹原理技术途径大讨论，加快了氢弹原理的突破，就是发扬学术民主、攻克技术难关的典型范例。他自己从不以领导或长者自居，总是非常沉稳仔细地倾听各方面专家的意见，善于总结不同看法和见解，从而归纳提出独到的学术思想和技术见解，是科学技术决策科学化、民主化。此后在许多技术问题的决策中，朱主任都适时指点我们要多听大家意见，由科技委组织各方面专家进行充分的研讨和论证。我们依靠扎实的预先研究和技术决策民主化、科学化，力求做到不走弯路或少走弯路，确保核武器研制总体目标圆满实现。

朱主任十分重视培养我们这支队伍严谨细致、科学求实的作风。早在 1963 年建院初期，他组织制订“科研成果鉴定暂行办法”时，就着重提出要贯彻严肃、严格和严密的“三严”作风，从理论计算、实验、设计、试制、检验等到技术总结、报告，每个步骤都要做到严肃认真，一丝不苟；对科技组织工作，也必须及时总结经验，摸索并掌握其规律，写出总结性文件，作为科技成果的一个组成部分。对周恩来总理提出的“严肃认真，周到细致，稳妥可靠，万无一失”的十六字方针，朱主任

图 4-22　朱光亚（右二）在核试验基地听汇报

在组织指导我们进行历次核试验中都要求不折不扣地贯彻落实，要求参加核试验的全体人员搞好“五定”：定人员、定岗位、定职责、定关系、定动作，做到“不放过一个问题，不带着问题试验”。在我国进行的绝大多数核试验中，朱主任都不辞辛劳亲临现场，认真听取我们的工作汇报，仔细检查每个重要环节的准备工作，查漏补缺，严格把关，对发现的问题要求我们以科学的态度认真分析，逐一解决。他多次告诫我们，“院大型试验的特点决定了我们只许成功，不许失败，就是要一次成功。特别是在影响成败的关键环节上可不能出问题。”

有一次竖井试验，在产品罐与测试钢架对接时掉进了少许铁砂，经分析对核试验的影响不大。但我们为了确保“万无一失”，还是坚持将产品罐卸下运回工号检查，细心地分解产品，捡出铁砂再重新组装。当时就在现场指导的朱主任热情支持我们所采取的措施。靠着这种严谨求实、一丝不苟的作风，我们精心组织实施每一次大型核试验，达到了试验成功率高、效率比高的要求。在科研管理拟写技术文件方面，朱主任同样以“严谨”而著称，他批阅科技报告等材料，非常仔细认真，从内容到格式都抠得很细，提出中肯的意见，甚至连标点符号、错别字都予以修改、纠正。我院许多科技人员谈起当年跟随朱主任时，至今感触良多，异口同声赞叹朱主任严谨治学、处事务实的精神，有了像他这样的良师益友的言传身教，我们这支队伍的优良传统和作风才得以一点一滴地培养起来。

在核武器研制与试验过程中，朱主任一向教育我们，这项系统工程联系着研究、生产、试验、使用各个部门，需要全国有关各方面配合。要始终遵循毛泽东主席的教导，“大力协同，做好这件工作”。他经常提起，研制第一颗原子弹时，全国先后有26个部委、20个省市自治区包括900多家工厂、科研机构、大专院校参加攻关会战。“中国工程物理研究院总结历史、总结经验要注意大力协同这一条，这个话要由自己来说，尊重别人，人家更会尊重你。”

朱主任对本人为核武器所做的卓越贡献总是抱着谦逊的态度，不让人宣传自己。每当人们问及时，他总是温和地说道：“核事业取得的重大成就，是许多同志共同做的。”朱主任这种功高谦和、虚怀若谷的品格，激励着我们在工作中注意搞好院内外的团结协作，充分发挥社会主义大协作的优势，保证各项重要人物的胜利完成。

核武器试验中的基础研究和学科建设

朱光亚一直很重视基础科学研究。他在《关于基础科学问题研究的几点看法》一文中说："基础研究在国防科技工作中也很重要。当年我国组织研制'两弹一星'，是国家在基础研究具备了一定条件之后，才攻克了技术难关。"

对于我国核试验的技术攻关和技术进步，朱光亚也一直强调基础研究的引领性。基础研究是一种创新性研究，是为将来的任务需要发展技术、储备后劲和培养人才的。王振荣、范如玉、刘国治回忆[①]说：

> 对此，朱主任指出："基础研究对保留和提高队伍，提高研究能力，促进新生力量尽快成长，起到重要作用。""所谓基础性研究工作，一个是基础研究，认识世界；一个是应用研究，改造世界。应用研究里也有一部分基础性研究，有目的的应用研究也要有一部分基础研究去认识它"。1993年他在基地的一次会议上，专门谈到概念研究问题。他说："科学研究方法分基础、应用、开发三个阶段，从国防研究上也可以分为物理基础、可行性、演示（样机）三个阶段，整个过程较先全面概念研究，经过评估审议证明可行后，批准了再进行下一步工作。这样的途径能节约经费，国外也是如此。概念研究还应分几个层次，对象不一样，层次有所不同，一般分四个层次，第一个是物理层次，主要是原理性、可行性，可能还有些演示；第二个层次是继续综合的概念研究或者叫集成，即同一个技术，有目标的，有应用的，把不同的技术集成起来加以比较；第三个层次就是武器系统，在这一层次中前面工作过的也可能还要设计到；第四个层次就是系统对系统的对抗了"。他认为，当今世界科学技术日新月异，有的技术分不清民用还是军用，科技人员一定要再学习，再教育，多接受新事物，加强基础研究，才能不断创新，开辟新技术。要全方位开放，走出去，请进来，加强与有关单位的学术交流和科研合作。要进一步发扬技术民主，广开言路，形成浓厚的基础研究的氛围。
>
> 基础研究的课题从哪里来？朱主任指出，主要是从任务需求来，瞄准世界科学前沿，开展高水平课题研究，要通过核试验的实践总结提出研究课题。1980年前后，基地对核试验进行了全面总结，提出了不少研

① 杜祥琬，等:《战略科学家朱光亚》。北京：原子能出版社，2009年。

究课题，朱主任高兴地说，“不少同志提出了必须开展和加强应用基础研究的建议，已经开始实施见效。”根据历次地下核试验技术总结，朱主任又亲自提出了不少研究课题。对核试验工程上出现过的问题，他要求都要深入研究，务必不再发生类似的问题。2000 年 6 月，他要求基地必须有一支奋发向上、战斗力强的科研队伍，而这支队伍需要经过时间的考验。他说：“新的科研领域也要向核试验那样，组织一些比较大的战略性的科研任务，才能凝聚打下的勇气和信心、智慧和力量，才能在实战中大大提高我们科研试验的综合能力”。他对基地研究所的同志讲，过技术关，还应做大量研究，并一再强调，我们搞测试的同志应当研究应该测什么，能够测什么，武器物理设计的同志关心什么，要为武器设计提供有意义的数据，要用踏踏实实的实验结果和真实可靠的测试数据来回答。

朱主任还主张基础研究的面应当宽一些，思想要解放一些，首先要发挥我们的专长，又要开辟新的方向，将科学技术转化为生产力，为国民经济建设服务。

实验室是科技人员进行科学研究的基础。在基地组建后的相当一段时间内，由于任务很重，大家都忙于现场任务，几乎没有时间进行深入的预先研究。但是长期的任务实践中提出的许多问题亟待深入研究，给以科学解释，否则核试验技术就难以有较大的发展。这样，实验室和学科建设就被提到了议事日程上来。王振荣、范如玉、刘国治回忆[①]说：

核辐射模拟设备是实验室建设的重点。20 世纪 70 年代初，朱主任亲自关心和支持中国科学院高能物理所协同基地研究所研制我国第一台脉冲强流电子束加速器。该设备 1976 年投入运行，为核测试和高功率激光、高功率微波及抗辐射加固技术研究发挥了重要作用。20 世纪 70 年代末，吕敏原是根据核试验任务和抗辐射加固技术研究需要，提出建造一台模拟核爆炸 X 射线的设备，朱主任又大力支持，在基地的报告上从加速器的指标、用途、如何实施和应注意的问题等都作了十分明确的批示。

---

① 杜祥琬，等:《战略科学家朱光亚》。北京：原子能出版社，2009 年。

关于脉冲强流电子束加速器的立项和建设以及以后的发展，邱爱慈[①]在《朱主任对我所脉冲功率技术》一文中[②]回忆：

> 我第一次认识朱光亚主任是在1973年初，当时受所里委派到北京参加脉冲X光机项目，该项目是建一台4兆电子伏、几十至上百千安的强流脉冲电子数加速器，它产生的脉冲电子束轰击高Z材料靶产生高强度的轫致X射线，用来模拟瞬发γ射线。它最初由原子能研究所一部朱洪元等专家于1970年提出建议，在1971年7月30日决定建造。
>
> 该项目有原子能研究所一部负责研制，由我所负责基建和剂量测试。但1972年下半年起，原子能研究所一部的主要任务转向高能物理，并于1973年2月成立高能物理研究所，体制也由原来二机部领导改为由中科院领导。因此，出于任务改变和人员调整等原因，高能所和科学院有关领导准备建成1兆电子伏模型（即1/4模型）后不再继续，脉冲X光机研制工作遇到很多困难。我们及时向所领导报告了有关情况。当时所领导认为，我所迫切需要一台模拟强γ射线设备，希望抓紧脉冲X光机项目的筹建并在1975年前投入使用。
>
> 为了推进这项工作，上级主管机关建议我直接向朱光亚主任汇报。记得第一次去见朱主任是心里有些紧张。但见面后，觉得他很平易近人。他非常认真听取了汇报，对一些技术问题问得很详细，如国内研制电容器问题、1兆电子伏模型的进展、获得脉冲强流电子束的技术困难

---

① 邱爱慈，基地研究所研究员，副总工程师。曾参加我国第一台高阻抗电子束加速器的研制、改进工作。负责研制成功我国束流最强达1MA的低阻抗脉冲电子束加速器“闪光二号”，提出了技术设计和调试方案并取得重大突破。主持建成了多功能辐射装置“强光一号”（这些设备在科研试验和高新技术研究中发挥了重要作用）。主持开拓了极强脉冲电子束的产生、传输、诊断及应用的研究方向。主持了高功率脉冲开关和纳秒高电压测量等关键技术的系统研究。推动并主持开展了“快Z-箍缩物理及其脉冲功率驱动源技术”、“高功率离子束产生和应用”等重要科研项目，取得显著进展。她是我国强流脉冲粒子束加速器和高功率脉冲技术领域的主要开拓者之一。1999年当选为中国工程院院士。

② 杜祥琬，等:《战略科学家朱光亚》。北京：原子能出版社，2009年。

等。他说他去高能所参加高能物理汇报会，就是为脉冲X光机任务去的，会上他只对脉冲X光机表了态，明确提出这个项目高能所不能下马。他还说，根据周总理指示，我们国家还很穷，不能大家都搞，先搞一台大家用。后来我还几次“直闯”他的办公室，向他汇报脉冲X光机工作进展，他每次都非常耐心地听取，这对我们是很大的鼓舞。在朱主任支持下，经科学院、二机部、高能物理所、核武器研究院和我所协商，达成1：1的大型脉冲X光机由核武器研究院负责研制，1兆电子伏模型有高能物理所负责，协同我所完成研制，于是脉冲X光机项目进入正常运转。1974年，我所组织了较大力量参加1兆电子伏模型的调试，1975年正式移交我所，1976年安装并投入运行。尽管这台机器指标不高，但经过几次完善和改进，为科研工作立下了汗马功劳，20多年来，这台设备（后命名为“晨光号”）仍在使用。

20世纪70年代末，我所提出建造一台用于模拟X射线对材料产生热力学效应的设备。经过反复酝酿，于1981年底完成并上报了筹建脉冲相对论电子束加速器的可行性论证报告。1982年3月底，我在北京的一次汇报会上作了汇报。会后我见到朱光亚主任，把手头的一份报告送给他审阅。4月8日我收到他长达4页的详细批示，从加速器的指标、用途、如何实施、应注意的问题等都作了十分明确的指示。

……

朱光亚主任对这台加速器研制的大力支持和急切的心情，给了我们极大的鼓舞。1982年5月28日，国家正式批准该项目立项。我们按照朱主任的指示，调整了加速器指标，由原来三档指标，改为两挡，即2欧姆一挡（1.3兆电子伏,650千安),1欧姆一挡（0.9兆电子伏,0.9兆安),将项目名称改为“低能强流脉冲相对论电子束加速器”。

朱主任一直关心着这台加速器的研制工作。……从1984年起从研制转入工程实施，经设计、加工、辅助设备购置或研制、基建、设备安装和调试，整个加速器及各系统于1988年10月安装好，12月16日加速器第一次出束，初步调试获得成功。

……“闪光二号”加速器建成后，由于所内外单位要求使用这台加速器的呼声很高，因此，饱满地安排了多项物理工作，鉴定会拖至1993年6月才召开。

以王淦昌院士为首的鉴定委员会通过了对“闪光二号”加速器的鉴

定。该加速器不仅提供了大量的电子束模拟实验研究，满足了立项时的主要要求，而且从1990年2月以来，不少物理测试诊断系统标定工作在“闪光二号”上进行，对确保物理实验数据的可靠性起到了重要作用。

1991年2月，当准分子激光首次出光时，王淦昌院士来信，对“闪光二号”加速器顺利运行，进行多种物理实验表示祝贺。最近几年，又将“闪光二号”的电子束能注量提高3倍，产生出大于100千案的脉冲离子束流。迄今为止，低阻抗型的脉冲电子束加速器作为脉冲功率技术实验研究仍是发展方向，为获得高的功率输出，通常需要采用多台并联。因此，在当时国外禁运的条件下，立足国内、自力更生研制成功“闪光二号”加速器，使它不仅在科研中发挥了作用，而且是年轻科技人员得以锻炼成长，为以后的发展打下很好的基础。实践证明朱主任的决策富有远见，非常正确。

1989年，朱光亚来我所，提出要考虑今后30年的发展问题。根据朱主任的指示精神，为迎接所庆30周年，所里组织了研究所发展讨论。结合国际上的发展趋势和研究所的长远发展方向，经过国内外广泛调研和仔细分析论证，我于1993年底正式提出了建立高剂量率γ射线和X射线装置的论证报告。在此前后有关专家也曾专门给朱主任写了建议和报告。批准立项后，我们抓紧进行工作。朱主任认真听取汇报，并强调设备的技术指标和应用等问题。该设备于1999年底投入了正常使用运行。它可以实现6种辐射输出状态，可分别得到不同脉冲宽度和辐照面积的高剂量率脉冲γ射线、硬X射线和软X射线，并采用了先进的脉冲功率技术和辐射转换技术。

我们在消化吸收的基础上，大胆创新，对它进行了改进，扩充了脉冲 γ 射线的脉冲宽度和辐照面积范围，提高了设备更换工作状态的效率和可靠性，更好地满足了核技术等研究的需要。并利用该设备开展了高功率Z箍缩等研究。2000年6月朱光亚主任欣然为该设备挥毫题名“强光一号”。

朱光亚主任一直关心我所的实验室建设，重视基础研究。1993年10月，他在建所30周年科研发展研讨会上指出：根据研究所的发展方向，建好重点实验室，带动主要学科的基础研究和人才培养，我非常赞成，这也是其他首长一再指示我们的。1996年7月，2000年6月19日，朱主任对研究所今后任务和发展方向作了重要指示，其中讲到实验

室建设，他说所里有良好的工作作风和条件，实验室建设也很好，有一定规模，这样的投资在同行中也很少。但很重要的一点是完善配套形成能力，在发挥作用上下功夫，千万不要贪多求大，要充分利用实验室设备，避免不必要的重复。对研究所今后的任务，他谈了4点，其中，讲到基础性研究工作时，他说，Z箍缩技术研究瞄准国际前沿性研究，是一项很重要的工作，对科技队伍中新生力量迅速成长有着重要作用。

80年代末和90年代初，基地研究所根据未来技术发展需要，酝酿建造一座铀氢锆脉冲反应堆，该反应堆是在研究所实验室开展相关研究工作的一项重要模拟设备。陈达①回忆②：

经过两年多时间的调查、研究、讨论，十易报告稿，我们于1992年5月18日、12月28日及1993年5月15日先后三次向光亚主任和其他领导同志汇报。要陈述清楚以建立近30年、并出色地完成了任务的研究所，现在为什么提出建堆，亦即建堆的必要性、可行性，建设一个什么样的堆、如何建堆，以及建造中的设计、安全、评审、环评、效费比、人员培训、科研工作等许多方面的问题，内容相当多，向首长汇报时间又不能过长，我精心作了一番准备。第一次汇报时，心里总想着能不能通过立项，但当我看到光亚主任全神贯注地听我汇报，在投影屏上光笔指到哪里，他目光就注视到哪里，我的心又稳定下来，并注意抑扬顿挫，控制语音强弱、语速快慢变化，使讲解尽量生动。第一、第二次未被批准立项，光亚主任总是耐心地帮助我们，指出论证报告中的不足，鼓励我们继续做工作，下次准备好了再来汇报。一个项目在不到一年时

① 陈达，曾任基地研究所研究员，研究室副主任、主任、研究所科技委主任。长期从事核科学技术研究工作，在核诊断学领域中取得了多项研究成果。研究了在特定条件下各种核素的分凝规律及其关联关系，创造性地解决了裂变燃耗的测试技术难题。研究某些核材料在深度燃耗后随时间变化规律以及快速放化分离技术的基础上，创建了“增长法”诊断技术方法。创建了极端条件下诊断中子剂量的放化法。解决了在本底干扰严重、反应体系复杂情况下的放射化学诊断学的取样系数技术难题。领导并完成了基地研究所铀氢锆脉冲反应堆工程建设工作。2001年当选为中国科学院院士。

② 杜祥琬，等:《战略科学家朱光亚》。北京：原子能出版社，2009年。

间内3次汇报，最后被批准立项，在研究所历史上是不多见的。由于得到了光亚主任强有力的支持，西安脉冲反应堆顺利地建成。

此后光亚主任为反应堆的建造、运行、应用、管理、人员培训、科研工作以及经费上的维持等方面多次做出批示和指示，并为反应堆提名。他的指示以及他认真负责的工作作风、对科技人员的关心、爱护与支持深深地鼓舞和教育了我们，我们这个科研群体始终团结一心，不计名利和报酬，出色地完成了任务，没有辜负光亚主任的期望。反应堆在完成带核调试后便展开部分研究工作，为研究所探索新的核测试诊断技术发挥了重要作用。

回顾核试验基地基础研究和实验室建设的发展历史，王振荣、范如玉、刘国治说：

正是在朱主任亲切关怀和大力支持下，从“八五”、“九五”到“十五”，上级都拨出专款加速基地的重点实验室建设，一批专业实验室相继建立起来，并已经初步完善配套，基本具备了科学研究能力，在培养人才和开展相关技术研究中发挥了重要作用。

对于在实验室建设过程中，应该把握什么原则，朱主任也做了许多重要指示，保证了基地的实验室建设始终有一个正确的方向。朱主任提出的最主要的三个原则：一是坚持突出重点，有所为有所不为的原则。他说：“一个单位条件再好，人员素质再优良，也不可能把摊子铺得过大。不能面面俱到、轻重不分，只有集中优势兵力，才能打好歼灭战。”二是坚持按需求完善配套，尽快形成科研能力的原则。他说：“实验室建设发展很快，已经具有一定规模”。“现在很重要的一点是如何完善配套，真正形成能力”。“要充分利用已有的实验室设备，把科学研究开展起来，发挥好作用”。三是避免不必要的重复建设，尤其是低水平的重复建设。有一些重复可能是需要的，但不必要的重复建设一定要避免。朱主任指的重复建设不只是对基地范围内说的，而是要基地从全国的范围来考虑的。重大设备建设，从性能指标到应用背景，朱主任都要求尽可能不要与中国工程物理研究院重复，一定要有自己的特色，而且要保持和发扬这种特色。

几十年来，基地科技工作的经验告诉我们，学科建设是基础性、根本性的技术建设。以程开甲为代表的基地和实验技术的开拓者们始终重

视学科建设，认真分析核试验任务所需技术的专业学科，在完成任务的过程中，以关键技术为牵引，加强学科建设。离开了人物牵引，学科建设就是盲目的，没有动力的，得不到经费支持，也不可能持久。不注重学科建设，科技队伍扎实的基础知识、良好的科研作风、创新的攻坚能力也培养不出来。学科建设的基础就是人才队伍、基础研究和实验室建设，尤其是现代化的高精尖的技术，如果没有训练有素的人才，是很难在实战中立即掌握的。这一过程任何人都无法避免。因此，朱主任一再要求我们，一定要“根据科研发展方向，建设好重点实验室带动主要相关学科的基础研究和人才培养”，并且说这也是科工委首长一再指示的。几十年来，基地正是坚持了这一正确的科技工作的指导思想，才保证了核试验技术的不断发展，保证了国家核试验任务的圆满完成，同时也成长了一批人才，其中有两院院士 8 人，国家有突出贡献中青年专家 11 人，享受政府特殊津贴 100 多人。

暂停核试验前的战略部署和最后一次核试验

1986 年 3 月，身患癌症的邓稼先，拖着虚弱的病体与于敏、胡仁宇、胡思得等人多次商议后，向上级提出抓紧做必要的核试验的建议。在实现该建议的过程中，朱光亚起了重要作用。较之以往的规划制定，这一次更紧急，牵涉的因素也更多，可以用惊心动魄来形容。在经历了许多个不眠之夜之后，朱光亚组织人力将邓稼先等的建议变为具体规划，迅速提交给中央领导。正如科学家预料的那样，美国于 1992 年做完 6 次试验后，便向联合国提出，进行全面禁试的谈判。

在当时的国际背景下，朱光亚向国务院总理李鹏提出新形势下我们应采取的新对策。在党中央、国务院、中央军委的领导多次听取汇报之后，以江泽民为核心的第三代中央领导集体，果断地做出部署。这样，使我国在全面禁试条约签署之前的十年中，不仅中子弹获得里程碑式的圆满成功，而且还有小型化、武器化的重大里程碑式的突破，成就了十年辉煌。

在实施党中央新的战略部署的过程中，朱光亚在关注核武器研究院抓紧工作的同时，到试验现场的次数更多了。

1996 年 4 月 16—23 日，朱光亚赶赴核武器研究院，就核试验产品质量作最后的检查，并在全院大会上作了《当代工程技术发展及科技》的报告。随后，又马不停蹄地飞赴核试验基地，做核试验前的准备工作的检查，朱光亚在现场指挥了产品的组装，详细询问每个环节，组织了平洞的回填和演练等。

1996 年 6 月 8 日，在竖井回填时，井下电缆出现异常，是立即引爆，还是按原计划进行，指挥部难以决策。在这关键时刻，朱光亚在核试验现场组织召开紧急会议，经过认真讨论、分析，提出两条处理意见：组织技术人员加强监测；核武器研究院与核试验基地研究所尽快做模拟试验。同时，他还明确了有关领导的分工，并到井口仔细了解监测方式及结果，排查故障原因，寻找补救的最佳方案。这次地下核试验取得了成功。

1996 年 7 月 29 日上午 9 时，大漠荒原再次发出惊天动地的怒吼，北山地动山摇，尘埃滚滚。参试的技术人员、核试验现场的官兵拥抱在一起，淌着热泪欢呼雀跃。中国进行了最后一次地下核试验，而这一天正是邓稼先逝世十周年的日子，以此来纪念这位为祖国核武器事业做出卓越贡献的先驱。

一位当年核试验基地的老兵在回忆 1996 年 7 月 29 日这个历史时刻时，留下了这样一段激扬文字[①]：

> 1996 年 7 月 29 日，一个令我终生难忘的日子。
>
> 凌晨 5：45 分，北山指挥所的喇叭响起了嘹亮的军号声。沉寂了数小时的北山核试验场又热闹了起来。战士们迅速把早已收拾好的铁皮柜、桌椅、床等用品搬到操场上，炊事班把锅碗瓢盆都拿出来了。一双双红肿但有神的眼睛相互诉说着不眠之夜的情思，这不仅有亲眼目睹核爆炸的激动，更有对回到马兰生活的神往，因为那里才是战士的乐园。许多新兵像我当年一样，训练结束就被分到场区，干了几年还不知道马兰是个什么样子。更多的老兵也和我一样，是对生活战斗并为之付出青春热血的试验场的留恋，是对坑道、风钻、斗车、活动板房的不舍，是对夕阳西下余辉笼罩的北山的牵挂。因为这是中国最后一次地下核试验，基地要转入“二次创业”的历史新时期了，我们是幸运的，能亲身经历中国核试验事业这一历史性的时刻，怎么能不激动呢，又怎么会睡得着呢！

---

① 原 124 团江西九江浔阳区战友：《有一个地方叫马兰——中国最后一次平洞核试验亲历记》。红山博客网站，[2010-11-00]。http://blog.163.com/zy21s5s@126

北京时间6:00左右，戈壁滩还是漆黑一片。营部电话通知各连作好装车准备，负责我团转场的车队到了甘草泉哨所，还有十分钟就到营区了。车队到了以后，按照原定方案每个排两辆车，连部两辆车。在昏暗的灯光下，各连都在紧张有序地组织装车。汽车团的司机因为赶早还没吃早饭，炊事班的同志又把收拾好的餐具拿出来，为兄弟单位的同志做了顿面条。

8:10，一切准备就绪，天也大亮了。站在北山指挥所眺望的人群出现了骚动，只见远远的甘草泉哨所一条拖着烟尘的长龙向北山方向疾驶，那是由一辆辆高级大轿车组成的车队，是总部首长、各大军区、省、自治区、直辖市负责人和参加历次核试验的老专家们组成的观礼团来了。他们驻足的观礼台和观礼亭是战士们用预制块和芦苇搭起来。过不多久，北山指挥所发出了登车的命令，六辆大轿车和数十辆大卡车相继发动，一时间铁流滚滚，马达轰鸣，尘土漫天。到达原定集结地域后，全体人员下车，记得当时是团作训股长在整理队伍，交代注意事项，特别强调爆炸之后登车速度要快，要保持正常秩序等。正在这时，主控站发出了激动人心的报时信号："零前"10分,5分,1分……30秒……5、4、3、2、1、起爆！

没有强光，没有惊雷，伴随着一声沉闷的巨响，庞大的北山被抬升了一大截，升腾的尘雾像一条巨龙倚伏在山体上，大地摇晃了、颤抖了……足足有十几秒钟的意识空白，试验场区沸腾了，拥抱、跳跃、掌声、泪水，所有的艰辛、困苦、寂寞、忍受，在这一刻全部化作幸福的潮水，淹没了每个人的心田。虽然有不准拍照的命令，但还是有人拿起了相机，留住了这瞬间的永恒。

车队出发了，向着马兰，向着新的历史使命绝尘而去。

1996年7月29日9时整，一个历史性的时刻！10年前的这一天，邓稼先在北京逝世。今天，在他战斗过的地方，他的战友们用最后的巨响告慰早逝的英灵。当晚，中国政府郑重声明：从1996年7月30日起暂停核试验。中国已经掌握了计算机模拟核试验的技术，更为可喜的是，经过几十年的努力，中国已建立起一支精干有效的核自卫力量！这是多么铿锵有力的声音，这是多么雄伟豪迈的宣告！作为一名中国人，作为一名马兰人，谁不为此而感到骄傲和自豪！

每一次核试验的零时之前，对于中国的普通老百姓来说和任何时候一样，是一个平平常常的日子，但是对于参试官兵和科技人员来说，却是一个充满期盼的不平凡的日子。不论是在马兰还是场区，不论是在基地还是出差在外，人们的心在那一刻总是和试验场紧紧相连。他们盼望能准时看到蘑菇云升腾到湛蓝的天空，希望听到两声闷雷般的巨响，发自深井之下，源于大山腹中，惊心动魄，滚滚而来。

从场区撤回马兰休整的部队在爆炸零时之前，有经验的老兵会把一个酒瓶倒立在地上，一个班、一个排或一个连的人围在一起观看，好像它就是核弹一样。当量大的试验爆炸时会有明显的震感，酒瓶倒地，当量小的没有震感，酒瓶不倒但会有轻微晃动。于是大家一起欢呼跳跃——马兰人就是这样，用自己独特的方式来庆祝核试验的成功，来证明自己与核试验同在。

1990 年以后的历次平洞、竖井核试验我都经历过、关注过。平洞试验当量都较小，竖井试验当量就大了。有一年好像是 1992 年的一次试验，居住在离爆炸现场数百千米外库尔勒的各族群众都接到通知，将各家各户的窗户玻璃用胶布贴成 *X* 型，以防被震裂伤人，其动静相当 3、4 级地震，当量小的试验，一般不通知，有时感到地震了，第二天看报纸，说“我国又成功爆炸了一颗原子弹”，就明白了，昨天不是地震，而是核试验。

罗布泊上空的烟云早已散尽，罗布泊大地的惊雷也不再响起。美丽的马兰花一如既往地怒放在荒原之上，凋谢在风雪之中，年复一年。“艰苦奋斗，无私奉献”的马兰精神，在一代又一代马兰人的血管里涌动，如今的马兰已不再是生命的禁区，马兰花装扮的马兰已成为一座现代化的科技城！成为戈壁滩上的一颗璀璨的明珠！

当天晚上，我国政府向全世界郑重声明：从 1996 年 7 月 30 日起，中国暂停核试验。两个月后的 1996 年 9 月 29 日，我国在联合国签署全面核禁试条约。正确及时的决策，使我们在纷纭复杂的国际政治斗争中赢得了主动。

这最后一次核试验朱光亚没有去现场。他在北京指挥所参与组织指挥了这次最后的地下核试验。记得，他的儿子朱明远曾经对他说，这是最后一次核试验了，是一个永载史册、具有历史意义的日子，你参加了第一次核试验，也应该去核试验基地参加最后一次，画一个圆满的句号。他听后，摇了摇头。他是不愿对做了 30 多年的核试验说再见？还是不认为这是中国核武

器发展史上的一个句号？谁也不知道。留给人们浮想联翩……

不是“句号”，是“分号”

在总结我国核试验的历史经验时，朱光亚说：“中国不能像美国那样，中国就这么多钱，必须用在刀刃上。这是国家战略需要。”而核武器研制实践表明：中国科学家确实把有限的钱，用在了刀刃上。

美国国会至今拒不接受《全面禁止核试验条约》，并在2003年做出决议，缩短恢复核试验的准备时间。这表明，核武器的战略威慑地位并没有变，核禁试和核扩散形势依然严峻。对于中国和国际社会来说，这意味着不能高枕无忧。

在禁试条约达成之前，朱光亚敏锐地指出：“虽然我国一直主张全面禁试，彻底销毁核武器，但要实现这一有利于世界和平的崇高目标，仍然需要一个长期努力的过程”，“国际上变化的形势对我们的要求更高、更紧迫，在抓好当前工作的同时，还要看到今后形势的发展趋势。要从本世纪后10年，看到下个世纪，至少看到二三十年。”

早在1989年，朱光亚就要求核试验基地“思考今后30年基地和研究所如何发展的问题”，并对其发展目标提出意见。时任基地司令员的钱绍钧回忆说：“当时感到他提的问题太超前了。”

王真荣、范如玉、刘国治回忆说：“面对国际上禁核试形势，1989年以后的几年中，朱主任利用到基地视察核试验人物的机会，多次要求基地要早一点考虑今后比较长远的发展规划，至少要看到20年到30年。但当时许多人不理解，认为中国不可能停止核试验。还有人认为核试验基地不搞核试验还能干什么？担心讨论停止核试验会动摇军心，会影响当前的核试验任务。”①

1992年4月，朱光亚到核试验基地，在基地团以上干部大会上强调指出，苏联解体后，两个核大国的平衡打破了。有迹象表明美国人也在认真考虑全面禁试问题。但真正消灭核武器还有很长的路，核武器现在还是很珍贵的。我们是搞核武器试验和研究的，我们任重道远。我们要认识到责任重大，要抓紧工作，争取时间，争取主动，在抓好当前任务的同时，不要忘了

① 杜祥琬，等：《战略科学家朱光亚》。北京：原子能出版社，2009年。

看一看今后形势的发展。他要求基地拓宽科技研究领域，利用有利条件，加强与各单位的学术交流与科研协作，取长补短，增强竞争能力；发挥专长，并运用这些专长，努力在不熟悉的领域做出新的成绩；锐意创新，培养年轻接班人，不断壮大科技队伍。

在到基地的一个月之前，朱光亚就在钱绍钧陪同下到基地研究所，苦口婆心地与所党委常委挨个谈话，分析形势，听取意见，帮助统一思想，最后又给研究所团以上干部讲了话。他题词勉励大家："放眼未来、勇于开拓，发挥专长、锐意创新，为促进科技进步、增强国力做贡献"。

中国科学院院士陈达在《儒将风范　学者楷模》一文中[①]回忆说：

> 1992年阳春三月，乍暖还寒，还不时出现沙尘天气。光亚主任在钱绍钧委员的陪同下风尘仆仆来到所里，一住就是7天。这是他在我们所住的时间最长的一次。他来所里的主要目的是了解研究所未来科研工作的发展情况。当时研究所已经走过了风雨沧桑、成就辉煌的30年。面向第2个30年，所里正在讨论未来的发展设想，按照上级提出的要建成国内一流研究所的要求，都想大干一番，对任务也想方设法拓宽思路，研究新的方法，不断创新，提高科研试验技术水平和能力。
>
> 会议期间，光亚主任针对未来的形势提出了一个问题，形势一旦有了变化你们怎么办？如何保留人才、保留和发展技术你们想过没有？当时我在所常委班子里负责抓科研工作的，这个问题对我们来说是完全没想到的，有语惊四座之感。光亚主任以对国际风云变幻的洞察和对形势发展的分析，对国家和民族利益的高度责任感，及时告诫我们进行部署。仅仅时隔几年，形势就真的发生了变化，但由于我们早已作好了准备，因此思想不乱，人心不散，工作仍然有条不紊地进行。

在朱光亚亲自关心和指导下，基地研究所开展了持续近三年的禁核试以后科研发展方向大讨论，到1993年逐步取得共识。朱光亚很高兴，指示要借建所30周年庆典召开一次科研发展方向讨论会，并特别指示要把已经离所的老专家和中国工程物理研究院的专家请来共商大计。他在场区视察任务的鼓励科技人员："今年研究所检索30周年，我一定去"，"大家献计献策，

---

① 杜祥琬，等：《战略科学家朱光亚》。北京：原子能出版社，2009年。

共同探讨，把我们今后的工作安排好，思路更清楚，信心更足，动力更强，共同创造更辉煌的未来。”1993 年 10 月，朱光亚与沈荣骏副主任等参加了“研究所第二个 30 年科研发展方向讨论会”，朱光亚在讲话中充分肯定了几年来研究所讨论的成果，同时要求对禁核试形势一定要从最不利的情况考虑，对基地完成当前任务和未来的技术研究工作都做了非常重要的指示。同年 12 月，国防科工委下发了“对核试验基地今后工作与发展的指示”，以文件形式肯定了这次讨论会的成果和朱光亚等领导的指示。

1993 年后，国际上全面禁核试谈判紧锣密鼓地进行，这期间，朱光亚每次任务都亲临视察指导，而且每次都是一下飞机就直奔场区，直到离开的当天才回基地。工作量之大可想而知，而那时，他已是快 70 岁的人了。他一方面鼓励科技人员一定要更加严肃认真，周到细致做好各项工作，确保完成预定任务，决不能因为我们的失误而耽误进度；另一方面，他又反复地讲，“核武器是常规战争的坚强后盾，核武器还会存在很长时间”，“基地要主动地而不是被动地去适应这种形势”，“现在的问题是要研究今后怎么办”。他多次听取基地对今后发展设想的汇报，做出明确指示，请中国工程物理研究

图 4-23　1994 年 10 月 16 日，第一颗原子弹爆炸成功 30 周年时，朱光亚（后排右二）与张爱萍（前排右）、王淦昌（前排中）、张蕴钰（前排左）、陈能宽（后排右一）、于敏（后排右三）、李又兰（张爱萍夫人，后排左一）合影

院领导给基地介绍今后发展的需求，并多次强调“基地开展高新技术研究是很有希望的”，“要做好场区放射性污染治理工作”。他还说，“有人说核试验是末代皇帝了，我看末代不了。关键是在全面禁试条件下如何继续发展”。他认为，即使不搞核试验，继续保留和发展核试验技术能力就是威慑。

在朱光亚的安排下，经过几年反复酝酿，1996 年 7 月 25 日，国防科工委召开研究基地今后任务与发展方向的专题会议。朱光亚对这次会议的《纪要》字斟句酌，逐字逐句逐段修改。他指出：“禁核试”标志着我们发展精干有效的核自卫力量的工作进入了一个新的阶段。要求基地具备“三种能力”，并在认真总结的基础上改进、提高，做到有所发现，有所发明，有所创造，有所前进。《纪要》明确了基地今后的任务，以及完成任务的要求与措施。王阵容，范如玉、刘国治说：“当我们看到朱主任亲笔球盖的这份《纪要》原件时，无不为他认真负责的精神所感动。《纪要》是禁试以后一个较长时间内知道基地工作的纲领性文件。”

1996 年 7 月 29 日，在完成又一次地下核试验后，我国政府宣布“暂停核试验”，接着国际上达成全面禁核试条约。在此前后，朱光亚多次对核试验基地的同志说：全面禁试后，基地工作任务不是打了一个“句号”，而是一个“分号”，是我们在另一个更高层次上发展的开始，应该有充分的信心漂亮地完成新的任务。

1996 年 12 月 27—29 日，朱光亚在出席核武器研究院纪念氢弹原理突破 30 周年暨某次任务表彰大会上再次严肃地指出：“‘禁试’仅仅是一个‘分号’，不是‘句号’。中国核武器进入了一个在更高层次上的新的发展时期。”

核试验暂停了，但朱光亚仍然马不停蹄地奔忙。1997 年 1 月 17 日，朱光亚深入核武器研究院理论所的科研室、课题组，参加座谈。18 日，他在核试验总结大会讲话：“要信心百倍地迎接新的挑战”，“要搞好预研，储备好技术，积累一些经验”。2 月，他组织撰写向江泽民总书记汇报核武器事业有关问题的提纲，9 月 13 日，听取核武器研究院胡思得院长关于某工程的汇报。12 月 12 日，听取胡思得、杜祥琬关于科学研究与有关试验任务的汇报。12 月 17 日，参加曹刚川主任主持的专题会议，研究某工程中某试验的总体安排。

1997 年 10 月，核试验基地召开第五次党代会，全面部署“第二次创业”新的任务。朱光亚发去贺电，针对禁试以后任务转变、科技人员中思想还比较迷茫的实际情况，他要求大家“不断地总结经验”，做到“四个所

有”，进一步学习毛主席“停止的论点，悲观的论点，无所作为和骄傲自满的论点都是错误的”这一教导，同时又要大家注意“不要急于求成”，与核大国在新的更高层次上的较量要有一个过程，急不得，要在总结经验的基础上认真筹划。

2000年6月，朱光亚到核试验基地研究所视察，在团以上干部大会上，他发表讲话，再次肯定了1993年召开的有关基地研究所科研发展方向的讨论会。他说，现在的形势与1993年很类似，都处在重要的转折关头。他在分析形势与任务后指出，基地在保持我国战略核威慑力量的有效性方面，责任重大。他提出了要过新的技术关，全面完成从原有方式核试验向新的科研试验任务转变的要求。他指出，现在基地的任务是明确的，方向是清楚的，“二次创业”已有了良好开端，但是不再加把劲也是不行的，因为形势越来越紧迫。要深入开展科学技术研究，掌握安全可靠的新技术。最后他勉励大家，武器有两种，一种是威慑性的，一种是实战性的。我们要与敌对势力针锋相对地斗争，就要拿出你行我也行，你有能力我也有能力的武器来，我们也一定能够做出自己的贡献。

王振荣、范如玉和刘国治[①]说：

> 几十年来，在朱主任的关心、支持与指导下，基地积极适应我国核武器发展需要，在核武器物理诊断、放化测量、效应研究、安全、控制、工程等技术上的水平不断取得进步，基本上掌握了大气层和地下核试验技术，并积极应用于相关领域，始终保持和发展了这种技术能力。禁核试前后，基地又在新的科研领域，积极探索研究，做出了显著成绩，初步具备了与科研任务相适应的新的技术能力；年轻的科技队伍迅速成长，一批新的学术技术带头人已经在各个领域发挥重要作用；科研实验基础设施进一步完善，科研试验适应能力和自主创新能力大大加强；科研试验管理的正规化、科学化水平也有很大提高。基地科研试验能力并未因停止核试验而萎缩，反而更蓬蓬勃勃地发展起来。

朱光亚在1999年发表的文章《自力更生　筑起核盾》一文中指出：

① 杜祥琬，等:《战略科学家朱光亚》。北京：原子能出版社，2009年。

在今年8月12日的一次座谈会上，江泽民同志指出："我们正处在世纪之交的重要历史时刻。和平与发展仍然是当今时代的主题，世界格局正在向着多极化趋势，但霸权主义和强权政治依然存在，并有新的发展。""综合国力的竞争越来越成为决定一个国家前途命运的主导因素"。在这样的形势下，核力量的战略没有变，仍然是个大国军备竞赛的主要方面，只不过已从发展数量转向提高质量，暂停核试验后仍在继续进行次临界实验，研究开发计算机模拟仿真技术，并大力开展以强激光为代表的定向能等新型武器的研究，为增强我国综合国力、维护世界和平继续做出努力与贡献。

对《考克斯报告》的反击

1999年，新中国迎来了50周年大庆，"两弹一星"的辉煌成就无疑是新中国崛起的最重要象征。可是，美国有些人却蓄意编造抛出了鼓噪一时的《考克斯报告》，污蔑中国"窃取"美国的核技术，妄图欺骗世界舆论。朱光亚及时指示核武器研究院的领导：要组织一个科技报告团，大力宣传"两弹"成就和"两弹精神"，用雄辩的事实去批驳它。按照朱光亚的要求，核武器研究院政治部组织人员赶紧拟写了4篇讲演报告稿。从这年6—9月，朱光亚在百忙中3次审阅这些讲稿，在许多地方亲笔批示作了修改或提出重要的修改意见。期间在北京他的办公室里，朱光亚接见了核武器研究院报告团成员，听取工作汇报，并当面做出指导。他强调说，我国原子弹、氢弹的突破，要着重讲清资助研发的情况；中子弹这次可以说，也是我们自己干的；核武器小型化更是求实创新、不断攀登科技高峰的结果，走出了有中国特色的发展道路；一定要宣传、发扬好这些精神。他还亲自提议和布置，现在总装备部机关试讲一次，广泛征求意见，把讲稿进一步修改好，再推向社会。核武器研究院几位专家根据朱光亚的指示和收集的意见，反复修改讲演稿，力求报告内容更加翔实和严谨。随后，报告团二上北京，并辗转上海、成都等地的党政机关、高等院校、科研单位，共做了15场宣讲报告，"两弹"精神在全社会引起了热烈反响[①]。

① 林银亮：大师风范，高山仰止 //《风范长存天地间》编辑组：《风范长存天地间——朱光亚同志逝世一周年纪念文集》。北京：人民出版社，2012年。

与此同时，核武器研究院邀请新华社记者来院采访，写出了反映核武器研究院核武器发展纪实的长篇专稿。1999 年 9 月，获悉党中央、国务院、中央军委决定隆重召开表彰为研制“两弹一星”作出突出贡献的科技专家大会，院领导非常希望这篇长达 8000 余字的特稿能于表彰大会之后发表。但按有关规定，长篇专稿需经中央主管部门领导审批，否则，专稿要忍痛割爱进行大量的删减。负责这项工作的林银亮回忆这段历史时说[①]：

> 正当情急无着之际，院领导派我于 9 月 15 日将文稿呈送朱光亚主任审阅，敬请老领导赐教。不料想，朱主任竟然连续抽出一个晚上和一个上午的宝贵时间，将文稿精心地加以审核修改。16 日下午，他的秘书就通知我去取回文稿，聆听朱主任的修改意见。接过稿子一看，朱主任在稿上作过重要的较大改动有 10 余处，有 30 余处作了修改，甚至有 5 处标点符号都作了推敲。朱主人还特别指教：最后一个小标题还是用毛主席“要大力协同，做好这件工作”的话好，更加简明有力。中物院总结“两弹”研制的经验，要牢牢记住这一条；并嘱咐说，你们今天晚上加班把稿子修改打印好，明天上午在送来，附上院里写的一封说明信。9 月 18 日，中央在人民大会堂召开了新中国成立以来最为隆重、规格最高的科技表彰大会。就在当天晚上，朱主任的秘书来电话告诉好消息：这篇专稿朱主任已经审定，并批转中央有关领导同志，中央组织部、中央宣传部的领导均已作了批示，新华社拟定 9 月 20 日发出通稿。果然在这一天，《新华每日电讯》《人民日报》(海外版)等许多大报整版登载了《为了国家与民族的最高利益》长篇特稿。中央的表彰大会和新华社特稿，给了长期默默无闻地为“两弹”事业献身的中物院人以巨大的鼓舞和激励。
>
> 回想往事，朱光亚院士对于“两弹”事业始终有一种特殊的感情。每当发展的关键时刻，他总以一位战略科学家的远见卓识，在重大科技决策中发挥了主心骨作用，他不仅对重大问题深谋远虑、运筹帷幄，而且对实际工作严谨求实、细致入微，令人肃然起敬。

① 林银亮：大师风范，高山仰止 //《风范长存天地间》编辑组:《风范长存天地间——朱光亚同志逝世一周年纪念文集》。北京：人民出版社，2012 年。

关于朱光亚对这篇特稿的审改，林银亮还讲述了这样一个细节：

就在上述审改新华社那篇特稿时，朱主任的举止至今让我们感动不已。在文稿中原来写有“著名核科学家朱光亚……”，他审改时坚持把“著名”二字圈掉；原稿本来还有这样一段话：“身居全国政协副主席要职的朱光亚，仍像当初担任院所技术领导那样，每次核试验必到现场……不断完善核科技发展的战略计划。”他将此整段话统统划掉了。朱主任总是时时刻刻将个人融入科技大群体，再三强调要突出集体。

集体集体集集体——中国核武器事业的群英谱

奥本海默有美国的“原子弹之父”之称，库尔恰托夫是苏联的“原子弹之父”。那么，谁是中国的“原子弹之父”呢？有人问过朱光亚，他的回答是，我们从来不搞这一套。完成中国原子弹研制的是一个集体，而它的技术攻关领导层也是一个集体。但不管怎样，好奇的人们，总想找到一个公正的答案。2011 年，朱光亚去世后，3 月 1 日的“俄罗斯之声”曾登载了一篇标题为“中国原子弹之父传记中的苏联一页”的文章，看来，在俄罗斯人看来，朱光亚是中国的“原子弹之父”。

我国参与原子弹研制的主要技术负责人是：

朱光亚，时任核武器研究院副院长，是中国第一颗原子弹科学技术计划的技术总负责人。他亲自主持起草《原子弹装置的科研、设计、制造与试验计划纲要及必须解决的关键问题》，提出关键性的部署，对当时中国原子弹的研制起到了重要的指导作用。

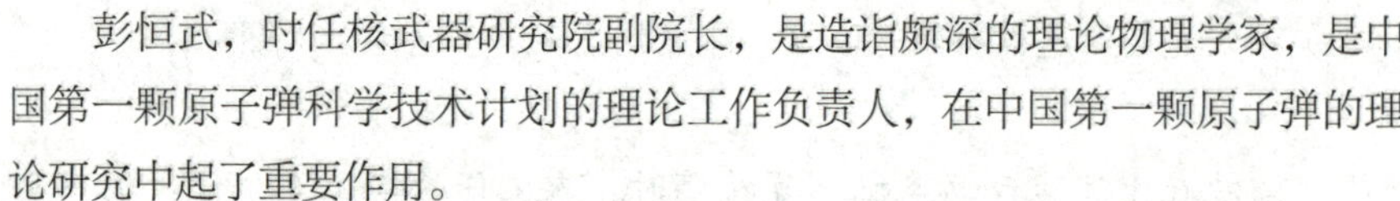

彭恒武，时任核武器研究院副院长，是造诣颇深的理论物理学家，是中国第一颗原子弹科学技术计划的理论工作负责人，在中国第一颗原子弹的理论研究中起了重要作用。

王淦昌，时任核武器研究院副院长，是中国第一颗原子弹实验物理工作的负责人。

郭永怀，时任核武器研究院副院长，空气动力学专家，是中国第一颗原子弹总体设计工作的负责人。他指导并组织进行了空气动力学、核武器环境试验等一系列课题的研究，解决了许多重大问题，保证了核武器最后试验的成功。

程开甲，曾任核武器研究院副院长，时任核武器试验研究所副所长，是中国第一颗原子弹试验测试工作的负责人。他带领新疆核试验基地研究所记录下了中国第一颗原子弹爆炸试验 97%的数据。

邓稼先，时任核武器研究院理论部主任。是中国第一颗原子弹理论设计攻关的组织领导者，对原子弹中的流体力学、状态方程、中子运输等主要理论取得了可喜的研究成果。

陈能宽，时任核武器研究院实验部主任，是中国第一颗原子弹研制实验研究领域的主要组织领导者。

图 4-24 张光亚（右）、彭桓武（中）和陈能宽（左）合影

周光召，时任核武器研究院理论部第一副主任，是我国第一颗原子弹理论研究的奠基者之一，攻克了原子弹理论设计等诸多领域中的重要课题。

因此，有人说，中国的原子弹之父，不是某一个科学家，而是一个卓越的科学家群体。但是，如果单从作用上类比，那应该是朱光亚。但朱光亚从来不赞成也不允许这个称呼或提法出现。

这是一支团队，一支令当今任何一个科研项目的技术负责人梦寐以求、羡慕和嫉妒的才华横溢、团结协作的团队。“集体集体集集体，日新日新日日新”，这是彭桓武当年写下的两句诗，是对这个卓越的科学家群体最好的诠释。

1959 年，当朱光亚被任命为核武器研究所副所长时，年仅 35 岁；其他四位副所长，王淦昌最大，已经 52 岁；郭永怀次之，时年 50 岁；彭桓武第三，时年 44 岁；而最小的程开甲也已 41 岁。论年龄、名气、资历，朱光亚都不如其他几位。他们当中的有些人，在朱光亚的学生时代，就已经是名教授了。甚至理论部和实验部的两位主任邓稼先和陈能宽也比朱光亚年长，邓稼先比朱光亚不多不少正好大半岁，陈能宽比朱光亚大一岁半。同其他人相比，朱光亚是个地地道道的小字辈。由最年轻的朱光亚来统领这支才华横溢的专家团队，其压力和难度可想而知。他的领导威信是在工作中逐步建立起来的。

朱光亚的老领导刘杰和李觉说：

> 原子弹研制及其武器化是一项庞大而复杂的大系统工程，涉及众多学科和专业领域。当时我们的科研组织结构，上有王淦昌、彭桓武、郭永怀、程开甲等几位资深的老科学家，下有理论、实验、设计、生产 4 个研究部的各位科技骨干。光亚同志作为党委科技领导核心的主要成员之一，承上启下、组织协调、综合平衡，对研究方向的确定、技术路线的选择、实验方案的审核、科技力量的调度、工作进度的安排，以及对外的技术协调等，都起到了非常重要的作用，得到了部、院领导和老科学家们的赞许和支持。

李政道在 2004 年 12 月 23 日的《光明日报》上发表的文章《科学技术的快速发展需要接触的科技帅才——有感于朱光亚在中国“两弹”事业中的贡献》一文中写道：

中国从1959年决定独立自主研制原子弹到1964年第一颗原子弹爆炸成功仅仅用了5年时间，而后，只用了两年零八个月的时间又成功爆炸了第一颗氢弹，发展速度令全世界惊诧不已。中国原来的科技、经济都非常落后，为什么“两弹”技术能够获得如此快速的发展呢？当年，我与许多人一样对此迷惑不解。

我知道研制原子弹、氢弹是国家的秘密，因此，尽管1972年以后我与国内的物理学家们来往密切，但我从来没有私下了结这方面的事情。直到20世纪80年代以后，随着一些内情的公开，我才逐渐明白了其中的若干原因。中国“两弹”技术之所以能够迅速发展，从大的方面讲，是因为国家最高层的果断决策、强有力的组织领导，是因为全国人力资源、物质资源的集中使用和大力协作；而最直接的原因是因为组织了一支很了不起的科学家团队，是他们完成了“两弹”科学技术攻关。

这支科学家团队之所以“了不起”，既是因为其中包含了许多杰出的科学家，更重要的是这个团对整体效率很高、整体创造力发挥得特别好。记得曾经有人对比过中国、美国、苏联研制第一颗原子弹、氢弹的科学家团队，论名气，中国科学家团队的组成人员远不如美国、苏联，但在团队的整体效率上，中国却毫不逊色于两个超级大国甚至还要好。我觉得这是符合实际的。

从公开的资料中，我才知道，光亚在这个科学家团队中起了非常重要的作用。钱三强先生称赞他是“有本事的人”；王淦昌先生称赞他“真了不起”；彭桓武先生称赞他“细致安排争好省，全盘计划善沟通，周旋内外现玲珑”；程开甲先生称赞他“深思熟虑，把握航道”；他的上级领导刘杰、李觉则说他是“杰出的科技帅才”。

李政道还说：

中国古代有立德、立功、立言之说，在当今科技界也应该“立德、立功、立言”。光亚身上的优秀品质，可以说是现代科学精神与传统美德的结合。他有高水平的现代科技知识，又具有民主、协作、求实、创新、谦虚的作风，对于形成科学家团队的强大凝聚力、创造力是很重要的。正如古时诸葛亮所说：“良将之为政也，使人择之不自举，使法量功不自度。”好的领袖人才政绩斐然而不自以为是，循循善诱而不发号施令。光亚确实是科技界难得的优秀领袖人才。他十分精心地组织了王淦昌、彭桓武、郭永怀、程开甲、邓稼先、陈能宽、周光召、于敏、黄祖洽、陆祖荫等等，成千上万的祖国杰出科学家和工程技术人员进行了“两弹”研制。他在“两弹”的研制中是科技众帅之帅。

这个科学家团队大概是这样分工和协作的。首先，由彭桓武领衔的理论部完成原子弹的理论设计，形成理论模型；紧接着，由王淦昌领衔的实验部进行原理实验验证；然后，由郭永怀领衔的总体设计和生产团队完成原子弹的总体设计，生产出实弹；在以后的核试验中，由程开甲领衔的试验测试团队完成核试验中的数据采集和测量任务。而朱光亚起着制定计划规划、协调和组织，把几方面的工作整合在一起的作用。

20 世纪 60 年代初，这批才华横溢的科学家们从人们的视野中集体“失踪”了，一“失踪”就是十几年。当然，这里所说的“失踪”是指他们在各种学术交流的舞台上消失了。在生活中，他们并没有“失踪”，在他们所居住的大院里，人们经常会看到他们的身影，上班、下班、排队买菜，像一个个普通人一样，既不神圣也不神秘。

除了技术团队，一直由院长李觉领衔的行政指挥团队也至关重要，功不可没。

李觉，时任核武器研究院院长，负责核武器研究院的全面工作。

吴际霖，时任核武器研究院副院长，主管科研管理工作。

郭英会，时任核武器研究院副院长，负责政工和人事工作。

一条高效的行政指挥线，一条人才济济的技术指挥线。这是“596”计划成功的关键。

除了他们之外，还有朱光亚几十年间的历任领导和战友们，他们包括：张爱萍，刘杰，刘西尧，张震寰等，有人说，他们也应获得“两弹一星”功勋奖章。

5

作为战略科学家的朱光亚

- 作为战略科学家的朱光亚
- 国防科技事业的战略谋划者
- “863”计划与朱光亚的学术思想
- 中国科协的当家人
- 领衔工程院　开创新局面
- 朱光亚与军备控制和军备控制物理学
- 和平利用核能为经济建设服务

作为战略科学家的朱光亚

“战略”一词最早是军事方面的概念，战略的特征是发现智谋的纲领。在西方，“Strategy”一词源于希腊语“Strategos”，意为军事将领、地方行政长官，后来演变成军事术语，指军事将领指挥军队作战的谋略。在中国，战略一词历史久远，“战”指战争，“略”指“谋略”。春秋时期，孙武的《孙子兵法》被认为是中国最早对战略进行全局筹划的著作。在现代词汇中，“战略”一词被引申至政治和经济领域，其含义演变为泛指统领性的、全局性的、左右胜败的谋略、方案和对策。战略一般有 3 大属性：政治、经济、军事。战略的特性主要表现在：全局性、方向性、对抗性、预见性、谋略性等。战略的构成要素主要有：战略目的、战略方针、战略力量、战略措施等。

中国工程院院长周济在《朱光亚：杰出的战略科学家》一文[①]中谈到：

> 光亚老院长是一位优秀的战略科学家。他思想深邃，学识渊博，具有远见卓识，勇于开拓创新，始终积极倡导并身体力行战略思维、战略谋划和战略管理。他总是善于从战略和全局的高度，紧跟时代步伐，瞄准国际前沿，思考和研究宏观性、前瞻性的战略问题，思考和研究我国国防现代化和科学技术现代化的重大问题，适时向中央提出咨询建议，并且积极参与战略决策。在核武器研制过程中，他特别重视“顶层设计”，高瞻远瞩，精心谋略，因而能够高屋建瓴，超前部署，掌握了工作的主动权；他组织领导了新时期历次国防科学技术和武器装备发展战略研究，为我国国防尖端技术和武器装备建设事业的发展决策发挥了

① 周济：朱光亚：杰出的战略科学家。《光明日报》，2012 年 2 月 26 日。

图 5-1　朱光亚（前排右三）在“863”成果展开幕式上

重要作用；他参加了新中国历次国家科技中长期发展规划的研究制定工作，是《国家中长期科学和技术发展规划纲要（2006—2020 年）》总体战略专家顾问组召集人之一；他参与组织领导了国家“863”计划的制定和实施，参与指导了载人航天工程的前期论证工作。光亚老院长是我国科学技术发展战略研究的引领者和推动者，是中央和全国科技界信赖和倚重的战略咨询专家，为祖国的工业化、现代化殚精竭虑、深谋远虑、呕心沥血、建言献策，立下了不朽的功勋。

说到朱光亚作为战略科学家的成就与贡献，曾任总装备部政委的迟万春[①]对朱光亚有过这样一段评价：

朱光亚院士是一位具有远大战略眼光的科学家，是我国国防科技事业特别是国防科技战线的一位卓越领导者。他参加了包括《十二年科学规划》在内的新中国历次国家科技中长期规划工作；改革开放以来，组织领导了历次国防科技和武器装备发展战略研究，为保证我国科学技术和国防科技的正确发展方向，提出了一系列具有权威性、决定性的重大意义。在国家高科技研究领域，他作为国务院高技术协调指导小组成员，参与了我国“863”计划制定和实施的组织领导工作，特别是领导

① 杜祥琬，等:《战略科学家朱光亚》。北京：原子能出版社，2009 年。

载人航天工程前期的可行性概念论证和先进防御技术的导向调整及发展战略研究，在国家科技发展的重大决策中发挥了重要作用。“莫道桑榆晚，为霞尚满天”。在新世纪的第一个国家科技中长期规划的制定过程中，光亚同志虽已耄耋之年，仍众望所归地被推举为总体战略专家顾问组三位召集人之一，继续为我国高科技的发展殚精竭虑、呕心沥血。

姜悦楷在《朱主任起了不可替代的作用》[①] 一文中说：

我院核武器科研事业发展的重大事情，都是在朱主任知道或者是在他的策划之下进行的。他是处在核武器高层决策的中心位置，我们经常去原国防科工委、后来的解放军总装备部汇报工作。无论是丁衡高主人，还是曹刚川部长，他们都非常尊重朱主任，而且在核武器这一块的重大问题上都尊重朱主任的意见。有一次，他们讲：“朱主任是我们总装的顾问，也是我们全军的顾问。”

我们每上一个型号，都是在广泛听取意见、经过反复研究之后，首先要向朱主任汇报，听取他的意见；即使平时一些具体的关键技术问题，往往也是在向朱主任汇报、得到他的认可后，才向总装备部、中央专委汇报。当时都是这样的一个工作程序。

黄志澄在《学习朱光亚先生大智若愚的科学精神》[②] 一文中将朱光亚的科学精神归纳为四个字：“大智若愚”。认为他一方面才思敏锐、勇于创新；另一方面却又质朴严谨、讷言笃行。他说：

在我的接触中，他的这种科学精神表现在以下几个方面：

首先是他对大工程背后的科学原理，一直抱着“打破砂锅问到底”的探索精神。在论证中他强调要研究一个概念在物理上是否可成立？例如，他对太空环境下的微重力对材料的影响和超声速燃烧究竟有什么好

---

① 姜悦楷：朱主任起了不可替代的作用 //《风范长存天地间》编辑组：《风范长存天地间——朱光亚同志逝世一周年纪念文集》。北京：人民出版社，2012 年。

② 朱明远，等：学习朱光亚先生大智若愚的科学精神 //《风范长存天地间》编辑组：《风范长存天地间——朱光亚同志逝世一周年纪念文集》。人民出版社，2012 年。

处，他就请过多位专家来汇报和反复讨论。

图 5-2　朱光亚在作报告

其次。他对于国外对于发展大工程的正反两方面的意见，都亲自找来外国文献来研判，并做出客观的科学分析，以便吸取他们的经验教训。在科学分析的基础上，他和王寿云同志联合写成了《对载人航天的再认识》一文。文章指出："设计和实施这样一项这样一个经过深思熟虑的航天计划，不仅要在整体上优化，还应在全程上优化，使它既包含能带来国家威望的重大成就，又是一项能带来持久的经济、科学和技术好处的计划。"这是一种多么高屋建瓴的战略思维。

再次，就是他的一丝不苟的严肃、严格和严密的作风。……他对我们起草的报告，都会认真审阅，甚至一个标点符号和一个错别字，都会给你指出来。他觉得有问题的地方，会要你亲自向他解释。我负责起草的一份汇报稿，前后改了 17 稿，才通过朱光亚先生的审查。

总装备部部长常万全说[①]：

朱光亚同志善于战略思维、战略谋划和战略管理，确实是一位名副其实、当之无愧、各方公认的战略科学家。

① 杜祥琬，等:《战略科学家朱光亚》。北京：原子能出版社，2009 年。

国防科技事业的战略谋划者

1982 年，国防科委与国防工办合并，组建国防科工委，全称是：国防科学技术工业委员会，由中央军委和国务院双重领导，统领整个国防工业。在国防科工委旗下，组建科学技术委员会，全称是：国防科学技术工业委员会科学技术委员会。念起来有点儿绕嘴。后来一直有人闹不清国防科工委和国防科工委科技委到底是什么关系。

图 5-3 朱光亚（中）观看“863”成果展

1985 年 3 月，朱光亚开始担任国防科工委科技委主任。1999 年，总装备部组建，朱光亚又被任命为总装科技委主任，直至 2005 年正式退休。1985—2005 年，朱光亚在科技委主任的职位上一干就是 20 年。

从 20 世纪 80 年代开始，我国很多工业部门、科研院所都成立了科技委，然而，很多单位对于为什么要设立科技委、科技委的职能是什么、科技委如何开展工作等问题并不清楚。因此，许多单位的科技委成为安置退居二线的领导干部的机构。然而，原国防科工委和总装备部科技委真正建设成为了为领导和业务部门提供决策咨询的智囊团。军委领导多次说过，总装科技委是个高水平的专家群体，不仅是总装的科技委，也是军委和全军的科技委[①]。

① 杜祥琬，等:《战略科学家朱光亚》。北京：原子能出版社，2009 年。

需求牵引，技术推动，选择跟踪，重点突破

图 5-4　1997 年 11 月，朱光亚访问澳大利亚工程院

开展国防科技和武器装备发展战略研究是中央军委和总装备部党委赋予总装科技委的首要任务，对于谋划长远发展、争取战略主动具有重要意义。从 1985 年开始，朱光亚以国防科工委科技委和总装备部科技委主任的身份，主持领导了第一次和后续多次国防科技战略研究以及国防科技和武器装备发展战略研究，提出了许多重要战略思想和观点，摸索了发展战略研究工作模式和经验，为持续深入

图 5-5　朱光亚在中央军委举办的报告会上作报告

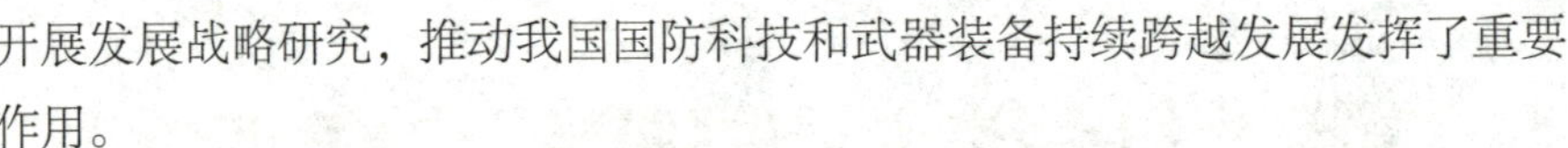

开展发展战略研究，推动我国国防科技和武器装备持续跨越发展发挥了重要作用。

国防科技和武器装备发展战略研究的实质，是瞄准世界国防科技发展前沿，准确把握科技发展趋势、特点和规律，深入研究我军装备建设的突出矛盾和长远需求，对未来一个时期的国防科技和武器装备发展进行科学谋划和顶层设计；目的是面对军事领域深刻变革和激烈竞争，争取在未来国际格局中获得比较优势、赢得战略主动，指导装备发展中长期规划的编制。1985 年 11 月，为加速推进国防科技进步，迎接世界新技术革命挑战，在朱光亚主持下，科技委组织各军兵种、国防科技工业部门专家召开了第一次国防科技发展战略讨论会，朱光亚作了专题报告，受到中央军委、国防科工委领导的高度重视，许多领导同志到会并作重要讲话。在这次会议成果基础上，根据中央军委指示和国防科工委要求，1986—1988 年，朱光亚主持开展了《2000 年的中国国防科学技术》发展战略研究，这是国防科技领域首次开展大规模中长期发展战略研究。军内外几十个单位 2000 多名专家参加了研究工作，组成了一个总报告、13 个分报告、18 个专题报告的课题研究体系，采用定性与定量相结合的方法，综合分析各方面情况，提出了“以整体效益为中心，需求牵引和技术推动相结合，选择跟踪，重点突破”的发展战略思想，提出了关于国防科技和武器装备发展 2000 年的战略目标、重点和技术政策、管理政策等方面的建议。研究报告呈报中央军委批准后，为“八五”计划和中长期科技发展规划纲要的制定提供了科学依据。在朱光亚领导下创立的国

图 5-6　在总装备部科技委年会上作报告

防科技发展研究工作模式，为以后开展发展战略研究工作提供了借鉴和范例，得到了继承和发扬。

1993—1995年，根据新的形势和任务需求，朱光亚主持开展了深化国防科技发展战略研究，提出了从基本体系入手加强武器装备体系建设的建议，明确了我军武器装备基本体系的概念与内涵，以及分步实现我军武器装备基本体系现代化的目标，为“九五”计划和2010年长远规划的制定奠定了基础。

总装备部成立后，1999—2000年，朱光亚主持开展了“2020年前武器装备发展战略”研究，在继承以往国防科技发展战略研究成果的基础上，进一步丰富了研究内容。这次研究提出了“需求牵引，自主创新，优化体系，跨越发展”的武器装备发展战略思想和总体要求，以及我军武器装备应当具备和增强的八项作战能力；提出了今后20年我军武器装备发展的战略目标和要形成的武器装备体系结构，并按2010年和2020年两个时间节点，优选了武器装备发展的方向和重点，勾画了我军武器装备作战能力的发展图像；提出了为实现目标所采取的措施和相关政策建议。研究认为，我军武器装备发展必须坚持主战装备、综合电子信息装备和保障装备成体系建设，分阶段发展与优化攻防兼备、适应攻势作战的武器装备体系，这是做好军事斗争准备和实现我军武器装备现代化的正确途径。这项丰厚的研究成果，由朱光亚分别向军委首长、军委常务会议作了汇报，并专门向江泽民主席、朱镕基总理及中央专项工程领导小组作了汇报，受到中央领导和军委领导的充分肯定，也加深了大家对总装科技委战略咨询重要作用的认识。2003—2004年，朱光亚又主持开展了《深化2020年前武器装备发展战略研究》，遵照胡主席关于武器装备建设最新指示精神，根据国际战略形势新变化、国家安全利益新要求、军事科技新进展、装备发展新机遇，紧紧围绕建设信息化军队、打赢信息化战争的根本目标，研究提出了“信息主导、复合发展，自主创新、重点跨越，综合集成、优化体系”的战略思想，明确了我军武器装备发展的战略目标，阐明了适应信息化战争要求的我军武器装备体系应具备的能力，优选了武器装备发展的战略重点和科学技术发展的重点领域，提出了相关的措施建议。研究成果为《2020年前武器装备建设总体规划》和《“十一五”期间武器装备计划》论证拟制工作提供了科学指导和依据。

朱光亚每次主持领导发展战略研究，都认真分析本次研究工作的形势和特点，提出工作思路和指导思想，指明工作方向和重点关注的问题，使大家

图 5-7　1989 年，朱光亚（右）同国家基金委主任张存浩（左）交谈

心明眼亮地开展工作。如，在部署 2020 年前武器装备发展战略研究时，他就指出，这次研究与过去的国防科技发展战略研究相比有所不同：这是总装成立后首次对全军武器装备发展的战略谋划，是对新世纪我军武器装备长远建设的一次顶层设计；应紧密结合军事斗争需求，以武器装备体系的建设与完善为主线牵引国防科技的创新发展。他注重不断总结经验，把握特点规律，改进研究方法，提高发展战略研究的质量水平。他多次强调，国防科技发展战略研究，要针对国家安全环境，认真贯彻我军新时期军事战略方针，突出军事斗争需求；要注重国防科技发展战略研究与军事战略研究的结合和交流；要坚持运用定性分析与定量分析相结合的方法论；要把发展战略研究与规划计划的制定工作紧密衔接起来。他多次提出，国防科技与武器装备的发展要突出"中国特色"，要把世界新军事变革中国防科技与武器装备发展的一般规律和普遍做法，与中国实际相结合，根据我国的实际情况和特点，在选择中国特色发展战略上下功夫。他的这些重要思想和经验，为我军今后开展发展战略研究提供了科学指导。

总装科技委在题为《科学巨匠　卓越功勋—纪念朱光亚逝世一周年》[①]一文中说：

上世纪 80 年代，他领导我们科技委开展我国第一次国防科技发展

① 总装科学技术委员会：科学巨匠　卓越功勋——纪念朱光亚逝世一周年。《解放军报》，2012 年 2 月 26 日。

战略研究，提出的‘需求牵引、技术推动’战略思想，在今天仍具有重大指导意义。海湾战争爆发之初，他组织对战争情况进行跟踪分析，积极探索高技术条件下局部战争的特点、规律及发展趋势，取得了一系列重要研究成果。总装备部成立后，他根据中央军委决策部署，精心组织领导武器装备发展战略研究，系统提出了信息主导、自主创新和跨越发展等一系列发展方略。

图 5-8　朱光亚在中国工程院办公室

生产一代、研制一代、预研一代、探索一代

突破关键技术，带动国防科技整体水平的提高，为武器装备发展提供坚实的技术基础，是朱光亚一贯坚持的重要思想。在长期领导我国国防科技发展的工作实践中，朱光亚与其他领导同志一起，认真总结历史经验教训，深入研究国防科研规律，针对工作实际加强改革创新，领导我们走出了一条中国特色的国防关键技术发展道路。

朱光亚参与领导了预先研究管理改革。聂荣臻同志在总结国防科研工作经验的基础上，1966 年 2 月提出了按照预先研究、型号研制、试制生产的“科研三步棋”循序渐进地开展武器装备发展的重要思想，其中预先研究的主要任务是突破关键技术，为型号研制提供技术储备。然而，由于种种原因，国防科技工作中普遍存在重当前、轻长远，重型号、轻预研的倾向，往往是在未做好预研工作、关键技术尚未突破的情况下，急于上型号，造成周期拖长、技术指标降低、研制经费上涨。同时，由于重视程度不够、经费投入不足，许多制约装备发展的关键技术长期不能突破，我国国防科技在总体上与世界先进水平存在的差距还有进一步拉大的趋势。针对这些情况，1984 年 2 月，朱光亚和科技委的其他领导一起组织有关同志在综合论证的基础上，提出了加强预研关键技术攻关的具体意见和建议，得到国防科工委领导的充分肯定和积极支持。1985 年，在制订“七五”国防科研发展计划时，国

图 5-9　1997 年 11 月，朱光亚访问澳大利亚工程院时留影

防科工委决定将预先研究计划与型号研制计划分开，在国防科研试制费中单独切出一定比例的经费，专门安排预研关键技术攻关。科技委在朱光亚领导下，采取了一系列有力措施，多次组织机关和专家研讨，深入研究预研工作客观规律，明确了预先研究的内涵、任务、性质以及预研与型号的关系，并将预研划分为应用基础研究、应用研究和先期技术开发 3 个研究阶段，为全面系统组织开展预研工作提供了理论依据。他积极倡导引入先进管理理念和管理方法，针对不同项目性质，分类实行合同制、基金制管理，充分调动科研人员的积极性，真正发挥经费使用效益。针对预研规模庞大、技术复杂的特点，他指导机关对管理工作进行合理分解，建立了由决策系统、咨询系统、执行系统构成的符合现代管理思想的预研管理体系。他特别强调，为了保证预研决策的科学化、民主化，必须加强由专业组组成的咨询系统建设。这些开创性工作，为预先研究持续健康发展奠定了坚实基础。总装备部成立后，为适应武器装备管理体制改革和社会主义市场经济的发展，朱光亚再次对预研管理改革给予有力指导和支持，不断提高新形势下预研管理的水平和效益。

朱光亚领导建立了研究制定国防关键技术报告制度，强调预研项目安

图 5-10　2001 年，朱光亚（右四）作国防关键技术报告

排要注重“全局性、前沿性、前瞻性”。为突出重点、缩短战线，体现“突破关键、带动全面”的科学技术发展规律，按照“需求牵引与技术推动相结合”的原则，以未来可能发展的重要武器装备为需求背景，结合对国防科技发展的预测，1985 年 11 月，在他领导下，科技委组织制定了“七五”《国防科学技术应用、基础研究重点项目选题方案》，确定了 47 个跨行业和行业重点项目，为编制“七五”预研计划提供了依据。在此基础上，经认真总结经验，并借鉴国外做法，1990 年，他领导科技委组织有关专家，以《中长期科技发展纲要（国防科技）》为指导，编制了我国第一个《国防关键技术项目计划报告（1991—1995）》。该报告在《“八五”国防科技重点项目选题预案》的基础上，按照“对提高常规武器装备、战略武器系统和航天系统性能有特别重要作用，对提供新的军事技术能力或威慑能力有特别重要作用，对提高研制效率有特别重要作用，对提高国防科学技术以至整个国家科学技术水平有较大带动作用”等原则，筛选出 18 项国防关键技术，作为国防科技发展的重中之重项目。这项措施的实施，对于进一步突出重点，优化资源配置，加强宏观管理，提高投资效益，促进大跨度发展起到了重要作用，使一批长期制约我军武器装备发展的关键技术取得突破性进展，不仅为新型武器装备研制和现役装备改造提供了重要的基础和支撑，而且带动和促进了国防科技

整体水平的提高。此后，每5年制定关键技术报告，作为科技委指导关键技术集中攻关的重要制度建立起来，1995年、2000年、2005年，科技委分别组织了“九五”、“十五”、“十一五”三个版本《国防关键技术报告》的研究制定，优选了每个5年期间需要重点突破的关键技术，为扭转预先研究存在的战线较长、力量分散、经费使用效益不高的状况做出了贡献。

朱光亚非常重视加强基础研究，他多次强调，“基础研究是科技进步的先导，是产生新技术、新武器的源泉，是获得技术优势、军事优势和战略优势的重要基石。”“国防科技基础研究不仅是整个国家基础研究工作的重要组成部分，也是发展武器系统新概念、新原理、新方法、新技术，导致武器装备发生质的变化直至引发军事技术革命的动力，同时还是发展我国国防科学技术的基石和源泉”。他主张预研工作“在重点发展关键技术的同时，还必须注重开展有关的基础性科学研究工作，既要为关键技术的突破打好基础，又要为本世纪末和21世纪初期我国国防科技的发展提供创新的活力与发展后劲”。他指出国防科技基础研究属于面向应用的基础研究，或称应用基础研究，并对其主要任务进行了阐述，为国防科技战线组织开展基础研究提供了理论指导，时至今日，依然是装备预研领域基础研究工作的依据。他积极支持对应用基础研究和一部分探索性强的应用研究课题，实行基金制管理，认为有利于发挥人的创造性，有利于科学研究合理的纵深配置和长期稳定发展，有利于发现人才、培养人才。1997年4月，他获悉国家科委正在按照中央的指示，准备制定实施国家重点基础研究发展规划（国家“973”计划），立即决定以科技委名义组织有关专家召开国防科技基础研究专题研讨会，集中力量研究国防科技基础研究面向2010年的发展战略、指导思想和重大项目，积极推动将国家安全重大基础研究纳入“973”计划。后来，

图5-11 朱光亚（左）与陈佳洱（右）院士

他担任军方“973”专家顾问组的高级顾问，亲自听取了《国家安全重大基础研究十年发展纲要（2003—2012）》的审议和汇报，对国家安全重大基础研究的地位和作用、指导思想和原则、总目标和重点发展领域以及政策措施等规范性的论述提出了非常具体的指导意见，为国家安全重大基础研究工作逐步迈入良性发展轨道把握了方向。2003年8月，朱光亚与时任国家自然科学基金委员会主任的陈佳洱院士一行，就制定国家中长期科技发展规划交谈时，再次对加强基础研究问题提出了重要意见，认为加速推进中国特色的军事变革、加大武器装备自主创新的力度、加强武器装备“探索一代”研究，对基础研究提出了更高的要求，应当在基础研究领域做好军民结合、形成合力，通过基础研究，探索能够提高军事能力的新概念、新原理、新技术，寻找发展新型武器的生长点[①]。

图5-12　20世纪60年代，朱光亚（左）与钱伟长（右）在交谈中

2004年9月，在总装备部召开的武器装备应用基础研究工作会上，朱光亚做了重要讲话，指出加强基础研究是提高自主创新能力的根本方法，要本着“少而精”的原则，在一些重点学科、交叉学科和战略领域，集中力量，大力提高应用基础研究工作的水准，从源头上积极推动武器装备发展的原始创新。

朱光亚非常重视关键技术的综合集成，推动开展了先期技术演示验证工作。通过演示验证，可以考核新技术的可行性、实用性，促进关键技术成果的转化应用。早在“七五”期间考虑国防科研阶段划分问题的时候，他就组织了对先期技术演示问题的探讨，认为应用研究提供的技术途径和技术，只有通过先期技术开发，进一步发展成为部件或分系统原型机，才能为型号的发展提供成熟的技术基础。“八五”期间，他领导了先期技术演示验证工作的探索实践，在反辐射导引头技术取得重大突破后，安排了将其装在无人机上进行动态

① 杜祥琬，等:《战略科学家朱光亚》。北京：原子能出版社，2009年。

演示，检验了反辐射导引头在预定工作环境中的适应性，达到预期目的。随后，又组织开展“先期技术演示验证概念研究”、“‘九五’先期技术演示验证顶层设计”、“美国先进概念技术演示验证计划及分析”等课题研究，对先期技术演示验证的概念、内涵、目标统一了认识。他指导机关开展试点，探索规律、摸索经验，研究制定管理办法，为全面开展先期技术演示验证工作提供了依据。他强调开展演示验证，要从我军武器装备基本体系发展出发，以未来高技术局部战争所需的重点武器装备为需求牵引，突出重点，精选项目，确保形成新的技术能力。“九五”以来，已经组织开展了多项演示验证项目，极大促进了关键技术的成熟和转化应用，为型号研制提供了可靠、实用的技术储备。

小核心，大外围

朱光亚不赞成科技委成立专门的办事机构。他说，日常工作由秘书长值班，机关各部、局、处都是科技委的办事机构，那多方便。科技委主任、副主任都是专家，要尽量减轻他们的行政负担[①]。

在这一点上，朱光亚有他的切身体会。在早期担任国防科委副主任期间，他既要抓科研，又要管行政。有时，甚至某基地的战士枪走火伤了人，商讨如何处理的会他也要参加，忙得不亦乐乎。那时，朱光亚的忙碌连周总理看了都过意不去。1971 年 9 月 8—9 日，朱光亚参加周总理主持的中央专委会会议，汇报 3 次核试验计划安排情况。会上，周总理关切地问：“每次试验朱光亚同志一个人去，你的助手怎么样了？”1972 年 5 月 8 日，朱光亚参加周总理主持的另一次中央专委会会议，谈到当时国防科委层次多等问题时，周总理说，“朱光亚忙得不得了，既管技术，还要管行政，很难办……”。[②] 后来，国防科委政委李耀文在任期间，为了减轻他和钱学森这方面的工作压力，采取了一些措施，专门立了规矩，规定一些与科研业务无关的文件不要再送朱光亚和钱学森，让朱光亚感激不尽。李耀文调任海军政委后，朱光亚还一直念叨他，对家人说，这是一位理解他、关心他、帮助他的好政委，真舍不得他走。

在他的领导下，总装科技委形成了“小核心，大外围”的工作机制。“小

① 杜祥琬，等：《战略科学家朱光亚》。北京：原子能出版社，2009 年。

② 杜祥琬，等：《战略科学家朱光亚》。北京：原子能出版社，2009 年。

核心”是指以科技委主任、副主任和常任委员组成的科技委班子；“大外围”是指从军队各院校和各研究院所、各军工集团、各工业部门、各高等院校、中国科学院各院所选聘的顾问和兼职委员，以及按照学科和专门技术分类组成的各个专业组。这个“大外围”集中了全军乃至全国的专家、学者和技术专业人才，形成了一个学科覆盖面广、学术水平高、老中青相结合的专家群体。

总装科技委的同志们评论说：“朱光亚是我国科技管理的积极探索者和模范实践者。他以渊博的知识、民主的作风、求实的精神和谦逊的风范，不断追求科学精神与管理艺术的完美结合，推动形成了科技管理的一系列好思想、好传统、好作风。”“他担任我们科技委领导20余年，坚持健全完善国防科研管理制度体系，先后指导建立战略研究、国防关键技术报告、预先研究、高技术研究和军备控制研究等一系列工作制度，以及常任成员、顾问、兼职委员、专业组专家组等团队建设制度，还积极搭建科技委年会等战略研究平台，为科技委充分发挥宏观谋划、科研指导、论证把关作用打下了坚实基础，提供了有力支撑。”“他在我们科技委期间，团结凝聚了逾千名国防科技和武器装备战线专家，形成了以常任成员、顾问、兼职委员和专业组成员等组成的专家咨询体系。”“他在重大技术决策中以民主著称，组织专家深入研讨、反复论证，最大限度集思广益；他在学术研究中以平等著称，尊重科技工作者首创精神，一些较高层次的科技专家座谈会，总要吸收青年专家参加，虚心听取意见；他在科研管理中以严谨著称，认真贯彻严肃认真、周到细致、稳妥可靠、万无一失‘十六字方针’，倡导坚持严格、严肃、严密‘三严’作风，他组织起草或修改文件，总是概念准确、逻辑严密，行文工整、字斟句酌，甚至连标点符号也很讲究。”[①]

组建专业组，加强技术支撑

组织技术专业组的做法是从1981年国防科委时期开始的。最早的专业组是核试验近区物理测量技术专业组和放化分析测量技术专业组。吕敏回忆[②]说：

---

① 总装科学技术委员会：科学巨匠　卓越功勋——纪念朱光亚逝世一周年。《解放军报》，2012年2月26日。

② 杜祥琬，等：《战略科学家朱光亚》。北京：原子能出版社，2009年。

在核试验场进行现场测量诊断工作时，核武器研究院与核试验基地都有一支物理测量和放射化学测量队伍。虽然两个单位的测试人员平时关系都很融洽，但为放射性样品分配和探测器布防位置产生了不同意见。为了更好地在重大试验项目中发挥专家的作用，1981 年，朱主任提出建立核试验近区物理测量技术专业组和放化分析测量技术专业组，并且为每个专业组任命两个组长，两个单位各出一个担任，组长不分正副，轮流主持会议。由专业组组织讨论近区物理测量的发展规划，对应开展的测量项目、应该发展的测量技术进行规划，对两个单位分工提出建议。专业组的设立大大促进了两支测量队伍的团结，后来还发展成为每一次核试验以一个单位为主来承担核试验的近区物理测量工作。

我曾经担任第一届近区物理测量技术专业组的组长，从专业组的工作中体会到专业组在解决两个单位间的矛盾、制定物理测量的长远规划、沟通理论设计专家和试验测试人员、审核核试验测试结果、比对两家测试方法，甚至到评审科技进步奖等各方面都起到了很好的作用。这种核试验专业组（或专家组）形式一直沿用到今天，原来的国防科工委推广了专业组工作形式，在不同专业领域中建立了几十个跨部门的专业组，总装备部成立后仍旧采用了专业组的形式来组织国防科学技术的预先研究工作。

图 5-13　朱光亚（右）接受记者采访

在谈到核试验近区物理测量技术专业组时，胡仁宇也深有体会，他在《精心谋划中国特色的核武器发展之路》一文[①]中回忆说：

朱主任调到国防科委后，承担工作的范围更大了，但他仍对我们

① 杜祥琬，等:《战略科学家朱光亚》。北京：原子能出版社，2009 年。

的核试验测试工作给予极大关注。我国在20世纪70年代核试验逐步转入地下。事业发展要求通过核试验测试尽可能多而准确地取得核爆过程的信息，而当时的实验技术却难以满足要求，有不少科学、技术以至于工程问题亟待解决。如何在核爆瞬间放出的中子、γ、X射线的混合场中分辨出某种特定射线（种类、能量），并确定它的时空分布，怎样克服地下核爆时对测试系统造成的辐射和电磁干扰以提高所获得数据的信噪比，怎样在狭小的空间里安排尽可能多的测试项目，怎样协调核武器研究院与核试验基地研究所在核测试方面的分工等等，总之，如何实现“一次试验，多方收效”，怎样通过每次核试验取得尽可能大的进步，一直是朱主任经常考虑的重大问题。

经过20世纪70年代几次平洞、竖井试验后，科工委及时召开了地下核测试技术的总结会，研讨所取得的成果，分析在科学、技术、工程和组织协调方面的问题。他也关心如何搞好核武器研究院和核试验基地研究所在核测试方面的分工和合作。他在一次会议上曾经讲过，“因为核测试的任务很重，很复杂，我赞成两个单位搞，两个单位应该各有特色，互相补充和验证，也可以互相竞争，这样可以有利于发展核测试技术”。1981年4月在朱主任的倡议下，国防科委正式下文成立了核爆近区物理测试专业组，聘请核武器研究院和核试验基地研究所科技专家组成，他们不是以行政单位的代表而是以科技专家的身份参加专业组，目标是共同的，那就是更好地完成核试验测量。这个组负责对每次核试验近区物理测试项目的立项、方案评审以及工程安排，实施过程的实地考察，方法和仪器的对比，制订应共同遵守的规范，确保取得好的测试结果所需的公共环境等等。这样，可以减少方案中的技术缺陷和不必要的重复，加强各测试单位间的技术交流，有利于核测试技术的提高。据我的回忆，这是科工委根据任务需求成立的第一个由跨部门的科技专家组成的专业组。

实践证明，专业组这种组织性方式对解决某些特定的科技问题还是相当有效的，在一定程度上可以克服“单位所有制”的顽疾，提供了发挥专家群体作用的舞台，成为每次核试验指挥部在测试方面的科技参谋。在短短几年里完成了几次地下核试验任务，解决了一系列科学、技术和工程方面的难题，是我国核试验近区物理测试工作迈上了一个新台阶。

1982国防科工委科技委成立后，为了促进相关领域国防科技的发展，推

广了专业组的做法，陆续设立了由有关技术领域专家组成的19个专业组，作为科技委在相关技术领域的技术支撑组织。那时专业组活动较少、工作也不规范。“七五”开始，在朱光亚领导下，为适应国防科技发展形势的变化和预研项目管理的需要，不断加强了专业组建设。1987年，对原有专业组的技术领域、专家组成进行了较大调整，与预研跨行业重点技术领域对应，成立了由一线科技专家组成的18个专业组，主要负责本技术领域发展的战略谋划、技术咨询和指导把关。1991年，制定了《专业组管理规定》，明确了专业组的性质、职责、工作方式和5年任期制度，提高了专业组工作的规范化、制度化水平。他多次参加专业组工作会议，指导大家总结工作、交流经验，把好方向，提高专业组工作质量。总装备部成立后，在他领导下，根据新的形势和需要，进一步对专业组的设置、专家组成进行了调整。截至目前，总装专业组已达60多个，包含了近千名来自军内外研究机构、高等院校的专家骨干和学术带头人，基本覆盖了国防科技和武器装备的主要技术领域。多年来，科技委组织各专业组积极参与国防科技和武器装备发展战略研究、重大问题咨询研究、预研规划计划编制，指导预研关键技术攻关，开展学术交流，促进不同技术领域的交叉融合，为国防科技和武器装备发展提供强大的技术和智力支持。

召开学术年会，搭建交流平台

总装备部的领导和机关干部都知道，总装备部每年有两个重要的会议，一个是总装备部党委扩大会，另一个是总装科技委年会。每年开好两个会，政治挂帅，科技领衔，布好棋局，满盘皆活。

1992年以来，在朱光亚领导下，科技委每年召开学术年会，邀请科技委顾问、兼职委员以及总装备部专业组、“863”专家组有关专家参加，交流研究成果，通报重要信息，就有关国防科技和武器装备发展的战略性前瞻性问题进行了专题研讨，这是凝聚专家智慧、充分发挥科技委专家群体作用的一项重大措施。既是团结广大国防科技专家的一种组织形式，也是一个统一武器装备建设和发展思路的平台，受到了各级领导的高度重视。中央军委首长每年都发来贺信给予鼓励，总装首长每年都到会讲话给予指导。朱光亚在每年科技委年会上都作专题报告，分析国内外国防科技和武器装备发展最新动态，提出需要关注的问题和对策思路，引导大家深入思考、统一认识，共同促进我国国防科技和武器装备发展。每次报告，他都举出许多生动的例子，其敏锐的眼光、深刻的剖析，常常引人入胜，给人很大启示。这里仅举一例，近年备受关注的 Cyberspace 网络电磁空间安全问题，早在 1997 年科技委年会上，朱光亚在分析国外有关信息战技术发展动态时，就已注意这个问题，建议要发挥我国科技人员的聪明才智，把信息战技术研究引向深入，促进信息战进攻技术与防御技术的协调发展。

“863”计划与朱光亚的学术思想

20 世纪 80 年代，美国总统里根抛出了 SDI（星球大战）计划，紧接着欧洲又提出“尤里卡”计划。面对国际上高技术的竞争与挑战，我国科学家王大珩、王淦昌、杨嘉墀、陈芳允四人于 1986 年 3 月 3 日联名上书党中央提出了“关于跟踪世界战略性高技术发展”的重要建议。1986 年 3 月 5 日，邓小平同志指示：这个建议十分重要……，此事宜速作决断，不可拖延。此后国务院组织了全国 200 多位著名专家学者进行了充分的专题研究，制定出我国高技术研究发展计划建议。

图 5-14　朱光亚（左）与杨嘉墀（右）院士

朱光亚作为国防科工委科技委主任，亲自参与组织和指导了“863”计划专家论证工作，对中国发展高技术的具体项目的设立、研究内容与发展方向等进行了严密的论证。

1986 年 11 月 18 日，中央和国务院正式批准了《高技术研究发展计划纲要（简称“863”计划）》，从此，我国科技领域里一项工程宏大的国家高技术“863”计划开始组织实施。这时，朱光亚作为国务院高技术计划协调指导小组成员，一直负责国防科工委领导的航天技术领域和先进防御技术领域实施领导工作。对确定两个领域各主题的专家组人选，各主题发展方向与目标，研究发展战略，方针和技术路线，起到了重要的导向作用。

曾任国家“863”计划激光技术领域的首席科学家杜祥琬和国家“863”计划航天技术领域首席科学家闵桂荣两位工程院院士这样评价朱光亚对“863”计划的贡献的：“朱光亚院士对‘863’计划的指导，不仅体现了他作为科学家的广博知识，作为领导者的经验与远见卓识，也体现了他在科技实践中形成的学术思想，如着眼战略性高技术、重视总体概念研究、发展战略研究、科技信息的分析评估、技术集成的创新、学科性的基础研究以及军民结合的思想、自主创新实现跨越发展的思想等。”①

图 5-15　朱光亚（左）与杜祥琬（右）在美国

① 杜祥琬，等:《战略科学家朱光亚》。北京：原子能出版社，2009 年。

着眼战略性高技术

早在“863”计划论证阶段，朱光亚就明确提出：“专家工作班子这次要讨论制定的是战略性高技术的研究与发展计划建议”。高技术是指工作原理主要建立在最新科学技术成就基础上的技术，是一个比较宽的概念。“科工委科技委用‘战略性高技术’这个提法，是根据邓小平主席对 4 位专家的信的批示考虑的。”即要从高技术群中选择那些有“二两拨千斤”能力的高技术。战略高技术是对增强综合国力和国家安全有全局性重大影响的高技术，是对国家的科学技术发展有重大带动作用的高技术。

这一指导思想，对“863”计划领域和主题的设立，它们的内涵的确定和动态调整起到重要作用，做到了有限目标、突出重点，有所为，有所不为。朱光亚特别重视有国防背景的航天领域和先进防御技术领域的论证，对两领域的组织构建和框架的形成，以及任务确定起到重要的指导作用。

重视总体概念研究

在“863”计划的起步阶段，朱光亚几乎参加了各个领域及其主题专家组的所有工作会议并亲临指导。由于当时我国在高技术领域还缺乏基础，不知道如何迈好第一步。这时他特别强调要做好软科学概念研究，并具体提出了概念研究的几个层次：

（1）顶层战略层次的概念研究，即研究国家军事战略方针所决定的对领域、主题的需求牵引及其地位和作用。

（2）物理层次概念研究，即研究系统技术的物理机制，物理概念。

（3）系统技术层次概念研究，即研究系统的总体概念与技术分析等。

（4）体系层次的概念研究。这一切，首先要具体化到关键技术与关键物理问题的技术分解和落实实施。

朱光亚对先进防御技术领域某主题提出，在概念研究阶段要淡化工程概念。不要总想上大工程做演示试验，要从中国国情出发，对目标体系可以有个总体设想，没有一个总体设想没办法抓。有总体设想可理出哪些是关键技术问题，但有设想又不能当真工程去做，“重在认识和理解物理机制与关键技术”的指导思想。

在这一思想的指导下，使主题在存在定理未证明的情况下，正确确定牵引技术发展的阶段目标，并针对这个目标，深入开展总体概念软科学研究，同时认真地研究各项关键技术，以及相关的重要物理机制，通过概念研究，初步回答科学技术可行性问题。

对航天技术领域，他强调要首先做好顶层战略层次概念研究论证工作，并提出 9 点意见，首先是“适度目标的选定，要注意国家战略、军事战略的研究”，“建立空间基础设施只能是适合我国国力的配套的空间基础设施”等等。

他对载人航天技术除了顶层概念研究论证外，对具体系统概念研究也十分关注。1988 年 8 月他指出，要求目标要具体，不能老停留在“模块式、规模适当……”这样的定性语言上。就规模（尺寸、重量等）而言，可以（也应该）允许两种或两种以上方案。“要坚持大系统可行性分析论证的做法。

1989 年 2 月，他具体提出“空间站采用模块式结构、规模适当、有人短期照料”，“采用无毒、低成本、高性能液体燃料大型运载火箭”，“空天飞机只能开展适当跟踪性预研工作”，“实现载人航天，要有一个实验阶段”。要把必须考虑到的各个侧面论证课题清理一下，“包括发射场地问题、大件运输问题、测控与数据中继传输问题、生保系统（含救生）问题等。”

1991 年 10 月，他又提出要抓紧载人飞船可行性分析论证工作。他说：“苏联专家既然已讲明‘联盟号’已过时，并已有了下一代飞船方案，应当弄明白他们为什么要这样做，经验教训有哪些，技术进步又是哪些，这对我们考虑我们的技术途径是很有参考借鉴意义的。”

在航天领域专家工作会议上，他说：“为了将概念研究进行好，应该用初步蓝图指导，因此其中有些线条是模糊的，先画虚线进行研究，使其逐步清晰。概念研究和大系统论证互为促进，最后修改形成蓝图。”正是朱光亚这种严谨缜密的科学态度，指导了蓝图的制定，最终确定了正确的发展蓝图，航天领域在 2000 年圆满完成 15 项任务目标，通过了著名专家组成的验收委员会的验收。

不断深化发展战略研究

航天技术和先进防御技术两领域所涉及的都是国际高技术前沿项目，是开创性的、高难度、长周期的大科学攻关项目。这样的重大项目如何发展，才能不花冤枉钱，不走弯路，取得高效益？朱光亚首先提出的是要求各领域主题要做好发展战略研究，通过发展战略研究制订出本领域主题的发展蓝图，明确研究方向、任务目标、指导思想、研究重点和具体技术路线发展策略等，走有中国特色的高技术发展之路。

1990 年 3 月，在先进防御技术某主题专家组工作会议上，朱光亚指出说：

> 主题工作要有自己的特点，我们对别人的东西还不大清楚。因此，要对国外的情报信息进行深入的评估分析，不要只停留在情报调研的水平。要通过评估分析，并根据中国的国情，勾画出有中国特色的发展蓝图和发展战略目标。目前的着眼点在于分析跟踪的对象，认识和理解其中的科学技术问题，不能盲目跟着外国人跑，要有判断地进行跟踪研究。我们主题工作着眼点是发展科学技术基础，限于我国的财力情况，不可能短期较量，要做长期打算，有所为，有所不为。

在他的指导下，该主题于 1990 年完成并上报了《主题发展蓝图设想》，并得到国务院高技术计划协调指导小组的批准。从此，开始了关键技术攻关和先期技术集成实验阶段。

航天技术领域的发展战略研究论证工作是在朱光亚直接关心指导下进行的。朱光亚就载人航天的意义指出：载人航天是一个国家综合国力的显著标志，并显示一个国家的竞争能力，对保持大国地位、增强民族自豪感和凝聚力有着突出的作用，它能带动科学技术中许多领域的发展。中国的载人航天是一定要实现的，中国人迟早要上天的！

在朱光亚的批示下，航天领域专家委于 1989 年 7 月完成并上报了《关于〈863 计划航天技术领域发展纲要的初步意见（汇报稿）〉的请示》。1990 年 3 月，朱光亚和科技委王寿云副秘书长在《对载人航天意义的再认识》一文中再次阐明载人航天的意义。他们从载人航天与国家威望、战略威慑、军事应用、商用潜力等方面深入论证，认为从政治、经济、科技、军事诸方面考虑，发展我国载人航天是十分必要的。

1992 年 1 月 8 日，中央专委召开第 5 次工作会议，讨论载人航天的问题，同意载人航天工程立项，从发展载人飞船起步，迈出载人航天工程的第一步，并相继开始了载人航天工程的技术、经济可行性论证和组织实施阶段。在 2003 年航天英雄杨利伟顺利实现我国首次太空飞行的今天，回顾朱光亚

在载人航天方面的学术思想，确实非常重要。朱光亚还指出，发展战略研究要根据国内外形势变化，以及高技术新进展、新动态、新情况持续进行，不断地深化；这对实际工作起重要指导作用；各主题每个5年计划开始，都首先抓好发展战略深化研究。

曾担任航天技术领域专家成员的黄志澄说：

> “863”计划航天领域在朱先生和首席科学家的领导下，用五年时间完成了我国载人航天的论证工作。后来，又在他们的领导下，完成了新形势下载人航天发展战略的深化研究。外界都知道朱光亚先生对发展我国核技术的贡献，但朱先生对我国载人航天的历史性贡献，却鲜为人知。这是朱先生为人低调，从来不喜欢宣传的缘故。当年，各部门和各方面专家，对载人航天的发展途径存在不同的意见。为统一这些意见，朱先生作了艰苦而细致的工作。据我所知，他参加的论证会议就有上百次，在许多会议上，他都有发言；他亲自批改的有关报告和文件更是不计其数。朱先生，为了发展我国的载人航天，可以用“呕心沥血”四个字来形容①。

1993年，根据国际形势的巨变，国际军事战略格局的发展，中央军委确定了新时期的军事战略方针，“把未来军事斗争的重点放在可能发生的新技术特别是高技术局部战争上”。朱光亚向专家组传达贯彻中央军委新时期军事战略方针的精神，要求先进防御技术两个主题按新军事战略方针深化自己的发展战略研究工作，及时对主题的发展方向进行动态调整。

在他的指示指引下，两主题分别完成了《新形势下主题发展战略的深化研究》报告，并在新的发展战略指引下，开始向系列先期技术集成实验阶段迈进。

重视国内外信息评估分析

朱光亚在领导开展“863”计划的工作中，十分重视对国外高科技发展信息的评估分析。他对听到国外的各种信息都要求对信息来源、可靠性、

① 朱明远，等：学习朱光亚先生大智若愚的科学精神 //《风范长存天地间》编辑组：《风范长存天地间——朱光亚同志逝世一周年纪念文集》。人民出版社，2012年。

正确性和权威性进行认真评估，对一些道听途说或夸大事实的信息通过研究分析予以排除，做到去粗取精、去伪存真、由此及彼、由表及里，掌握事情的全貌。在两个领域的有关会议上，朱光亚曾多次强调过这方面的学术思想。

他建议先进防御技术两主题要认真研究美国物理学会的报告《定向能武器的科学技术》（简称 APS 报告），认为 APS 报告对 SDI 未来的分析很有战略眼光；报告建议美国政府不要急于搞工程搞演示，而是首先老老实实抓科学技术问题；提出的 5 点建议是符合实际的。主题专家组成员都认真学习了 APS 报告，对确定两主题发展战略起到重要参考作用。

1991 年 9 月，朱光亚要求先进防御技术两主题专家组做好对 SDI 的再评估和对发展战略的再思考。他说再思考是当前国际形势下的要求，由于苏联解体，东欧剧变，国际政治、军事、科技态势发生很大变化，要从更高角度来研究我们的发展战略，不断完善我们的认识。从里根到布什，美国的 SDI 计划有很大变化，需要我们再思考，进行再分析评估，结合我们的工作进展，对技术问题做出一些判断，两个主题要交流评估一次。

遵照他的指示，1991 年 11 月下旬，两主题召开发展战略再思考研讨会，会后完成了《对国际空间防御技术发展趋势的再评估和我国“863”计划先进防御技术的再思考》一文。

朱光亚认真看后，认为“再思考”写得比较深入，认识比较一致，这在当前形势下是很有必要的。他说：有人说冷战结束了，搞核裁军了，还搞先进防御技术有什么用？我们对此要冷静分析，这两年国际形势变得很快，也有人说“冷战一”结束了，还有“冷战二”存在。总体组要跟得紧些，认真对待，经常分析研究，找出对方的薄弱环节。他风趣而形象地讲了希腊神话中无敌英雄赫拉克利斯的故事，这位英雄力大无敌，却有一个致命弱点，就是他的脚后跟。我们也要找出对方的弱点，统一思想，想出对策，坚定不移发展我们的先进防御技术。

当对先进防御技术两主题的发展方向出现不同认识时，朱光亚又指导先进防御技术两主题专家组进行了“再思考”，并指示专家组召开组外专家征求意见会，发扬学术民主，邀集了科技界多方面的专家领导开会，汇报了主题的“再思考”报告，并听取了专家和领导的意见和建议。这样不仅使主题发展方向更加明确，也使这个高难度、费口舌的主题得到了科技界更多的理解和支持。

重视先期技术集成实验

某主题为了对系统的科学技术可行性做出判断，抓紧了两方面的研究工作，一是首先作好总体概念研究，同时弄清有关的物理问题，突破各项单元技术，重视技术路线的论证、创新和选择。二是通过一系列先期技术集成实验（PTIE）进行可行性研究和验证。在单元关键技术攻关基础上，及时进行先期技术综合实验（PTIE）是发展高技术项目的有特色的行之有效的途径。

1993年8月，朱光亚参加了某主题专家组第20次工作会议，听取了《关于先期技术集成实验的设想与初步方案的报告》。对PTIE的提法表示赞同。为了作好系统的可行性研究，首先是要做出科学技术可行性的判断。为此，在弄清有关物理问题和突破各项单元技术的基础上，要通过一系列先期技术综合实验，进行全系统的试验和演示。对这样一个高难度、多环节、多因素的研究对象，综合性的实验研究尤其重要。

先期技术集成实验，是一个物理和技术目的明确的实验系列，此系列的安排是从易到难，由简入繁，集成度由少到多，由基础性到系统性，其目的在于及时而循序渐进地验证物理和技术的可行性，检验全过程各物理因素的影响和系统各环节的接口和匹配，验证和演示全系统的能力。直至初级实验样机和试验样机的研制与演示试验。

1995年秋天，某主题正在进行第一次PTIE实验。朱光亚亲临现场观看实验，并对实验的成功表示祝贺，对参试同志表示亲切的问候。他指出："这次实验使全系统可行性研究迈出了历史性的一步，是对主题研究工作的一次成功的检阅，为'九五'及21世纪初的发展奠定了坚实的基础。这次实验的特点：

图5-16　朱光亚作报告（1993年）

第一，采用PTIE的办法，提出明确目标，科学论证技术路线，总结和吸取国内外强激光研究的历史经验，周密计划，精心组织，大力协调，从而带动全局以较高效率实现跨度较大的技术进步。

第二，学习核试验的经验，组成现场作业队，把“863”机制的专家组决策、指挥与各行政单位的支持和保障有机地结合起来，是实施PTIE系统性外场实验的适当形式。

第三，通过这次PTIE实验，锻炼了队伍，增强了信心，提高队伍的科学技术水平、战斗力和为共同事业奋斗的凝聚力。这只是万里长征的第一步，还要再接再厉，艰苦奋斗，为增强我国的综合国力和国防实力做出贡献。”

1995年11月，在国防科工委召开的预研工作会议的报告中，朱光亚指出：

> 我认为先期概念技术演示包含的一个实质性内涵就是新技术的综合集成。演示验证的目的是考核技术综合集成的工程化应用效能。先期概念技术演示过程要求进行部件级或分系统级的技术综合集成，以深入考核技术综合集成的可行性和风险以及相关技术之间相互作用的有效性、可靠性和兼容性，为进一步进行全系统级的技术综合集成提供成熟而实用的预研成果，这样可减少技术工程化应用的风险，提高产品的研制效率（降低研制成本，缩短研制周期。美军的研究表明，演示阶段所花费用通常只占武器系统全寿命费用的2%～3%，而据此所作的技术选择或决策却决定着以后80%以上费用的花法与效益）。可见，先期概念技术演示阶段实际上就是技术综合集成的第一次努力，也是技术转移到解决作战需求的第一步。当然，国情不同，对美国的做法，我们不应照抄照搬，而应从我实际出发进行试点、总结和提高。

接着，针对PTIE试验，朱光亚指出：

> 最近，我国“863”计划某主题专家组组织领导了一次初级技术集成实验（PTIE），就是高技术预研工作的先期概念技术演示的又一实例。这次实验包括系统的主要技术环节，这是对全系统的一次成功的技术综合集成演示。有关军兵种等单位应邀派技术人员参观了实验。这次先期概念技术演示，使系统技术的可行性研究迈出了历史性的一步。

1997—1999 年，该主题又进行了 3 次 PTIE 实验，取得了国际先进水平的成果。1998 年 11 月初，当他听到某次 PTIE 试验一项重要试验任务首次成功的消息时，非常高兴，响亮地说："好！代我向大家表示祝贺和感谢！"朱光亚还亲自参加了该主题 4 次 PTIE 试验的成果鉴定会，对第一线的科技工作者及时给予热情的鼓励和支持，并提出殷切的希望。

2001 年 1 月，由著名专家组成的验收组对这一主题工作进行评估验收。验收组对该主题的工作给予了高度评价：经过发展战略研究选定了正确的技术途径和发展方向；研究方面取得大跨度发展，4 次 PTIE 实验验证了系统的科学技术可行性，取得了多项国际先进水平的成果，是技术发展的重要里程碑，标志我国在该技术领域研究水平进入世界前列，为下一步发展奠定了基础。该主题"高质量地完成了预定的各项任务，取得了突破性进展。"

重视基础研究

朱光亚在领导高技术项目过程中，还十分重视基础研究。他认为，高技术要鼓励创新研究。为此，要支持学科基础和应用基础研究，增强发展的后劲。高技术发展需要深厚的科学技术基础支撑，二者密不可分、血肉相连。因此，"863"计划开始阶段，就以部分资金放到自然科学基金委支持新概念新构思的创新基础研究，以保证可持续发展的后劲和人才成长。

在王淦昌、王大珩、于敏等科学家的积极倡导下，1993 年，惯性约束聚变项目纳入了国家"863"计划。

图 5-17　朱光亚（左）与于敏（右）院士

图 5-18　朱光亚（右）与唐敖庆（左）和王淦昌（中）在一起

当时朱光亚对这一项当时处于基础研究阶段的新的重要项目十分关心和支持。为使这项工作纳入国家“863”计划，前后听了多次汇报，作了很多具体指导，从下到上，做了许多沟通工作，花费很多心血。

在ICF主题成立大会上，他传达了江泽民主席的有关指示。在鼓励大家发扬“‘863’精神”，群策群力，克服困难，推动这项事业发展的同时，也流露出对经费不落实，有些工作环节推不动，表示忧虑和焦急。他要求有关部门通盘研究一下，向上汇报，尽快打通有关环节，落实有关问题。为了不影响新主题研究工作的顺利开展，他与国防科工委的其他首长们商量决定，在国家的经费还没有落实之前，采取先垫支的办法。

朱光亚看好了ICF主题项目的发展前景，认为目前还是基础研究阶段，要做好较长时间的安排，要做好国际合作。

当ICF主题专家组正式成立以后，他一直关心工作的进展情况，对许多问题了如指掌，并做出具体指导。1年后，他在听取主题专家组工作汇报后，又做出具体指示：“可安排一个小型汇报会，请科学院有关领导，包括机关同志参加，汇报一次，取得他们的理解与支持”。“关于加工中心问题，要请光学专家参加论证”。“关于两个重点实验室的问题，研究内容要相辅相成，要更加明确一点”。“于敏同志说两个重点实验室很重要，很需要。但要求工作方向上要明确，做的研究工作要有明确目的。”

ICF主题第二任首席专家贺贤土说：“在1999年底主题专家组会上，朱主任肯定了主题工作进展，谈到固定激光器的关键技术进展时，他提到：灯（氙灯）、棒（高性能钕玻璃片和棒）、膜（高破坏阈值的涂膜）和KDP倍频晶体等都有了突破性进展，很受鼓舞。主题研究的东西很重要，为国防服务，兼顾能源。2000年很关键，希

图5-19　1996年12月24日，朱光亚（中）与杜祥琬（左）、贺贤土（右）在ICF主题专家组工作会议上

望主题的计划订得具体些，好好安排一下，为“863”计划15周年验收拿出更好更多的成果。这次讲话对“九五”末年的工作指出了方向。”“正如他所期望的那样，2000年传来了大喜讯，上海联合实验室的神光II固体激光器经过5年多的努力，获得了多项自主创新成果，建成并稳定运行，并且在神光II上的直接驱动物理实验测到了氘氚靶球内爆压缩后释放的高中子产额。这一成果是神光II激光器在‘863’计划下攻克的关键技术的综合集成，也是物理理论和实践、氘氚靶的制备以及精密诊断技术多年研究的综合集成。虽然神光II激光器的能量仅为国际最大激光器NOVA和OMEGA装置的约1/13，但表明中国已基本建立了独立自主、自主创新的ICF研究体系，完全有能力依靠自己的力量发展ICF事业。”“为不辜负朱主任期望，我们正在向更高的目标前进。”①

与此同时，朱光亚就支持发展相关技术提出总的指导思想和应遵循的原则:“目标明确、规模经济、技术先进、物理精密，走符合中国国情的创新道路”，“根据我国的实际需求，明确目标：能满足这些需求的最经济的规模；积极吸收外国的先进成果，采用最先进的单元技术；由近及远，逐步明确其真正的需求和研究的内涵，在此基础上，制定、提出预研的具体计划。”

在完成任务的同时，加强基础性研究，朱光亚十分重视“863”计划重点实验室的建设。1991年他在一次批示上写道:“科工委在国防科技重点实验室建设问题上的一些考虑，凡适用于‘863’计划项目的，也应提请‘863’专家委员会（组）考虑，搞好各申请实验室内涵外延的论证工作。”

在重视实验研究的同时，朱光亚高度重视理论和数值模拟工作，他强调“软科学”的重要性，他在1986年一次会议上说:“要重视基础研究，理论分析和计算机模拟实验相结合。这不仅是考虑到可以少花一些钱，同时也是为了使系统分析等基础工作搞得更扎实，目标尽可能选得准确些，尽可能避免以后走弯路。”研究人员在实际工作中对此深有体会，他的这些思想至今有着现实的指导意义。

从20世纪80年代末以来，“863”航天技术和先进防御技术两个领域的这三个主题的成就，汇聚了该领域和主题专家组全体成员和一线科学工作者的精诚与智慧，倾注了朱光亚大量的心血。

① 杜祥琬，等:《战略科学家朱光亚》。北京：原子能出版社，2009年。

中国科协的当家人

做科学工作者的良师益友

1991年5月，在中国科协第四次全国代表大会选举产生了新的全国委员会以后，众望所归，年近七旬的朱光亚当选为中国科协第四届全国委员会主席，继李四光、周培源、钱学森等之后，成为这个全国性科技工作者群众组织的新的当家人。

作为一位德高望重的科学家与领导人，朱光亚的工作十分繁重，但他对科协工作从不懈怠，始终兢兢业业地履行职责。除主持每年一次的全国委员会会议和每季度一次的常委会会议，以及不定期举行的主席会议外，对科协书记处和机关呈送他的请示和重要文件，他都用苍劲的字迹作仔细修改、补充，提出自己的看法和意见，无论增补重要内容、删改原稿中不恰当之处，还是使原稿用词更为准确，遣句更为顺畅，处处都体现出严谨的科学精神和细致的工作作风。不仅如此，他还通过电话或请有关同志到他的办公室，当

（左二为周培源，左三为朱光亚）

（左为周培源，右为朱光亚）

图5-20 朱光亚与周培源在一起

（左为钱学森，右为朱光亚）

（左为朱光亚，中为钱学森，右为雷洁琼）

图 5-21　1991 年，朱光亚与钱学森等在中国科协第四届全国代表大会上

面询问情况，提出修改意见，这种平易近人、热忱助人的亲切态度，使有幸得到他教诲、指导的同志感动不已，成为激励他们精益求精地做好工作的极大动力。

由于科协是 1958 年由中华全国自然科学专门学会联合会和中华全国科学技术普及协会合并而成，因此社会上乃至科协的一些同志，常常只注意到科技交流方面的功能，而忽视科协作为人民团体这一基本属性。在党的十四大确立建立社会主义市场经济体制以后，科协有些人片面地认为今后要以经济效益作为价值取向，党的群众工作和社会公益性的科普工作都不再需要了。针对这些误解，朱光亚反复阐述要正确理解和全面认识科协的作用：一是与工、青、妇等团体一起，在党的群众工作方面发挥作用；二是组织开展科技交流、科学普及和国际民间科技交流，与科技行政部门、中国科学院、中国工程院及各类科技事业单位共同构成科技工作体系。

1991 年，在党中央亲切关怀和科技工作者吁请下，政协常委会恢复了中国科协作为全国政协的组成单位，以便科协履行其政治协商、民主监督、参政议政的职能。在 1992 年初举行的四届二次全委会议上，朱光亚提出："我们的最大优势，就是作为科技工作者自己的群众组织，能够最广泛地团结和联系全国各地区、各民族、各条战线、各类岗位、各种年龄的科技工作者，这是我们能够履行自己职责的根本基础和条件。我们应当无比珍视这一优势，把这一优势最充分地发挥出来"。①

① 朱光亚：《统一思想，狠抓落实，为深入贯彻中国科协"四大"精神而努力》（在中国科协四届二次全委会议上的工作报告），1992 年 2 月 24 日。

在1993年初举行的四届三次会议上，他提出科协应成为“促进社会主义现代化建设、民主政治建设和精神文明建设的一支重要社会力量，能够对成员提供有效服务和维护合法权益的科技工作者之家”[①]，做到影响力、凝聚力和经济实力三者协调发展。在1994年初举行的四届四次会议上，他鲜明地提出要“全面理解科技工作和科技群众团体工作的价值标准”，强调对基础研究“不能用市场经济的价值标准来衡量其工作成效”，科协工作“要防止把市场经济与公益性原则对立起来”，“始终牢记科协是科技工作者的群众组织和党领导的人民团体，不同于社会上的一般科技实体或公司”，要“既适应社会主义市场经济发展，又符合科技团体发展规律”[②]。这一系列论述，为科协这艘船在经济体制转轨后找准航向起到了重要作用。

1996年5月在中国科协第五次全国代表大会上朱光亚在代表四届全委会所作的工作报告中，明确提出“新时期加强党对科协领导的根本目的和核心内容，是更好地通过各级科协的桥梁和纽带作用，广泛团结、动员全国各民族科技工作者，为实现党和国家的中心任务而奋斗”，“要引导各级科协组织和广大工作人员不仅从科技工作的全局，更要从党的群众工作大局出发，全面认识和把握科协在全党全国工作大局中的地位和作用”，“自觉地把科协放在党的群众工作大局和国家现代化事业的大局中，在履行人民团体职责和发挥国家发展科技事业重要社会力量作用这两个方面把握科协工作”[③]。

这次代表大会还对中国科协章程作了修改，在事关科协性质的第二条中，将科协是“党和政府发展科学技术事业的助手”的表述修改为“国家发展科学技术事业的重要社会力量”。这些论述和对章程的修改，进一步阐明了要从党的群众工作和国家科技工作两方面理解和把握科协的性质、宗旨和任务，弄清了作为人民团体的科协与政府的关系，以及与作为行政机关的科技部门的关系，对于科协在党的领导下主动负责地开展工作，在社会主义事

① 朱光亚:《解放思想，实事求是，深化改革，加快发展，为使科协工作登上新台阶而努力》(在中国科协四届三次全委会议上的工作报告)，1993年2月22日。

② 朱光亚:《贯彻党的十四届三中全会精神，深化科协改革，实现凝聚力、影响力、实力协调发展》(在中国科协四届四次全委会议上的工作报告)，1994年2月27日。

③ 朱光亚:《团结拼搏，为实施科教兴国战略、实现“九五”计划和2010年远景目标而奋斗》(在中国科学技术协会第五次全国代表大会上的工作报告)，1996年5月27日。

业中积极发挥作用，具有重要的现实意义和深远的历史意义。

朱光亚十分珍视老一辈开创的民主办会的传统，努力使之在新的历史条件下得以继承和发扬。在科协四届二次全委会议上，他提出要“处理好科协机关逐级负责的运行机制与民主办会、搞好服务的关系，把二者统一到建好科技工作者之家上来”[①]。在四届三次全委会议上，他重温了 1983 年方毅有关“科协是科学技术工作者的群众团体，在性质上它既不是党的组织，更不是行政职能部门。……千万千万要注意，科协不要变成行政化、官僚化的机构”[②]的告诫等。

在四届四次全委会议上，他提出要克服行政化倾向，摆正机关与团体的关系，真正做到对党政领导负责与对科技工作者负责相统一。在 1996 年的中国科协“五大”上，他作为即将卸任的主席，谆谆嘱托科协的工作人员“认真研究和把握群众团体的工作特点和规律，自觉地置于常务委员会的领导之下，认真执行代表大会、全委会和常委会的决议和决定，正确处理在科协机关内部实行逐级负责制与在团体中坚持民主办会、突出科技工作者主体

图 5-22　1996 年 5 月，朱光亚（左）在第五届中国科协代表大会上同周光召（右）交谈

① 朱光亚：《统一思想，狠抓落实，为深入贯彻中国科协“四大”精神而努力》（在中国科协四届二次全委会议上的工作报告），1992 年 2 月 24 日。

② 朱光亚：《解放思想，实事求是，深化改革，加快发展，为使科协工作登上新台阶而努力》（在中国科协四届三次全委会议上的工作报告），1993 年 2 月 22 日。

地位的关系，改进机关作风，防止和克服行政化倾向，竭诚为全委会、常委会服务，为学会、下级科协和广大科技工作者服务”[①]。朱光亚关于民主办会的论述，是科协及所属学会的宝贵财富，必将对建设中国科技工作者团体产生深远的影响。

图 5-23 朱光亚（中）参加政协信息工作座谈会并讲话

朱光亚 1996 年后担任中国科协的名誉主席，对科协工作仍十分关心和支持。他主持中国科协全国委员会工作期间为科协的改革、发展做出的贡献，成为科协历史上光辉的篇章。在这些光辉篇章里也包括朱光亚的许多篇讲话。这是朱光亚在科协的 5 年岁月，也许是朱光亚一生发表的公开性讲话最多的一个时期。

全国人大常委会副委员长，时任中国科学院院长的路甬祥这样评价朱光亚在担任中国工程院院长和中国科协主席时的工作：

> 作为社会活动家，光亚先生以其在科技界的崇高声望和卓越的才能，为加强国际科技合作与交流、增进中外科学家相互了解与友好往来做了大量卓有成效的工作。
>
> 光亚先生在担任中国科协主席期间，代表中国科协和中国科学院主持了中国当代物理学家联谊座谈会，极大地增加了海内外华人物理学家的凝聚力。光亚先生不仅亲自参与组织了中国科协、中国科学院和中国工程院共同开展的“百名院士百场报告”活动，而且身体力行，做了《当代工程技术发展趋势及应引起重视的几个问题》的报告。作为中国科学院和中国工程院两院院士，中国科学院学部主席团顾问，光亚先生

① 朱光亚:《团结拼搏，为实施科教兴国战略、实现“九五”计划和 2010 年远景目标而奋斗》(在中国科学技术协会第五次全国代表大会上的工作报告)，1996 年 5 月 27 日。

积极推动两院合作与交流，在院士增选、学术活动和科技咨询方面，两院密切合作，共同发展[①]。

呼吁全社会尊重科学

当选中国科协主席后，朱光亚的社会活动日益频繁起来。他既要领导从事本职岗位的科研工作，又要主持中国科学技术协会的经常会务活动。

1994 年 3 月 16 日，朱光亚在政协八届二次会议上作了题为《社会主义市场经济、民主政治和精神文明呼唤全社会切实尊重科学》[②] 的大会发言，博得全场多次长时间掌声。这个发言高举科学大旗，对发展社会主义市场经济进程中出现的多种不尊重科学、不尊重人才的现象，如某些地方削弱农技推广工作和公益性科技馆事业，不惜以掠夺式经营方式消耗资源、污染环境和破坏生态来牟取眼前利益，以及利用名人效应和舆论效应来兜售“重大发明”的伪科学行为进行了揭露和抨击。特别是针对汪诚信等五位科技专家因宣传科学灭鼠而被生产含有剧毒成分的鼠药的企业起诉，有关法院一审宣判专家败诉的严重事

图 5-24 朱光亚（前排右二）视察中国科技馆

① 杜祥琬，等:《战略科学家朱光亚》。北京：原子能出版社，2009 年。

② 朱光亚:《社会主义市场经济、民主政治和精神文明呼唤全社会切实尊重科学》（在全国政协八届二次会议上的大会发言），1994 年 3 月 16 日。

件，代表中国科协严正表示坚决支持五位专家上诉，有力维护了科学尊严和科技工作者的合法权益，在科技界、司法界引起了强烈反响。

朱光亚说，十多年来，中国广大干部群众的科技意识有所增强，对科学技术和科技人才在经济发展中所起的积极作用尤有较深的印象。但是，现在仍有一些不尊重科学、不尊重人才的现象。他说，现在有些地方片面强调经济效益，忽视科学规律和科学宣传，导致生产力破坏和愚昧迷信抬头。一些地方在发展经济中依然停留在粗放经营的低水平上，只顾眼前利益，不顾资源、环境、生态；社会上曾出现相信舆论效应，漠视科学真理的现象；还有的不按法律要求和科学态度确定事实，损害科技工作者维护科学尊严的合法权益。

朱光亚希望法制建设进一步尊重科学，依靠科学，为科技工作者宣传科学、普及科学知识、揭露伪劣商品和虚假广告提供法律保障，使“尊重知识，尊重人才”的社会风气进一步得到弘扬。

政协委员们对他的发言报以热烈的掌声。许多人下来反映：“讲话真是讲到点子上了”。

在这次会上，朱光亚当选为全国政协副主席。

“科技增强国力，青年开创未来”

朱光亚在任科协主席的 5 年里，中国科协举办了首届和第二届青年学术年会，以及迄今已举办 80 多期、有 2000 多名青年学者参加的“青年科学家论坛”。在 1992 年 4 月 25 日首届青年学术年会开幕式上，朱光亚以“科技增强国力，青年开创未来”发表年会主题讲话，深情地对与会青年学子表示：“相信你们将无愧于我们的伟大事业，无愧于我们的时代。希望当你们在 21 世纪采撷的时候，人们会说，这是他们最光荣最美好的时刻”。[①]

据科协的同志回忆，朱光亚作为一位德高望重的老科学家和科技界的领导人，十分关注我国科技事业后继有人、兴旺发达，对扶植青年科技人才成长不遗余力，倾心支持。在他任中国科协主席的 5 年间，中国科协举办了首届和第二届青年学术年会，还举办了多期由青年学者自己主持的“青年科学家论坛”，得到海内外青年科技工作者的普遍欢迎和肯定。

① 朱光亚:《科技增强国力，青年开创未来》(在中国科协首届青年学术年会上的讲话)，1992 年 4 月 25 日。

曾于1995年在北京主持过以“非线性科学的若干问题”为主题的青年科学家论坛的中共四川省委政策研究室副主任李后强后来回忆说：

图5-25 朱光亚在中国工程院办公室

朱光亚院士特别关心青年科学家的成长，对四川青年学者给予了特殊的关心和支持。他担任中国科协主席期间，专门为青年学者设立了“青年学术年会”和“青年科学家论坛”两种具有深远影响的学术活动。非常荣幸的是，这些活动我都参加了，受到朱光亚院士的亲切接见。尤其是，还与北京理工大学教授冯长根、东北林业大学教授祖元刚共同担任了两次“青年科学家论坛”的执行主席。“青年科学家论坛”是为正在科研一线奋斗，并且已取得突出成就的青年学者提供的一个学术交流园地，目的是培养优秀学术和技术带头人。

最难忘的是1995年。四川省正在积极筹办“中国科协第二届青年学术年会四川卫星会议”，巴蜀大地的青年学者热情高涨，省委省政府领导鼎力支持，社会各界全力配合，出现了崇尚科学的热潮。我意外地被推选为四川卫星会议执行委员会主席。当年9月，我应冯长根教授邀请到北京主持以“非线性科学的若干问题”为主题的青年科学家论坛，会议期间多次见到朱光亚院士。第一次是9月19日中午，朱光亚主席邀请我们共进午餐。他提前5分钟就到了餐厅，见我们进来立即站起来与我们热情握手。在零距离接触的那一瞬间，我感到他的手是那么温暖和有力。朱光亚院士身材高大，满头银发，两眼深邃，消瘦的脸上刻着共和国核科学事业发展的沧桑历史。我被安排在他的左边座位上。由于过去没有近距离接触，只是在报纸和电视见过他，当德高望重、功勋卓著的老前辈突然近在身边时，难免会紧张。他见我有些慌乱，就说，随便用餐，不用客气，还不时用餐勺为我加菜，中途还询问了一些关于四川省和四川大学的情况，谈论了许多四川风土人情和文化遗产。他语言缓慢亲切，现场氛围轻松自由，完全是平等交流与沟通，是长辈对后辈的关怀和嘱托。他说，他是武汉人，但也算四川人，因为在绵阳九院住的时间多，对四川有很深的感情。我见他如此平易近人，就趁机给他汇报了青年学术年会四川卫星会议的筹办情况，并冒昧请他题词鼓励。他说，许多省都要举办卫星会议，只给四川题词恐怕不好吧？我说，四川是您第二故乡，又是全国人口最多的西部大省，有特殊性，其他省不好比。他说，再想想。午餐即将结束时，我从文件包里拿出一沓白纸，并递上钢笔，再次请他给四川青年学者写几句话。他笑笑说，好吧，小李的执着令人感动，有这种精神，我相信四川卫星会议肯定能办好，于是就在餐桌上挥笔写下了：“科教兴国，更寄希望于青年一代！祝贺第二届青年学术年会四川卫星会议的召开，一九九五年九月十九日朱光亚”。我拿着这幅题词，激动万分，连声说谢谢朱主席！他说，不客气，回去给青年专家们说说，四川的科技发展要靠他们了！我知道，这刚劲有力的字中，饱含着老一辈科学家对青年学者的无限期望，包含着对四川青年专家的真诚教诲，也包含着朱光亚院士为中华民族的伟大复兴发表的真知灼见。当时，朱光亚院士是全国政协副主席。

那年，清华大学教授曾国屏正在策划主编“新视野丛书”，由山东教育出版社出版。他见朱主席这样亲切，立即靠过来送上一份请示，请他作丛书顾问，没想到朱主席也高兴地圈阅了，并郑重写下日期。后来，我被聘为该丛书的编委，还与汪富泉博士一起写了一本专著：《分形－大自然的艺术构造》。在朱光亚院士的鼓励和帮助下，我们在科学出版社出版了汇集两次“青年科学家论坛”的论文集，即《非线性科学的理论、方法和应用》，四川卫星会议也取得了圆满成功，社会各界评价很好[①]。

一次历史性聚会

1994年3月，朱光亚被增选为全国政协副主席后，公务和社交日程排得更紧了。但是，几十年从事国防科技事业特殊生涯所形成的独特气质，以及

① 李后强：《永远铭记朱光亚院士的教诲》。求是理论网，［2011-03-00］。http://www.qstheory.cn/zxdk

图 5-26　1992 年 5 月，朱光亚（左）同吴大猷（右）在北京

精明干练的工作作风，却使他始终显得从容自如，游刃有余。

置身人民政协——这个中国最大的爱国统一战线组织的最高层，朱光亚又担负起联系海内外科技界的重任。他曾参与接待从台湾回大陆访问的他尊敬的老师吴大猷教授，在国内外产生了很好的影响。他以全国政协副主席的身份，还几次接待过来访的香港科技界人士，他的学者风度和诚挚态度，给客人们留下了深刻印象。

1992 年 5 月，为祝贺周培源 90 华诞，中国科学院和中国科协在北京钓鱼台国宾馆联合举办了一次中国当代物理学家联谊招待会。严济慈、周培源、赵忠尧、汪德昭、王淦昌、吴大猷、任之恭、吴健雄、王承书、王大珩、马大猷、彭桓武、黄昆、杨振宁、李政道、朱经武等海内外几代物理学家聚集于钓鱼台芳菲苑，钱三强因病重而遗憾地缺席。由于中国科学院院长周光召因公出国，身为中国科协主席的朱光亚代表两个主办单位主持了这个具有历史意义的盛会。离别 42 年后，朱光亚欣喜地见到了 85 岁高龄的恩师吴大猷。

江泽民、杨尚昆、李鹏、宋平等党和国家领导人会见了出席中国当代物理学家联谊招待会的 300 多位海内外物理学家。下午 5 时，江泽民、杨尚昆、李鹏、宋平等同志首先同 10 多位著名物理学家亲切会见。接着，江泽民等

图 5-27　朱光亚（右一）与彭桓武（右三）一起参观中国科技馆

来到芳菲苑草坪，同前来参加中国当代物理学家联谊活动的 300 多名海内外物理学家亲切会见。

在同物理学家们合影后，江泽民总书记发表了讲话。他说，半个世纪以来，物理学不断有新的突破、新的进展，其中不乏中华儿女的贡献。不论这些贡献是来自海峡两岸，还是来自海内外学子之手，都是中华民族为人类知识宝库做出的贡献，都是中华民族的光荣和骄傲。我们热情地欢迎海内外科学家为中国科技和经济的发展，为振兴中华继续贡献力量。他说，当今世界科学技术飞速发展。随着人类进入信息与智能的时代，随着我国经济建设进入全面发展的新时期，我们既要重视面向经济社会的研究活动，又要重视对自然规律的研究工作，这是我们一直坚持的原则。90 年代是中国经济振兴的关键时刻，我们要坚持改革开放，凭借自己的勤奋，凭借自己善于学习，凭借自己的创新迎头赶上。

朱光亚在联谊招待会上致欢迎词说，今天我们欢聚在这里，举行一次有重大意义的中国当代物理学家联谊活动。从时间跨度来说，在座的有好几代物理学家，不但有出生于 1900 年、与本世纪同龄的严济慈教授，有好几位已届耄耋之年的寿星，如 90 整寿的周培源教授、赵忠尧教授，80 整寿的吴健雄教授，70 整寿的杨振宁教授，还有一些七八十岁高龄的科学家，也有在

图 5-28 朱光亚在办公室

各位前辈、老师培育下成长的部分中年和青年的物理学家，这象征着祖国物理学界群星辈出、兴旺发达。

他说，从空间跨度来说，这次招待会也是海峡两岸和海内外物理学界的一次历史性的聚会。我们十分高兴能够欢迎 85 岁高寿的著名物理学家吴大猷先生，回到祖国大陆参加学术交流并同我们相聚，也非常高兴能够欢迎李政道先生、杨振宁先生、吴健雄先生、袁家骝先生、任之恭先生、林家翘先生、朱经武先生等著名的物理学家回到祖国，参加这次盛会。这个盛会也是海峡两岸和海内外物理学家为祖国繁荣进一步加强交流合作的象征。

他接着说，江泽民总书记等党和国家领导人出席这次盛会，再一次表达了党和国家对发展我国科学技术事业的高度重视，对在座各位科学家的极大尊重。我相信，这次联谊活动是会载入中国物理学乃至中国科学技术的史册的[①]。

朱光亚与一位中学地理教师的对话

朱光亚平时很严肃，初见会让人有一种敬畏的感觉。其实，他非常平易近人。下面要讲的故事来自于一位普通的人民教师——杨芹波。这个故事真实地刻画了朱光亚爱科学、重教育、与科技和教育工作者打成一片的点点滴滴。

作为太原市杏花岭区一名普通的人民教师，在职期间我一贯热衷于中小学地理、历史课堂教学改革，欲把传统的史地课堂教学模式变成图

① 施宝华、陈金武："中国当代物理学家在京举行联谊活动　党和国家领导人亲切会见中华英才　江泽民勉励科学家为祖国振兴和昌盛贡献力量"。北京：新华社，1992 年 5 月 31 日。

文并茂、声像结合、师生和谐、动手操作的娱乐学习活动。数年坚持不懈地努力，使我在市、省乃至全国史地课改中小有名气，我因此被评为“中国地理学会科普先进个人”。

1994年6月，我荣幸地应邀到首都北京参加中国地理学会成立85周年暨“地理学与持续发展”学术交流大会并接受颁奖，亲耳聆听了时任全国政协副主席、中国工程院院长朱光亚先生的讲话，更加认识到基础地理、历史教育教学的重要性。当我走向领奖台从朱光亚院长手中接过荣誉证书时，我对先生说：“我是来自山西太原最基层一线的地理教师，在多年的课堂教学改革中，我摸索并创新和实践了一整套史地趣味快乐教学研究。我想把我的课改成果材料让您给看看。”朱光亚院长当时就拉着我的手说：“可以。等会儿散会时我在门口等你。”我真想不到先生那样平易近人。一个一生研究“两弹一星”的“科技众帅之帅”，竟会这样认真对待一个来自基层的老师。

散会时，我迫不及待地奔向会堂门口，朱光亚院长已经和警卫及陪同人员在那等我了。我给他递去已经出版的《少儿地理歌谣》《少儿历史歌谣》两本书和两盒同名称配乐磁带，还送上我撰写的一部分获奖论文及与初中、高中教材同步使用的《中学地理速记歌》《中学历史速记歌》等打印稿件。先生一边翻着一边说：“很好，很好。一定要坚持做下去。”我当时特别激动，不知说什么好。因为从那时开始，我国高考文科不考地理，我们地理教师和教学工作在学校不受重视。我对朱光亚院长说：“朱老，现在高考不考地理，学生、家长、学校和社会都不重视地理学习。一个人如果不了解地理、历史常识，怎么能建设好祖国呢？”先生看我焦急激动的样子，笑着问：“你想让我帮你做什么呢？”我慌不择言：“学生不爱学地理，我们一线教师的课很不好上，您就给孩子们写几句话吧。”先生马上回答说：“可以，可以。但现在不行。我回去后得好好看看你写的这些东西再说。”我与朱光亚院长握手告别。我们的接触、谈话最多也就十几分钟。

从北京回来半个月左右，我万万没有想到，百忙之中的朱光亚院长会给我寄来他的亲笔题词：“学地理，学历史，爱祖国，爱人民，立大志振兴中华，攀高峰重整河山。”先生的题词成为我史地课堂教学改革的座右铭[①]。

① 杨芹波：朱光亚先生的鼓励。《太原晚报》，2011年3月10日。

领衔工程院　开创新局面

中国工程院的筹备与组建

图 5-29　钱学森（右）和朱光亚（左）一起交流（邹毅　摄）

关于中国工程院的名称，朱光亚说刚开始有很多争议。张光斗先生等人早的提议叫“中国工程与技术科学院”，“工程”、“技术”、“科学”等三个词全占了。后来，张光斗又提出叫“中国工程科学院”，还是不愿放弃“科学”这个词。朱光亚说，他和钱学森都坚持“中国工程院”这个名字，突出和强调“工程”。英文就是“Chinese Academy of Engineering”。他们的建议最终被采纳了。

1992 年 4 月，张光斗、王大珩、师昌绪、张维、侯祥麟、罗沛霖和林华等，综观国内外科技发展的现状与趋势，联名发出“关于早日建立中国工程与技术科学院的建议”。他们的建议，受到有关部门的高度重视。

1994 年 2 月 25 日，国务院批准并转发国家科委、中国科学院《关于建立中国工程院有关问题的请示》，批准成立了以国务委员、国家科委主任宋健为组长的中国工程院筹备领导小组，负责组织和协调建院的筹备工作。接着，筹备小组投入了紧张的工作。作为小组的成员之一，朱光亚也积极参与了“中国工程院”的筹建工作。

1994 年 6 月 3 日，中国工程院成立大会、中国科学院第七次院士大会同时在北京开幕。江泽民、李鹏、乔石、李瑞环、朱镕基、刘华清、胡锦涛亲切会见了参加两院院士大会的全体院士。

江总书记发表热情洋溢的讲话：“今天是我国科技界和工程界二个重要的日子，中国工程院正式成立并举行首届院士大会。中国工程院的成立必将大大鼓舞和激励广大工程技术人员的创造精神，必将对推动工程技术发展，提高工程技术的研究、设计、建造、运行能力，发挥积极作用。”①

李鹏总理在讲话中指出：“成立以工程技术界优秀专家为主体的中国工程院，对肯定工程技术界业绩，提高工程技术界社会地位，进一步调动工程技术人员积极性，并发挥其整体优势，加速我国工程技术的发展，都将产生重要影响。”②

朱光亚在中国工程院成立大会上的讲话中说：“作为中国工程院的首批院士，我们既感到十分光荣，同时也感到责任重大。在履行中国工程院院士的神圣责任中，我们要不辜负党和国家的信任，无愧于工程技术界最高学术称号的荣誉，团结全国广大工程技术人员，同中国科学院全体院士加强合作，在整个科技界发扬科学精神和优良学风，树立高尚的职业道德，努力促进科技进步，攀登科技高峰，为经济、科技、社会的综合协调发展而努力奋斗。在中国工程院成立之后，当务之急的一项任务是要尽快在全国范围内选举一批工程院院士。我们相信，在党中央、国务院的亲切关怀下，在全国工程技术人员的支持下，中国工程院一定能为发展工程技术、加速经济建设、增强综合国力发挥应有的作用，做出应有的贡献。”③

6 月 7 日，朱光亚在中国工程院全体院士大会上，全票当选为院长。

在中国工程院成立期间，科学界和工程技术界纷纷祝贺，为工程院的长远发展进言献策。如钱学森 6 月 2 日亲笔致信朱光亚，信中写道：“明天中国工程院成立大会即将开幕，我谨表示祝贺！我现在想到一个中国工程院与中国科学院分工合作的说法，即：全部学问分为三个层次——基础科学、技术

---

① 杜祥琬，等：《战略科学家朱光亚》。北京：原子能出版社，2009 年。

② 杜祥琬，等：《战略科学家朱光亚》。北京：原子能出版社，2009 年。

③ 朱光亚：在中国工程院成立大会上的讲话，1996 年 6 月 3 日。

科学、工程技术。那么中国科学院是基础科学兼技术科学，而中国工程院则是工程技术兼技术科学。您看如何？”①

国际工程及技术科学院董事会（CAETS）和一些国家的工程院也纷纷发来祝贺电报，希望中国工程院在促进国际工程技术进步与交流方面发挥积极作用。

领衔中国工程院

图 5-30　朱光亚（左）与周光召（右）

工程院前期筹备时，朱光亚是筹备领导小组 45 名成员之一。因为他那时身兼中国科学技术协会主席、国防科工委（现总装备部）科技委主任、全国政协副主席等许多要职，工程院筹备工作他参与不多，主要由国务委员、国家科委主任宋健兼任筹备领导小组组长抓总，副组长周光召、朱丽兰、师昌绪等进行领导和协调。1994 年 1 月 6 日，经中央政治局批准，工程院的组建进入实质性筹备阶段后，朱光亚也在不知不觉中，进入了一个最重要的角色。

那是 1994 年初，筹备领导小组受党中央、国务院委托，按照批准的原则和步骤紧张工作，经过提名、评审和无记名投票，选出 96 名首批中国工程院院士（其中朱光亚等 30 名是中国科学院学部主席团表决通过的工程技术背景比较强、有代表性的中国科学院学部委员）。接着，一个众所关注的问题提上了议程，就是首届工程院领导班子，特别是院长由谁来担任。

对这个问题，不仅是全体院士，也不仅是全国工程技术界，也包括国际上特别是华裔学者都予以关注。中央组织部负责推荐工作的武连元副部长强调，工程院能不能开创一个好的局面，领导班子是很关键的，尤其院长人选，要大家能接受，国内外能接受，院士能接受。为此，专门成立了一个考察小组。

① 杜祥琬，等:《战略科学家朱光亚》。北京：原子能出版社，2009 年。

据时任工程院秘书长的葛能全回忆当时参加工程院筹备工作时的情景：

> 考察小组的工作做得既民主，又细致、周密，仅仅一个多月时间，经过全体院士两轮自由提名、个别访谈和开座谈会听取意见，到4月初工程院首届领导班子便有了眉目，而朱光亚则被列入院长的推荐名单中[①]。
>
> 4月9日上午，我如约来到了朱光亚处，当我汇报有关情况后，他明确地说，院长应该由工程技术背景更强的院士担任，他提出了一位认为合适的人选。他还说，因为他不是筹备领导小组成员，没有机会在会上发表这个意见。朱光亚表示，自己担任中国科协主席，事情很多，恐怕精力和时间顾不过来。听完他的话，我深受感动，没想到一位驰誉海内外的大科学家，如此坦诚，令我难以忘怀。

据朱光亚当时的秘书陈建平回忆，后来，武连元副部长也专程来到朱光亚办公室，就推荐朱光亚担任工程院院长一事，通报情况，征求意见。武连元对陈建平说，我们又来给光亚同志加担子了。他们之间谈了些什么，陈建平并不知道。但他估计，朱光亚并没有完全答应。

5月5日至12日，朱光亚正率队在核试验基地检查核试验准备工作。一天，突然接到中央办公厅从北京打来的专线电话，胡锦涛同志找朱光亚同志谈话。谈话的内容明确而又简单，胡锦涛同志说，中央已经决定，由你担任中国工程院院长。不再征求意见，这件事就这么定了。

葛能全回忆说："后来，朱光亚仍被确定为院长人选。考察小组于1994年5月17—18日召开座谈会，征求在京院士对工程院领导班子意见时，大家表示能接受，专业领域的考虑也比较合适。许多院士认为，朱光亚作首任院长是众望所归，这既有利于树立国内外影响，他又能挑得起这副担子。在6月初中国工程院成立暨首届院士大会上，朱光亚全票当选首任院长。"

就这样，朱光亚在70岁时，成为新成立的中国工程院首任院长。

中国工程院现任院长周济在回顾建院历史时说："作为中国工程院的领导人，光亚老院长和第一届领导班子面向现代化、面向世界、面向未来，高瞻远瞩，深谋远虑，准确地定位工程院为我国工程科技界最高荣誉性、咨询性学术机构，科学地确定了院士队伍建设和战略研究与咨询这样两个主要的发

---

① 杜祥琬，等:《战略科学家朱光亚》。北京：原子能出版社，2009年。

展方向，领导建立了一整套行之有效的工作方法和程序，为中国工程院的初创和发展做了大量奠基性和开拓性的工作。”①

作为工程院院长和党组书记的朱光亚清楚地意识到肩上的分量：他思考最多的问题，就是如何发挥集体智慧把基础打好，在国内外树立工程院的良好形象。工程院一成立就面临繁重的任务，诸如要立即着手在全国范围内增选第一批院士，要筹建医药卫生领域的学部，要接受国家科技部门和产业部门委托的咨询任务，要开展国际学术交流等等，而作所有这些工作都先要内部“建规立制”，有章可循。然而，当时几乎什么都不具备：就连固定的办公室也没有，院士大会一结束大家不知道上哪里找工程院联系工作。

6 月 18 日的第一次院长办公会议，是在西单邮电部的外宾接待室召开的；后来得到总政领导支持，在军事博物馆后楼租了 12 间房作为院部，总算挂出牌子；这里没有食堂，朱光亚和几位副院长与大家吃普通盒饭，冬天没有保温设备，饭菜送到时都凉了，他们二话不说还是照样吃，因为没午休的条件，吃完饭又接着工作。直到后来，中国科协的办公大楼中国科技会堂竣工并投入使用，在兼任中国科协主席的朱光亚的协调下，工程院租用了中国科技会堂的两层，才使工程院的办公条件和环境有了改善，工作慢慢走上正轨。

朱光亚他们的行为使机关年轻人很受感动。那时，机关仅有临时借调的十几个人，大家在原单位领工资；由于人手少，经常加班加点，但谁也没有怨言。据工程院的同志回忆，因为大家心里除了事业的激励，决心为工程院尽力做出贡献，同时，看到像朱光亚这样的知名科学家，还有几位德高望重的副院长都能这样，大家还有什么可说的。

在不到一年里，朱光亚领导完成了医药卫生学部的筹建，选出该学部的首批院士（30 名）；完成了其他六个学部增选第一批院士工作，这次增选首次涉及全国 30 个省、自治区、直辖市和 60 多个部委、直属机构、学术团体，以及解放军三总部等，记得各方面推荐到工程院的有效候选人达 959 人，接收的材料堆了两个大房间，96 名首批院士平均每人要审阅 10 名候选人约十来万字的材料（不含论著），还有小会大会介绍、讨论、评议、预投票和正式投票等复杂程序，到 1995 年 5 月增选了第一批院士 186 名，使工程院院士总人数达到 312 人。

---

① 周济：朱光亚：杰出的战略科学家。《光明日报》，2012 年 2 月 26 日。

首次增选院士，不仅工作量浩大，还由于刚建院就进行，做好做不好关系重大，朱光亚紧密依靠主席团和全体院士，精心组织，遇到关键处都是亲自做工作。例如，筹建医药卫生学部，从某种意义上无异又重新筹建一个新院。在工程院成立后的学部设置中没有涵盖医药卫生领域，全国医药卫生系统的科技人员对此呼声甚高。首先是卫生部部长陈敏章呼吁即将成立的中国工程院设立医药卫生学部，接着，在两院院士大会上（6 月 7 日）王志均、陈中伟等 11 位中国科学院生物医学方面的院士，联名致信两院主席团，呼吁在工程院成立医药工程学部。时任工程院秘书长葛能全进而回忆到：我清楚记得，朱院长就任接办的第一件事就是关于这件事，而他处理起来是那样的雷厉风行，并且稳妥推进。

6 月 8 日，朱光亚向工程院第一次主席团会议作了情况通报，进行了初步研究。6 月 22 日，他亲自到卫生部约陈敏章和几位专家进行讨论酝酿，听取意见；8 月 2 日，他在主持召开的第二次工程院主席团会议上作了专门研究；8 月 10 日，他亲自改定并签发了工程院报国务院的请示，提出“关于在工程院增设医药卫生学部的意见”，主要有三条考虑，即：①鉴于我国医药卫生系统科技队伍庞大，人才济济，从长远看，单独设立这方面的院士制机构，是必要的；②考虑到单独设立院士制机构，从决策到实施均非易事，根

图 5-31　1994 年，朱光亚（左）在中国工程院首次院士大会上投票

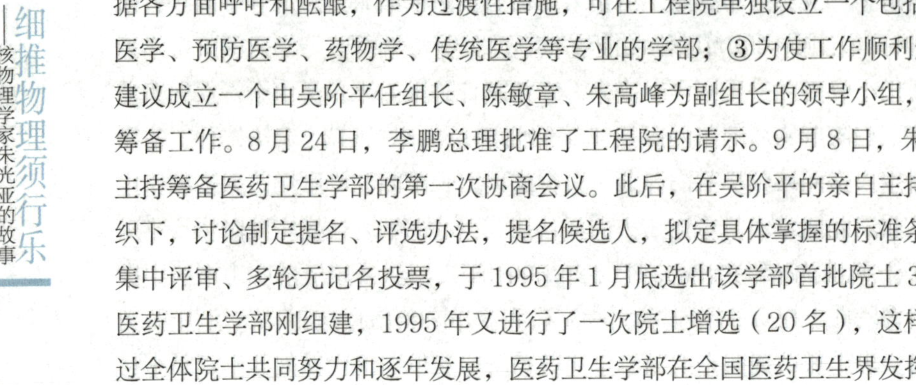

据各方面呼吁和酝酿，作为过渡性措施，可在工程院单独设立一个包括临床医学、预防医学、药物学、传统医学等专业的学部；③为使工作顺利进行，建议成立一个由吴阶平任组长、陈敏章、朱高峰为副组长的领导小组，负责筹备工作。8月24日，李鹏总理批准了工程院的请示。9月8日，朱光亚主持筹备医药卫生学部的第一次协商会议。此后，在吴阶平的亲自主持与组织下，讨论制定提名、评选办法，提名候选人，拟定具体掌握的标准条件和集中评审、多轮无记名投票，于1995年1月底选出该学部首批院士30名。医药卫生学部刚组建，1995年又进行了一次院士增选（20名），这样，经过全体院士共同努力和逐年发展，医药卫生学部在全国医药卫生界发挥了很好的作用，在国际上也产生良好影响。

葛能全说：

如果要概括朱光亚领导工程院工作的特点的话，那就是务实而致远。这方面的感受实在是太多太深刻了。

比如增选院士工作。光亚院长在任4年，共增选院士3次，院士人数由建院时的96人迅速发展到448人，而且从无到有建立了比较完善和规范的增选制度、原则和实施办法，保证了增选工作健康发展。每次增选工作开始前，他要花时间和精力听取方方面面的意见，在发扬民主的基础生，通过主席团制定一系列既针对现实情况又体现长远发展需要的操作办法，并在每轮评审会议上他都要一次次地亲自向全体院士作说明，以便共同遵循。

如1997年7月14日在第一轮评审会前，就怎样全面理解、准确把握、严格坚持院士标准条件，他讲了既有原则性又便于理解掌握的3点精神；一是要研究和注意切实用标准条件作为一个客观尺度来衡量所有候选人，不要受其他因素影响，也就是在标准条件面前一视同仁。这就要求我们一定要遵循公正、客观和实事求是的原则；二要研究和注意根据候选人工作的不同特点及其工作成果的不同表现形式，全面地、科学地评价他的科学成就和贡献，既要看候选人的科学技术水平，又要看候选人做出的实际贡献。一定要具体情况具体分析，千万不能简单化、绝对化；三是要研究和注意标准条件的另一方面内容，就是“学风道德问题”。同时，他还根据主席团共同讨论的意见和全面情况，提出了在坚持标准条件的前提下应该注意的几个原则，就是在坚持标准条件的前提下，要注意候选人和新增院士年龄的合理结构；在坚持标准条件的前提下，要注意候选人的专业、学科及所在部门、地区的分布组；坚持标准条件的前提下，要特别注意对长期工作在工程技术第一线，并做出重大贡献和成就的工程技术专家的了解和重视。这些精神不仅在评审中起到了正确引导作用，并成为院士增选的重要原则，形成共识。

出谋划策

作为我国工程科技界咨询性学术机构，中国工程院开展战略研究与咨询活动是重要的发展方向之一。

尽管工程院成立之初院士人数少，学科专业涵盖不够广，后又忙于发展，工作千头万绪，但以朱光亚为首的主席团和院领导，丝毫没有放松工程院的重要使命“对国家重大工程技术决策、发展规划、计划、方案及其实施提供咨询”。据统计，仅在建院头一年，接受委托开展的咨询工作就有 3 次，如受国家计委和国家科委委托，对《国家科技发展“九五”计划和 2010 年

图 5-32　朱光亚在中国工程院办公室

长期规划》，组织院士认真研究、讨论，提出了咨询意见，许多意见被采纳。与此同时，还组织部分院士开展主动咨询，如我国船舶工业的发展、国家以及广东省的电力发展、云贵川金三角资源的开发与利用等课题。

到 1996 年，咨询工作全面开展起来。除继续接受委托做好咨询之外，仅院及各学部开展的主动咨询项目达 10 余个，约有 2/3 以上的院士积极参与，充分显示了工程院院士的集体智慧和全局精神。特别是这些咨询项目，都紧密围绕热点、难点问题而提出。农业有“三个典型区域农业发展战略研究”，能源有“中国可持续发展能源战略研究”，交通有“高速水运及相关技术的发展战略”，材料科学有“中国材料发展现状及迈入新世纪对策的可行性研究”，资源开发有“攀西地区资源、能源综合开发研究”，信息技术有“中国微电子工业发展对策研究”，基建工程有“重要构筑物失效、破坏、修复与防治”，医药卫生有“我国医疗器械工业的发展战略与市场管理模式的研究”，“发展我国医药工业，加速新药研制的战略探讨”，以及培养工程技术人才的“工程教育改革与发展战略研究”等。

朱光亚和主席团以及学部，在组织咨询工作时有很明确的指导思想，就是咨询项目不求多，关键是咨询意见的质量和产生的效果。

为了使工程院工作更好适应全面发展的形势，1996 年，朱光亚主持制定了第一个长远发展计划——中国工程院“九五”工作计划及 2010 年发展若干初步设想。为制订这个计划，他先后两次主持院长办公会和一次主席团会议；在初稿形成后，向全体院士征求意见，5 次易稿，而最后两稿经他亲自修改，从指导思想和基本原则、主要目标和任务逐条推敲，使计划和设想既有目标，又切合实际，特别是提出要加强学部建设、加强宣传出版工作，以及积极开展国际学术交流等，由于措施得力，针对性强，使薄弱环节在较短时间内有明显改善。

在主持中国工程院工作期间，朱光亚始终注意抓学风道德建设。在一次讲话中，他说：

> 中国工程院的成立，充分体现了党和国家对发展工程科学技术工作的重视，体现了全社会对工程科技界的殷切期望。我们当选为院士，得到了很高的荣誉和各方面的关心和鼓励。但是，正如许多院士指出的，还必须认识到，在取得荣誉的同时，我们也承担了更多的责任。无论在科学技术工作方面，还是献身精神和道德风范方面，都应该有更高、更

严的要求。要努力加强自身建设，谦虚谨慎，自尊自律，实事求是，不断进取，用自己的实际行动回报社会，回报国家，努力使我们的院士集体真正成为科学技术水平高、成就贡献突出、学风道德优良的典范，并以自己的影响积极推进全国科技界的物质文明和精神文明建设。[①]

从1995年开始的院士增选中，在每一轮评审、选举会议之前，朱光亚都要代表主席团向全体院士发表讲话，而讲话内容每次都少不了要求大家以实际行动做发扬优良学风的表率。在1995年首次增选评审会上，他语重心长地说：

国务院文件和《中国工程院章程》均做出明确规定，中国工程院院士是国家设立的工程技术方面的最高学术称号，为终身荣誉。因此，作为具有这样很高声誉的院士个人，理所当然应该在工程技术上有重要成就和贡献，同时也应该具有良好的学风道德，使得中国工程院院士这个集体，真正成为全国工程技术界的榜样。学风道德是科技界精神文明建设的一项重要内容，特别是近些年来大家对那些违反科学精神的行为非常厌恶，更普遍感到这个问题的重要，而且迫切需要各方面引起重视。正是这样，这次工程院在增选院士过程中，在对候选人成就、贡献进行认真评审的同时，对学风道德也应予以特别关注。比如，获奖、文章署名材料及评价是否实事求是等等。对这些问题，在评审中都要努力去弄清楚，并尽可能做出客观、公正的判断。

1997年7月14日，朱光亚亲自改定他在院士次增选会议上的讲话稿，他说：

现在进行增选院士第一轮评审，要再讲讲学风道德问题，有两层意思：一层意思是，对候选人评审时，要注意结合考察他（她）的科学态度和学风道德表现，比如材料的真实性问题，对待合作者的态度问题等。另一层意思是，院士自身的社会主义精神文明建设。当前增选院士工作中的科学道德建设，全体院士肩负很重的责任，首先是要作好表

---

① 朱光亚：在中国工程院成立大会上的讲话，1996年6月3日。

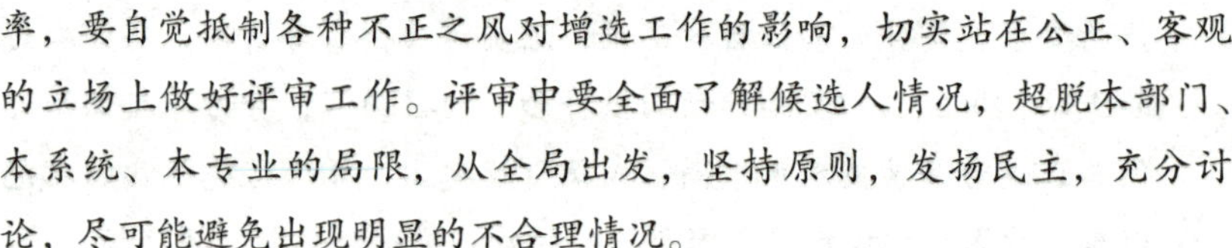
率，要自觉抵制各种不正之风对增选工作的影响，切实站在公正、客观的立场上做好评审工作。评审中要全面了解候选人情况，超脱本部门、本系统、本专业的局限，从全局出发，坚持原则，发扬民主，充分讨论，尽可能避免出现明显的不合理情况。

对于院士自身建设，朱光亚不仅在会上强调，也适时采取措施。如他极力主张并主持设立了中国工程科学道德建设委员会，为了发挥道德委员会的实际作用，他亲自向主席团推荐潘家铮、侯祥麟两位主席团成员为道德建设委员会的正副主任，规定各学部推选一位院士为成员。明确规定道德委员会有弘扬科学精神、加强科学道德和学风建设、制订必要的院士行为规范、处理与科学道德和学风有关的问题、对有关道德和学风问题的个案提出处理意见等 5 项职能。

科学道德建设委员会成立后开展了卓有成效的工作。首先于 1997 年 7 月制定了“中国工程院院士增选工作中院士行为规范”，规定了必须遵守的 6 条行为规范；接着，在 1998 年 4 月又制定了“中国工程院院士科学道德行为准则”，规定了 7 条行为准则，并且制定违反准则的处理办法，其中包括在全院通报批评，或向全社会公布，直至撤销院士称号。据工程院的同志回忆，科学道德建设委员会的设立及其有成效的工作，得到了全体院士的积极响应，效果十分显著，在全国科技界引起热烈反响。

朱光亚是中国工程院的首任院长。当他离职时，对后任院长的主要叮嘱就是要保证工程院的质量，注重院士队伍的建设。曾任工程院副院长的杜祥琬还记得这样一件事。当年，朱光亚是国家“863”计划领导小组的成员之一，负责航空、航天和激光领域的工作。“我们激光领域的专家每次开会他都参加，会后要写一个纪要，送他阅后再定稿。当时我们在纪要中写到参加会议的有某某院士、院长、所长等。”杜祥琬说，朱光亚拿起铅笔，很工整地在“院士”两个字上画了个圈，在旁边写了一句话：院士不是职称，不是职务，只是一个荣誉称号，不易作为一种称谓来用。杜祥琬对这句话印象深刻。以后他多次在不同的场合谈过朱光亚的这个意见。“它的含义是深刻的，对于我们今天科技队伍的建设也是很有意义的。”[①]

朱光亚在担任中国科协主席和中国工程院院长期间，经常和儿子聊聊科

① 朱光亚：在中国工程院成立大会上的讲话，1996 年 6 月 3 日。

协和工程院的人和事。因为，除了院士选举之外，这两个工作几乎不涉及什么要保密的东西。

记得儿子和朱光亚还讨论过中国工程院要不要设立管理学部这个问题。他们爷俩儿都觉得任何大工程项目的成功都离不开好的管理，管理是科学，也是技术，因此，工程院应该设立管理学部。朱光亚告诉儿子，瑞典工程院就有管理学部。但是，管理学部如何设立？院士的评选标准是什么？似乎说不太清。朱光亚打算等几年看看再说。朱光亚还对儿子说，早在中国工程院筹备期间，江泽民总书记和李鹏总理找他谈话，都叮嘱一点，千万不要把工程院办成“小国务院”。意思是说，现在国务院各部委的许多部长和副部长们都有工程技术背景，他们中的很多人也希望成为中国工程院的一员。但是，如果他们都进了工程院，工程院就真成了“小国务院”了。朱光亚对成立管理学部非常谨慎，大概也考虑到这一点。在朱光亚任内，中国工程院没有搞管理学部。

作为中国工程院第一任院长，位高权重，但朱光亚始终严于律己，保持着中国知识分子廉洁奉公的情怀。

中国工程院原秘书长葛能全回忆：

> 朱光亚自担任工程院党组书记和院长以后，外出坚决拒收礼金礼品，甚至以科学家身份被邀请作学术报告或发表讲话，实在不可推脱收到了纪念品，包括国外人士赠送的纪念品，无论物品大小，他都悉数交公，并如实说明纪念品来历。据我所知，光亚院长上交的纪念品有照相机、CD 唱机、手表，也有纪念徽章等[①]。
>
> 朱光亚是著名科学家又是国家领导人，但他在工程院绝不搞特殊化。无论 1996 年前在军博租房办公，还是搬进科技会堂后，来宾几乎都要感叹：如果不是亲眼目睹，难以想象工程院院长就在这种办公条件下工作。
>
> 朱光亚先生对于公款开销，哪怕不是大数目，也常放在心上掂量。比如因公宴请外宾，他在会上和会下多次说过，不要把规格搞那么高，上那么多菜，既浪费钱，又花很多时间，应该改革。他还说，其实外宾也不见得喜欢这样，他们请人吃饭都是很随便的。我珍惜在他直接领导下这 4 年的工作经历，庆幸自己从他的言行中获益良多。

① 杜祥琬，等:《战略科学家朱光亚》。北京：原子能出版社，2009 年。

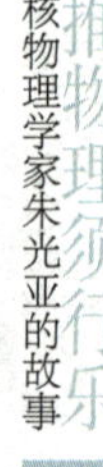

关于朱光亚的朴素，还有这样一件小故事。朱光亚担任中国工程院院长期间，一天晚上，儿子明远回家陪父母亲吃饭，饭桌上有一道菜同其他菜的味道不一样，明显不是炊事员做的，他问，这道菜是谁做的？许慧君听了就笑，说这是你爸爸中午在工程院吃的盒饭，没吃完舍不得扔掉带回来了。于是，明远三下五除二，飞快地把这些剩饭剩菜“消灭”。他可不想让父亲再吃这些剩菜剩饭。后来才知道，这样的事发生过不止一次。朱光亚当时的司机单根春后来回忆，朱光亚中午的盒饭常常吃不完，就装到一次性饭盒里交给小单，晚上带回家接着吃。夏天的时候，办公室里没有电冰箱，为了让饭盒里的饭菜不变味变馊，还真让小单费了一番心思。

朱光亚与军备控制和军备控制物理学

为了消灭它，就得掌握它

作为一位科学家，朱光亚一直认为中国发展核武器的最终目的是保卫和平。正是为了消灭核武器，我们首先要掌握它。朱光亚一直对许多文学作品中歌颂我国第一颗原子弹爆炸时的描述，如“绚丽多彩的蘑菇云”这样的词句表示过不满，他说，原子弹是杀人的武器，“蘑菇云”是非常恐怖的东西，怎么能说它“绚丽多彩”呢？

当年，美国“原子弹之父”奥本海默怀着对于原子弹危害的深刻认识和内疚，怀着对于美苏之间将展开核军备竞赛的预见和担忧，怀着坚持人类基本价值的良知和对未来负责的社会责任感，满腔热情地致力于通过联合国来实行原子能的国际控制和和平利用，主张与包括苏联在内的各大国交流核科学情报以达成相关协议，并反对美国率先制造氢弹。

苏联的“原子弹之父”库尔恰托夫在苏联第一颗原子弹和氢弹爆炸成功后，再也没回过实验室，而是潜心于核动力方面的研究。1954 年，世界上第一座核电站在奥布宁斯克启动，接下来又有核潜艇、原子能火箭发动机、列宁号原子能破冰船等等问世。1958 年苏联单边停止核试验，这其中库尔恰托夫功不可没。当后来得知国家又恢复核试验时，他联合其他学者给赫鲁晓夫写了一封抗议信，但没有得到任何回应。在接连两次中风后，他每天只是读书、听音乐，彻底不再过问核试验。1960 年 2 月 7 日，“原子弹之父”离开人世，年仅 58 岁。在生前最后一次公开讲话中，他警告人们：“使用原子弹和氢弹必将招来灭顶之灾！

关于核军备控制，诺贝尔物理学奖获得者、丹麦物理学家玻尔曾经提出了一个非常天真的建立“开放性的世界”的想法，他认为，取代恶性核军备竞赛的唯一出路是将美国研制核武器的计划通报给苏联，邀请他们和我们一起合作。形成核均势，达成核军备控制。1944 年 5 月，他获得丘吉尔接见，3 个月后，他又与罗斯福见面，向西方政要们推销他的观点。然而，英美两巨头见面后，丘吉尔在给下属的条子里写道：总统和我对玻尔教授甚为心烦。英国首相甚至觉得，玻尔应该被看管起来。

同其他核科学家一样，朱光亚搞核武器，是对和平的期冀。他一面为发展我国核武器而努力，一面投身于核军备控制的科学研究和社会活动中。这是核威慑和核均势产生的一个有趣逻辑，对有核国家的战争攻击一定是核打

图 5–33　朱光亚在作报告

击，而核打击对攻击一方也会是毁灭性的。因此，核战争的结果是不存在胜利者。核武器最大的用处，就是它没有用处。

曾担任过核武器研究院院报《曙光报》主编的魏世杰在《丰碑无言——怀念朱光亚先生》[①] 一文中回忆说：

我在院部学术报告厅，听过他一次报告。时间久远，报告题目、详细内容已经记不清了，印象较深的，只有以下两点：一是关于“核冬天”，朱老说：多个武器同时使用，其产生的结果，并不是单个武器效果的简单叠加。如果有几百枚或上千枚核武器，在很短的时间内，陆续爆炸，除了核武器本身的效应（如冲击波、光辐射、核辐射、放射性沾染、电磁脉冲）之外，还可能出现两个新现象：一是烟尘覆盖大气层，地面温度急剧下降，气候进入严寒状态——即所谓“核冬天”。由于臭氧层消耗很快，变薄变少，使得人类的生存环境，变得极端恶劣。因此，即使在核战争中，某一国“取得胜利”，也会面临严重的生存危机，难逃毁灭的命运。二是关于“核武的作用”，人们似乎有一种共识，由于核武器的战略威慑作用，人类历史出现了最长的无全面战争时期。但是，他认为，核武器的军事作用，似乎被夸大了，第二次世界大战之后，世界和平维持了40多年，是多种因素的结果，核武器只是因素之一，还有很多政治、经济和社会因素，也是不应该被忽略的。

朱光亚是“两弹”元勋。在谈到核武器的时候，我想，他应该充满自豪、意气风发才对，然而却不。他如此低调地看待核武器，对核战争造成的严重后果，则充满了忧虑、不安。这让我在惊讶之余，也感慨不已。

真正的科学家，应该是实事求是的，更应该是有良知的。

真正的科学家，应该站在全人类的角度思考问题。

军控研究的起步

我国政府签署全面禁试条约前后，朱光亚多次敏锐指出，核武器技术的发展进入了一个新的历史阶段。他亲自指导核武器研究院和核试验基地开展

① 魏世杰：丰碑无言——怀念朱光亚先生 //《风范长存天地间》编辑组：《风范长存天地间——朱光亚同志逝世一周年纪念文集》。北京：人民出版社，2012年。

禁试后科研发展方向的研讨论证。经中央批准后，很快启动了禁试后核武器技术的研究发展工作。

当时朱光亚还敏锐地注意到美苏间的军备控制谈判的广泛影响力，随即便开始组织核军备控制的对策研究。当时他提出：军备控制不仅是政治外交问题，还涉及许多科学技术问题。我们在做科研工作的同时，要从技术上支持国家外事工作。这样，既保卫国家安全，又表明中国致力于全面禁试，消灭世界上的核武器。

黄铭在《首长的关怀和指导》一文中回忆说：

1985 年到 1986 年期间，国防科工委科技委领导多次组织会议，研究筹建系统所，初衷是学习美国兰德公司，成为国防科工委的“思想库”。对此，钱老和朱主任都非常赞成和支持。朱主任很重视系统所的工作，他强调系统所工作职责要加上一条，即上级交办的事情一定要照办。

图 5-34　朱光亚在军事大百科全书编委会上

我到系统所工作以后，朱主任对我的工作仍十分关心。有时，朱主任直接交代给我们任务和课题，特别是军控和能源方面。我们到美国访问时发现，美国就已经有了很多军控机构，几乎每个研究型大学和研究机构里都有军控方面的研究任务。与美国的军控研究相比，中国起步晚。记得为了争取进行最后一次大气层核试验，国防科工委派

图 5-35　朱光亚（右）与中国工程院杜祥琬（左）副院长

倪廷裕和我到外交部汇报，阐明这次核试验的必要性及不做或推迟会产生的影响。外交部有关领导当即表示："既然中央决心要做，哪怕是大使馆被烧，汽车被砸，我们也坚决支持进行此次核试验。"最后由于国际形势变化，邓小平亲自决定停止这次核试验。这说明军控因素是多么重要。朱主任适时提出，我国要开展军控研究，并强调由社会科学家和自然科学家共同来研究。在朱主任积极倡导下，原国防科工委成立了核军控和核核查两个专业组，吸纳外交部、安全部、社科院、总参二部、三部、军事科学院、国防大学等军内外专家参加。

朱主任一贯重视系统所的工作，除了发展战略研究工作以外，对核军控方面的研究工作也非常关心。他曾委托当时担任科技委副秘书长的王寿云同志转达他的意见，系统所一定要把这项任务作为重要工作来抓。核军控研究对我国战略武器发展的决策有重大作用，为我国的核试验赢得了相当宝贵的时间，保存了核实力。

1990 年 9 月 14 日，朱光亚召集科技委钱绍钧委员、王寿云秘书长、外事局有关同志，讨论如何扩大军备控制研究队伍问题。朱光亚指出：要通过工作实践发现人才，发现研究单位，要抓一些真正能够干事的人，例如吕敏、杜祥琬等。要搞一个干实事的小组。

朱光亚还进而指出：世界形势特别是裁军形势直接影响我国尖端武器技术的发展，我们不能两眼不看世界风云，只顾埋头搞科研。而且，与我们进行交流的美国科学院国际安全与军备控制中心（CISAC）属于半官方性质，我们与他们交换意见要有裁军研究成果才好谈，这促使我们开展军备控制与裁军研究。

军备控制物理学的诞生

朱光亚同他的军备控制研究小组通过长时间的研讨、摸索和总结，提出物理学应用研究的一个新分支——军备控制物理学。

在与杜祥琬、李彬、宋家树合著的发表在《物理》杂志 1992 年第 11 期上的《浅谈军备控制中的物理学问题》一文中，朱光亚等首次向公众介绍了这一研究成果。

文章指出："军备控制是指限制膜类武器的部署、储存、生产或试验以及制定一些控制军备竞赛和防止战争的安全保障措施，所以，军备控制是比裁军更为广泛的概念。最初，军备控制研究主要是在政治、法律、外交等领域进行，基本上属于社会科学范畴。从80年代起，军备控制逐渐进入实质性阶段，开始涉及越来越多的自然科学范畴的问题。核和空间武器属于当前军备控制的重要内容，其中涉及的主要是物理问题，在这种情况下，军备控制物理学应运而生。目前，军备控制物理学正逐步发展成为物理学应用研究的一个新的分支，研究涉及军备控制的各种物理和技术问题，包括武器效能和战争效应、军备控制的系统分析核查技术、武器生产和销毁技术等。”

李政道的“铺路搭桥”

1988年，通过李政道和中国科学院周光召院长的“铺路搭桥”，以朱光亚为首的中国科学家军控小组同美国物理学家潘诺夫斯基教授为主席的美国科学院国际安全与军备控制委员会（简称CISAC）开展了双边军控学术交流活动。1988年5月中旬，在周光召院长的安排下，借潘诺夫斯基访问中国科学院高能物理研究所之机，中美科学家就裁军问题进行了一次初步接触，潘诺夫斯基作了报告，然后进行了提问和讨论，周光召院长参加并主持此次活动。

邹云华在回忆这段往事时讲述了这样一个小故事[①]：

> 李政道教授在工作午餐时通过科学院的柳怀祖找到我，请我与朱光亚主任联系是否可请朱主任来参加下午的会议。当时，李政道教授就站在电话旁等着我打电话。朱主任的秘书在电话中告我，朱主任因忙不能与会。我对站在我旁边的李教授复述了一遍。李教授又对我说：“请转达我要请朱光亚一道进餐，他一定会来的。”我当时心里纳闷，李教授为什么这么肯定朱主任一定会来呢？几天之后，在李政道教授北京的家中，我得到了答案。是日，李政道教授夫妇邀请朱光亚夫妇在他们的北京住所晚宴，并请朱主任带几位中方的裁军问题专家一道参加。席间，李政道教授夫人秦惠莙女士对大家说：“1946年吴大猷教授带着他的两个学生去美国，一个是李政道，一个是朱光亚，他们俩可是情同手足啊！”

① 邹云华：深切怀念恩师益友朱光亚//《风范长存天地间》编辑组：《风范长存天地间——朱光亚同志逝世一周年纪念文集》。北京：人民出版社，2012年。

图 5-36 20 世纪 90 年代，朱光亚（右五）与李政道（右三）和潘诺夫斯基（右四）在北京

邹云华说，在我看来，促成以朱光亚主任为首的我国科学家军控小组与潘诺夫斯基教授为首的美国科学院国际安全与军备控制委员会开展双边军控学术交流活动，在很大程度上是因为搭桥者是朱主任的挚友李政道教授，而且，潘诺夫斯基教授热爱中国，为中国的科技发展做出了重大贡献，朱主任十分看重这一点。

1989 年李政道教授给朱光亚主任写了一封信，并给聂荣臻元帅也写了一封信。李教授在给朱主任的信中说，“潘诺夫斯基教授与您午餐后，对您的学者风度极为赞佩”。李教授在给聂帅的信中说道，“潘诺夫斯基教授是国际极有成就的著名物理学家，多年来一直十分热情地帮助北京正负电子对撞机的建造工作。4 年前他甚至在心脏手术后 3 个月就赴北京工作，得到了中国领导人和科学家的广泛赞扬……，他将和中国有关专家讨论核裁军问题，他十分希望朱光亚先生能作为中国方面正式成员之一，参加这个讨论。”

朱主任十分关心他的挚友李政道教授及其家人。1996 年 12 月 3 日，我到朱主任办公室汇报工作，我谈到最近去四川参加一个国际军控讨论会时遇到了潘诺夫斯基教授。潘诺夫斯基告诉我，李政道教授夫人的身体情况很不好，李先生对此次是否陪潘诺夫斯基来北京参加中国科学院高能所的活动考虑了很久，直到最后时刻才决定与他一道来。此时，朱主任告诉我，李先生的夫人已去世了，就在前几天的 11 月 29 号。接着，朱主任带着几分伤感地说："李夫人的肺癌主要是发现晚了，*X* 光检查身体时只照了身体的一侧，另一姿态未照片，肋骨挡住了病灶，结果漏掉了。"朱主任又说："李先生到北京来后，每天都给家里去电话问病情，在这里他每天晚上都无法入睡，李先生身体现在倒还可以，前一段不大好，听说在美国有一段时间用拐杖走路……"

朱主任每年都要给李政道教授寄圣诞卡，我记得有一次他挑选了一张有竹子图样的贺卡，并对我说："竹子中空而挺拔，正如做人一样，应该具备正直而虚怀若谷的品质。"朱主任送李教授这张贺卡，在他心里李教授就是这样的人。

2004 年 9 月我赴美国斯坦福大学做第二次访问学者前夕去向朱主任告别。我向他谈起上次李政道教授、潘诺夫斯基教授和胡思得院士等待他一道用餐，结果等了半天没等到，大家都很扫兴。他对我解释说："我不是故意躲着，我当时真的有事。"说完他又喃喃地说："我不知道李政道教授什么时候再来北京哦。"从他的语气中流露，他真的希望再见见他的这位挚友。

与美国同行的交流

1991 年 10 月，朱光亚率中国科学家小组赴美，与美国科学院国际安全与军备控制委员会（CISAC）进行双边学术交流。这是朱光亚自 1950 年从密执安大学归国之后时隔 41 年第一次也是唯一的一次踏上美国国土。交流会上，他亲自向美国同行介绍了我国军备控制研究的成果，宣传了我国的立场和观点，取得良好效果。

在交流会上，他向美国同行介绍了出席会议的中国科学家小组成员之后，指出我们的军控研究计划集中于几个方面：军控核查技术，防止空间武器竞争，核裁军与禁试，控制武器级核材料，防止核扩散，国际与地区安全。

在谈到核武器在保障世界安全中的作用时，他非常客观地认为，第二次世界大战之后到现在，成功地保护世界和平 40 余年是很多种因素的结果。

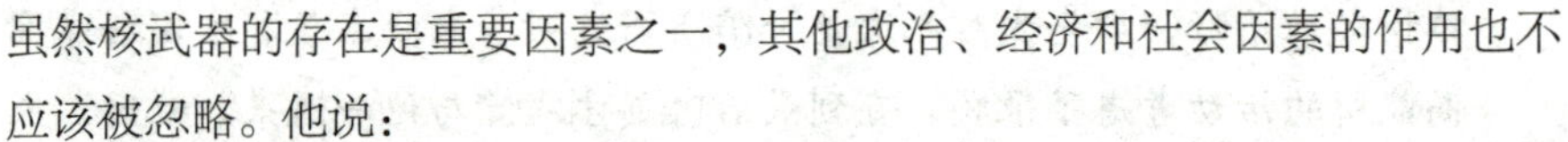

虽然核武器的存在是重要因素之一，其他政治、经济和社会因素的作用也不应该被忽略。他说：

似乎有一种共识，由于核武器极大的破坏力，它对战略威慑起主要作用，但是更深入地思考应该得出这样的认识，即核武器的军事作用已被夸大了。

有人可能会辩解说，由于核武器的存在至少已对现代历史贡献了无全面战争的最长的和平时期，但是这仅仅是似乎有理的，因为在二战之后成功地保护世界和平40余年是很多种因素的结果。虽然核武器的存在是重要因素之一，其他政治、经济和社会因素的作用也不应该被忽略。

事实上，正如学者们所指出的，当以打击效果标准看时，战略核武器与战术核武器之间的差别或多或少是任意的，无论是洲际还是短程核武器在使用后其效果是没有多大差别的。

谈到中国的核武器发展，他说：

中国在五六十年代决定发展核武器完全是被迫的，按照我的理解，我昨天也提到了，我们的最终目标是为了要消灭它。因此，我们发展的核力量是非常有限的。而我们科学家对此的理解是，为了要消灭它，还得掌握它。

我们的目的已多次明确宣布：发展核武器是为了最终从地球上消灭核武器。当中国成功地进行第一次核试验后，中国政府正式宣布在任何时刻任何情况下中国都绝不首先使用核武器。我理解这一立场是严格基于这样一个认识：中国发展核武器，除了防止它使用以外，没有其他目的。对某些人来说，可能认为有点奇怪，为什么生产核武器不是为了要使用它呢？但是核武器与核战略这样异常的事实逻辑正是这样。

在谈到世界安全结构与核扩散时，他指出，

尽管我们现在正处在转变阶段，明确地预言未来我和我的同事都相信这一点，一个国家的安全不可能建筑在其他国家不安全的基础上。在这点上，美苏两国大量削减，而且是第一次持续大规模削减战略核武器，肯定有益于提高所有国家的信心。

我们也欣赏你们的研究报告中包含的这一观点，即所有核国家应该做出努力在政治上达成一致，核武器除了对其他国家起威胁作用外不作其他用途，并且逐渐达到所有核国家都应庄严保证不首先使用的责任。实现这一目标不仅能增强核武器国家周围国家的信心，而且也将极大地减小非核国家要获得核武器的需求，这样就搬走了核扩散的根本刺激。

至于与会者关注的中国核武器数量，他说，

周恩来总理教育我们，不要浪费，钱要很节省地用，他说将来这些东西是要报废的。因此，无论是我们所谓的储存（Stock Pile），还是我们的核燃料生产也好，就我所知道，是非常有限的……这里面有个估计，说法国和英国逾一千。后面一句话说中国的是不清楚的。我个人并不很关心这些具体数字，但我的印象这些估计比实际情况都是偏高的……我们的周总理教育我们：你们可不能浪费，将来要报废的。当然，这方面的关心是需要的，但是现在我认为是可以放心了。这就是我的 Remarks，供参考。从我们核试验的次数，你们也会知道，我们做的是很少的。

他向国外同行表示，中国需要和平的国际环境，以便集中力量于国内现代化事业发展，所以我们希望全力促进裁军进程。

和平利用核能为经济建设服务

早在 1951 年，朱光亚在他的论著《原子能与原子武器》[①] 一书中，就描绘了一幅原子能和平利用的远景：“我们可以想象在将来的原子能的运用里，

① 朱光亚:《原子能与原子武器》。北京：商务印书馆，1951 年。

将会有这样一幅图画：铀矿从矿井里开采出来以后，先被送到铀矿精炼厂，制成铀元素的化合物，这种铀元素的化合物可以经过两种方式加以运用。一种方式是采取其中的铀 -235，这种工作需要在巨型工厂里大规模地进行，提出的铀 -235 可以炼成金属块，送到原子堆里，发生铀分裂链锁反应，发出能量。另一种方式是铀 -238 制造钚 -239，这种制造工作可以在一种原子堆里进行，制成的钚可以炼成金属块，再送到原子堆里运用，再分裂产生能量，这个能量可用来发电。”

朱光亚调任国防科委副主任以后的 30 多年岁月里，他的工作面越来越宽。在国防科技领域，除继续指导核武器和核试验技术研究发展工作外，他还指导了潜艇核动力、核材料技术的研究发展。与此同时，按照组织上的安排，他还积极参与了国防高科技向民用方面转移、为国家经济建设服务，以及“军民结合”发展我国高技术等方面的组织领导工作，特别是在我国核电技术发展方面发挥了重要作用。

我国核工业战线的领导和科技人员都说：朱光亚是以我国核电成功起步为标志的核工业第二次创业的开拓者和奠基人之一，是我国核科技研究的重要决策者之一[①]。

我国核电技术是在军用核科技的基础上起步的。随着原子弹、氢弹技术的突破，在军事应用的牵引下，我国迅速建起了比较完整的核科技工业体系，为进一步开发利用核技术为经济建设和社会发展服务打下了良好的基础。1970 年 2 月、7 月、11 月，周恩来总理曾先后几次提出要搞核电建设，并指出二机部不是“爆炸部”，除了爆炸原子弹、氢弹外，还要为国家经济发展做出贡献。1971 年，刚刚担任国防科委副主任不久的朱光亚受命参与组织领导我国第一座核电站的筹建工作。他与二机部领导同志一起提名推荐专家参加核电站的研究、设计，在“文化大革命”的艰难岁月里迅速组建起一支具有较高水平和较强科研能力的技术专家队伍，着手核电站的探索研究和调查论证。

朱光亚回忆说[②]：

1970 年 11 月的一次专委会上，周总理听取了上海市研制核电站问

① 杜祥琬，等:《战略科学家朱光亚》。北京：原子能出版社，2009 年。

② 朱光亚，口述；赵春阳、苏方学，整理：我国爆炸第一颗原子弹前后 //《不尽的思念》。北京：中央文献出版社，1987 年。

题的汇报。当时北京的清华大学也有发展核动力的初步设想方案。周总理说，二机部不能只是“爆炸”部，除了搞核弹以外，还要搞核电站。按照周总理的要求，二机部的专家准备了关于国外核电站发展情况的资料，包括有多少种类型、功率多大、特点如何、发展前景等，并在会上作了汇报。也就是在那次会议上，周总理明确了我国发展核电站应遵循“安全、适用、经济、自力更生”的方针。

到 1974 年，上海市研制的核电站确定用压水堆方案，最后得到肯定。1974 年 3 月底到 4 月中，周总理主持的最后一次专委会，第一项议题就是审查上海市代号为“728 工程”的核电站建设方案。那时周总理已经病了，他跟叶帅一起肯定了上海的方案。另两项议题，审查二机部一座核材料生产工厂的建设调整方案和讨论清华大学的试验性核电站工程急需解决的几个问题，是 4 月 13 日继续开会研究的。上海市那时有“四人帮”的干扰，会后进展迟缓。清华大学也有类似问题，后来又因资金无法解决，就停下来了。总之，60 年代中期就曾经研究安排我国核电站的起步建设，但由于十年动乱干扰，核电站的研制工作是不正常的，直到十一届三中全会以后才好转。

1979 年初，美国的一座核电站出了事故，泄露了放射性物质。1986 年 4 月底，苏联一座核电站又出了更严重的问题，在国际上引起了很大反响，对我们的工作曾有些影响。其实核电是一种安全、干净的能源，完全没有必要怀疑，关键在于抓好质量和管理。周总理一心想的是祖国的繁荣富强，人民的幸福安全，世界的持久和平，很早就着手安排我国的和平利用原子能事业。1970 年周总理在专委会上明确的核电站建设应遵循“安全、适用、经济、自力更生”方针，首先强调的就是安全。

选择堆型是建设核电站需要慎重决策的关键环节。当初，对我国第一座核电站选择哪种堆型，各方面意见分歧很大。在朱光亚的支持下，项目组经过与许多专家共同商讨、论证，逐渐凝聚了共识，形成了放弃熔盐堆改用压水堆的意见，并很快完成了 30 万千瓦压水堆核电站设计方案。1974 年 3 月，周恩来总理抱病主持召开中央专委会议，听取核电站设计方案汇报。会上，朱光亚有力地说明了这个方案的可行性，对其给予了明确的支持。会议批准了这个方案，并决定列入国家专项工程，定名为“728”工程。后来的实践证明，压水堆的选择是完全正确的，符合我国实际和世界核电站发展的

主流。

随后，朱光亚又指导了核电站研究、设计任务的分解，以及研究试验和技术攻关项目的开展，特别是对核燃料组件的设计、试验、研制等给予了极大的关心和指导，使核燃料组件得以完全立足于国内研制成功。他还亲自参与领导了核电站的踏勘选址，亲赴浙江、江苏、上海多个选点考察，最终于1982年选定了浙江省海盐县的秦山厂址。1984年2月，朱光亚代表国家计委、国家经委和国防科工委主持了秦山核电站扩大初步设计的审批会议，审查批准了扩大初步设计，并对即将开展的工程建设中将要面临的重大关键问题和工程进度等做出了决策。1985年3月，秦山核电站正式开工，设备研制同步进行。1991年12月15日核电站首次并网发电成功，实现了我国核电技术的重大突破。这些成就的取得，凝聚了朱光亚的许多心血和智慧。

欧阳予[①] 在《朱光亚与秦山核电站》一文中回忆了这段经历：

> 1971年9月的一天，正在湖北钟祥县“五七”干校的我接到通知，要我赶到北京第二机械工业部报到，接受新的任务。
>
> 回到北京后，我才知道事情的原委：以周总理为主任的中央专委为了开创核能的和平利用，决定在上海组建一支核电站研究、设计、筹建的队伍，需要派去一名总工程师。时任国防科委副主任的朱光亚和二机部部长刘伟提了我的名。
>
> 1971年11月，我率领一组技术人员从北京到了上海，与在上海聚集的技术队伍会师，一起工作。在工作中逐步了解到原拟采用的熔盐反应堆核电站方案在技术上碰到很多困难，难以推进。经过认真研究后，我们认为，熔盐反应堆在技术上还很不成熟，不宜作为工程应用的堆型选用。经过与许多专家的共同商讨、论证后，我们提出了放弃熔盐堆改用压水反应堆的建议。这一建议向朱光亚汇报后，得到他大力支持，他鼓励我们尽快做出压水堆设计方案来，准备向中央汇报。
>
> 1974年3月在国防科工委的组织下，把电功率30万千瓦的压水堆核电设计方案向周总理主持的中央专委做了汇报。会上朱光亚明确表示

---

① 欧阳予：曾任秦山核电站总设计师，中国核工业总公司科技委副主任，巴基斯坦恰希玛核电工程总设计师，连云港核电站总工程师，中国科学院院士，被誉为“中国核电之父”。

赞同这个方案，并有力地说明了其可行性。会议批准了这个方案，并决定作为科技开发的工程项目列入国家计划，在经费、人力、物力上给以保证。

为了使设计方案切实落实在可靠的技术基础上，经过反复研究，我们提出264项研究试验和技术攻关项目，在当时国防科委、国家计委和二机部的领导和安排下，全国有上百家科研设计单位、工厂、高等院校大力协同承担这些项目。朱光亚同志曾多次关心和指导这些项目的进展，特别对核燃料组件的设计、试验、考验、研制等给予了有力的支持和指导，使核燃料组件得以完全立足于国内研制成功。

在此期间，为了选择核电站厂址，我们在浙江、江苏、上海考察了约20个可能的选点。朱光亚同志也不辞劳苦，多次和我们一起登山涉水进行踏勘，亲临浙江乍浦、澉浦、秦山，江苏江阴，上海松江、奉贤等地进行考察，最终于1982年选定了位于浙江省海盐县的秦山厂址，核电站也定名为秦山核电站。

至1982年，绝大部分科研试验和技术攻关项目和一部分关键设备和器材的研制都已取得成果。这些成果使秦山核电站有了相当可靠的技术依据和设计基础。在此基础上，于1983年完成了核电站的扩大初步设计，送呈国家审批。1984年2月，朱光亚同志代表国家计委、国家经委和国防科工委主持了秦山核电站扩大初步设计的审批会议，审查批准了扩大初步设计，并对即将开展的工程建设中将要面临的重大关键问题和工程进度等做出了决策。

随后，秦山核电工程被列为国家重点建设项目。1985年3月，工程正式开工，设备研制同步进行，至1990年7月建筑、安装基本完成，开始系统调试。1991年12月15日核电站首次并网发电成功，实现了我国在核电技术上的重大突破，结束了中国大陆无核电的历史，这些成就都是与

图5-37 朱光亚（左）与王淦昌（右）在一起

朱光亚同志的亲切关怀和指导分不开的[①]。

然而，中国核电事业的发展并不顺利。1977年，中法两国政府达成协议，法方承诺，提供贷款与中国开展经济技术合作，其中包括一座核电站。这个引进项目从此引发了一场大争论：中国核电是自主发展，还是依靠引进。尽管秦山核电站项目最终破土动工。但是，围绕着从法国法玛通公司引进全套核电设备的大亚湾核电站项目的签约和开工，中国核电发展之路的争论越来越激烈。当时，国家计委有位副主任说：中国核电发展以后不要再讲“自力更生”，闻听此话，王淦昌大怒，拍了桌子。他当时的秘书康立新说，从来没见过王老发这么大火。不久，“自主”还是“引进”的中国核电发展道路之争摆到了国务院常务会议的桌面上。关于这场争论，张胜在《从战争中走来——两代军人的对话，张爱萍人生记录》[②] 一书中有详尽描述。

其实，朱光亚不是反对“引进”，他只是不赞成那些一讲“引进”就全盘否定“自主”的极端观点和做法。1995年3月和2002年2月，应当时中国广东核电集团董事长和总经理昝云龙的邀请，朱光亚先后两次赴大亚湾核电站和岭澳核电站视察，对中国广东核电集团在引进、消化、吸收、创新道路上所创造的业绩表示了认同和赞赏。临走时，还问昝云龙，有什么话要我帮忙捎到北京去?

20世纪90年代中期，我国核电事业又遇低谷。我国自主建设的秦山核电站及中外合资的大亚湾核电站先后建成之后，由于对核电的认识以及国内外许多因素的影响，在较长一段时间内，我国核电站以及核电技术的发展比较缓慢。因工作分工，这时朱光亚已不再参与核电事宜，但他仍在关注我国核电事业的发展。1996年，时任中国工程院首任院长的朱光亚领导能源与矿业学部的部分院士开展了“中国可持续发展能源战略”咨询研究，站在国家长远利益和可持续发展的高度，指出我国煤、油、气资源供应的有限性和可再生新能源的局限，提出应进一步优化能源结构，继续适当发展核电，作为实现我国可持续发展的能源战略并与经济和环境协调发展的重要措施。

---

① 杜祥琬，等:《战略科学家朱光亚》。北京：原子能出版社，2009年。

② 张胜:《从战争中走来——两代军人的对话，张爱萍人生记录》。北京：中国青年出版社，2009年。

图 5-38　2002 年元月，朱光亚（左二）参观广东大亚湾核电站

他主持了《核电发展战略研究》[①] 一书的编写，指出：继续适当发展核电，是实现我国可持续发展能源战略的重要措施。从第一座核反应堆建成到第一座核电站，美国用了 15 年，苏联 8 年，英国 9 年，中国呢？ 33 年。奇怪吗？不奇怪，在中国，有些东西能买来的自己就不会做了，甚至会做也不做了。如果说，朱光亚对于我国核事业还留有什么遗憾的话，中国核电事业起步艰辛，发展缓慢，是一大遗憾。

① 《核电发展战略研究》编委会:《核电发展战略研究》。北京：中国言实出版社出版，1999 年。

6

爱物理也爱生活

- 细推物理须行乐
- 爸爸妈妈是做什么工作的
- 抽烟、喝酒、不锻炼
- 朱光亚的军礼
- 朱光亚的幽默
- 朱光亚的自行车
- 朱光亚和音乐
- 我把这位大记者得罪了
- 像做物理实验一样做一切事情

细推物理须行乐

2012年2月3日，中央电视台《感动中国·2011年度人物》评选揭晓，朱光亚当选为《感动中国》2011年度人物。颁奖词写道：

人生为一大事来。

他一生就做了一件事，但却是新中国血脉中，激烈奔涌的最雄壮力量。细推物理即是乐，不用浮名绊此生。遥远苍穹，他是最亮的星。

图6-1　2004年10月，朱光亚（中）在武汉老宅前与亲人们合影

图 6-2　2004 年 10 月，朱光亚在武汉老宅前与大妹妹朱光纬合影

图 6-3　2004 年 10 月，朱光亚在武汉东湖同工作人员合影

杜甫的两句诗“细推物理须行乐，何用浮名绊此生”，朱光亚非常喜爱。将之改写为“细推物理即是乐，不用浮名绊此生”，也可以看作朱光亚一生的写照。

2004年12月25日，朱光亚80岁生日，李政道写了《光亚和我》一文[①]表示祝贺。文中说：

> 光阴之流快入水，一去不复返。现在，我和光亚都已超越了古稀之年，他几十年为祖国的原子能事业默默无闻、勤勤恳恳、踏踏实实地工作，为祖国的科学事业的发展，为中华民族的振兴做出了巨大贡献，祖国是不会忘记他的。光亚极不平凡的成就，深入而无声，实至为珍贵。我想杜甫的诗句“细推物理须行乐，何用浮名绊此生”正是光亚几十年工作和为人的写照。

“细推物理须行乐，何用浮名绊此生”这两句诗摘自杜甫的《曲江二首》，其中“何用浮名绊此生”有记载为“何用浮荣绊此生”，当然，不管是“浮名”还是“浮荣”，意思是一样的。

“细推物理须行乐，何用浮荣绊此身”。“物理”，宇宙万物的道理。仔细推敲宇宙万物的道理，应当及时行乐，何必让那虚浮的声名绊住此身，而不得自由呢？触景伤情，自然引发出诗人无限的感慨。万物兴废本是自然之理，帝王宫苑也不免变成高冢荒坟，又哪来永久的功名富贵呢？既如此，又何必为浮荣所束，还是享受人生的快乐吧！

在网上，有些中学生是这样解释的，“意思就是‘能够在物理这个领域思考研究就是一大乐趣，怎么还用名利声誉来衬托自己呢？’——这不是感动中国的‘朱光亚’爷爷吗？”

朱光亚最早引用这两句诗是献给李政道的。1996年11月，朱光亚在“中国高等科技中心和北京近代物理中心成立十周年大会”上的讲演中引用了这两句诗[②]。

---

① 李政道：光亚和我 //《战略科学家朱光亚》。北京：原子能出版社，2009年。

② 朱光亚：李政道物理生涯五十年 //《李政道文录》(附录)。杭州：浙江文艺出版社，1999年。

图 6-4 2004 年 10 月，朱光亚在武汉黄鹤楼提笔留念

年已古稀的政道是科学上有很大成就的名人，仍经常一天工作十七八个小时，每次回国更是繁忙，但看到国内关于自己的报道每冠以“著名物理学家”的称号时常说，“如读者不知此人，这‘著名’二字就是虚的，反之则是多余的”。国内熟悉内情的人常用“呕心沥血”来说明他为物理科学和祖国科教事业的辛劳，可他为科学，为自己血脉、亲情所系的故土工作时的快乐感的心声却蕴涵在他十分喜欢的杜甫的诗句之中：“细推物理须行乐，何用浮名绊此身”。这也是政道治学为人的写照。

关于这两句诗，李政道在《物理学的挑战》一书[①]中作了如下诠释：

中国古代的物理学与世界古代的物理学很相像，都以天体物理学为基础。“物理”这两个字的使用最早可能是杜甫。杜甫在公元 758 年写的一首诗中有这样两句：

① 李政道:《物理学的挑战》。北京：中国经济出版社，2002 年。

细推物理须行乐，何用浮名绊此生

杜甫这两句话，现在应用仍很正确。杜甫对“物理”用了“细”和“推”两个字，“细”就是要仔细观察，“推”就是要推理，所以这两个字，一个是实验，一个是理论，每一个字的分量都很重，如果要取两个字来描写物理实验和理论，很难有比“细”和“推”用得更恰当的字来说明研究物理的方法，也可以说是科学研究的方法。杜甫是诗人，怎么对“物理”有如此深刻的理解呢？杜甫当时还是工部侍郎，实际上相当于现在的计委副主任，大家称他杜工部。可见在中国古代文化中，科学与文学艺术是密切相关的。

爸爸妈妈是做什么工作的

朱光亚的工作是绝密级的。有些工作内容甚至属于“核心机密”。大院里其他人也一样。朱光亚的孩子们只知道父亲是研究物理学的，因为他的书架上大部分都是物理书。在家里，他从来不讲他在做什么工作。孩子们只知道他经常去西北出差，而且，一走就是几个月。儿子朱明远回忆说：“他在搞原子弹、氢弹，是我们猜出来的。大概是 1967 年的一天，院子里的一群

图 6-5　朱光亚 1965 年的全家福

图 6-6　朱光亚 1974 年的全家福

孩子聚在一起聊天，记不清是谁突然提出了一个问题，我们的爸爸妈妈是做什么工作的，没有人回答得出来。有人说，咱们回忆一下，是不是每次核试验，大家的爸爸妈妈都不在北京。大家伙儿一验证，果然，大家的爸爸妈妈都在出差，而且，都是去西北。确认了这个事实，大家感到非常神圣，静静地坐了好长一段时间。”

抽烟、喝酒、不锻炼

在总装备部有一条人人皆知的朱光亚的健康秘诀“抽烟、喝酒、不锻炼”。

朱光亚是参加抗美援朝时学会抽烟的，一直抽到 80 岁，由于经常肺部感染，医生禁止他抽烟为止。

朱光亚的酒量也大，他说过，他这一辈子，喝酒只喝醉过一次，就是在第一颗原子弹爆炸成功那天晚上的庆功宴上。那天，他早上起床后就没有吃饭，一直忙碌到试验成功，开庆功宴的时候是腹内空空，再加上大碗喝酒庆祝，一下子就醉了。

朱光亚爱酒。他爱喝的酒有茅台、五粮液、泸州老窖等。偶尔，也会喝汾酒、西凤、竹叶青等。啤酒对他来说根本不是酒，只能算是饮料。葡萄酒压根就是甜水。他对下酒菜没有什么要求。记得三年自然灾害期间，他经常把买来的肥猪肉切成小块儿，放到铁锅里熬油，把剩下的油渣捞出来，盛到盘子里撒上盐，当作下酒菜，非常香。人们都说朱光

图 6-7　2001 年，朱光亚在北戴河祖山

图 6-8　20 世纪 60 年代初，朱光亚夫妇在北京

亚的酒风特别好。但凡在外开会，喝起酒来，不管是谁来向他敬酒，他都会回敬一饮而尽。记得 20 世纪 90 年代，有一次陪他在广州参加一个几百人的宴会，人们排着队来向他敬酒，随行的军委办公厅警卫局的警卫参谋常贵宝着急了，说老爷子是谁来敬酒都干，这么喝怎么受得了。在酒席宴上，朱光亚也平等待人，从不分高低贵贱。体现了他常说的，要尊敬每一个人，你尊敬别人，别人才会尊敬你。酒风也体现了人格。

朱光亚不是不锻炼，是没有时间锻炼。锻炼身体需要整块儿的时间，需要持之以恒。70 岁本来正是退休年龄，却成了朱光亚最忙碌的一段时光，光是职务就是一大串儿，全国政协副主席、中国科协主席、中国工程院院长兼党组书记、总装科技委主任、全国政协科技委主任。还不算其他杂七杂八的闲差。除此之外，还曾经推荐他当北京大学校长，国家自然科学基金委主任。后来，全国政协主持工作的副主席叶选平看朱光亚太忙了，就搞了一个精简整编，把全国政协科技委同其他几个委员会合并，成立了一个全国政协科教文卫委员会，为朱光亚减掉了一份工作压力。朱光亚每天早上 7 点 10 分准时离家去办公室，到晚上 7 点钟回家，除了节假日，几乎天天如此。偶尔出去散散步，就是他唯一的锻炼了。

后来听说，朱光亚的这个健康秘诀是从钱伟长的健康秘诀派生出来的。钱伟长说，他的健康秘诀：不抽烟、不喝酒、不锻炼。朱光亚笑对，他的健康秘诀：抽烟、喝酒、不锻炼。

朱光亚的军礼

朱光亚于1970年被任命为国防科委副主任，继抗美援朝之后，再次成为一名军人，军礼伴随了他的后半生的每一天。进入晚年的他，仍然认真地向每一位向他敬礼的军人还礼。每天，进出办公楼，出入家门，他都会向哨兵还礼，一丝不苟，郑重庄严。两眼直视哨兵，带着慈祥和关爱的目光，留下了许多的感动。很多的警卫战士都会把朱光亚的军礼当作他生命中永远的记忆。

下面的这段关于朱光亚的军礼的文字，是朱光亚去世后，从网上的《铁血社区》BBS上看到的，能够看出，文章的作者是一位核试验基地的警卫战士，故事是这样讲述的：

多么慈祥的老人啊！就这么离开了我们。记得在2004年的夏天，我在马兰一所给老爷子站岗，大约在中午两点三十分左右时，看到老爷子在我们副连长和他儿子的搀扶下下了楼，当时说实话见到这些人物时心里挺震撼的，老爷子一下楼我立刻就敬了一个礼，就在这时让我没想到的是，这个走路都需要别人搀扶的老头此时竟然停止了脚步，撇开了搀扶的人，用颤抖的手向我还礼，此时的老爷子虽然弯着腰，但是那敬礼此时不敢说是像条令要求的那样，但尽了自己最大的力气了吧，尤其是老爷子的那种眼神，我这一辈子都不会忘记。当时眼泪就不知不觉掉了下来。那时，我是个新兵，从上等兵到上将也都见过，但是从来都没这种感觉。……最后一句，老爷子一路走好，我会永远记着您的。

下面是另外一段来自网上的关于朱光亚的军礼的文字：

在我原先居住的那个军队大院，和我家房子紧挨着的，就是朱光亚先

图 6-9 2004 年元宵节，航天员杨利伟（右）到家里探望朱光亚（左）

生一家的小楼，我常见他在公务员搀扶下出来散步。最为感动的，是每次他走过自己家小楼前，站岗的战士向他敬礼时，他必会站定，将右手的拐杖换到左手，然后正正规规举起右手给卫兵还一个军礼。我们在那座大院生活了四年多，我时常看见面容清瘦、脸上布满老年斑的朱老先生久久地望着深邃的天空，一言不发。在那遥远天际，一定有他的思维驰骋。

朱光亚的幽默

朱光亚给人的第一印象是特别严肃，严肃的有些吓人。他的秘书回忆说，朱光亚主持中国科协和中国工程院工作期间，中国科协和中国工程院办

图 6-10　朱光亚同夫人许慧君在家中

公厅的工作人员去总装机关大楼给朱光亚送文件，常常是把文件送到秘书那里就想跑，怕的是朱光亚看到文件问问题，不管事先如何准备，一问就要卡壳儿。朱光亚考虑问题可是细得吓人。

其实，朱光亚待人是非常和蔼的。时不时还冒出一个冷幽默。朱光亚给儿子朱明远讲过一个故事，大概是党的十一大，会议闭幕时，要安排中央领导同志和全体代表合影，那一次代表团团长会，张爱萍作为军队代表团副团长参加，回来后说，这次全体代表合影，咱们军队代表团只能站最后一排，因为各省市代表团有意见，每次你们军队代表团都在第一排，这次该换一换了。最后采纳的办法是按照各代表团名字的第一个汉字的笔画为序。这样一来，张爱萍说，上海代表团笔画最少，站第一排。咱们解放军代表团笔画最多，变成了最后一排。没争到第一排，张爱萍感到很不爽，但又没什么办法。朱光亚听了说，

图 6-11　朱光亚 1996 年的全家福

错了。为什么？咱们解放军的全名是什么？人民解放军，人字，两划，还是排第一。大家大笑，张爱萍对朱光亚说，下一次代表团团长会，派你去就对喽。

朱光亚的自行车

朱光亚有一辆自行车，是20世纪50年代买的。买的时候就已经是一辆旧车了，骑到后来，车把手和车轱辘圈的电镀都掉光了。院里的小孩儿都说这是一辆除了铃儿不响，那儿都响的破车。朱光亚的警卫员都嫌车破，从来不愿意骑它。但朱光亚喜欢这辆车，他说这是一辆德国造的锰钢车，骑起来特别轻快。所以，一直不愿换新车。朱光亚的这辆车保养的也很好，绝对不是除了铃儿不响，那儿都响。原国防科委和国防科工委的机关干部一定对朱光亚的这辆车有深刻印象。如果周末在远望楼宾馆和其他离家较近的地点的会议，朱光亚喜欢骑车去开会。记得有一年清华大学举行校庆，朱光亚也是骑着这辆老爷车去开的会，这段距离可是够远的。朱光亚平时没有锻炼身体的时间，这是他唯一的锻炼身体的机会，因此，家人从来不反对他骑车，只是都希望他换一辆新车，这样安全一些。后来，到了90年代初，朱光亚终于同意买了一辆新车。那辆伴随了朱光亚40年的老爷车在一次搬家中，被工作人员当破烂儿处理了。现在想想，实在可惜。

图6-12　朱光亚骑着自己喜欢的自行车

朱光亚特别恋旧。他用的东西不到坏的不能用是绝对不会换的。80年代，孩子送给他一个电动刮胡刀，是德国名牌，就从来没见他用过。他一直用他的刮胡刀片。拉开他的抽屉，一抽屉各式各样的新玩意儿。但他很少动它们。

图 6-13　晚年的朱光亚

朱光亚和音乐

朱光亚喜欢艺术，特别是音乐。当年，他和生物学家邹承鲁以及其他两位同学组成过南开中学小有名气的男声四重唱小组。在美国密歇根大学读研究生时，他是密歇根大学合唱队成员。当时，他和同时在美国学习声乐的中国国家歌剧院女高音歌唱家邹德华是好朋友。记得朱光亚告诉儿子朱明远，邹德华在美国时的绰号叫“鸭蛋”。

朱光亚当年回国时，从美国带回了近百张各种各样的古典音乐唱片，包

图 6–14　朱光亚夫妇在弹琴

括全套美国费城交响乐团演奏，欧金·奥曼迪指挥的贝多芬九大交响乐。这也成了朱光亚和全家的宝贝。每逢周末，偶有闲暇，朱光亚就会搬出电唱机，放几张唱片听。听得兴起，他还会不由自主地哼唱几声。耳濡目染，家中三个子女都是古典音乐迷。这些唱片在家中一直保存至今，就连“文化大革命”，也没有让造反派抄走。家中的电唱机换了好几代，最早是朱光亚从美国带回来的。后来他从苏联带回来一个新的，用了很长一段时间。80 年代中旬，儿子去欧洲学习，带回一套组合音响和几十张唱片送给他。现在，有了 CD 和 DVD，电唱机早已作古，唱片不再听了。子女们为朱光亚保存了大批 CD 和 DVD 盘，朱光亚的业余时间还是经常与音乐相伴。

关于科学与艺术的关系，朱光亚的好朋友李政道在《科学与艺术——在炎黄艺术馆的讲话》有过极其精辟的论述①，他说：“艺术和科学的共同基础是人类的创造力，它们追求的目标都是真理的普遍性。艺术，例如诗歌、绘画、音乐等等，用创新的手法去唤起每个人的意识或潜意识中深藏着的、已经存在的情感。”他还说：

> 科学家追求的普遍性不同于自然现象的普遍性，是人类对自然现象的抽象和总结，适用于所有的自然现象。它的真理性植根于科学家以外的外部世界，科学家和整个人类只是这个外部世界的一个组成部分。艺术家追求的普遍真理性也是外在的，植根于整个人类，没有时间和空间的界限。尽管科学的普遍性和艺术的普遍性并不完全相同，但它们之间有着很强的关联。因此，科学和艺术的关系是同智慧和情感的二元性密切相连的。对艺术的美学鉴赏和对科学观念的理解都需要智慧，随后的感受升华与情感又是分不开的。没有情感的因素和促进，我们的智慧能够开创新的道路吗？而没有智慧的情感能够达到完美的意境吗？所以，科学和艺术是不可分的，两者都在寻求真理的普遍性。普遍性一定植根于自然，而对自然的探索则是人类创造性的最崇高的表现。事实上如一个硬币的两面，科学和艺术源于人类活动最高尚的部分，都追求着深刻性、普遍性、永恒和富有意义。

① 李政道：《李政道文录》。杭州：浙江文艺出版社，1999 年。

我把这位大记者得罪了

顾迈南，1950年参加工作，1953年进入新华社，1962年起任新华社专职科学记者，以长篇通讯和特写著称。长篇通讯《两弹元勋邓稼先》就是她的杰作之一。

关于这篇文章的来龙去脉，顾迈南是这样写的：

……那是1985年的一天，我到国家科委采访时，一位负责人对我说，著名物理学家杨振宁来访时，对中国有关方面的负责人说过，邓稼先对中国战略核武器研制工作有很大贡献，可是北京大学物理系的学生

图6–15 朱光亚在天安门城楼上

们竟然不知道他是何许人也！杨振宁说，中国对科学家的宣传太不够了。与这位负责人的谈话对我触动很大，新闻工作者的使命感促使我一定要做这件事。于是，我费了一番周折，找到了邓稼先工作的单位——核工业部。就这样，我到邓稼先任院长的九院采访了半个月。

图 6-16 朱光亚夫妇在镜泊湖

临去前，在核工业部办公厅主任李鹰翔的热情安排下，国防科工委负责人朱光亚接见了我。朱光亚说："九院的各个研究所，按照'山、散、洞'的原则，都分散建在深山里。中国的原子弹、氢弹都是在那里研制的，你到那里可以到处看看。"之后，我连夜启程，到人迹罕至的地方采访了邓稼先的许多战友。当时邓稼先因患癌症在北京301医院住院治疗。我参观了中国研制战略核武器的各研究机构。采访结束后，我在一幢周围长满了七里香的'白公馆'里，连夜写出了长篇通讯《两弹元勋—邓稼先》。新华社对国内外播发后，被广泛采用。……

当邓稼先的名字和他的动人事迹传遍长城内外、大江南北以后，我又连续采访报道了几位元勋。从此以后，我与这个'禁区'的人们成了好朋友。

但是，顾迈南采访到朱光亚时，碰钉子了。朱光亚拒绝了顾迈南的几次采访请求，他不同意成为顾迈南笔下的人物。不是朱光亚不喜欢记者，如果记者为了写别的科学家而采访他，像王淦昌、彭桓武、郭永怀、邓稼先等，朱光亚会欣然接受采访，他只是不愿意让别人写自己。朱光亚后来说，我可把这个大记者得罪了。但是，得罪归得罪，采访绝对不行。朱光亚我行我素，斩钉截铁。

像做物理实验一样做一切事情

作为一位实验物理学家，朱光亚几乎做任何事都像做物理实验一样细致认真。总装备部、中国科协、中国工程院机关的领导和工作人员都对他批改和批示文件的风格深有感触。他批改文件就像老师批改学生作业一样，不但修改内容，连病句、错字、甚至标点符号都认真修改，字迹工整，看他的批示真是一种享受。许多机关干部至今都保存着他批示的手迹，留作纪念。

日常生活中，朱光亚做事也像做物理实验一样认真严谨。他为他的每个衣服箱子都建立了登记卡片，箱子里放的是冬装还是夏装，军装还是便装，一目了然，找东西从来不会手忙脚乱。

朱光亚喜欢凡事亲自动手，家里的各种电器，包括电视、录放像机、洗衣机等，他都喜欢亲自动手摆弄。他把录放像机的所有功能包括自动录像功能都利用起来，做到在看电视的同时，自动录像另一个节目；或者在人不在的情况下，录像机可以自动把想看的节目录下来。尽管这些都是录像机已经提供的功能，但是，很少看到有人能把这些功能充分利用起来。

朱光亚还有一个好习惯，凡事都有记录。他有一个大本子，是他每天的工作日志。大事是这样，小事也是如此。家里人用他的工作用车办私事，他都有详细记录，谁用的，去了哪里。到月底，他会让秘书按照这个记录去管理部门缴费。还有一件小事，每天早上上班前，他都会检查一下家里的电表，并把数据记录下来，他没有告诉过孩子这些数据会有什么用处，但是这种严谨、细致、认真的日常习惯养成，为孩子们的成长带来了很大的影响。

朱光亚有一个好记性。这是儿女们一直望尘莫及的。据朱光亚的老秘书张若愚回忆：有一次，在外面开会，朱光亚让张秘书回家去取一份文件。告诉他，第几个保险柜，第几格，从左到右第几摞，从上往下数第几份，不要看内容，取来给我就行了。从这件事上可以看到朱光亚做事的有序，以及他超强的记忆力。小时候，他书桌抽屉里的铅笔、橡皮和铅笔刀，有时孩子们悄悄“顺走”一个，没告诉他，他马上就会发现，追问下来，“肇事者”只好乖乖承认。

图 6-17　朱光亚夫妇在北戴河

美国加州大学伯克利分校的物理学教授理查德·穆勒（Richard Muller）博士写过一本书，名为《未来总统的物理课》（Physics for Future Presidents），穆勒教授认为，“无论未来的美国总统来自哪个政党，他必须懂点物理学。”穆勒教授说，“如果他不知道太阳能是怎么一回事，如果他不知道煤怎样可以变成石油，我们怎么能指望他带领美国进入清洁能源的新时代呢？”在穆勒教授看来，一个人即使上过大学物理课，也很可能说不出铀弹和钚弹的区别，而知道两者的区别对于一个国家制定反恐政策是至关重要的。可惜的是，很多领导人缺乏基本的物理学知识，犯过很多可笑的错误。作为一位物理学家，朱光亚给我们的启示是，做事情一定要符合客观规律，说话、做决策要有依据，不能想当然、拍脑袋。他最不能容忍的领导作风就是“情况不明决心大”。朱光亚是一个天生的实验物理学家，他做一切事情，做科研，搞管理，都像做物理实验一样严谨认真、实事求是。这才有他在指挥核试验时处理载机带核弹着陆时的冷静和胆魄，这才有他在处理一些重大问题时的坚持原则决不动摇，这是他后来成为中国科技界的“帅才”，在处理政治、科技发展战略等重大问题时不糊涂的基础。

结束语：朱光亚星在漫天飞雪中归去

2011年的2月26日清晨，同病魔搏斗了3年之后，朱光亚离开了我们。朱光亚弥留之际，北京降下了鹅毛大雪。

朱光亚去世的消息传出后，党和国家领导人纷纷赶到医院，向朱光亚作最后的诀别，向他的夫人表示哀悼和慰问。他们对朱光亚的一生给予了极高的评价。3月2日，朱光亚的遗体在八宝山火化，胡锦涛等中央领导同志赶来送别，胡锦涛总书记紧紧握住许慧君的手，语气沉重地说："朱老是我们学习的楷模，我们永远怀念他"。江泽民同志在朱光亚去世的当晚亲自给朱光亚夫人许慧君打来电话，对朱光亚的去世表示沉痛的哀悼。

朱光亚心脏停止跳动的时间是上午10时30分。除了漫天飞雪这个自然天象的巧合外，中央人民广播电台的记者采访过北京天文台，北京天文台的工作人员告诉他们，那一天，"朱光亚"星落下地平线的时间也正好是10时30分左右。大自然竟然也有如此的巧合。

每天傍晚，"朱光亚"星依旧从地平线冉冉升起，他和"钱三强"星、"钱学森"星、"王淦昌"星、"彭桓武"星遥相辉映，装点着壮丽的星空，永远在天上亮着；他们在浩瀚的太空聚首，窃窃私语，继续探讨着科学问题；他们把星光投向中华大地，那是期望的目光，鼓励我们在探索科学规律之路上克服困难勇敢前行。